ISHINSHI SAIKOU - KOGI·OSEIKARA SHUKEN·DATSUMIBUNKAHE
（維新史再考　公議・王政から集權・脱身分化へ）
Copyright ⓒ2017 Mitani Hiroshi
Originally published in Japan by NHK Publishing, Inc.
All rights reserved.
Korean Translation copyright ⓒ2025 by Beanshelf
This Korean edition is published by arrangement with CUON Inc.

-본 역서는 재단법인 止觀의 "일본사 새로보기 출간 지원사업"의 연구 결과로 수행되었음
-This work was supported by the "A Rethinking on the Japanese History" Funding Program of Foundation Jigwan

메이지 유신 다시 보기 - 쌍두연방국가부터 탈신분화까지

1판 1쇄 발행 2025년 11월 1일
미타니 히로시 지음 조국 옮김
편집 정철 표지 디자인 yamyam 디자인
발행 정철 출판사 빈서재
이메일 pinkcrimson@gmail.com
ISBN 979-11-980639-1-5 (94910)

빈서재는 근현대사 고전 전문 출판사를 지향합니다. 번역하고 싶은 고전이 있다면 연락주세요. 제타위키에서 '빈서재 출판사'를 검색하시면 다양한 정보를 더 얻을 수 있습니다. https://zetawiki.com/wiki/beanshelf
이 책의 본문 편집은 LaTeX로 작업되었습니다. 많은 도움을 주신 KTUG 회원 여러분께 감사드립니다. http://ktug.org

메이지 유신 다시 보기
쌍두연방국가부터 탈신분화까지

維新史再考
公議·王政から集權·脫身分化へ

미타니 히로시 지음, 2017년
조국 옮김, 2025년

빈서재

지은이 미타니 히로시(三谷博). 1950년생. 도쿄대학 박사. 19세기 일본사, 동아시아사, 비교사 전공. 도쿄대학대학원총합문화연구과 교수, 아토미학원여자대학 교수 등 역임. (현) 도쿄대학 명예교수. 주요 저서로는 『明治維新とナショナリズム: 幕末の外交と政治変動』, 『ペリー来航』, 『愛国·革命·民主: 日本史から世界を考える』 등이, 한국어 역서로는 『다시 보는 동아시아 근대사』(공편), 『공명하는 동아시아사』(공편) 등이 있다.

옮긴이 조국. 서울대 동양사학과와 와세다대학에서 공부했고, 성신여대 사학과 조교수로 재직하고 있다. 개항장 외국인의 존재를 축으로 삼아 일본의 대외관계사를 주로 연구하고 있다. 『근대 일본과 아시아 — 메이지·사상의 실상』(반노 준지)을 번역했고 『논점·일본사학』을 공역했다.

☐ 일러두기

1. 외래어의 우리말 표기는 기본적으로 국립국어원의 외래어표기법에 따랐다.

2. 일본어 표기는 한국인에게 비교적 익숙한 표기가 있거나 이해가 가능할 경우 우리말이나 한자음을 사용했고, 그 외의 인명과 지명 및 일본 역사용어는 일본어 그대로 표기했다. 서명의 경우는 기본적으로 같은 기준을 따르되, 필요시 독자의 이해를 위해 우리말 번역을 덧붙였다.

3. 본문 중 인명에 관해서는 일부 예외를 제외하고 가장 알려진 통칭으로 바꾸었다. 예) 마쓰다이라 슌가쿠(=요시나가)

4. 일본어로 번역된 외국 서적의 출전 표기는 원서를 기준으로 삼았으며 한국어 번역본이 있는 경우 함께 표기했다.

《도쿠가와 시대사》를 내며

우리 한국 시민만큼 일본에 '관심'이 많은 경우도 달리 찾기 힘들 것이다. 거의 모든 분야에서 일본에 경쟁심을 불태우고, 그 동향에 신경을 쓰며 자주 비교한다. 일본여행, 일본음식, 일본문화가 우리의 일상이 된지는 이미 오래다. 그러나 그 지대한 '관심'에 비해 일본을, 특히 일본사를 얼마나 알고 있는가 자문해보면 자신 있는 대답이 나오기는 아마도 어려울 것이다. '관심'은 과도한데 정확한 지식과 정보에 기초한 체계적인 이해는 너무도 부족한, 그래서 무지와 오해가 난무하는 상황이 지금껏 계속되고 있다. 오늘날 어려움을 겪고 있는 한일관계를 슬기롭게 풀어나가는 데에도, 이런 상황은 결코 도움이 되지 않을 것이다.

어느 사회나 국가를 제대로 이해하기 위해 그 역사를 알아야 하는 것은 긴 말을 필요로 하지 않는다. 이런 관점에서 우리의 현실을 볼 때 우려를 금할 수 없다. 그 중에서도 특히 일본사를 다룬 양서가 많이 부족한 것은 큰 문제라 할 수 있다. 그간 국내 일본사 연구가 크게 성장했음에도 불구하고 개별 논문만이 양산될 뿐 종합적·체계적으로 일본사를 분석, 소개하는 저작·번역서는 매우 적은 실정이다. 특히 주로 한일관계사에 연구·

출판이 집중된 탓에 현대 일본사회의 원점이라 할 도쿠가와 시대와 메이지시대는 상황이 더 심각하다.

2019년 여름, 한국과 일본 관계는 해방 후 최악으로 치달았다. 여름방학 내내 하릴없이 막말기幕末期 정치사를 다룬 영어책을 투닥투닥 번역하며 일본연구자로서의 무력감을 삭이고 있을 때, 재단법인 지관止觀(구 플라톤 아카데미)에서 반가운 제안을 해왔다. 일본사 연구 프로젝트를 지원하고 싶다는 것이었다. 나는 번역팀을 꾸려 도쿠가와 시대를 다룬 명저들을 번역하고 싶다고 답했다. 출판사도 찾기 힘든 무모한 제안이었지만 다행히도 재단측은 받아들여 줬다. 본서는 그 성과의 하나다. 이 자리를 빌어 재단 측에 감사드린다. 아울러 출판을 흔쾌히 맡아준 빈서재 출판사에도 감사의 말씀을 전하고 싶다.

저작권 문제로 도쿠가와 시대 이외의 책이 시리즈에 들어오기도 했지만 이 «도쿠가와 시대사»는 기본적으로 한국독자들에게 낯설기 짝이 없는 도쿠가와 시대를 체계적이고 명료하게 소개하고 있는 명저들을 골라 번역했다. 이 시도가 한국독자들이 도쿠가와 시대를 이해하는 데에 자그마한 디딤돌이라도 되었으면 하는 바람이다.

2022년 10월 22일
번역팀을 대표하여 박훈 적음

서문

한국어판 서문

나의 책이 처음으로 한국에서 출판된다니 참으로 기쁘기 그지없다. 나는 유신사뿐 아니라 19세기 동아시아사와 혁명의 비교사를 공부해 왔는데, 2000년대 초에는 동아시아의 역사 대화에도 적극적으로 관여했다. 한국의 역사학자들과 역사 기억이라는 난제를 둘러싸고 대화를 거듭했고, 그 성과의 일부는 한국어로도 소개된 바 있다. 그러나 이번에는 본업인 메이지 유신에 관한 책을 드디어 한국 독자들에게 선보이게 되었다. 깊은 배려에 마음으로부터 감사를 드리고 싶다.

19세기 후반, 일본 열도에는 정치 체제와 권리 배분에 커다란 변혁이 일어났다. 오늘날 메이지 유신이라 불리는 이 변혁은 쌍두雙頭 연방 국가를 단두單頭 단일 국가로 바꾸었고, 동시에 열도에서 태어나 자란 사람들을 거의 평등한 존재로 만들었다. 여성의 지위는 여전히 남성의 하위에 놓인 채였고, 황족과 구舊 공가公家·다이묘 약 500가문은 특별한 대우를 받았지만, 남성 대다수는 에도시대까지와 달리 대등한 권리를 향유하게 된 것이다.

이 책은 이 변혁을 19세기에 시작된 세계화와의 관계, 그리고 국내의 '공의公議'·'공론公論' 운동에 주목하여 설명한다. 메이지 유신은 잘 알려진 대로 미국 사절단의 내방에서부터 시작되었다. 미국은 중국 무역을 위해 태평양 횡단 항로를 개설할 계획을 세우고, 중도에 있는 일본에 물과 석탄을 요구하고자 한 것이다. 이 임무의 배후에는 글로벌화의 완성이라는 비전이 있었다. 미국 국무장관은 대서양과 인도양에 더해 태평양에도 증기선 항로를 개설해, 세 대양을 연결하고자 한다고 밝혔다. 그러나 이 임무는 한편으로 일본의 격변이라는 예기치 못한 결과를 낳았다. 메이지 유신은 일본 국내뿐 아니라 동아시아 전체의 질서를 바꾸는 출발점이 되었다.

한편, 일본을 바꾼 운동의 주역은 '공의'·'공론', 즉 정치 참여 운동이었다. 막말을 풍미한 '존왕'·'양이' 운동은 개국의 확정과 왕정복고로 끝났지만, '공의'·'공론' 운동은 국회 개설을 거쳐 현재의 리버럴 데모크라시까지 이어지는 큰 물결이 되었다. 또한 그 주체는 하급 무사에 한정된 것만은 아니었다. 오히려 발단을 만든 것은 근세에는 정치적 발언권이 없었던 조정과 대大다이묘였다. 조정은 최고의 권위를 가졌으나 정치적 결정권이 없었고, 대다이묘는 도쿠가와 정부의 각료가 될 수 없었다. 이러한 '지위의 불일치'는 근세 사회 곳곳에 축적되어 있었다. 과거제가 없었으므로 서민에게는 정치 참여의 길이 없었고, 세습 신분제 아래 재능은 민간에 침전되어 있었다. 사회의 위에서 아래까지 권력과 권위, 재능과 권력의 불일치가 축적되어 있었던 것이다. 이 불일치는 미국 사절이 도래한 5년

서문

뒤, 대다이묘와 조정이 쇼군 후계 문제에 입을 열었을 때, 해소의 계기를 맞이했다. 도쿠가와 정부가 이를 탄압하자 격심한 정치 대립이 생겨 위로는 조정에서 아래로는 민간인까지, 종래에는 정계의 밖에 있던 세력이 '공의'·'공론'의 이름으로 정치 참여 운동을 시작했고, 이는 근세 체제의 붕괴로 이어졌다.

이는 19세기 세계에서 가장 대규모의 혁명 가운데 하나였다. 이렇게 말하면 위화감을 느끼는 사람이 있을지도 모른다. 러시아 혁명 이래, 혁명이란 군주제의 타도이며 그 달성에는 폭력과 프로파간다가 필수라는 인식이 세계에 퍼져있다. 지금 이를 긍정하는 사람은 얼마나 될까. 현대 세계에는 영국이나 스웨덴을 비롯한 북유럽 국가들처럼, 국왕이 존재하는 자유민주주의 국가가 있다. 러시아 혁명을 기준으로 하면 이들은 가짜 민주주의가 된다. 그러한 인식은 타당한가. 일본의 입헌군주제는 1890년에 가동을 시작했고 의회는 20세기 제2사분기에 군부의 대두로 발언력을 잃기도 했었지만, 패전 후에는 국권의 최고 기관으로 지위를 높여 현재에 이르고 있다. 이 책은 그 거대한 추세 속에서 최초의 국면만을 다룬다. 그러나 어느 정도는 비교에 도움이 될지도 모른다. 지금 우리는 일본과 중국 사이에 큰 차이가 있음을 눈으로 보고 있다. 동일하게 근대라는 시대를 경험했음에도 왜 이러한 차이가 생겼는가. 이를 이해하는 데 도움이 되기를 기대한다.

다른 한편, 이 혁명은 국내 개혁을 국회 개설로 마친 이후 다른 방향으로 전환했다. 인접국인 조선과 청조로의 '혁명 수출'이다. 조선을 지배하고 중국을 침략하는 과정에서 보인 오만한 행태들은 후손으로서 매우 부끄러운 역사이다. 20세기 말부터 한국과 중국은 급격한 경제발전을 경험했고, 한국에서는 민주주의도 뿌리내렸다. 여기에서부터 되돌아보면, 20세기의 일본과 인접국의 관계에는 선뜻 이해하기 어려운 면이 있다. 그 한 원인은 19세기 동아시아에서 일본이 개혁에 두드러졌기 때문이며, 그 출발점이 유신이었다는 점은 의심할 바 없다. 그러나 유신 당시의 일본은 이 책에서 서술한 것처럼 국내 개혁에 집중하고 있었다. 그것이 왜 '혁명 수출'로 바뀌었는가는 별도의 검토가 필요하다.

부정적인 역사는 다음 사실에서도 분명하다. 유신으로 목숨을 잃은 사람은 약 3만 5천 명이었다. 서남 내란 종결 이후, 현재에 이르기까지 정치적 사망자는 약 700명으로 세계의 근대사와 비교하면 근대 일본인끼리의 정치적 살인은 소규모에 머물렀다고 할 수 있다. 그러나 외국인에 대해서는 어땠을까. 중일전쟁에서 중국 측 희생자는 적어도 약 464만 명, 많게는 1천만 전후에 달했을지도 모른다. 한국인 희생자는 병합 시의 전쟁에서 관동대지진 학살까지 합치면 약 6만 명, 대만 정복 전쟁에서는 약 3만 3천 명이었다. 동아시아에서만도 희생은 막대한 수에 달했다. 일본인의 태도는 자국민과 외국인 사이에서 극단적으로 달랐다. 국가를 단위로 내외를 엄격히 구별해 외부의 인간을 배제하고 억압한다, 이것이 민족주의의 가장 간단한 정의일 텐데 유신 이후의 일본은 이를 가장 극단적인 형태로 보여주었던 것이다.

그러나 1945년 이후의 일본인은 한 번도 외국과 전쟁하지

서문

않았다. 그렇게 어느덧 80년이 지났다. 이 '전전戰前'에서부터의 극적인 변화는 일본이 스스로 일으킨 대전쟁의 참화와 반성에 기초하고 있다. 필자는 1950년에 태어나 그러한 '전후'의 문화 속에서 자란 사람이다. 이 책은 19세기 중반의, 어느 쪽이냐고 한다면 밝고 희망에 찬 시대를 그린다. 그러나 그 뒤에 무엇이 일어났는가를 결코 무시하는 것이 아니다. 오히려 20세기 전반의 부정적인 역사에 마주하지 않을 수 없게 되었을 때, 내 마음을 지탱해 준 것은 19세기에는 훨씬 나은 역사가 있었다는 지식이었다. 한국의 독자들께서 그 점을 이해해 주신다면 더없는 기쁨이겠다.

2025년 8월 6일
미타니 히로시

들어가며

메이지 유신에 관해 우리들은 어느 정도 알고 있을까. 서양에의 개국, 존왕양이尊王攘夷 운동, 왕정복고, 무진戊辰전쟁,[1] 폐번치현廢藩置縣,[2] 문명개화, 식산흥업, 서남西南 전쟁[3]과 같은 사건과 기획의 연속이라는 관점이 대부분일 것이다. 또한 이를 주도한 것은 사쓰마薩摩·조슈長州로, 그들이 도쿠가와 막부를 타도했고 이에 아이즈會津나 동북 지역 번들이 저항했다는 도식에 따른 이해도 상식인 듯하다.

그러나 메이지 유신은 단지 그뿐이었을까. 근세의 지배 신분인 무사가 없어졌다. 이는 유신을 세계의 다른 혁명들과 비교 논의할 수 있는 중요한 근거가 되지만 그 동안의 유신 이해에서는 간과되었던 것은 아닐까? 또한 통치 신분의 해체는 대개 지난한 과정과 다대한 희생을 동반하지만, 유신에서의 정치적 사망자는 대략 3만 명으로 앞선 시기의 프랑스 혁명과 비교해도 두 자리수 차이가 날 만큼 적었다. 이러한 현저한 특징을 위와 같은 도식에서 이해할 수 있을까.

이 책은 지금까지 등한시되었던 이러한 유신의 특징을 이해하기 위해 집필되었다. 필자는 그동안 유신을 다른 근대 혁명과 비교할 수 있도록 보편적인 용어와 도식을 사용하거나 창작해

---

[1] 1868~9년에 걸쳐 메이지 신정부와 구 막부 세력 사이에 벌어진 내전. 무진내란. 전쟁이 시작된 1868년이 무진년이었다. 본서 제12장 참조.
[2] 1871년, 번을 폐지하고 현을 설치하는 메이지정부의 중앙집권화 정책.
[3] 메이지 정부에 불만을 품은 서남(西南) 지역의 사족들이 사이고 다카모리를 중심으로 궐기하며 1877년 발생한 내전. 서남내란. 본서 제13장 제6절 참조.

설명하고자 시도해 왔다. 그러나 여기에서는 유신 과정에서 발생한 정치적 사건들을 세심히 기술한다는, 고래古來의 방법으로 되돌아가고자 한다.

새 술을 헌 부대에 담기 위해서는 새로운 방법이 필요하다. 그렇기에 여기서는 전통적인 주체 중심 기술을 버리고 과제 인식과 해결 모색이라는 모델을 사용했다. 유신이라고 하면 흔히 활약했던 특정 번이나 개인, 그리고 그 반대편에 주목하기 십상이다. 그러나 이는 실상 후세에 이루어지고 정착된 것이다. 구체적으로는 대략 메이지 말기부터 형성되어 문부성『유신사維新史』전 5권(1939~42년)으로 집대성되었다. 이는 정치적으로는 정반대 입장에 있던 전후戰後[4] 유신사학에도 계승되었다. 지금도 대부분의 사람들은 이렇게 설정된 틀에 갇혀 있는 듯하다. 세습신분제의 해체와 희생이 적었다고 하는 기본적 사실이 망각된 것은 그 때문임이 틀림없다.

이 책에서는 19세기 중반 일본인이 자각하고 있던 문제 상황을 재현한 후에, 그들이 어떠한 과제를 설정하고 해결을 모색했던가를 살펴나간다. 모색 중에 과제가 수정되고 새로운 과제도 발견된다. 이에 따른 정치적 제휴와 대항 관계도 재편성되었다. 이렇게 하면 변화를 파악하기 쉽다. 특히 유신처럼 개별 시점時點에서의 변화는 경미하면서도 안세이安政5년 정변[5]부터 서남전쟁까지의 20년 동안에는 거대한 변화가 생겨난 형태의

---

4) 일본사에서 전후란 일반적으로 2차세계대전 패전 이후를 가리킨다.
5) 쇼군 후계 문제와 조약칙허를 둘러싼 막부 내의 권력 재편 사건. 이는 안세이 대옥이라는 대대적 정치탄압으로 이어졌다. 본서 제6장 참조.

혁명을 이해하기에 편리하다. 또한 이러한 시각을 채용하면 정계에 등장한 다양한 주체를 공평하게 평가할 수 있기도 하다.

1858(安政5)년 미국과의 수호통상조약 체결과 쇼군 후계 선정 문제가 얽혀 근세 미증유의 정변이 발발, 이를 기회로 근세의 정치체제가 대붕괴를 시작했다. 이 때 인식된 정치과제를 집약하는 상징은 '공의公議'·'공론' 및 '왕정'이었다. 막부 말기 10년의 정치 동란은 이 두 점을 축으로 전개된 것이다. 이것이 두 개의 왕정복고안王政復古案에 집약되었고 도쿠가와 지배를 전면부정하는 쪽이 승리하자 이후 다음 과제가 발견되었다. 집권화와 탈신분화. 근세 일본은 두 명의 군주와 이백 수십의 소국가군으로 구성된 쌍두·연방 정치체제였는데 이를 천황 아래의 단일한 국가로 바꾸었다. 이것이 집권화다. 또한 정부 구성원은 신분을 묻지 않고 채용해 황족·다이묘·공가 400여 가문 이외에는 피차별민도 포함해 평등한 권리를 가진 신분으로 바뀌었다. 이것이 탈신분화이다. 신정부는 성립 3년 반 후에는 폐번이나 신분해방령에 의해 그 틀을 만들었다. 극도로 급진적인 시책이었다.

후자가 사회에서 실현되기까지에는 다대한 세월을 필요로 했는데 폐번도 사실 원활히 진행되지는 않았다. 무진전쟁이 발생하고 이에 승리한 조슈·사쓰마·도사土佐 병사들이 도쿄 정부의 탈취를 꿈꾸기 시작했다. 정부의 미봉책이 실패한 끝에 서남전쟁이 발생했다. 그 결과 반정부 운동은 무기를 버리고 언론에만 기대게 되었다. 그 후 현재에 이르기까지 일본에서는 국내에 관한 한, 정치적 이유로 살해된 사망자는 극히 드물어

서문

천 명이 되지 않는다. 본서 말미에서는 막말기 동시에 등장한 언론과 폭력이 어떻게 결별했는가라는 문제도 다룬다.

이 책에서는 '공의'·'공론'이라는 말을 키워드로 중시한다. 이는 5개조서문 제1조의 '널리 회의를 일으키고 만기萬機를 공론으로 결정한다'로 유명하지만 기원은 막말 안세이5년 정변까지 거슬러 올라간다. 이 해에 에치젠越前 후쿠이번주福井藩主 마쓰다이라 요시나가松平慶永[이하 더 알려진 이름인 슌가쿠로 통일]가 쇼군 후계에 히토쓰바시 요시노부一橋慶喜를 채용하고자 다이로大老 이이 나오스케井伊直弼에게 진언을 하며 히토쓰바시 추대는 '천하의 공론'이라 하였다. '공의'·'공론'은 '여의공론興議公論'이나 '공의여론', '여론'과 조합해 사용되기도 하며 세간의 다수 의견과 보편적으로 타당한 정론이라는 두 가지 의미가 있었는데, 무엇이 우위에 서는가는 때에 따라 달랐다. 또한 넓게 말하면 정부 바깥에서의 정치참가를 주장하는 말이기에 본서에서는 인재 등용이나 정권에 직접 참가를 요구하는 주장도 여기에 포함시키기로 한다. 정치 슬로건이란 대개 애매한 것으로, 그 까닭에 세상의 지지를 널리 모으는데 '공의'·'공론'은 정치참가를 긍정하고 전제專制를 비판하는 말이라는 의미에서는 일관되게 사용되었다. 막말에 발견된 이 과제는 메이지 입헌군주제를 거쳐 오늘의 리버럴 데모크라시로 이어진다. 그 기원에 관해 곰곰이 읽고 생각할 수 있는 기회가 되길 바란다.

이 책은 또한 유신의 글로벌 콘텍스트를 중시했다. 서장과 종장에서 유신의 세계적 배경과 유신이 세계에 준 충격을 개관했다. 이 부분은 유신의 이해에 불가결하기에 꼭 주의해주길 바란다. 다만 본서는 예상 외로 분량이 많아졌다. 손쉽게 유신의 내실을 알고 싶은 독자도 있을지 모른다. 그렇다면 우선 제6장 및 제9~11장부터 시작해도 좋을 것이다.

    메이지 유신은 자명한 역사가 아니다. 또한 일본인만을 위한 것도 아니다. 본서가 유신을 다시 보고, 생각하는 기회가 되기를 바라마지 않는다.

2017년 11월
미타니 히로시

차 례

서문	8
한국어판 서문	8
들어가며	13
차 례	18
서장 : 메이지 유신의 전제 — 글로벌화의 제4파	23
1. 글로벌화의 제1파 — 인류의 이주	23
2. 제2파 — 릴레이식 교역과 군사원정	25
3. 제3·4파 — 서양 기원의 지구일체화	29
4. 19세기 중반의 교통혁명과 태평양 세계	31
제1장 근세 동아시아의 세계질서	35
1.1 동아시아의 세계질서	36
1.2 근세 일본의 세계질서상	45
제2장 근세 일본의 쌍두·연방 국가	57
2.1 다이묘의 '국가'	58
2.2 중심 1 — '공의'	66

2.3	중심 2 — '금리'	72

제3장　근세 일본 사회 — 구조·동태와 사회결합의 변화　**81**

3.1	'지게' 사회 — 본적에 의한 신분	83
3.2	신분 동태 — 직능에 의한 신분	85
3.3	'지게'에서 '국민'으로	91
3.4	지적 네트워크의 형성 — 신분과 지역을 넘어	94

제4장　19세기 전반의 국제 환경과 대외론의 축적　**99**

4.1	동아시아 국제환경의 변화	100
4.2	쇄국 정책에 대한 실천 의지	104
4.3	지식인의 세계 인식	109

제5장　막말: 대외정책의 변화　**118**

5.1	아편전쟁과 쇄국 유지의 모색	119
5.2	공의의 정책 전환 — 한정적 개국에서 적극적 개국으로	127
5.3	국내 저항과 외교	131

제6장　막말: 정치질서의 붕괴　**141**

6.1	외압에의 기술적 대응과 정치적 왜곡의 축적 (1853~58)	142
6.2	안세이 5년 정변(1858)	150
6.3	어떠한 비극이었는가	176

차례

제7장	막말: 공의·존양·강병 운동	**181**
7.1	공무화해의 시도 및 막부의 강병 개혁과 대다이묘 공의 운동의 교착	185
7.2	양이운동의 정국 지배	198
제8장	막말: 질서재건의 모색 — '공무합체' 체제의 성립과 무력 충돌의 출현	**218**
8.1	'명현후'의 상락과 '정체 일신'	221
8.2	'공무합체' 체제와 외부 세력	230
8.3	조슈의 교토 진격과 조적화	239
8.4	'합체'와 '공의'의 경합 (1) — 제1차 조슈 정벌을 둘러싼 술수	245
8.5	'합체'와 '공의'의 경합 (2) — 조슈의 '대적' 체제, 조약칙허 문제	253
8.6	조슈 최종 처분안과 삿초의 접근	259
제9장	유신: '왕정'·'공의' 정체로 (1) — 최초의 시도부터 최후의 다이묘 회의까지	**265**
9.1	조슈 전쟁 — '어위광'의 실추	266
9.2	도쿠가와 요시노부의 계승과 '공의' 정체 전환의 기회 상실	270
9.3	마지막 쇼군의 외교와 정체 일신	275
9.4	공의파 4후와 쇼군 요시노부	279
제10장	유신: '왕정'·'공의' 정체로 (2) — 무력 동원과 정책·제휴 관계의 격변	**286**

10.1 사쓰마와 도사의 정책 전환 — 무력 동원과 신정체 구상 290

10.2 정권 반납 운동과 거병책의 상승적 전개 295

제11장 유신: '왕정'·'공의' 정체로 (3) — 두가지 '왕정복고' **306**

11.1 도쿠가와 요시노부의 정권 반납 306

11.2 사쓰마와 이와쿠라 도모미 — 거병에서 쿠데타로의 전환 315

11.3 왕정복고 쿠데타로의 길 — 공의파 친번 도쿠가와 다이묘의 참가 320

11.4 쿠데타에서 내전으로 — 요시노부 의정 취임 공작과 좌절 329

제12장 메이지: 정체 변혁의 3년 반 — '공의'·'집권'·'탈신분' **341**

12.1 '일신'의 제도 — 국가기본법 「정체」의 의미 342

12.2 무진내란 — 규모의 한정성·부차 효과의 거대함 354

12.3 지역 간 경쟁과 '공의' '집권' '탈신분' 369

제13장 메이지: 급진적 개혁과 무력반란 **383**

13.1 탈신분화로 — 신분해방정책 386

13.2 '국민' 육성책 — 교육과 징병 392

13.3 지역 간 통합 정책 — 토지·인민의 조사와 교통·통신 기반의 건설 396

차례

   13.4 재정 통합과 가록 처분   401
   13.5 잔류 정부 쿠데타와 정한론 정변   408
   13.6 서남내란 — 유신 동란의 종결, 폭력과의 결별   418

종장 : 비교와 글로벌화에서 본 메이지 유신   **435**

   1. 변혁 과정의 개요   436
   2. 국내의 구조 변화   443
   3. 희생이 적은 이유 — 비교 고찰   447

후기와 부록   **463**

   저자 후기   463
   역자 후기   468
   연보   474
   에도시대 막부 관직 구조   483

찾아보기   **490**

서장 : 메이지 유신의 전제
— 글로벌화의 제4파

19세기 일본에서 일어난 메이지 유신은 인류사 속에서 몇차례 발생한 글로벌화의 파도 중 제4파 가운데 태어난 것이다. 글로벌화의 제4파는 18세기 서양에서 발생, 19세기에 가속해 현재까지 이어지고 있다. 이는 유라시아 대륙의 동쪽 바다에서 비교적 고립해 있던 일본을 전세계를 잇는 네트워크 속에 끌어들여 격변하게 했다. 뿐만아니라 메이지 유신으로 격변한 일본은 근린 여러 나라들과도 새로운 관계를 맺으며 동아시아 전체를 크게 변화시켜 갔다.

1. 글로벌화의 제1파 — 인류의 이주

현재 우리들은 글로벌화를 지구 전역을 순식간에 연결하는 인터넷이나 금융시장, 혹은 항공망에 의한 비즈니스나 관광을

서장 : 메이지 유신의 전제 — 글로벌화의 제4파

통해 체험하고 있다. 2008년 가을에 미국에서 발생한 금융위기가 순식간에 온 세계를 휩쓴 것처럼 우리들 일상생활은 가까운 세계만으로 완결되지 않고 지구 반대편에서의 움직임과도 이어지고 있으며 그 영향에서 벗어날 수 있는 사람은 현재 지구상에 거의 없다.

이같은 사람들의 연결은 사실 예전부터 존재했다. 지구 각지를 연결하는 네트워크의 성장이 가속한 것은 기술과 과학의 밀접한 결합으로 교통·통신 기술이 비약적으로 향상된 19세기 무렵부터지만 그 이전에도 글로벌한 연결은 존재했다. 무엇보다 인류의 이주 역사가 이를 보여주고 있다. 사람이 유전적으로 현재의 원숭이류와 분화된 것은 수백만 년 전 아프리카에서 일어난 일이라고 한다. 그 후 인류는 몇차례에 걸쳐 아프리카를 떠나 유라시아 대륙으로 퍼져갔다. 열대와는 달리 유라시아 온대에는 기생충이나 병원균이 적었기 때문에 인류는 각지에서 번성하기 시작했다.[6) 언어, 수렵 기술이나 의복을 발명한 현생인류에 이르러서는 사냥에 경계심이 없는 동물들을 좇아 한대지역까지 진출했고, 당시는 육지로 이어진 아메리카 대륙으로도 건너가 1만 수천 년 전에는 아메리카 남단까지 도달했다. 20만 년 정도 전에 등장한 현생인류는 지금도 하나의 종으로 계속 존재하고 있다.

현생인류는 아프리카에 거주했을 때부터 형상과 생활 양식에 상당한 변이가 발생했는데 그 차이는 이주에 따라 확대

---

6) William H. McNeill, *Plagues and Peoples*, 1976. / 윌리엄 맥닐 저, 김우영 역, 『전염병의 세계사』이산, 2005.

되었다. 특히 현생인류 최대 특징인 언어는 극히 많은 종류가 태어났다. 현재 남아 있는 것만으로도 6천개의 언어가 있다고 한다. 그 결과 바벨탑 전설이 보여주듯, 생물학적으로는 같은 종에 속하면서도 인류는 언어에 따라 여전히 분단되어 있다. 현재 세계여행을 하려고 하면 어떤 변방 지역이라도 3일만에 도착할 수 있으나 그곳에 살고 있는 사람과 대화를 시작하고자 하는 순간 눈에 띄는 곤란함을 깨닫게 될 것이다. 만나서 인사하고 음식을 함께 하는 것까지는 어렵지 않겠지만 상대방의 의사를 정확히 이해하는 것은 용이하지 않다. 복수의 언어를 이해할 수 있는 사람 혹은 현재 사실상 세계어가 된 영어를 말하는 사람은 세계 인구에서 보면 여전히 소수파이다.

2. 제2파 — 릴레이식 교역과 군사원정

이같이 최초의 글로벌화, 인류의 이주는 생물학적인 동일성은 유지시켰지만 세계 각지에 산재한 사람들을 연결시키는 힘은 약했다. 인류사의 시간은 대부분 이같은 조건하에서 지나갔던 것이다. 그러나 인류는 그러한 환경에서도 릴레이식의 연결은 가지고 있었다. 수렵·채집을 생업으로 이동하는 사람들도, 정주해 농경이나 유목에 종사하는 사람들도 교역을 했다. 식량이나 도구를 완전히 자급자족할 수 있는 사람들은 많지 않았다. 조몬繩文시대[7] 유적에는 상당히 떨어진 원격지에서 산출된

---

7) 기원전 1만 5천년~10세기[혹은 기원전 3세기]에 이르는 일본의 후기 구석기시대, 신석기시대를 지칭한다. 조몬토기의 활용이 대표적이며 수렵과 채집 생활이 중심이 되었다.

서장 : 메이지 유신의 전제 – 글로벌화의 제4파

흑요석으로 만들어진 석기가 종종 발견된다.[8] 이같은 물건 교환은 때로 기술 전파를 동반하며, 나아가 특정 물건이 다양한 물건과 교환될 수 있는 매체로 선택되어 화폐가 되었다.[9] 동아시아에서는 면포나 쌀이 화폐로 사용된 대표적 물건이었다. 이같은 물건이나 화폐의 교환은 릴레이식으로 연결되었다. 태평양의 어느 군도 사람들은 특정 조개를 보물로 주고 받는 하나의 세계를 형성했으나 그 한쪽 끝단과 다른 쪽 끝에 사는 사람들은 일생 동안 만나지 않는 것이 보통이었다.[10] 각각의 커뮤니티가 고립되어 서로가 서로를 직접 알지 못해도 교환은 상당한 시차를 동반하면서 이들을 연결시켰던 것이다. 교통로가 발달하자 실크로드와 같이 유라시아 대륙의 끝단이 서로 이어지게 되었다.

그러나 교환된 것은 좋은 것만 있지는 않았다. 사람과 사람이 만나면 질병도 옮겨진다. 감염병 또한 글로벌한 현상이었다. 현재의 인플루엔자는 그 대표 사례인데 과거 세계에서도 천연두, 페스트, 티푸스, 매독, 결핵, 콜레라, 말라리아 등이 세계 각지의 사람들을 괴롭혀 왔다. 세계 역사상 유명한 것은 서양인이 아메리카에 나타났을 때 현지 사람들이 천연두에 감염되어 서양인에 의힌 정복이나 식빈보다도 앞서 인구가 급감

---

8) 堤隆 『黑曜石 三萬年の旅』 日本放送出版協會, 2004.
9) 黒田明伸 『貨幣システムの世界史』 岩波書店, 2003 / 구로다 아키노부 저, 정혜중 역 『화폐시스템의 세계사』 논형, 2005.
10) Bronisław Malinowski, *Argonauts of the Western Pacific*, 1922.

한 사실이다.[11] 유라시아 대륙에 사는 사람들은 긴 시간 동안 다양한 감염병을 경험하며 면역을 가진 사람도 증가해 갔지만 오래 전 아메리카로 이주한 사람들의 자손이 가진 면역은 범위가 좁았다. 때문에 서양인이 옮긴 천연두가 유행한 결과, 콜럼버스 도래 이후 인구는 순식간에 이전의 5%로까지 격감했던 것이다. 감염병 유행은 무역이 신장함에 따라 증가한다. 19세기 일본도 몇차례나 콜레라 유행으로 고통받았다.[12] 이는 공중위생사업을 철저히 한 덕분에 메이지 말기에 진정되었지만 결핵은 항생물질을 발견할 때까지 수그러들지 않았다. 현재의 인플루엔자가 백신 개발과 바이러스 변이의 끝없는 되풀이 가운데 있음은 주지하는 대로다.

릴레이식 글로벌화는 종교 유포에도 보인다. 불교, 기독교, 이슬람교 등은 많은 경우 이렇게 확대되었다. 그러나 현장삼장玄奘三藏의 불전을 찾아가는 여행이나 기독교 예수회 선교사들의 동아시아 포교에서 보이듯, 이른바 세계 종교의 경우 계획적으로 원거리 전도가 시도되었고 그 역할도 적지 않았다.[13]

릴레이식 글로벌화 현상은 옛부터 현재까지 계속되고 있는데 때로는 군사적 정복도 큰 역할을 수행했다. 지금으로부터 2300여년 전 그리스 세계에 등장한 알렉산더가 지중해 동부를 정복하고 나아가 동방의 페르시아에서 중앙아시아, 인더스강

---

11) Jared Diamond, *Guns, Germs, and Steel: The Fates of Human Societies*, 1997 / 재레드 다이아몬드 저, 강주헌 역,『총 균 쇠』김영사, 2023.
12) 飯島涉『感染症の中國史』中央公論新社, 2009.
13) 前田耕作『玄奘三藏、シルクロードを行く』岩波書店, 2010; 高橋裕史『イエズス會の世界戰略』講談社, 2006.

서장 : 메이지 유신의 전제 — 글로벌화의 제4파

유역까지 족적을 남긴 것은 최초의 대규모 사례다.[14) 그의 제국은 단기간에 와해되었지만 현지민의 문화에 미친 영향은 거대했고 교역망을 타고 더욱 넓은 지역으로 전파되었다. 간다라 석가상에 보이듯 불교도가 우상을 만들어 숭배하기 시작해, 그것이 중국을 거쳐 일본까지 전해진 사례가 전형적이다. 물론 인류사상 최대 정복은 유라시아 대륙의 거의 전영역, 인도와 대륙 서쪽 끝단을 제외한 대부분을 차지한 13세기 몽골이다.[15) 이 경우 몽골족 자신의 문화가 확대된 것은 아니었는데, 알렉산더와 마찬가지로 그들은 현지 사회가 지배를 받아들이는 한 현지의 관습을 존중했다. 특히 원거리 교역망을 중시하고 이를 소수자에 의한 지배의 재정財政 및 정통성의 원천으로 삼았기 때문에, 대륙의 동서를 잇는 문화적 교류는 더욱 왕성해 졌다. 다만 이러한 군사원정과 교역의 활발화는 앞서 본 것처럼 감염증의 전파를 동반했다. 가령 몽골의 원정은 원래 히말라야 산록의 풍토병이었던 선腺페스트를 쥐나 벼룩과 함께 북방으로 옮겨 14세기에는 중국 인구를 격감시키는 한편, 이를 몽골 고원에서 중앙아시아 초원지대로 확대시켜 갔다. 유럽에까지 도달해 '흑사병' 공포를 일으킨 것은 유명하다.(McNeill[p.24])

그 밖에 글로벌한 영향을 미친 군사 원정으로는 7세기에 시작된 무슬림의 유라시아 서남부·아프리카 북부에서의 제국 형성,[16) 교역을 매개로 한 유라시아·인도양 해역에의 이슬람

---

14) 森谷公俊『アレクサンドロスの征服と神話』講談社, 2007.
15) 杉山正明『クビライの挑戰』講談社, 2010.
16) 小杉泰『イスラーム帝國のジハード』講談社, 2006.

교 보급, 그리고 16세기 유라시아 서단西端 나라들에 의한 아메리카 대륙 정복 등을 들 수 있을 것이다.

3. 제3·4파 — 서양 기원의 지구일체화

16세기 이래 서양 각국은 세계 각지에 지배를 확장해 나가, 스페인·포르투갈·네덜란드·영국·프랑스는 지구 각지에 식민지와 속령을 가진 세계 제국을 구축했다. 이는 글로벌화의 제3파로 볼 수 있는데 반드시 군사적 정복이 선행한 것은 아니었다. 이들은 항해술을 연마하며 전 지구적 교역과 이민, 기독교 포교를 시도했고 이에 따라 그 패권이 개별적이며 점차적으로 진행되었다. 가령 영국의 서인도(아메리카)와의 관계가 식민에서 영역지배로 전환된 것은 일찍이 17세기부터였지만 동인도(인도 동쪽에서 일본까지)와의 관계는 먼 훗날까지 교역이 중심이었다. 18세기 영국에서는 차 소비가 급증하는데 이는 동인도에 있는 중국에서 수입된 찻잎과 속령인 서인도에 설치한 플랜테이션에서 생산된 설탕의 조합 속에서 이루어진 것이었다.[17]

글로벌화의 제3파는 18세기말부터 가속되어 현재에 이르고 있다. 이는 과학과 기술의 결합을 기초로 전개되었고 '주권', '국민', '민주'라는 새로운 질서 규범의 전파를 동반하면서 실로 지구를 일체화시켜 갔기에 네 번째 파도로 보는 것이 적당할 것이다.

---

17) 角山榮『茶の世界史』中央公論社, 1980; 川北稔『工業化の歷史的前提』岩波書店, 1983.

서장 : 메이지 유신의 전제 — 글로벌화의 제4파

  현생인류는 탄생 이래 사냥이나 요리, 농경이나 목축을 시작해 언어와 집단생활을 수단으로 많은 기술을 개발·축적해 왔다. 19세기에는 17세기부터 발전을 시작한 과학이 기술과 결합하며 인류사회에 영속적인 영향을 미치게 되었다.[18] 이러한 기술·과학의 결합 속에서 글로벌화의 가속에 직접 영향을 미친 것은 교통·통신 기술의 비약적 발전이었다. 18세기에 광산의 양수 펌프를 만들기 위해 과학 지식을 동원하며 개량을 거듭한 증기기관은 19세기에는 철도와 선박에 탑재되었고 이에 따라 지구상의 시간 거리가 급격히 축소되기 시작했다.

  다른 한편, 전기의 발견은 오늘날의 인터넷처럼 세계를 순식간에 연결할 가능성을 열었다. 전기는 과학에 의해 비로소 이용가능하게 된 에너지로, 19세기에 탄생한 기술과 과학 결합의 특징을 잘 보여준다. 이는 당초 에너지로서보다 통신수단으로 주목받았다. 전기통신은 빛의 속도로 원격지를 연결해 주었다. 전신기술이 개발된 후 1850년에는 도버해협에 해저 케이블이 깔렸다. 이후 시행착오 끝에 1866년 대서양을 횡단하는 대륙간 통신이 성공하자 지구상의 주요 지점을 잇는 전신망이 폭발적으로 형성되기 시작했다. 유럽에서 중국으로, 시베리아 경유와 인도양 경유의 두 케이블이 뻗어 나가 6년 후인 1871년에는 이 두 해저 케이블이 나가사키에서 연결되었다.[19] 북쪽을 도는 종점 블라디보스토크와 남쪽을 도는 종점 상해가 나가사키

---

[18] 村上陽一郎 『技術(テクノロジー)とは何か』 日本放送出版協會, 1986.
[19] 大野哲彌 『通信の世紀 : 情報技術と國家戰略の一五〇年史』 新潮社, 2018; 有山輝雄 『情報覇權と帝國日本 Ⅰ』 吉川弘文館, 2013.

방향 회선을 통해 연결되었고 그 덕에 일본은 구미와의 속달 통신 수단을 손에 넣었다. 같은 해 미국과 유럽 방문에 나선 이와쿠라 사절단은 1873년 귀국 시에 이러한 세계 전신망을 일부 사용해 본국과 연락을 취했다.

4. 19세기 중반의 교통혁명과 태평양 세계

1848년 2월, 미국은 멕시코와 전쟁한 결과 태평양 연안의 캘리포니아를 탈취했다. 당시 1만 4천여명 정도가 사는 곳에 불과했지만 마침 사금砂金이 발견되고 소문이 퍼지며 이듬해인 1849년에는 미국과 유럽에서 배가 쇄도해 1년 간 인구가 10만명 가깝게 늘었다.

이 골드러시는 미합중국이 대륙 국가로 발전하는 획기가 된 사건으로 알려져 있는데 그 이상의 의미도 가지고 있다. 이전부터 북대서양을 사이에 두고 형성되어 있던 무역과 이주 네트워크에 태평양 연안이 편입되고 나아가 당시까지는 뿔뿔이 흩어져 있던 태평양을 감싸고 있는 여러 지역 사이에도 네트워크를 창출하는 계기가 되었던 것이다.[20] 캘리포니아의 인구 급증은 그곳에서 활동하는 사람들의 식량 수요를 불러와 칠레의 곡물, 멕시코의 커피와 코코아, 오스트레일리아의 감자, 중국의 설탕과 쌀 등을 운반하기 위한 교역망이 태평양 위에 만들어졌다.

---

20) Eric Hobsbawm, *The Age of Capital: 1848~1875*, 1975 / 에릭 홉스봄 저, 정도영 역 『자본의 시대』 한길사, 1998; Eric Hobsbawm, *The Age of Empire: 1875~1914*, 1987 / 에릭 홉스봄 저, 김동택 역 『제국의 시대』 한길사, 1998.

또한 캘리포니아는 북미 동부, 유럽, 멕시코 사람들의 관심만을 끌었던 것이 아니었다. 태평양을 항해하는 포경선이나 상선의 선원들에게는 가혹한 노동에서 탈출할 꿈을 제공했고, 태평양 저편으로부터는 마찬가지로 빈곤한 중국인 노동자를 대량으로 끌어 들였다. 이는 근대 태평양 지역을 특징짓는 화교 대량 이주의 시작이었다.

1854년 일본의 개국은 이 사건과 깊이 관계되어 있다. 골드러시는 그 직전부터 미국 정부가 생각하고 있던 북태평양 횡단항로의 개설계획에 현실적 근거를 제공했던 것이다. 이 계획은 아편전쟁 결과로 서양에 개방된 중국 시장을 목적으로 해, 증기선으로 뉴욕과 상해 사이를 런던-광동 간 영국 상선보다 단기간에 연결하고 가격 경쟁에서 영국을 꺾고자 한 것이었다. 미 하원의 위탁으로 해군 전문가가 제작한 항로 상정도에는 북미 서해안에서 중국에 이르는 두 가지 루트가 그려져 있다. 북쪽의 활과 같이 보이는 것은 대권大圈항로로 실은 최단 루트였으나 중도에 피박避泊할 만한 항구가 없고 기상도 험했기에 실제로는 남쪽 하와이 경유의 보다 긴 루트가 선택되었다. 증기선은 대량의 담수와 석탄을 필요로 하기에 상품을 충분히 적재하기 위해서는 어떻게 해서든 도중에 부급항이 필요하다. 그 중 하나로 석탄을 산출하는 일본 남부에 항구를 원했다. 바로 페리가 일본에 바란 것이었다.[21]

---

21) John Curtis Perry, *Facing West: Americans and the Opening of the Pacific*, 1995; Samuel Eliot Morison, *Commodore Perry and the Opening of Japan: Narrative of the Expedition of an American Squadron to the China Seas and Japan, 1852~1854*, 1967 / J. C. ペリー『西へ!』PHP研究所,

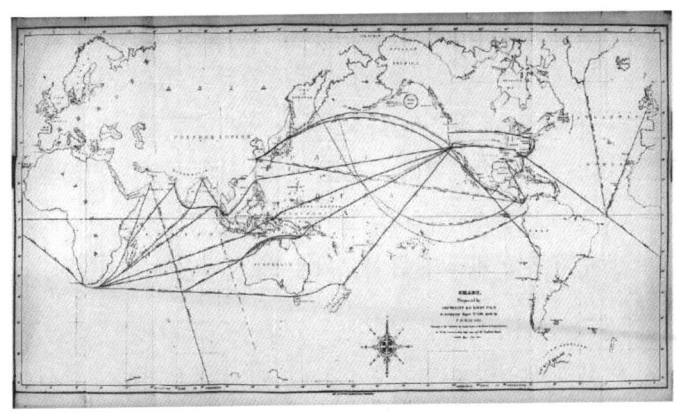

1848년에 미국의회에서 제작한 태평양 지도와 증기선 항로[22]

미동해안의 항구나 공업도시에서 태평양안으로 나가기 위해서는 당초 남미의 최남단인 혼 곶^{Cape Horn}을 돌아야만 했다. 이곳은 기상 조건이 험악하고 시간도 걸렸기에 미 정부는 보다 좋은 교통로로 북미와 남미를 잇는 지협^{地峽}에 주목해 파나마에 철도를 건설했다. 미일화친조약 이듬해의 일이다. 동해안에서 증기선으로 파나마로 가 철도로 태평양안 지협을 횡단해 또다시 증기선을 타고 캘리포니아나 오레곤으로 향하는 경로로, 1860년 수호통상조약 비준서 교환을 위해 태평양을 건넌 일본 사절은 이와 반대 경로로 수도 워싱턴에 도착한다.

다만 약 10년 후인 1872년에 구미를 방문한 이와쿠라 사절

1998.
22) CHART, Prepared by Lieutenant M. E. MAURY, U.S.N. to accompnay Report No.596, to House of Representatives, 30th Congress, First Session, May 4, 1848.

서장 : 메이지 유신의 전제 — 글로벌화의 제4파

단은 별도의 경로를 택했다. 샌프란시스코에 상륙해 3년 전 막 개통한 대륙횡단철도를 타고 동해안을 향했던 것이다.[23] 최초의 SF 작가 쥘 베른이 『80일간의 세계일주』를 저술한 바로 그 해였는데, 이와쿠라 도모미 등의 구미 방문도 동쪽으로 도는 동일한 루트를 따라 당초 예정으로는 10개월 반이라는 단기간에 지구를 일주해 돌아오기로 되어 있었다.

이상과 같이 19세기 중반에는 서양이 일으킨 장기적·비가역적 변화가 태평양 지역에도 이르렀다. 이는 유라시아 동단의 바다 가운데 있는 나라, 일본에 메이지 유신이라는 격변을 일으키고 마침내 19세기 말부터 20세기에 걸쳐 동아시아 전체, 나아가 세계를 바꾸어 가게 된다.

그렇다면 이러한 서양 주도의 글로벌화와 새로운 질서 원리를 받아들인 일본과 동아시아에는 어떤 사회가 있었던 것일까. 우선 동아시아 전체의 국제질서, 이어서 '근세' 일본을 살펴보자.

---

23) 久米邦武 『現代語譯 特命全權大使 米歐回覽實記』全五卷, 慶應義塾大學出版會, 2008 / 구메 구니타케 저, 정애영 외 역, 『특명전권대사 미구회람실기』1~5, 소명출판, 2011.

제 *1* 장

근세 동아시아의 세계질서

역사가 시작된 이래, 동아시아에서는 중화제국을 중심으로 세계 질서가 만들어져 왔다. 서양이 강렬한 영향을 미치기 시작하기 직전, 18세기 후반의 양상을 대략적으로 살펴 보자.

태평양 서안에는 일본열도를 포함해, 활등처럼 굽은 모양으로 섬들이 이어져 있다. 이들과 대륙 사이에는 다소 넓은 바다가 있고 그곳에 연해 각지를 연결하는 해상 교역망이 발달했다. 다만 북부와 남부에서는 국가의 존재 방식이 상당히 달랐다. 동북에는 중국·한반도·일본열도에 강력한 농업국가가 존재해 엄격한 국경관리가 이루어진 것에 비해, 남부에는 교역에 의존하는 국가가 많았고 국경 관리에 대한 관심은 약했다. 때문에 동남아시아에 화인華人(중국 이민자)이 다수 이주한 것에 비해 동북의 한반도나 일본열도에 이들이 정착하는 일은 없었다. 교역면에서 태평양 서안 지역은 모두 연결되어 있었지만, 정치

제1장 근세 동아시아의 세계질서

질서면에서는 북과 남이 상당히 달랐던 것이다.[1] 이하에서는 주로 동북의 국가들을 대상으로 국제관계를 개관해 보자.

1.1 동아시아의 세계질서

현재 우리들이 동아시아라 부르는 지역은 19세기에 서양이 지구를 하나로 만들기 이전에는 지구상에 존재했던 여러 문명권의 하나이자 이념상으로는 자기완결적인 하나의 세계였다. 이는 유라시아 대륙 동단에 지금으로부터 2천년 정도 전에 태어난 중화제국을 중심으로 발달한 세계로, 몽골로이드가 다수를 차지하는 점이나 한자라는 표의문자를 공유하는 점에서 여전히 세계의 다른 지역과는 확실히 다른 특징을 가지고 있다. 이곳에는 크고 작은 몇몇 나라가 있었는데 국제관계는 정치·경제·문화 모든 면에서 탁월한 하나의 대제국 '중국'을 중심으로, 이와 주변 여러 국가가 맺은 관계의 다발로 만들어졌다. 현재, 이를 '중국적 세계질서'라고 부른다.

이 세계질서는 오늘날 세계를 지배하는 주권국가 질서와는 완전히 다른 구조였다. 후자가 다수의 주권국가 사이의 대등관계를 기본으로 하는 다극질서인 것에 비해 중국적 국제질서는 단극單極으로, 중심과 주변으로 이루어진 상하 계층관계였다. 청말 정치가인 캉유웨이가 이야기한 '일통수상一統垂裳'(한 사람의 황제 아래 존비尊卑의 질서가 정해짐)하는 형태[그림 1-1]이

---

[1] 羽田正 編 『海から見た歷史』 東京大學出版會, 2013 / 하네다 마사시 편, 조영헌·정순일 역, 『바다에서 본 역사』 민음사, 2018; 桃木至朗編 『海域アジア史硏究入門』 岩波書店, 2008.

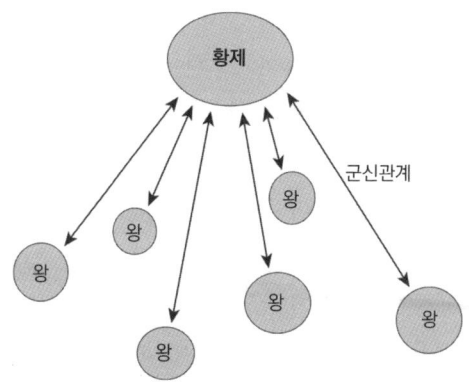

1-1. 중국적 세계질서 모델
캉유웨이에 의한 '일통수상'의 이미지. 여러 국가들의
왕은 황제의 신하가 된다.

다. 이 질서를 지배하는 룰은 '중심'에 의해 규정되지만 '주변' 측은 이를 받아들이면서도 '주변' 나름의 별도 해석을 내리고 있었다. 여기에서는 세계질서가 이른바 하나의 평면상에 있는 것이 아닌, 중심으로부터와 주변으로부터라는 두 가지 견해가 중첩되며 만들어졌던 것이다.[2]

---

[2] [원주] 이하의 설명은 당시 사람들이 그린 규범적 질서상이자 그 질서는 이러해야 한다는 이미지를 단순화해 표현한 것이다. 그때 그때의 사정에 강하게 지배되는 실제 행동이나 나라의 강약, 이해와 관련된 인식은 여기서부터 멀어지는 경우도 적지 않다.

제1장 근세 동아시아의 세계질서

'중화'에 의한 세계규정

중국적 세계질서 원리를 '화이華夷' 관념이라 부른다. 세계의 중심에 문명을 세운 '천조天朝'는 우주를 지배하는 지고한 존재인 '천'으로부터 그 '덕'을 인정받은 군주가 지상의 인류 모두에게 인간의 '도'를 가르칠 사명, 즉 '천명'을 받아 통치한다. 인류는 이 교화를 받느냐의 여부에 따라 '화'와 '이'로 나뉜다. 그러나 그 차이는 고정적이지 않다. 황제의 거처, 중심으로부터 멀어짐에 따라 교화에 따르는 사람은 감소하기 때문에 주변을 향할수록 '화'가 줄어들고 '이'의 비중이 증가한다. 이 세계관은 현재의 주권국가와 달리 하나의 선으로 내외를 준별하지 않고 중심에서부터 바깥을 향해 동심원적으로 관계가 약해지는 형태를 취하고 있다.[3]

다만 일본의 근세와 거의 동시대에 중국을 지배한 청조는 한족 왕조와는 다른, 다소 복잡한 질서상을 가지고 있었다(杉山[p.28]). 청조는 현재 중국의 동북부에 살고 있던 여진족이 세운 왕조로 17세기 중반에 중국 북부 중원(문명의 중심부인 황하 중하류 지역)에 들어와 그곳에 사는 한족도 지배하는데 이르렀다. 이에 앞서 동북부를 통일했을 무렵, 몽골의 수장으로부터 징기스칸 이래의 '대칸' 칭호를 물려받고 그 자격으로 몽골족,

---

3) 岸本美緒「東アジア・東南アジア傳統社會の形成」『岩波講座世界歷史 十三』岩波書店, 1998; 茂木敏夫『變容する近代東アジアの國際秩序』山川出版社, 1997. [원주] 중화제국도 가령 러시아와의 네르친스크조약(1689년)과 같이 주변국과 국경을 결정하는 일이 있었다. 그러나 이는 문제가 일어났을 때 그 상대국에 한정해 이루어진 것으로 국경을 일반적으로 규정하고자 하는 발상은 없었다. 吉田金一『近代露淸關係史』近藤出版社, 1974.

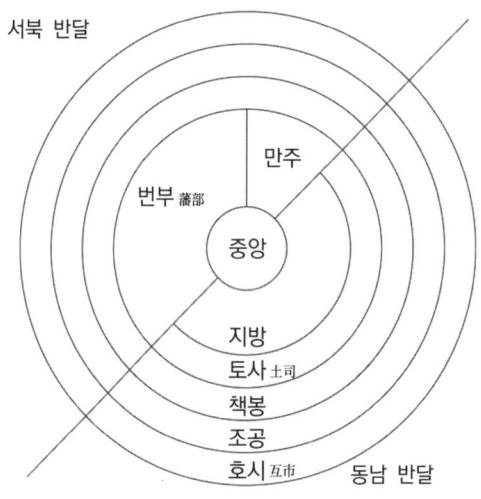

1-2. 화이개념 모델

서역의 회족(무슬림), 남쪽의 티베트족을 복속시켰다. 종족명도 스스로 '만주'라 고쳤다. 맨콜^{Mark Mancall}은 이에 주목해 청조의 지배는 '대칸'으로 지배하는 서북부의 반월과 '황제'로 지배하는 동남부의 반월이라는 두 가지 질서의 복합체[그림 1-2]라 하였다. 그 지배는 만주족을 중심으로 타 종족도 들어간 '팔기八旗'라는 조직을 핵으로 이루어졌는데 '동남 반월'을 지배하는 행정조직은 기본적으로 명조의 제도를 답습했다. 북경에서부터 바깥을 향해 다음과 같이 구분되었다.

① 지방 : 한족이 다수파로, 누구나 시험을 볼 수 있는 과거科擧를 통해 선발된 황제 직속 관리가 파견되어 통치하는 성省–부府–현縣의 범위.

② 토사土司·토관土官 : 각종 이민족이 살고 그 수장들에게 문관이나 무관 칭호를 부여해 간접적으로 통치하는 범위(쓰촨·윈난 등의 서남부).
③ 책봉국 : 먼 곳의 수장에게 사절 파견을 권유하고 황제에 대한 복종의 표시로 공물을 헌상하게 하며(조공) 그 대가로 '왕'호를 부여하는(책봉) 범위(조선, 류큐, 베트남, 미얀마 등).
④ 조공국 : 반드시 책봉을 요구하지는 않지만 조공은 허가한 범위(타이 등).
⑤ 호시互市 : 책봉도 조공도 요구하지 않지만 민간인에 의한 무역은 인정하는 범위(일본, 서양 국가들 등).

이 가운데 책봉과 조공은 지금의 외교에 해당하는 관계인데 어디까지나 황제와 주변국 왕 사이의 군신관계로 간주되었기에 예부禮部라는 관청이 담당했다. 이에 비해 '서북 반월'과의 관계는 '이번원理藩院'이 관할했다. 만주족 이외의 서북 제 종족, '번부藩部'[4])와의 관계를 관장했기 때문이다.

'천조'와 주변국의 관계는 화이관념에 기반해 조직되었다. 주변국 수장은 '천자'가 파견한 사자의 부름에 응하고 '중화'의 덕을 흠모하며 사절을 파견해 신하로 복속하는 뜻을 밝힌 문서('표表'라 부른다)와 함께 국내산 물품을 헌상한다. 이것이 조공이다. 황제는 그 충성을 치하하고 문명에 상응하는 상등

---

4) [원주] '번(藩/蕃)'은 안채를 지키는 울타리라는 의미로 중심으로부터 주변부를 바라보는 이름이기는 하지만 '만(蠻)'과 같이 명확한 멸칭은 아니었다. 근세 일본의 다이묘를 '번(藩)'이라 부르는 경우도 마찬가지다.

물품(고급 비단 제품·도자기 등)을 하사(회사回賜)해 귀국하도록 한다. 군신의 상하관계를 전제로 한 증여 교환 시스템이다. '천조'는 조공국과 밀접한 관계를 유지하고자 하는 경우 특별히 역력曆(정삭正朔)을 부여해 '천'의 질서에 편입시키고 나아가 문서('책冊'이라 부른다)와 국왕의 인장(국새)을 수여해 그 수장을 '왕'의 대열에 들어섰다고 선언했다. 이것이 책봉이다. 책봉국은 중화를 '상국上國', '종주宗主'라 부르고 중화는 이를 '번속'으로 칭했기 때문에 이를 종속관계라 부른다. 이 군신관계는 삼궤구고(황제 앞에서 세 번 절을 하고 그 때마다 이마를 세 차례 땅에 닿는 것) 등의 정치精緻한 복속 의례에 따라 관리되었다. 주변국으로서는 구태여 몸을 낮춘 격인데 국가의 안전, 경제·문화적 보상은 충분히 컸다.

다만 근세 일본과 같이 민간 교역인 '호시'만으로 그치는 것도 불가능하지는 않았고 명조와 달리 청조의 주변국과의 관계는 '호시' 부분이 상당한 비중을 차지했다.[5]

이 질서는 실제로는 유연하게 운용되었지만 관념상으로는 상하관계를 절대시하여 '천조'는 결코 스스로와 대등한 '타자'를 인정하지 않았다. '덕'에 의한 교화는 '천명'을 받은 황제가 독점하고 있기 때문이다. 반면, 인간이 인간인 한 '도'와 무연無緣한 자는 없으며 따라서 이론상, 황제의 덕치에 따르지 않는 자는 있을 수 없다. 여기서부터는 배척 논리가 생기지 않고 반대로 덕을 흠모하는 자는 누구라도 받아들여 마땅한 지위를

---

5) 岩井茂樹「朝貢と互市」川島眞編『東アジア近現代通史 一』岩波書店, 2010.

부여한다는 포섭 논리가 우위에 선다. 세계는 다양하므로 전 세계의 통치자를 자처하는 황제에게 이같은 논리는 필수였다. 19세기에 서양이 강하게 관여하기 이전의 동아시아에는 근대 국민국가에서의 자타 준별·타자 배척이라는 원리와는 별도의 질서관이 있었던 것이다.

주변국의 세계상

한편, 중화가 규정하는 세계질서는 그대로 주변 국가들에게 받아들여지지 않았고 수용과 함께 저항이 있었다.[6] 이 문제는 17세기에 발생한 '화이변태華夷變態', 즉 '이적夷'이어야 할 만주족이 북경에 들어와 대청大淸이라 이름붙인 왕조를 건국하며 이적과 한족 중화의 지위가 뒤바뀜에 따라 특히 선명해졌다.[7] 중국 내부는 물론, 주변 나라들에서도 '화'와 '이'의 차이는 무엇인가라는 왕조의 근간에 관계된 정통 문제, 나아가 국가 간 지위관계에 얽힌 의구심을 일으킨 것이다.

화이관념은 한족의 우위와 중국문명의 탁월함이라는 양면을 가지고 있다. 명과 같이 양자가 일치하는 경우 문제가 일어나지 않지만 청과 같이 이민족이 통치자가 된 경우는 양자 시이에 불일지가 발생한다. 청은 한족에 대해 원래는 '이적'이었던 스스로의 통치를 정통화하기 위해 중화와 이적을 치별하는 근거를 문명의 원리, 보편적인 인간의 '도', 윤리를 알고

---

6) 三谷博·李成市·桃木至朗「『周邊國』の世界像」秋田茂ほか編著『「世界史」の世界史』ミネルヴァ書房, 2016.
7) [원주] 중화제국은 대명·대청 등 왕조명에 반드시 '대' 글자를 붙이고 주변국 수장에게는 사용하지 못하게 했다.

있는가의 여부로 바꾸고 이를 구체화한 '예'를 따르는가의 여부를 판단기준으로 삼아야 한다고 주장했다.[8] 그러나 '예'를 말하면 만주족의 풍속이 한족과 상당히 다른 점이 문제가 될 수밖에 없다. 한족은 '우리 몸의 모든 부분身體髮膚은 부모에게 받았으므로 감히 훼손하지 않는 것이 효의 시작이다'(『효경孝經』)이라 하여 머리카락을 자르지 않는 것을 '효'를 지키는 기준으로 생각했다. 그런데 만주족은 정수리 앞부분을 자르고 뒤쪽 머리를 땋아 내린 '변발' 습속을 중원의 모든 백성에게 강제했다. 머리카락 형태 하나만으로도 만주족의 습속은 한족 전통과 이질적이어서 적지않은 저항을 불러 일으켰다.

주변 나라에서도 청의 정통성은 문제가 되었다. 이적인 만주족이 지배하는 국가를 왜 중화로 공경하고 섬겨야 하는 것인가. 이 점에서 가장 흥미 깊은 것은 조선의 경우다.[9] 조선은 명에게 국호를 수여받은 것에서도 알 수 있듯 원래는 한족의 중화와 가장 밀접한 관계를 가진 나라로, 그러한 입장에서 인접지에 사는 여진족을 자신보다 하위의 이적이라 간주하였다. 그 이적에게 두 차례에 걸쳐 국토를 유린당하고 여진, 즉 만주에게 종속관계를 강요받자 조선 내부에 굴절된 저항 운동이 일어났다. 유학자 가운데에는 청국 정벌론(북벌론)을 주창하는 자가 있었는데 정부 또한 공식문서에 청의 연호를 사용하면서도 국내 제의祭儀에는 이전 왕조인 명의 연호를 사용했고 18세기에는

---

8) 岸本美緒『東アジアの「近世」』山川出版社, 1998 / 기시모토 미오 저, 노영구 역『동아시아의 근세』와이즈플랜, 2018.

9) 桑野榮治「高麗·朝鮮王朝をめぐる國際環境と王權」原尻英樹·六反田豐 編『半島と列島のくにぐに』新幹社, 1996.

제1장 근세 동아시아의 세계질서

궁중에 대보단大報壇을 쌓아 명 황제의 은혜에 감사하고 청의 정통성을 부정하는 제의를 행했다. '중화' 본래의 문명은 명의 멸망에 따라 중원을 떠나 지금은 조선의 땅으로 옮겨졌다고 하는 '소중화' 사상까지 생겨났다. 조선은 청에 대해 면종복배의 태도를 취했을 뿐만 아니라 국내에서는 스스로를 문명의 중심으로 간주하게 된 것이다.

주변국 중에서도 베트남의 경우는 더 대담한 태도를 취했다. 베트남 군주는 책봉되어 '월남국왕'의 옥새를 받았지만 국내와 주변 나라들에 대해서는 '황제'·'천자'를 칭하고 대청을 '북국', 자신을 '남국'으로 불렀다. 중국 자체에 대한 경우는 별도로 하더라도 국내나 근린에 대해서는 중국과의 관계를 종속관계가 아닌 지리적으로 북쪽 나라와 남쪽 나라의 대등한 '방교邦交'라 공언했던 것이다. 그들은 또한 자신을 '중화'로 하여 근린을 대했다. 프놈펜, 캄퐁참, 비엔티안, 치앙마이, 루앙프라방, 몰멘, 양곤, 만달레이뿐 아니라 프랑스, 영국 등 사절을 보내온 궁정이나 국가는 모두 조공한 '봉신'으로 위치지었다.

이 사실은 베트남이 조선과 마찬가지로 '소중화'리 자기규정했음을 말하며 이같은 태도가 중화제국 주변국가에 공통되는 경향이었음 을 시사한다. 그러나 베트남의 '소중화'를 받아들인 것은 베트남 자신뿐이었다. 19세기 초에 캄보디아 궁정은 베트남과 타이에 모두 '조공'하고 있었다.[10] 베트남과 타이 쌍방으로부터 이중 조공을 인정받았는데 이를 제3자가 보면

---

10) 小泉順子「ラタナコーシン朝初期シャムにみる『朝貢』と地域秩序」村井章介·三谷博 編『琉球からみた世界史』山川出版社, 2011.

베트남과 타이는 캄보디아보다 위에 있다는 점에서 대등하게 보였을 것이다. 이같은 이중 조공 시스템은 다음에 볼 류큐와 같이 세계적으로 종종 보이는 현상으로, 대국 주변에 위치한 소국가군群 안에 대등한 국제질서를 창출했다.

이상과 같이 '중화'와 '주변'이 만들어낸 세계상은 이중 시점의 교차로 이루어졌다. 그 속에서 '주변' 나라들은 정도의 차이는 있어도 신하로서 '중화'를 섬기고 그 관계를 이용하면서 저항하기도 하고 나아가 그 세계상을 재생산, 복제해 스스로를 '소중화'로 위치지었다. 그리고 이 구조는 안과 밖, 또는 상대에 따라 서로 다른 용어를 사용하고 또한 상대측 해석이 스스로의 것과 달라도 구태여 문제삼지 않는다는 관습에 의해 지탱되었다.[11]

1.2 근세 일본의 세계질서상

근세 일본의 세계상은 조선이나 베트남과 마찬가지로 중화제국 주변국으로서의 공통된 특징이 있었다. 다만 그 가운데 일본은 중화제국과 가장 소원한 입장에 있어, 중국의 책봉을 받은 수장은 고대의 '왜 5왕'이나 중세 후기의 아시카가足利 쇼군 등 극히 일부 사례만 있었다. 근세의 경우에는 이에 더하여 그밖에 무시할 수 없는 특징이 나타나 19세기의 운명에 깊이 관여하게

---

11) 三谷博「一九世紀東アジアにおける外交規範の變化」明治維新史學會『講座明治維新 一』有志舍, 2010; 渡邊浩『東アジアの王權と思想』東京大學出版會, 1997 / 와타나베 히로시 저, 이새봄 역『동아시아의 왕권과 사상』고려대학교출판문화원, 2023.

되었다. 우선 외부와의 관계를 개별적으로 살펴보는 것에서부터 시작해 보자.

근세 일본의 국제관계

근세 일본의 국제관계는 일찍이 '쇄국'이라는 한마디로 표현되었다. 일본인의 출입국 금지나 외국인의 도래 제한이 기독교에 대한 엄격한 금제와 함께 '닫혀진 나라'라는 이미지를 만들었던 것이다. 최근 학계는 이에 대해 조선과의 국교나 조선·류큐를 매개로 한 중국과의 무역, 나아가 에조치蝦夷地에서 국경의 애매함 등에 주목해 '쇄국'이라는 파악 방법을 비판해 왔다.[12] 이는 서양과의 관계를 과도하게 중시해 근린 국가나 백성과의 관계를 소홀히 하기 십상인 경향에 대한 반성이기도 했다. 그러나 연구가 진전된 오늘에서는 재차 근세 일본의 폐쇄성에 눈을 돌릴 필요가 있다. 일본의 다른 시대나 동시대의 다른 나라들과 비교하면 국제관계는 아주 최근까지의 미얀마처럼 역시 극도로 폐쇄적이었다. 문제는 그것이 어떠한 특징을 가지고 장기적 관점에서 어떻게 변화했는가라는 점에 있다.

중앙정부가 국제관계를 독점하는 근대아 달리 근세의 국제관계는 중앙정부가 지방 단체에 특정한 상대와의 외교를 위임한 점이 특징이다. 쓰시마對馬의 다이묘大名 소가宗家와 조선, 사쓰마薩摩의 다이묘 시마즈가島津家와 류큐, 에조가시마蝦夷島

---

[12] 荒野泰典『近世日本と東アジア』東京大學出版會, 1988 / 아라노 야스노리 저, 신동규 역『근세 일본과 동아시아』경인문화사, 2019; Ronald P. Toby, *State and Diplomacy in Early Modern Japan: Asia in the Development of the Tokugawa Bakufu*, 1984.

남단의 다이묘 마쓰마에가松前家와 에조치의 주민, 그리고 도쿠가와 공의公儀13)의 직할 도시町 나가사키와 기타 모든 대외관계가 바로 그것인데, 오늘날에는 근세 일본의 '네 개의 창구'와 '이국'·'이역'의 관계라 불린다.14) 이들 다이묘나 도시는 공의의 대리로서 상대와의 관계 유지를 담당했고 그 보수로 무역 등의 이익을 부여받았다.

이 가운데 쓰시마를 매개로 한 조선과 일본의 관계는 거의 대등한 국가간 외교라고 해도 좋았다.15) 근세를 통틀어 전후 12회 조선의 사절이 방문하고 그 때마다 조선 국왕과 일본 대군大君(도쿠가와 쇼군) 사이에 대등한 서식의 국서가 교환되었다. 다만 이 관계는 자세히 보면 복잡하고 불평등한 관계였다. 가령, 쓰시마의 소가는 에도의 도쿠가와 쇼군에 복속되었을 뿐 아니라 조선에도 종속되어 있었다. 매년 몇차례나 부산으로 배를 보내 그곳에 있던 왜관에서 무역했는데 정식 사절은 매번 반드시 묘당을 참배하고 조선 국왕의 위패에 배례했다. 조공과 유사한 의례를 행했던 것이다. 에도에 저택을 두고 다이묘 자신이 정기적으로 참근16)했던 것처럼 일본의 정치질서에 깊이

---

13) 저자는 의식적으로 도쿠가와[혹은 에도] '막부'라는 표기를 지양하고 당대 표현으로 '공의'를 사용하고 있다. 이에 대해서는 제2장 서두의 내용을 참조할 것.
14) 加藤榮一·北島萬次·深谷克巳 編著『幕藩制國家と異域·異國』校倉書房, 1989.
15) 田代和生『近世日朝通交貿易史の硏究』創文社, 1981; 鶴田啓『對馬からみた日朝關係』山川出版社, 2006.
16) 출사하여 주군을 섬기는 것. 에도 시대 지방의 다이묘들은 원칙적으로 격년 교대로 에도와 자신의 영지를 돌아가며 거주해야 했다. 이러한 제도를 참근교대(參勤交代)라 한다. 다이묘의 처자식들은 에도에 상주하게 했고 참근교대에 막대한 인원과 비용이 소요되었다는 점에서

제1장 근세 동아시아의 세계질서

들어가 있었다고는 해도 류큐나 동남아시아 소국과 마찬가지로 소가는 이중의 종속관계를 지닌 면도 있었다.

또한 조선 국왕과 일본 대군과의 관계를 보아도 조선 사절은 대군이 바뀔 때 일본을 방문했지만 대군은 답례 사절도, 조선 국왕의 즉위를 축하하는 사절도 보내지 않았다. 인간관계의 의례에서는 스스로 움직이는 쪽이 하위, 이를 받는 쪽이 상위에 선다. 따라서 일본 측은 통신사를 조공사절로 보았지만 조선 측은 그렇게 보지 않았다. 임진왜란을 겪었기에 일본인에게 국내를 보이지 않기 위해 사절 내방을 거절했던 것이다. 통신사는 일찍이 침략해 왔었던 '이적'의 실상을 정찰할 절호의 기회로 보고 일본 국내를 '순시'한다는 깃발을 들고 행진했다. 더욱이 '대군'이라는 칭호는 조선에서는 국왕의 왕자, 즉 신하에 부여하는 칭호였다. 이를 통해 조선 측은 일본보다 상위에 있다고 간주했으나 일본 측은 '대군' 위에는 천황이 존재하기에 '대군'과 '국왕'이 대등한 국서를 교환하는 이상, 일본이 국가로서는 조선의 상위에 있다고 해석했다.

이처럼 근세 한일관계는 상대 측이 자신을 멸시하고 있음을 알면서도 서로 이를 묵인하는 관계, 이른바 등호(=)가 아닌 역방향 부능호가 겹친(<>) 결과로 대등성이 발생하는 관계였다. 이는 2백년 가까이 유지되었는데 제4장에서 보듯, 18세기 후반에는 두나라 모두 국내에서 불만이 높아진다.

다음으로 류큐는 청의 책봉을 받은 왕국이면서 시마즈가의

당초 목적은 다이묘 통제에 있었으나 한편으로 에도의 도시 발전에도 큰 영향을 주었다.

지배도 받고 있었다. 2년마다 푸저우福州로 조공선을 보내는 한편, 도쿠가와 쇼군의 교체에 경하사를, 류큐 국왕의 교체에 사은사를 시마즈가의 동반 하에 에도로 보냈다. 청·일에 이중 조공, 양속兩屬한다는 자세는 형태상 쓰시마와 공통되는데 류큐의 경우 국왕 자신의 에도 참근이 없었던 만큼 일본으로부터의 독립성은 보다 높았고 관료의 교양은 중국문화를 기초로 하고 있었다.17) 또한 일본 측도 18세기 초에는 류큐 사신에게 일부러 청국풍 복장을 하도록 요구했다. 일본에 포함되면서도 일본이 아니었던 것이다. 일본에의 종속은 사쓰마의 의향에 달려있었다. 이 애매한 지위는 막부 말기 서양에 의한 류큐 지배 가능성이 생겼을 때 교묘하게 이용된다.

이상의 두 곳은 일본 정부로부터는 이국과의 경계영역, 특히 중국과의 정보와 무역 통로로 위치지어졌다. 이에 비해 에조치에는 국가가 없었고 가라후토[사할린]와 지시마[쿠릴 열도]로 이어지는 광대한 토지에 아이누 등의 이민족이 거주하는 이역으로 간주되었다. 공의公儀는 에조치 남단에 다이묘가 지배하는 영역을 구획지어 마쓰마에가를 두고 북방은 마쓰마에가의 관계자만이 출입하며 아이누와의 관계를 관리하는 토지로 삼았다. 19세기 에조치의 역할 변화는 제4장에서 서술하겠다.

마지막으로 나가사키와 외국의 관계를 보자. 여기에서는 중국이나 네덜란드뿐 아니라 기타 모든 외국과의 관계가 취급

---

17) 豐見山和行『琉球王國の外交と王權』吉川弘文館, 2004; 赤嶺守『琉球王國』講談社, 2004.

제1장 근세 동아시아의 세계질서

되었다.[18] 중국과의 관계는 근세 초기 명과의 국교 회복 시도가 실패하고 일본인의 도항도 전면 금지되었기 때문에 중국 상인만이 내항하게 되었다. 서양은 스페인과 포르투갈 등 가톨릭 국가의 입항이 금지되어 결국 네덜란드 선박만이 입항을 계속했다.[19] 18세기말 이전에는 이국선 내항을 일반적으로 금지하는 제도는 없었고 '당선唐船' 가운데는 동남아시아 항구에서 국왕의 서한을 가지고 오는 경우도 있어 공의는 이에 확실히 답례했다. 다만 정기적으로 입항해 무역한 것은 중국인과 네덜란드인뿐이었다. 모두 나가사키 일각에 거주지를 부여받았는데 무역액과 마찬가지로 중국 상인 쪽이 숫자도 많고 우대받았다. 다만 네덜란드의 데지마 상관장은 중국 상인과 달리 매년 에도로 가 쇼군을 배례했다. 중국 상인보다 다소 정치적 관계가 짙은 대우였던 것이다.[20]

나가사키는 쓰시마나 류큐가 담당한 것 이외의 모든 대외관계를 취급했다. 외국선박은 일본의 어느 해안에 다가가더라도 나가사키로 회항하도록 정해졌고, 일본에 표착한 외국인과 이국에 표류해 외국선을 통해 돌아온 일본인도 반드시 나가사키를 경유해 출입국하는 것이 원칙이었다. 도쿠가와 공의는 나가사키 부교[p.487]를 두어 대외관계를 통괄하고 무역은 조닌町人으로 조직된 나가사키 회소會所에서 관리하게 해 이익

---

18) 加藤榮一·北島萬次·深谷克巳 編著 『幕藩制國家と異域·異國』 校倉書房, 1989.
19) 板澤武雄 『日蘭文化交涉史の硏究』 吉川弘文館, 1959.
20) B. M. ボダルト゠ベイリー 『ケンペルと德川綱吉』 中央公論社, 1994.

일부를 조닌에게 주었고 항구의 경비는 사가^{佐賀}나 후쿠오카^{福岡}, 오무라^{大村} 등 근린 다이묘가 담당하도록 했다. 나가사키는 해외 정보를 얻기 쉽고 번성한 곳이었기에 에도·오사카·교토 등과 마찬가지로 이곳에 저택을 둔 다이묘도 서일본^{西日本}에는 적지 않았다.

근세 일본의 세계상

근세 일본인의 눈에 세계는 어떻게 보였을까. 첫 번째 특징은 중화제국과 상당히 소원해 스스로를 고립된 존재로 보고 있었던 점이다.

근세 초기 도쿠가와 이에야스는 명과의 국교 회복을 통해 대중^{對中} 무역 관계를 확보하고 그밖의 주변국에 대해서는 소중화로 자리매김하고자 했다. 1610년, 측근인 혼다 마사즈미^{本田正純}가 푸젠^{福建} 총독에 서한을 보내 히데요시의 조선 출병으로 황폐화된 관계를 수복하고자 했다. 서한에서 책봉을 요구하지는 않았으나 중국 측이 기대했을 공손한 어투를 사용했다. 자국을 '해 뜨는 곳^{日出}'이라 하면서도 '최이^{蕞爾}[=매우 작은] 나라'라 부르고 '중화'를 '귀중'하다고 하며 그 박애한 마음을 먼 곳까지 미치게 하고자 한다고 했다. 한편으로 이에야스는 국교 회복을 구하는 자격을 보이기 위해 국내 통일뿐 아니라 근린 소국으로부터 조공을 받고 있음을 들었다. '화^化가 이르는 곳으로, 조선은 입공하고 류큐는 신하라 칭하며 안남·교지^{交趾}[21)·참파·시암^{暹羅}·루손^{呂宋}·서양·캄보디아 등 만이^{蠻夷}의 군장·

---

21) 현재의 베트남 북부 통킹, 하노이 지방.

추장酋帥이 각각 글을 올리고 보물을 바치지 않는 바가 없다'고 한 것이다.[22] 이러한 입장은 중국의 세계질서를 인정하면서도 스스로는 주변 나라들에 군림하고자 했다는 점에서 베트남의 소중화주의와 닮아 있었다.

그러나 이에야스의 서한에 답장은 없었다. 전 해에 이에야스는 시마즈가에 류큐 침공을 허락했다. 명으로서는 번속국을 침공한 나라와 화친할 이유는 없었으리라. 또한 명나라를 멸망시키고 중원을 지배하게 된 청은 바다를 매개로 한 관계에 소극적이었다. 때문에 근세 일본과 중국의 관계는 최소한에 그쳐 양국은 2백년 넘게 국교를 갖지 않고 정치적으로는 극히 소원하게 보냈던 것이다.

이러한 환경에서 일본 내부에서는 중국과 일본을 대등시하는 것이 당연하게 되고 나아가 일본이야말로 세계의 중심이라는 세계관까지 이야기되었다. 이른 사례로 야마가 소코山鹿素行의 『중조사실中朝事實』(1669년)이 있다. 일본에는 혁명이 없었기에 '충'이라는 덕목에서 보면 왕조 교대가 빈번히 일어난 중국보다 뛰어나며 '중조'라 이름하기에 적합하다는 것이다. 18세기에는 '국학'이 탄생해 이러한 종류의 사고가 보다 철저히 그리고 널리 보급되었다. 그러나 일본 중화주의가 이야기될 때에는 대륙의 중화제국이 항상 의식되었다. 유명한 모토오리 노리나가本居宣長의 『고사기전古事記傳』(1790년)은 그 가장 좋은 예이다. 노리나가는 일본 국가의 창성創成 신화를 연구하기 위

---

22) 紙屋敦之『大君外交と東アジア』吉川弘文館, 1997.

해 정사正史인 『일본서기日本書紀』가 아닌 『고사기古事記』를 언급했다. 그 이유 중 하나로 『일본서기』가 '일본'이라는 국호를 쓰고 있다는 점을 들고 있다. 중국에서 사서에 『한서』, 『송서』와 같이 국호를 쓴 이유는 왕조 교체가 있기 때문으로 태양신의 자손이 영원토록 통치하는 일본에서는 혁명이 있을 수 없기에 사서에 국호를 붙이는 것은 이상하다, 또한 '일본'이라는 국호는 중국에 대항하기 위해 만들어졌기에 세계의 중심으로서 어울리지 않다는 것이다. 그러나 반복해서 '가라고코로漢意'(중국풍의 사고 방식)의 부정을 서술하며, 일본의 중심성을 강조할 때 항상 중국을 언급한다는 모순을 무의식 중에 범하고 있다. 이같은 모순은 본가본원本家本元인 중국에서는 결코 발생할 수 없다. 자신을 '화華'라고 말할 때, 분명 '이적夷狄'은 부정적 대상으로서 필요하지만 특정 국가를 대등 이상의 존재로 의식할 필요는 전혀 없는 것이다.

이같은 형상을 '잊을 수 없는 타자' 증후군이라 부르도록 하자.[23] 이 현상은 근대 세계를 석권한 내셔널리즘이 나타나는 곳에 항상 존재한다. 우월성을 말하는 배후에는 열등감이 있으며 그것이 특정 타자(여기에서는 중국)와 비교되어 우월해지고자 하는 갈망을 더욱 불러 일으킨다. 그러나 여기에서는 내셔널리즘 일반의 특징이 아닌 별도의 측면에 주의를 환기하고자 한다. 아무리 자국이 중화라 이야기해도 주변성 의식을 벗어나지 못하기 때문에 '타자'에 대해 계속 민감하게 반응한다. 19세기에 서양 각국의 세계 진출 움직임이 동아시아에 미쳤을

---

23) 三谷博 『明治維新を考える』 有志舎, 2006(岩波書店, 2012).

때, 가장 먼저 만났으며 대규모 전쟁도 일어난 중국이 별달리 서양에 신경을 쓰지 않고 오히려 이웃 나라 일본이 심각하게 받아들였다는 차이는 우선 여기에서부터 생겨난 것이 아닐까.

그러나 이것만으로 일본과 조선의 차이를 설명할 수는 없다. 조선은 일본보다도 훨씬 빨리, 그리고 깊이 '잊을 수 없는 타자' = '중국'을 경험했기 때문이다. 이 차이를 설명하기 위해서는 별도의 측면, 즉 '화이' 차별의 근거를 관찰할 필요가 있다(渡邊[p.45]).

근세 일본의 소중화주의는 조선과 근거가 달랐다. 조선이 스스로를 '중화'라 생각했던 이유는 자신들이 도덕을 철저히 연구한 주자학의 정통을 이어 받았으며 그 점에서 이적인 청 황제보다 우월하다고 자부했기 때문이다. 이에 비해 근세 일본은 가령 류큐 사절에 '구배九拜'를 요구한 것처럼, '입공入貢' 사절을 내부적으로 '이적'이라 부르고 엄격한 의례 집행을 요구한 점에서는 같았으나 상하관계의 신분적 표현을 근거지은 것은 '무위武威'이지 '인륜人倫'은 아니었다. 입공하는 자는 도쿠가와 공의의 군사력을 두려워해 따랐다. 이것이 질서를 정리하는 원리라 생각되었던 것이다. 기 평하 속에서 이같은 '어위광御威光'을 지탱해야 할 도쿠가와의 군사력은 사실상 없어졌다. 사람들은 이를 인지하면서도 또한 '어위광'의 외형적 관습을 따랐는데 18세기 말에 재래再來한 서양 각국에 이것이 통용될 리 없음은 잘 알고 있었다. 화이차별의 근거는 이렇게 사라지고 그 결과, 막말幕末 일본인은 입으로는 서양인을 '이적', '외이'라 부르면서도 실제 교제에서는 대등한 룰을 설정하게 된다.

'화이' 차별을 '인륜'에서 구한 조선이나 중국에서는 이같은 '예'의 개변改變은 극히 이루어지기 어려웠다. 19세기 중반이 되면 근대 서양이 쌓아 올린 주권국가 체제가 규정한 대등 외교의 룰을 인정하는가의 여부가 동아시아 각국의 운명을 좌우하는 문제가 되는데, 중국적인 가치관에서 본 일본의 주변성은 이 점에서 극히 유리하게 작동했던 것이다.

마지막으로 서양에 대한 관심이 순조롭게 육성되었던 점도 언급해야 겠다. 18세기 후반 일본에서 난학蘭學이 발전한 사실은 잘 알려져 있다. 그러나 동시대 중국에서도 건륭제가 북경 북부 교외의 광대한 정원인 원명원圓明園 일각에 서양식 석조 궁전들을 만들었고 조선에서도 일부 학자들이 중국으로부터 기독교를 비롯해 서양 사상을 수입해 배우고 있었다. 다만 중국에서는 관료 지식인이 스스로 서양학을 배우는 일은 없었고 조선에서는 19세기 초기 대탄압을 받아 근절되었다. 이는 중국·조선의 정치체제가 과거科擧 관료제를 기초로 했기 때문이다. 과거는 주자학 시험을 통해 군주의 관료를 선출하는, 당시 세계에서는 가장 공평한 정치제도였지만 이를 유지하기 위해서는 주자학의 정통성을 손상시켜서는 안 되었다. 그러나 일본에서는 세습신분을 기초로 발탁되어 학문은 관계가 없었다. 때문에 다양한 학파나 학문을 낳을 가능성이 남아있었던 것이다. 기독교는 엄금되었지만 지식인들은 주자학과는 다른 유교 해석을 시도하거나 서양 학문으로도 눈을 돌렸다. 종교나 형이상학은 제쳐놓고 의학과 지리학, 천문학 등 실용적 학문에 관심을 쏟은 것이다. 『해국병담海國兵談』(1791년 간행)의

제1장 근세 동아시아의 세계질서

하야시 시헤이林子平나 다카노 조에이高野長英 등이 처벌된 것은 병학서 출판 금지를 어겼거나 정부 비판이 발각되었기 때문이지 난학을 배운 탓은 아니다. 난학은 촌락마다 난방의蘭方醫가 증가한 사실로 보이듯 순조롭게 발달했고, 연구대상은 서양 각국이 18세기 말 재차 일본에 도래한 무렵에는 서양만이 아닌 세계 전체로 넓혀졌다. 야마무라 사이스케山村才助의 『정정증역訂正增譯 채람이언采覽異言』(1804년 공의에 헌상)이나 미쓰쿠리 쇼고箕作省吾의 『곤여도식坤輿圖識』(1847년 공간)과 같이 신뢰성 높은 지리서를 제공했고, 나아가 서양학술의 전면적 수용이 필요하게 된 개국 이후에는 이를 가능케 할 만한 지적 기반과 인재를 준비했던 것이다.

이상, 19세기 일본을 생각할 때의 전제조건으로 18세기부터 19세기 초기의 동아시아 국제질서와 그 가운데 일본의 특징을 살펴 보았다. 정리하자면 일본이 비교적 고립되어 있던 점, '소중화'를 지향하면서 주변성 의식도 강했던 점, 군사적 우열에 민감했던 점, 서양을 비롯해 동아시아 세계 외부에 강한 관심을 가진 점 등이다. 다만 19세기 일본의 행동을 생각하기 위해서는 별도의 측면 또한 고려해야 한다. 바로 서양 각국과 동아시아의 관계 변화 및 그 상황 하에서 일본이 '쇄국'의 자각적 추구를 시작했다는 점이다. 이는 재차 제4장에서 서술하고자 한다.

제 2 장

근세 일본의 쌍두·연방 국가

복합적 국가구조

근세 일본 국가는 메이지 이후와 달리 공의와 금리禁裏라는 두 개의 중심과 이백 수십개의 소국가로 이루어진 복합적 구조였다. 또한 통치 신분과 피통치 신분이 태어날 때부터 나뉘어 그 사이의 거리는 상당히 멀었다. 여기에서는 우선 국가구조를 살펴보자.

한편, 근세 국가는 종종 '막번제 국가'나 '막번 체제'라 불려 왔는데 여기에서는 사용하지 않는다. 이는 와타나베 히로시渡邊浩가 지적하듯 근세를 살아간 사람들이 '막부'나 '번', '조정'이라는 말을 거의 사용하지 않았기 때문이다(渡邊[p.45]). '막부'나 '번'은 막말에 갑자기 빈번히 사용되어 메이지 초기에 정착한 명칭으로, 그 자체가 메이지인의 근세에 대한 평가를 반영하고

제2장 근세 일본의 쌍두·연방 국가

있다. '막부'는 무가武家 정부로 조정보다 정통성이 부족하며 '번'은 중앙 정부를 지켜야 할, 자립성이 부족한 존재라는 이미지이다. 다른 한편으로 왕정복고를 축으로 일어난 메이지 유신을 이해하기 위해서는 '막부'나 '번'만이 아니라 교토의 조정도 시야에 넣어야 한다. 따라서 여기에서는 '막번제'보다 포괄적인 이름으로, 그리고 외국과의 비교도 가능하게 하기 위해 근세 일본을 '쌍두·연방' 국가로 이름붙이고자 한다. 또한 그 개개 요소에 관해서는 근세인의 일상어를 사용해 다이묘의 통치조직을 '국가', 에도의 왕권을 '공의', 교토의 왕권을 '금리'로 부르기로 한다.

근세 일본 국가의 전체상을 미리 그림으로 그려보면 2-1과 같다. 그림 속의 ○는 사람, ―는 사람과 사람의 관계, 커다란 삼각형은 다이묘의 '국가'이다.

2.1 다이묘의 '국가'

다이묘의 '국가'는 근세 국가 가운데 가장 중요한 단위를 이루고 그 영역은 전국 석고石高[1]의 약 4분의 3을 차지했다. 도쿠가와 '공의'가 직접 지배했던 것은 그 나머지였다. 다이묘는 '공의'로부터 '영국領國' 통치를 거의 전면적으로 위임받아 가신단의 편성, 입법, 징세, 재판, 민정 일반 등을 '스스로 처리'하고 있었다. 중세와는 달리 영내에 다이묘로부터 독립한 권력은 없었고 사원이나 신사는 그 지배를 받아들이는 한에서 존재를 허가

---

[1] 근세 일본에서 토지 조사를 통해 법률로 규정된, 쌀의 양으로 환산되는 생산량.

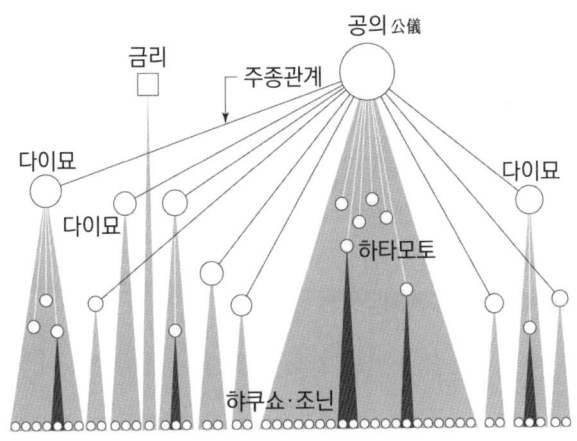

2-1. 쌍두·연방 국가 모델

받았으며 영내 주민은 대개 다이묘의 '가신家中'과 피지배자인 '지게地下'(서민)로 이분되었다.

기본 구조 — 관료화와 신분제

다이묘와 '가신'은 주종제, 즉 주인과 종자 관계로 맺어졌다. '가신'인 사무라이는 언제든 전쟁이 일어나면 군역을 맡거나 일상시에는 국가의 역인役人으로 통치업무를 행하며 다이묘에게 '봉공'하고 그 대신 지행知行[2]이나 봉록 등의 '어은御恩'을 받았다. 이 관계는 가신의 주군에 대한 '알현'[오메미에御目見]이라는 의식에 의해 성립했다.

---

2) 주군으로부터 하사받거나 보증받은 토지 영유, 지배권. 혹은 무사들에게 지급된 급록.

제2장 근세 일본의 쌍두·연방 국가

다이묘로부터의 급록給祿은 크게 두 가지로 나뉘는데, 영지를 받아 그곳에서 스스로 직접 연공 등을 징수하거나 소송을 재판하는 지카타地方 지행과, 직할 지배지에서 다이묘의 창고에 수납된 공물을 분여받고 재판은 전문 역인이 맡는 구라마이藏米 지행이 있었다. 양자의 비율은 다이묘마다 달라 그 가운데에는 센다이仙臺 다테가伊達家나 가고시마鹿兒島의 시마즈가島津家와 같이 지카타 지행을 기본으로 하는 경우도 있었으나 대다수의 다이묘는 구라마이 지행이 기본이었다. 어느 다이묘에서든 상급 가신은 명예로운 지카타 지행을 허락받아 자가自家의 가신을 부려 통치하는 것이 보통이었다. 다만 지카타 지행에서도 중세와 같이 촌락들을 전부 지배하는 것이 아니라 지배지가 이곳저곳에 흩어져 있거나 하나의 촌락에 복수의 가신이 연공을 징수하는 등의 구조가 많았고, 그들의 징세나 재판은 농촌과 도시町의 자치조직이나 다이묘가 거느린 전문 역인에게 강하게 의존했다. 지카타 지행의 상급 가신도 중세와 같은 독립된 영주가 아니라 하급 가신과 마찬가지로 관료화되었던 것이다.

다이묘와 가신의 관계는 18세기에 세습이 일반화되었다. 가신은 다이묘로부터 받은 급록과 대우를 자신의 '가문'에 붙은 '가록家祿'이나 '가격家格'이라 생각하고 그 '신분' 유지를 최중요 과제로 살았다. 대다이묘(석고 약 20만 석 이상)의 분한장分限帳[3] 분석에 따르면 1천 석 이상의 지행을 가진 상급 가신은 가신단의 3~5% 정도로 존재했는데 거대 저택을 갖추고 군단 규모로 출진 가능한 가신 집단을 거느리고 있었다. 그외 대부

---

3) 다이묘 가신의 이름과 봉록을 기록한 장부.

분의 가신은 약간의 종자를 데리고는 있었으나 봉록으로 사는 관료로 지금의 샐러리맨에 가까운 존재였다.

이들 신분 사이의 이동은 극히 드물었다. 도쿠가와 쇼군가의 하타모토旗本[p.67]의 사례이긴 하나 고조 야마무라コウゾウヤマムラ가『관정중수제가보寬政重修諸家譜』를 바탕으로 계층을 8개로 나누어 조사한 바, 55%가 한번도 계층 이동을 경험하지 않았고 이동한 경우에도 부모의 지위를 넘어 승진한 일은 겨우 6%에 불과했다. 또한 가신 '집안' 내부에서도 '신분' 차가 엄연했다. 가독家督 지위는 장자만이 상속받고 차남 이하로 태어난 자는 장자와 그 자식들에게 만일의 일이 발생하지 않는 한, 그들의 보살핌을 받는 수밖에 없었다. 다만 다른 집안에 양자로 가는 일은 가능했기에 자주 이용되었다. 같은 통계에서 하타모토 약 네 명 중 한 명이 양자였다.[4] 어느 경우든 근세의 사무라이는 세세히 나뉘어진, 구속성이 강한 신분제 속에서 일생을 보냈으며 이는 유신 이후와의 커다란 차이점으로 충분히 유의해 두어야 한다.

'국가' 지상주의

관료화한 가신은 다이묘에 상당히 종속적이었다. 중세 사무라이들처럼 주인이 마음에 들지 않으면 봉공을 그만두거나 무력 행사에 나서거나 별도의 다이묘를 섬기는 것이 이제는 불가능해졌다. 그렇다고해서 다이묘가 가신에게 전제적인 횡포를 부린 것은 아니었다. 오히려 다이묘는 가신이 준비한 정책을

---

4) K. ヤマムラ『日本經濟史の新しい方法』ミネルヴァ書房, 1976.

제2장 근세 일본의 쌍두·연방 국가

대부분 그대로 재가하고 권위를 부여하는 역할을 담당했다. 대의제 하의 군주에 대해 '왕은 군림하지만 통치하지 않는다'라는 영국의 격언이 있는데, 근세 일본의 다이묘도 통상은 이에 가까운 존재거나 천황과 같이 국가 상징에 가까운 존재가 되었던 것이다. 이는 첫째로 '국가'라는 조직을 지상 가치로 삼아 가신은 물론 다이묘도 그 종속물로 간주하는 사고가 유력해졌기 때문이었다.

18세기 일본에서는 유교의 '충'이라는 덕목이 자주 의식되었다. 주종관계의 고정화를 배경으로 가신의 주군에 대한 '충'을 질서의 요충으로 삼은 교설敎說이 보급되었던 것이다. 그러나 가신의 '충'은 결코 주군의 명령에 대한 일방적이고 절대적인 복종은 아니었다. 오히려 중신 단체의 다이묘에 대한 의견 상신이나 후견, 그리고 간쟁(주군의 잘못을 타이르는 것)은 '충'의 불가결한 요소로 생각되었다. 가사야 가즈히코笠谷和比古가 밝힌 것처럼 다이묘가 방탕해 정무를 게을리 하거나 반대로 이상에 불타오른 나머지 관습과 크게 다른 개혁을 강행하고자 할 때, 중신들은 단결해 간쟁했다.[5] 다이묘가 받아들이지 않는 경우에는 강제적으로 폐위해 저택에 '감금押込'하고 이에 실패한 경우는 항의한 가신단이 주벌誅罰되는 극단적인 결말을 보는 일도 드물지 않았다. 이 주군 '감금'의 관행은 결코 불법적인 일은 아니었다. 도쿠가와 공의는 '천하 정밀靜謐[편안하고 태평함]'을 특히 중시했는데 달리 중대한 이유가 없는 한, 이러한 '오이에御家 소동'에 개입하지 않고 단지 예방을 위해 다이묘에

---

5) 笠谷和比古 『主君「押込」の構造』 平凡社, 1988.

게는 '기용器用한 인물'(유능한 인물)을 선별하라고 『무가제법도武家諸法度』에서 명했을 뿐이었다.

주군에 대한 중신들의 항의 행동이 불법이 아니었음은 그것이 반항이라기보다 다이묘와 중신 쌍방이 소속한 '국가'에의 충성 행동으로 생각되었기 때문이었다. 군주 개인이 아닌 군주가 상징적으로 체현한 '국가'라는 조직이 '충'의 목표였던 것이다. 이러한 전통은 실상 중세 후기부터였는데 18세기의 특징은 이를 다이묘 자신이 인정해 공공연히 이야기하기 시작한 점에 있다. 유명한 우에스기 요잔上杉鷹山의 『전국의 말傳國の詞』(1785)이 대표적인 사례다.[6]

> 하나, 국가는 선조로부터 자손에게 전해진 국가이지 사사롭게 할 것이 아니다.
> 하나, 인민은 국가에 속한 인민이지 사사롭게 할 것이 아니다.
> 하나, 국가·인민을 위해 세워진 군주이지 군주를 위해 세워진 국가·인민이 아니다.

군주에게도 '국가'는 사물私物이 아니라 역사를 초월해 영속해야 할 지상至上의 가치를 지닌 실체였던 것이다. '국가'는 개개인의 욕망을 충족시키는 수단이 아니라 반대로 군주도, 가신도 무조건적 충성을 바치는 대상이었다. 통치 신분은 모두 '오쿠니御國를 위해', '오이에御家 대사大事'를 규범으로 살아야 했다. 자신의 의지, 즉 창의創意와 자의恣意에 따라 통치하는

---

6) 横山昭男 『上杉鷹山』 吉川弘文館, 1968.

'인치人治'도, 전통으로 존재하거나 새롭게 제정되고 공개된 일반적 원칙에 따라 통치하는 '법치'도 여기에서는 영향력이 미비하다. 문자 그대로 '국가' 주의가 완벽할 정도로 성립한 것이다. 각도를 바꾸어 보면 이는 내셔널리즘 성립 직전의 한 걸음이라 보는 것도 가능하리라. 국가 지상주의가 다이묘의 국가 단위에서 '일본'을 단위로 한 것으로 바뀌고 또한 '인민'까지 충성의 주체로 셈하게 되면 내셔널리즘이 성립하게 되는 것이다.

가격과 결정권의 분리

다른 한편으로 근세 후기에는 또하나 중요한 변화가 '국가'와 가신단 가운데 발생했다. 신분이 낮은 사무라이가 실질적인 결정권을 장악하는 제도가 탄생했던 것이다. 근세 초기에는 하급 사무라이가 통치상 현저한 공적을 세워 가증加增, 즉 봉록을 추가로 받거나 지행을 하사받아 중신의 자리에 오르는 일이 드물지 않았다. 그러나 18세기에는 가격家格과 역직 관계가 고정되어 그러한 사례가 거의 보이지 않게 되었다. 치안이 안정된 당시, 행정 수요는 상당히 적어 열흘에 이삼 일만 출근해도 좋은 역직이 있을 만큼 한가한 세상이 되었지만 역직에 따라서는 숙련도, 중노동도 필요했다. 재정이나 지카타 지배 또는 재판을 관장하는 간조부교勘定奉行의 직책이 그러했다. 가격의 제약과 행정 기능의 확보를 양립시키기 위해서는 어떻게 하면 좋을까. 해법의 하나는 하급 인재를 상급 지위로 끌어올릴 때 역직에 맞는 수당을 지급하거나(역료役料), 재직시에 한정해 봉록을 충족시키거나(다시다카足高), 일대一代에 한정해 가증하는 (석고 자체를 증가시키는) 것이었다.

그러나 이보다 일반적으로는 하급 역직에 실질적인 결정권을 부여하는 것이었다. 행정상 문제를 발견하고 대책을 입안하는 것은 온전히 그들의 일이 되었다. 관청의 장관이나 중신은 그들이 올린 정책에 관해 합의하고 실질적인 결정을 했다. 다이묘의 역할은 그 결론을 재가하는 것이 되었다. 가령, 조슈에서 실질적인 결정권은 가로家老의 비서관으로 200석 전후의 히라자무라이平侍가 임명되는 데모토역手元役이나 우필右筆(서기관)에게 있었고, 미토水戶의 경우에는 동일한 계층의 오우필奧右筆이 이에 상당하는 지위였다. 그렇다고는 해도 중신이나 다이묘가 무시당했을리는 없다. 중요한 문제는 중신회의에 반드시 상정되고 때로는 다이묘 자신이 임석한 어전회의도 이루어졌다. 중신회의나 다이묘는 아래로부터 올라온 안을 부결하거나 되돌려 보내기도 했다. 그러나 다이묘나 중신이 스스로 정책을 발의하는 일은 드물었고 그들은 대체로 오늘의 각의閣議와 마찬가지로 원안에 권위를 부여하는 역할을 맡았다.

이같이 가격과 결정권의 분리, 정책 결정에서 중신과 중하급 가신의 신분적 분업은 '녹봉이 있는 자에 권한을 부여하지 않고, 권한이 있는 자에 녹봉을 부여하지 않는다'고 요약할 수 있다. 이는 다이묘의 관점에서는 중하급 가신에 의해 중신의 권력을 억제하는 기능, 중신의 관점에서는 결정 책임을 분산해 가격 유지를 보증하는 기능, 하급 가신의 관점에서는 스스로의 재능을 충분히 발휘해 자칫 소외감을 갖기 쉬운 '국가'와의 일체성을 확인하고 명예심을 만족시키는 기능을 각각 발휘했다.

이 제도는 막말에 중하급 무사들이 큰 역할을 하는 전제가 되었다. 이들의 정치적 경험과 지식은 상급 무사 이상으로 풍부했으며 중신이나 다이묘가 이들의 진출에 신분적 반감을 품는 것도 어느 정도 억제했기 때문이다.

한편 근세 일본의 정치조직은 기본적으로 다이묘 국가의 연방이라 볼 수 있으나 에도나 오사카 근교에는 이와 별도의 광역적 통치조직이 있었다. 그곳에는 대大다이묘의 영국領國이 아닌 소다이묘의 영지와 공의의 직할령이 혼재되어 있던 데다 경제 선진지역으로 사람의 왕래도 왕성했다. 때문에 치안 유지에는 개개의 영역을 넘어선 조직이 필요했고 도쿠가와 공의는 가령 관동취체출역關東取締出役 등 영역횡단적 경찰권을 행사하는 조직을 만들었다[7]

2.2 중심 1 – '공의'

근세 일본에는 인류사에 드물게 정치 중심이 두 개 있었다. 그 가운데 우선 에도의 도쿠가와 '공의'부터 보도록 하자. '공의'란 오늘날 정부에 해당하는 통치조직을 가리키는 말로 그 주인은 '구보公方[쇼군]'라고 불렸다. 도쿠가와 공의는 그 자체가 광대한 영지를 가지면서 동시에 다이묘(1만석 이상의 영주)나 하타모토(1만석 미만의 가신)와 주종관계를 맺었다. 전국의 군사지휘권을 배경으로 영주와 협력해 일본 내부 치안과 '이국

---

7) 高橋敏『國定忠治』岩波書店, 2000.

異國'과의 평화 유지가 주요 임무로 이를 위해 다양한 행정기구를 가지고 있었다. 또 하나의 중심인 '금리'가 실무적인 역할과 이를 위한 결정·시행기구를 가지지 않았던 것과는 대조적이다.

내부 조직

공의의 조직은 에도성의 구조에서 보자면 오모테表, 오쿠奧, 오오쿠大奧 세 가지로 나누어 볼 수 있다.[8] 오모테란 정무와 의례의 장, 오쿠란 구보가 일상을 보내는 장, 오오쿠란 후궁이다. '오오쿠'는 원칙적으로 여성만으로 구성되는 왕통 재생산의 공간이지만 혼인 관계를 통해 오모테 쪽의 결정에 개입하는 경우도 드물지 않았다. 이에 비해 구보 측근의 고난도小納戶나 고쇼小性/姓 등, '오쿠'의 역인은 비정치적인 입장을 지키도록 강하게 규제 받았다. '오모테'에 있는 방은 하타모토가 일상적으로 등성해 다양한 결정을 행하는 방, 다이묘가 식일式日에 등성해 의식을 행하는 방, 대기장소이자 다이묘 사이의 교제장이었던 쓰메노마詰間로 구성되었다.

공의의 역인은 다이묘와 하타모토·게닌家人이라는 둘 내지 세 신분으로 구성되어 있다. 다이묘 중신회의에 해당하는 것이 다이묘 네 다섯으로 된 로주老中 합의체로 그 아래에 다양한 역직이 있었고 하타모토(오메미에御目見 이상, 구보에게 알현을 허락받은 자)·게닌(오메미에 이하, 알현 불가능한 가신)이 이를 운영했다.[9] 가장 중요한 관청은 간조부교의 그것으로 재

---

8) 深井雅海『圖解 江戶城をよむ』原書房, 1997.
9) [원주] 에도시대에는 도쿠가와가의 직신은 '오(御)하타모토' '고(御)케

제2장 근세 일본의 쌍두·연방 국가

판을 전임하는 구지카타公事方와 그 이외의 업무 모두, 즉 직할지의 지배와 재판, 공의의 재정 전반 및 대외 사무를 담당하는 갓테가카리勝手掛가 있었다.

이 조직에서의 결정은 아래에서부터 위로 올라갔다(바텀업 방식, 그림 2-2). 대외정책을 예로 들면 우선 현장, 가령 나가사키에 있는 나가사키 부교가 에도의 동료에게 사건 발생에 대한 보고와 대책 원안을 보낸다(나가사키 부교는 두 명으로 나가사키와 에도에 교대로 근무했다). 에도에 근무하는 나가사키 부교는 이 서류를 갓테가카리의 간조부교에 올려 간조부교는 이를 상세히 검토한 후에 쓰키반月番(월마다 교대하는 책임자) 로주에 올린다. 쓰키반 로주는 가벼운 문제는 단독 판단으로, 중요한 문제는 로주 합의로 상정하여 오우필에 선례를 조사하게 하고 복수의 역인 집단에 의견을 자문한다. 로주는 각 역인 집단의 답신을 얻은 후 합의를 이루어 그 결과를 구보에 올려 재허를 얻는다. 구보나 로주는 많은 경우 역인들의 의견 가운데 하나를 선택하지만 납득할 수 없는 경우는 몇차례고 자문을 반복한다.

이 결정 시스템에서는 앞서 서술한 다이묘 국가와 마찬가지로 가격상으로는 중급 하타모토가 실질적인 결정을 하지만 대책의 원안을 쓰는 역할을 맡은 하급 관리도 사실상 상당한 발언권을 가졌다. 가령 간조부교의 평의는 소속 관료인 간조

닌'이라 불렸다. '어(御)'는 일반적으로 정부를 구성하는 모든 역직이나 관리에 붙여졌다. 따라서 이를 지우고 부른다면 '하타모토' '게닌'으로 불러야 한다.

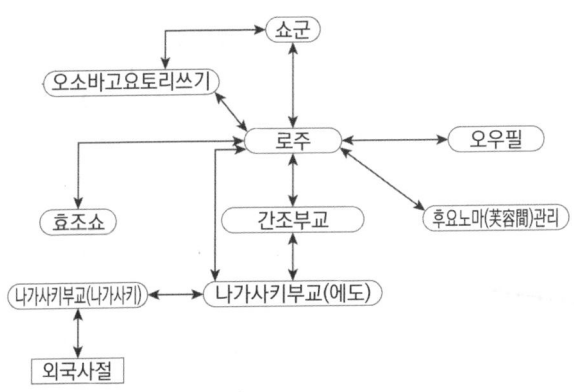

2-2. 공의 내부의 결정과정

구미가시라組頭나 히라야쿠닌平役人인 간조勘定의 의견에 상당히 좌우되었다고 전해진다.

한편 공의의 역직에는 오반大番이나 고쇼구미小性組 등의 반카타番方가 있었는데 이들은 무관이면서 실제로는 경비나 의식을 관장하는 직무였다. 문관인 야쿠카타役方보다 석차상으로는 높이 평가되었지만 야쿠카타로부터 반카타로의 전근은 설령 석고가 높아졌을 경우에도 좌천으로 평가되었다. 여기에도 가격의 서열을 엄수하며 결정의 효율은 확보하고자 한 시스템을 엿볼 수 있다. '권權'과 '녹祿'의 불일치인 것이다.

공의와 다이묘

도쿠가와 공의는 다이묘를 다양하게 분류하고 세세한 격식을 설정하는 것으로 신분 격식의 인정자로서 스스로의 권위를 재

제2장 근세 일본의 쌍두·연방 국가

생산해 나갔다. 그 신분질서는 에도성에서 행해지는 의식, 또는 에도 길거리에서의 다이묘 행렬에 의해 눈에 보이는 형태로 표현되었을 뿐만 아니라 로주의 선임 등 권력을 지탱하는 기본적인 제도상에서도 중요하게 작동했다.

다이묘의 격식은 원래 일원적이지도, 체계적이지도 않았고 사건의 거듭된 축적 및 시간의 경과에 따른 해석 변화에 의해 태어났다. 주된 기준으로는 공의와의 관계가 낳은 내력에 따라 가몬家門(도쿠가와의 친족. 친번親藩)·후다이譜代(세키가하라關が原 이전[10])부터의 가신)·도자마外樣(세키가하라 이후의 가신)라는 구분 외에도 무가제법도에서 국주國主(고대 율령에 규정된 '국'에 상당하는 영역의 통치자)·성주(성을 가진 자)·만석 이상(1만석 이상의 지행을 가진 자)이라는 구분, 나아가 관위(금리로부터 수여된 관직과 위계의 조합)에 의한 구분도 있었고 이들을 총합한 것으로 에도성의 쓰메노마詰間가 있었다. 쓰메노마는 다이묘가 식일에 얼굴을 마주하고 법령을 전달하거나 정보를 교환하는 단위였기에 다이묘끼리의 혼인 관계와 함께 정치적으로 중요한 역할을 했다. 여기에서는 이를 극히 단순화해 친번·후다이·도자마의 구별과 관위에 의해 나뉘어진 대다이묘와 소다이묘의 구별(4위 이상과 미만)을 조합해 보자. 그렇게 하면 역직 인사나 의식에서의 구분이 상당히 대응하고 있음을 알 수 있다. 18세기 이후 로주로의 임명에 관해서는 [표 2-1]과 같다.

---

10) 도요토미 히데요시 사후 도쿠가와 이에야스를 총대장으로 구성된 동군과 모리 데루모토를 총대장으로 구성된 서군 사이에 벌어진 전투(1600.10.21). 동군이 승리하며 도쿠가와 정권 수립의 단서를 열었다.

표2-1. 다이묘의 격식·규모와 로주로의 임명 유무(18세기)

	친번	후다이	도자마
대다이묘 (4위 이상)	×	△	×
소다이묘 (5위 이하)	×	○	△

○는 종종 보이는 경우, △는 드물지만 있는 경우, ×는 보이지 않는 경우.
다이묘의 규모(석고)와 관위는 직결되지는 않지만 대략적으로는 상관
관계에 있었다.

여기에서 중요한 것은 대다이묘에서 로주가 된 사례가 거의 없다는 점이다. 도자마와 친번 가운데 대다이묘는 '국주'나 '국지國持(구니모치)'라 불렸는데 이 그룹에서는 전무하다. '도쿠가와' 산케三家[11])는 물론, '마쓰다이라松平'를 자칭한 그밖의 친번 대다이묘도 없다. 후다이의 경우에도 18세기 이후에는 '다마리노마溜間'의 이이가伊井家로부터 5명, 사카이가酒井家로부터 1명에 불과하다. 그것도 로주가 아니라 명예직에 가까운 다이로大老뿐이다.[12]) 역으로 소다이묘로부터는 원래 도자마였어도 데이칸노마帝鑑間로 쓰메노마를 변경한 경우 상당한 로주가 나오고 있다. 가령 덴포天保 개혁 시기의 사나다가眞田家(신슈信州 우에다上田)나 막말 마쓰마에가松前家(에조치) 등이다.[13])

---

11) 일명 고산케(御三家). 도쿠가와 쇼군가 다음가는 가격을 갖고 있는 3개(오와리[尾張], 기이[紀伊], 미토[水戶])의 분가로 구보의 후사가 끊겼을 때 계승할 권리가 있었다.

12) [원주] 막말 다이로로 임명되었던 이이 나오스케는 쇼군으로부터 특별한 명을 받았기에 각의를 주재했다. 그의 형도 다이로가 되었는데 명예직에 그쳤다.

13) 笠谷和比古『近世武家社會の政治構造』吉川弘文館, 1993.

대다이묘에 '권한'을 부여하지 않고 소다이묘에 '권한'을 부여한다. 이것도 '권'과 '녹'의 불일치 사례인데 메이지 유신의 발단에서는 극히 중요한 의미를 가졌다. 제6장에서 볼 것처럼 막말에 정치체제 개혁을 요구한 최초의 그룹은 하급무사가 아닌 정반대 위치를 점하고 있는 대다이묘 연합체였다. 게다가 이를 주도한 것은 도자마 구니모치 다이묘가 아닌 고산케 미토와 에치젠越前을 비롯한 도쿠가와 가몬이었다. 친번이든 사쓰마와 같은 구니모치이든, 약 30가문이 있었던 대다이묘에게는 공통된 불만이 있었다. 독립해 정치적·군사적으로 행동할 수 있는 실력과 신분적 긍지를 가지고 이미 서양과의 위기 대응에 필요한 전략을 생각해 해방海防(해안방비의 약어. 서양에 대한 방어를 이렇게 불렀다) 준비를 하면서도 일본 전국에 관한 정책결정에 관해서는 발언권을 부여받지 못했던 것이다.

2.3 중심 2 — '금리'

근세 일본에는 공의 이외에 또 하나의 중심, '금리禁裏'가 있었다. 18세기 베트남에는 하노이와 후에에 두 개의 궁정이 병존했지만 이들은 가마쿠라 시대의 일본처럼 대립을 계속한 끝에 극히 단기간에 하나의 왕조로 통합되었다. 항상적으로 두 개의 궁정이 있고 그 관계가 200년 이상이나 평화롭게 유지된 것은 세계사상 드문 일이었다.

내부 조직

금리는 고대부터 일본의 왕조를 유지해 온 가계가 근세에 재편되어 만들어진 조직이다.[14] 총 석고는 정신廷臣의 영지를 포함해 10만여 석으로 중간 규모의 다이묘 정도였다. 천황·황족 외에 막말에는 '공가公家' 137가(3위 이상을 '공경公卿', 4·5위를 '전상인殿上人'이라 불렀다)가 있으며, 승전昇殿을 허가받지 못한 지게地下 '관인官人'이 실무를 담당했다. '공경'의 정점에는 5섭가攝家[15]가 있었는데 최대 석고를 가진 구조가九條家조차 3413석으로 도쿠가와의 상급 하타모토급이었다. 높은 관위를 독점해 높은 신분적 긍지를 가지면서도 정치적 발언권은 없고 경제적 지위도 상당히 낮았던 것이다. 다만 그들은 다이묘와의 혼인 관계나 조정의 관위 발급을 중개해 상당한 부수입을 얻었으므로 빈곤에 허덕이지는 않았다.

근세 일본에서 금리의 주요 역할은 고대부터 이어진 국가 제사나 궁정 의례의 집행 및 관위 발급에 의한 신분 부여였다.[16] '일본'이라는 국가의 통합성과 지속성을 상징적으로 대표하는 조직이었던 것이다. 에도의 공의는 조신祖神으로 도쇼다이곤겐東照大權現(도쿠가와 이에야스)을 제사지내고 다이묘들도 이를 따랐으나 반드시 일본 전체가 이를 '일본'의 제신祭神으로 받아

---

14) [원주] 근세 제도의 개략은 李元雨『幕末の公家社會』吉川弘文館, 2005를 참조.
15) 섭정·관백의 자리에 오를 수 있는 가격의 가문. 헤이안 시대 후지와라씨의 혈통을 이은 다섯 가문(고노에[近衞], 구조[九條], 니조[二條], 이치조[一條], 다카쓰카사[鷹司])으로 가마쿠라 시대에 성립되었다.
16) [원주] 무가에의 발급은 공의가 사실상 독점했는데 다른 신분에 대한 발급은 상당히 자유로웠다.

제 2 장 근세 일본의 쌍두·연방 국가

2-3. '문화도어즉위정상도文化度御卽位庭上圖'
닌코仁孝 천황의 즉위 의례(1817년)에 관해 옥좌나 폐백 깃발의 위치, 공경들의 배치를 그린 그림 (우키타 요시나리浮田可成「무진어즉위잡기戊辰御卽位雜記」에 의함. 소장: 국립공문서관)

들였던 것은 아니었다.

천황의 즉위 의례[그림 2-3]를 예로 공가들의 역할을 엿보도록 하자. 의식실시·날 잡기·역할 배분 등의 결정에 관여한 것은 천황 외에 관백과 양여兩役(의주議奏[17]) 5명, 무가전주武家傳奏[18]) 2명)이었다. 모두 영외관(율령 제정 후에 만들어진 관직)으로 '당직當職'(책임자)으로 불렸다. 다섯 섭가로 구성된 칙문

---

17) 천황을 가까이에서 모시며 칙명을 전달하고 의사를 상주하는 역할의 공가 직제.
18) 조정의 제반 사무에 걸쳐 무가와의 연락을 담당한 주요 역직. 줄여서 '전주'라고도 한다.

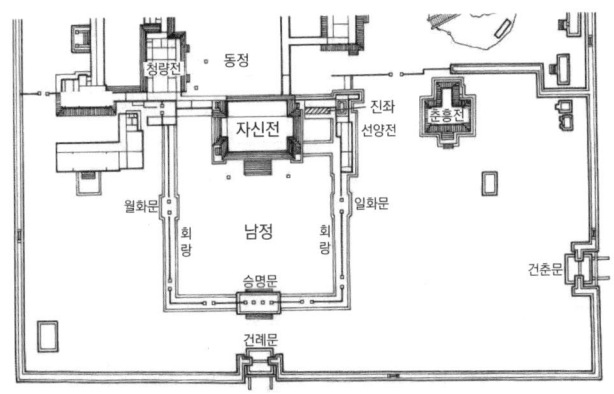

2-4. 즉위식의 공간.
교토 어소의 자신전과 남정, 진좌 등(와타나베 마코
토渡邊誠『사진집 교토어소』1994를 바탕으로 작성)

어인수敕問御人數에 자문하는 경우도 있었다. 섭가가 각별한 지위에 있었음을 알 수 있는 한편으로 황족('미야宮'라 불렸다)이 없는 것이 주의를 끈다. '당직' 합의에서는 의주와 전주 양역도 중요한 역할을 하지만 여기에는 섭가보다 격이 낮은 공경(청화淸華·대신大臣 이하부터 납언·참의까지)이 취임한다. 여기에도 미세하게나마 가격과 권한의 분리와 어긋남이 있었다.

의식 집행은 8세기에 제정된 율령이 정한 관직이 중심이 되어 이루어졌다. 변관辨官[19]이 '직사職事'로 천황과의 연락이나 의식 진행을 보좌하고 좌우대신이 '상경上卿'으로 공경의 수좌

---

19) 태정관 역직으로 좌우 대변(大辨), 좌우 중변, 좌우 소변 등의 총칭이며 정5위하~종4위상에 상당한다. 관청을 지휘 감독하는 역할을 맡았다.

제2장 근세 일본의 쌍두·연방 국가

에 자리해 '진의陳儀'(합의)를 행하고 요소 요소에는 근위 등의 무관이 성장盛裝해 나란히 선다. 어소의 정전인 자신전紫宸殿의 동북측 낭하의 진좌陳座, 자신전, 남쪽에 있는 남정南庭이 주요 장소였다[그림 2-4]. 이 때 '당직'의 중심인 관백은 주로 천황의 곁에서 시중을 들고 양역은 무대 뒤에서 진행 전반을 맡았다.

영외관이 결정을 담당하고 율령에 정해진 관원이 헤이안 중엽에 조상들이 남긴 기록 하에 의례를 집행한다는 것이 근세 금리의 모습이었다. 금리의 관심은 이같은 의례·제사나 연중행사를 적절히 치르는 것, 그리고 가능하다면 먼 과거의 성대한 의식을 최대한 '복고'하는 데 있었다.[20] 율령 이후 궁중 의례는 중요하면 할수록 중국풍이었기에 그들의 '복고'는 반드시 일본 고유의 모습으로의 '복고'가 아니며 재래 질서의 변혁을 의도하지도 않았다. 막말에 그러한 지향이 변한 것은 외부로부터의 개입 때문이었다.

금리와 공의

근세 공의와 금리의 관계는 어느쪽이 상위에 있었는지 단언할 수 없었다. 금리는 구보公方에게 관위를 내리고 공의는 금리에 법도를 내렸다. 금리는 구보뿐 아니라 무가 상층에게 관위를 수여해 일본 레벨의 통치질서를 상상하기 위한 가장 권위있는 일원적 틀을 제공했다. 다른 한편으로 공의는 일본 전체의 공공사무를 통괄하고 특히 대외관계를 최종적으로 담당했다. 그리고 공의는 금리에 대해 「금중방어조목禁中方御條目」을 내려

---

20) 藤田覺『幕末の天皇』講談社, 1994.

천황 이하 공가가 해야 할 것과 해서는 안될 것을 규정해 위반한 경우에는 제재하고자 했고 실제로 이를 행했다. 이러한 이중의 왕권은 지금 보면 불가사의한 존재지만 가마쿠라 이래 근세까지 사람들이 오랫동안 당연시해 왔다는 사실은 중요한 의미를 지닌다 할 수 있다.

금리는 공의에 대부분을 의존했다. 재정은 하타모토의 금리부禁裏付가 조정의 관원을 이끌고 운용한다. 임시 지출, 즉위나 재해 복구 등의 비용은 공의가 둔 교토쇼시다이京都所司代[21]의 손을 거쳐 에도의 로주 결정을 받아야 했다. 교토의 치안유지는 금리의 관여 없이, 공의의 교토 마치부교町奉行가 모든 것을 담당했다. 교토 궁정은 공의의 지지를 얻어 비로소 존립할 수 있었던 것이다. 또한 금리의 결정 중추인 관백·양역은 모두 공의의 동의 없이는 임명할 수 없는 자리로, 공의의 역직을 수행하는 면도 있었기에 공의로부터 직접 역료役料를 받았다.

다른 한편, 그러한 의존성에 궁정 사람들이 만족했던 것은 아니다. 근세 초기에 발생한 도쿠가와 히데타다德川秀忠와 고미노오後水尾 천황과의 갈등으로 고대 이래 오랜만의 여제가 탄생한 일은 유명하다.[22] 근세 궁정인은 조정을 조정답게 하는 본질이라 생각한 의례의 부흥을 바라며 집요하게 이를 공의에

---

21) 교토에 근무하여 조정과 공가에 관련한 업무를 담당하고 교토·후시미(伏見)·나라(奈良)의 마치부교(町奉行)들을 감독하는 막부의 역직. 교토 지배 등 민정상의 권한은 이후 교토 마치부교에게 넘기게 된다.
22) 천황의 권위를 실추시키는 막부의 행동에 반발한 고미노오(고미즈노오) 천황이 당시 일곱 살이었던 차녀 오키코 내친왕(興子內親王)에게 천황 자리를 양위하고 상황이 되었다. 이로써 즉위한 메이쇼(明正) 천황은 쇼토쿠(稱德) 천황 이래 850여년 만의 여성 천황이었다.

제2장 근세 일본의 쌍두·연방 국가

요구했다. 도쿠가와 쓰나요시德川綱吉에 의한 대상제大嘗祭 부흥, 마쓰다이라 사다노부松平定信에 의한 어소의 고식재건古式再建, 그 후임자가 인정한 가모賀茂·이와시미즈石清水 신사의 특별제사臨時祭 부흥 등 수없이 많다. 반대로 드물지만 대립도 발생해 공의가 금리 요직을 처벌하는 일도 있었다. 가령 고카쿠光格 천황(재위 1779~1817년)이 근신 나카야마 나루치카中山愛親와 꾀하여 공의의 반대를 누르고 즉위 경험이 없는 친부에게 태상천황 존호를 수여하고자 했을 때 공의는 나카야마를 엄히 처벌하였다.[23]

그러나 이같은 긴장 관계가 직접 '왕정복고'를 가져온 것은 아니다. 이는 오히려 궁정의 외부에서 찾아왔다. 바로 18세기에 성립한 국학이다.[24] 국학은 '황국'=일본의 질서의 영원성과 순수성, 그 담당자로서의 천황(스메라미코토)이라는 상상력을 낳았다. 이는 또한 현존 정치질서와는 다른 질서상, '진정한 왕권'은 교토에 있고 공의는 통치를 일시적으로 '위임' 받은 존재에 불과하다는 이미지를 창출하고 유포시켰다. 현재 이를 '대정위임론大政委任論'이라고 부르는데 이는 로주 마쓰다이라 사다노부가 구보公方 도쿠가와 이에나리德川家齊를 위해 쓴 교훈에 '60여 주州는 금정禁廷[금리]으로부터 위임받으신 것이므로 일시적으로라도 자신의 것이라 생각하시면 아니될 것입니다'고 한 것처럼 공의의 중추에까지 새로운 규범적 질서로

---

23) 藤田覺 『幕末の天皇』 講談社, 1994.
24) 渡邊浩 『日本政治思想史』 東京大學出版會, 2010 / 와타나베 히로시 저, 김선희·박홍규 역 『일본 정치사상사[17~19세기]』 고려대학교출판문화원, 2017.

침투해 갔다. 사다노부는 이에 전혀 위험을 인지하지 않았다. 그러나 새로운 규범적 질서상은 공의의 통치자격을 조건부로 보고 나아가 금리의 '일본'에 관한 발언을 거부할 수 없는 틀을 제공했다. 같은 시기 미토의 도쿠가와가에서 고안해 낸 명분론이나 존왕양이론도 동일한 움직임을 보였다.[25] 근세 후기에 발달한 학문 네트워크나 출판물은 이 새로운 규범적 상상력을 무가와 서민을 불문하고 국내에 널리 침투시켜 19세기 중반의 대변동을 준비했던 것이다.

마지막으로 금리와 다이묘의 관계도 언급해 두고자 한다. 공의는 다이묘가 허가없이 교토에 출입하는 것을 금지했다. 그러나 다이묘들에게는 사쓰마 시마즈가와 고노에가, 도사 야마우치가山內家와 산조가에서 보이듯, 공가와 대대로 혼인 관계를 맺고 교토에 저택을 두어 가신을 매개로 교제를 깊이 해 온 경우도 적지 않았다. 혼인 관계는 다이묘 상호간 교제에서도 중요하게 작동해 막말에는 다이묘와 공가, 다이묘 상호간 어느 쪽이든 정치적인 관계를 만들기 위해 적극 활용되었다.

근세 일본의 국가는 '쌍두·연방' 국가라 요약할 수 있듯이 분권적이고 계층적으로 조직되었다. 이 국가는 주변의 청조나 조선과 같은 과거시험과 주자학을 핵으로 한 일원적 조직과 비교하면 해체가 용이했다. 근세 시기 동안 발생한 각종 불일치, '권·록'의 불일치, 나아가 실제 제도나 관습과 어긋난 규범적 질서상의 등장에 따라 그 가능성은 높아졌다. 19세기 일본에는

---

25) 尾藤正英『日本の國家主義』岩波書店, 2014.

제2장 근세 일본의 쌍두·연방 국가

현존 질서를 정면에서부터 부정하고 파괴하고자 하는 교리가 거의 존재하지 않았다. 오시오 헤이하치로大鹽平八郞26)는 희대의 예외였다. 그러나 권력의 규제 없이 유포된 천황중심의 새로운 질서상은 '일본'을 다이묘 국가를 넘어선 지고의 질서로 간주하고 두 가지 중심 가운데 금리만을 무조건적 중심으로 상정했다. 근세 국가가 용이하게 해체되고 심지어 곧바로 통합을 향했던 배경에는 이같은 조건이 있었던 것은 아닐까.

---

26) 에도시대 후기의 양명학자(1793~1837). 오사카 마치부교의 요리키(與力)를 역임한 뒤 양명학을 독학했다. 1830년대 덴포 대기근이 발생하고 사회모순이 폭발하자 제자와 백성들을 이끌고 봉기했다(오시오 헤이하치로의 난. 1837.3.25.). 봉기는 불과 반나절만에 진압되었지만 막부 관료 출신이 주요 직할령인 오사카에서 일으킨 반란이라는 점에서 당시 지배층·피지배층 모두에게 큰 충격을 주었다.

제3장

근세 일본 사회 — 구조·동태와 사회결합의 변화

등록에 의한 신분과 직능에 의한 신분

근세 일본에서는 사회가 신분적으로 조직되어 있었다. 사람들은 다른 권리와 의무를 가진 다양한 가문イェ이나 집단 속에서 태어나 언제나 상하 관계를 의식하면서 일생을 보냈다. '태생'은 오늘보다 훨씬 커다란 의미를 가졌던 것이다.

근세 신분에는 앞서 본 지배 신분과 피지배 신분의 차별 외에 몇가지 구분법이 있었다. 하나는 정부가 정한 등록법에 의한 것으로 무가의 경우는 분한장分限帳, 서민의 경우는 인별장人別帳이 그 소속을 결정했다. 서민의 경우 농촌부인 '자이在'에서 등록된다면 '햐쿠쇼百姓', '조町'에서 등록된다면 '조닌町人'

제3장 근세 일본 사회 — 구조·동태와 사회결합의 변화

으로 불렸는데 둘 사이의 권리에 커다란 차이는 없었다. 또 하나는 직능에 의한 구분으로 공가, 무사, 상인·직인·어부, 승려·신직, 야마부시山伏,[1] 의사·학자, 예능가 등 다양한 직능이 있었고 히닌非人이나 에타穢多[2] 등 피차별 신분도 일면에서는 직능의 성격을 띠고 있었다. 등록에 의한 신분은 기본적으로 세습되어 다른 신분으로의 이동은 어려웠으나 직능에 의한 신분 가운데에는 이동이 가능한 경우도 있었다. 승려는 세속 신분을 넘어선 '세외'의 존재로 본래 하급 무사나 서민도 체발剃髮 후 수행에 의해 사사寺社 조직 안에서의 지위 상승이 가능했다. 후에 상술할 맹인도 이에 가까운 존재였다. 또한 예능가, 승려와 신직, 의사·학자 등 지적 직능은 개개인의 '와자마에業前'(수완)가 중요시되어 '쇼쿠교職業'라 불리기도 했다. 무예 수행이나 의학·유학 등을 배울 기회를 얻은 자는 서민이라도 종종 다이묘의 부름을 받았다. 이들 직능에 관계된 자들은 무가나 서민과 다른 형태의 머리와 의복을 하였기 때문에 단번에 식별가능한 존재였다. 예능가나 피차별민 등도 마찬가지였는데 그들은 지적 직업과 달리 천시되었다.

이상을 그림[3-1]으로 정리해 보자. 대략 본적에 이해 구분되는 무가·햐쿠쇼·조닌 아래에 피차별신분을, 그밖의 신분을 '제외制外'로 오른쪽에 배치했다. '제외'라는 용어의 용례가 반드시 많다고는 할 수 없으나 이동가능한 신분과 고정적 신분의

---

[1] 산야에 기거하는 불교 수도승, 수행승.
[2] 최하층 신분으로 히닌은 걸인, 에타는 가축의 사체 처리나 죄인의 처형 등을 맡았다.

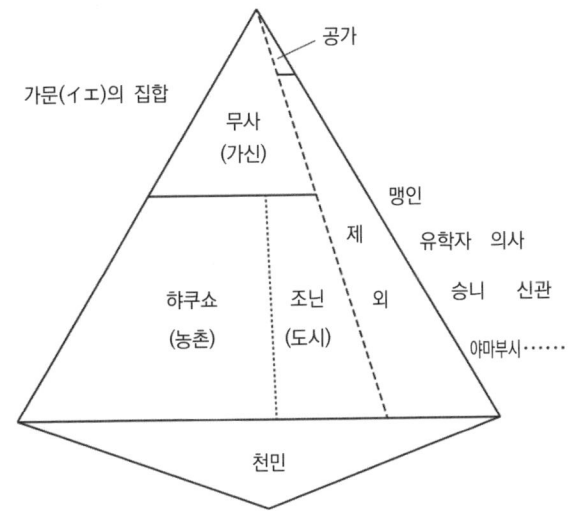

3-1. 근세 일본의 신분구별 모델

차이를 나타내기는 편리하다. 이 그림에서는 이동 가능한 경계를 점선으로 표시했다.

3.1 '지게' 사회 — 본적에 의한 신분

앞장에서는 다이묘의 '국가'가 '가신家中'과 '지게地下'로 이루어졌음을 설명했다. 이 가운데 '지게'란 다이묘의 '가신'에 속하지 않는 '국가'의 통치대상, 피지배 신분이다. 다이묘나 사무라이 등과 주종관계를 맺지 않고 군역에 나가지 않는 대신 연공과 부역(정부로부터 명받은 노동 서비스)을 제공하고 그 대가로 '국가'로부터 보호와 안전을 제공받았다. 본래는 사무라이였던

제3장 근세 일본 사회 – 구조·동태와 사회결합의 변화

토호도 근세 초기에 이루어진 토지 조사에서 군역을 선택하지 않은 경우 '지게' 신분이 되었다.

'지게' 가운데 사실상 토지를 소유하고 매매권을 가졌다고 영주가 인정한 자는 자이在·조町를 불문하고 연공이나 부역을 부담했다. 자이에서 '혼뱌쿠쇼本百姓', 조에서 '이에모치家持'라 불리는 사람들로 본래는 '자이'나 '조'의 자치 담당자였다. 이들 중 영주로부터 특정 역할을 부여받은 어용 상인이나 어용 직인職人은 일정한 일수나 업무를 영주에 봉사하는 대신 연공 등의 일반적 과역은 면제되었다. '자이'는 크게 나누어 '혼뱌쿠쇼'과 토지를 가지지 않은 '미즈노미水吞'로 구성되어 있었다. 어느 경우든 반드시 농업만을 업으로 하지 않았다. 건축이나 일용품 제작, 운수·행상, 방적·염색·직조 등 다양한 겸업을 하는 것이 일반적이었다. 유질流質 토지[3]를 병합해 지주가 된 경우 소작인을 고용해 농업을 하는 한편 다양한 수공업이나 원격지를 연결하는 상업 등 중소경영을 함께 했다. '조'의 경우 '자이'와 달리 '이에모치'의 수는 적었고 대부분은 토지를 빌려 다양한 직업을 영위하는 사람들이었다. 그 가운데는 큰 길에 점포를 낸 거상부터 뒷골목의 나가야長屋[4]에 사는 일일 노동자들까지, '이에모치'에게 조 내의 관리를 위탁받은 '이에누시家主'부터 '자이'에서 흘러들어온 소상인이나 직인, 예능민까지 다양한

---

[3] 기한 내 상환하지 못할 경우 자동으로 담보권자에게 소유권이 넘어가도록 설정된 토지.

[4] 가늘고 긴 형태의 건물로 여러 세대가 한 채의 건물 안에 이웃해 사는 일종의 연립 주택이다.

사람들이 있었다. 조카마치城下町5)에는 무가 저택에 들어가 사는 봉공인도 있었다.

서민은 종종 고향을 떠나 다른 '조'나 '자이'에서 일했다. 대부분은 '인별'(적籍)을 고향에 둔 채 외지 노동을 하며 살았는데 그곳에서 결혼하거나 성공하면 고향에서 '인별'을 보내게 해 본적지를 바꾸었다. 다이묘 가운데에는 '지게'의 전적轉籍을 금지한 경우도 많았지만 사실상의 지리적 이동은 빈번히 보이며 그 중에는 고향의 인별에서도 누락되어 '무숙無宿'이 된 경우도 적지 않았다.

3.2 신분 동태 — 직능에 의한 신분

근세 신분은 기본적으로 세습되었다. 그러나 개개 신분 집단의 내부에서는 상당한 사회 이동이 보이며 각 신분 집단도 끊임없이 자신들의 사회적 지위를 개선하고자 했다. 근세 신분집단은 한편으로는 지역 단체나 동업 집단의 자기 주장, 다른 한편으로는 국가에 의한 조직화 시도라는 양자의 상호 작용 속에서 살고 있었다. 근세 후기에는 시장의 발전과 기술 확산 속에서 본래와 다른 직종에 뛰어든 사람들이 증가하는 한편, 배타적 동업 단체인 '나카마仲間'를 만들어 이해관계를 지키고자 하는 움직임도 왕성해 졌다.6) 이하에서는 맹인 신분을 사례로 그들

---

5) 영주의 거성을 중심으로 성 아래 조성된 시가지. 영주의 가신이자 지배층인 무사들의 주거지, 조닌 주거지, 그밖에 사원 부지 등으로 구성되었다.
6) 吉田伸之『成熟する江戸』講談社, 2009.

이 어떠한 취급을 받았는지 가토 야스아키의 연구[7]에 의거해 소개하고 근세 신분제의 특징을 이해하는 단서로 삼고자 한다.

사례로서의 맹인 나카마

맹인 신분은 세습이 아니었다. 대부분의 경우 후천적 실명이었기 때문이다. 따라서 이들은 무사와 서민 등 태생적 신분과 무관한 존재로 승려나 의사와 유사했다. 대부분은 가족에 의해 부양되었는데 일부는 집을 나와 맹인 나카마를 만들어 상호부조를 이루었다. 혼슈本州 중앙부에서는 남자는 '좌두座頭', 여자는 '고녀瞽女'라 불리는 동업조합座을 결성했다. 좌두는 교토에 본거를 둔 나카마로 '당도當道'라 자칭하며 도쿠가와 공의의 법제에 편입되어 강한 결속을 뽐냈다.

실명한 서민이 나카마로 들어가기를 좌두에 신청해 인정받으면 서민 신분을 벗어나 좌두의 지배하에 들어간다. 연공이 면제되는 한편, 공의가 중세 이래의 관습을 기반으로 정한 '당도식목當道式目' 등 나카마 법에 따라 행동하게 된다. 좌두 직능의 상징은 비와를 연주하며 가두에서 『헤이케 이야기平家物語』[8]를 읊는 것이었는데 근세에 들며 생업으로 삼는 기예는 조루리淨瑠璃[9]·시우타地歌,[10] 거문고·샤미센, 침술과 안마 등

---

7) 加藤康昭『日本盲人社會史研究』未來社, 1985.
8) 일본의 대표적 군기문학. 다이라노 기요모리(平淸盛)를 중심으로 다이라 가문의 흥망성쇠를 다루고 있다. 오찬욱 역『헤이케 이야기』문학과지성사, 2006.
9) 일본의 전통 예능으로 반주에 맞춰 이야기를 읊는 것.
10) 교토, 오사카 지방을 중심으로 불렸던 샤미센 가곡.

으로 확대되어 일정하지 않았다. 또한 기예를 통해 얻은 수익으로 금융업을 시작해 재산을 축적한 자도 적지 않았다. 공의는 이들 금융업에 각별히 극진한 보호를 해주었다. 막말의 막신幕臣 가쓰 가이슈勝海舟의 증조부는 에치고越後 지역 농촌에서 태어난 맹인이었는데 거액의 축재에 성공해 아홉 명의 자식 가운데 여섯 명을 고케닌카부御家人株(도쿠가와 공의의 신하 가운데 최하급에 있는 게닌家人 지위는 매매 가능했고 이를 '카부'라 불렀다)를 사서 무사로 만들거나 다액의 지참금을 들고 무가와 혼인시켰다.

좌두 나카마는 '관위'라 칭하는 정치한 계통 조직을 발달시켰다. 대략 아래부터 예시하면 초심初心부터 시작해 좌두, 별당別當, 구당勾當, 검교檢校에 이른다. 이는 의사 세계의 계통제와 동일하게 중세 사원의 제도를 원형으로 삼아 만들어졌고 금리와는 무관하게 도쿠가와 공의의 위광을 배경으로 사칭한 것이었다. 좌두 나카마에 들어간 자는 검교의 지위를 목표로 경쟁했는데 승진은 기예의 고하가 아니라 얼마나 많은 금액을 나카마에 납입했는지에 따라 결정되었다. 좌두 나카마에서는 지위에 따라 명칭, 복장, 지팡이, 동행원, 언어사용도 모두 달라 검교가 되면 소송 시에 공의의 부교쇼[11]에서 무사와 동등한 자리에 앉을 수 있었다. '고관'은 지위에 따라 고액의 납입금 배분을 받아 이를 대부로 돌렸는데 다른 한편으로는 축의(결혼식)와 불사佛事 시에 지역을 나누어 영주나 민간으로부터 보시를 받아 이를 나카마 내의 '하관'에게 배당했다. 맹인이라는 범위

---

11) 부교가 집무를 보는 관청.

내에서 출세와 영달, 상호부조의 조직을 발달시켰던 것이다.

그러나 좌두 나카마는 18세기 후반에 쇠퇴한다. 나카마에 들어가지 않은 맹인이 거문고나 샤미센, 침술을 익혀 성공해 제자를 양성하거나 무가에 고용되었기 때문이다. 개중에는 맹인이 아닌 자가 기예를 배우기도 했다. '당도'는 이러한 움직임을 억제하고 나카마의 독점을 유지하기 위해 공의에 호소했다. 직업 맹인의 대부분을 검교 지배 하에 두도록 주장해 일단은 인정받았으나 나카마 이외의 신규 가입을 저지할 수는 없었다. 또한 각지의 정촌町村에서는 보시 징수에 대한 반감이 심해져 응하지 않는 사람들도 나타났다. 유신 후 1871(明治4)년에 에타·히닌 칭호를 폐지하고 평민과 동등하게 한다는 법령이 나오자 맹인에 대해서도 '관직' 폐지, 구걸 금지, 영업 자유, 평민으로의 편입 등이 포고되었다.[12] 근세까지 이어져 온 신분으로서의 격리와 특권 주장이 완전히 부정되고 자유 영업의 거센 파도가 맹인들에게도 들이친 것이다.

나카마와 시장·공의

맹인의 좌두 나카마는 17세기 후반 도쿠가와 공의에게 신분단체로 인정받았다. 구보公方가 자신의 시의侍醫였던 맹인을 총검교總檢校로 삼고 직접 개입했기 때문인데, 다른 나카마의 경우에는 반드시 공적인 인정을 받은 것은 아니었다. 그러나 18세기에는 다양한 직능이 '나카마'를 결성해 배타적 권익을 획득하고자 하기 시작했다. 이는 시장의 발달과 기술 확산에

---

12) 메이지 초기의 신분해방정책에 관해서는 본서 제13장 제1절을 참조.

따라 본래는 다른 직업에 종사했던 사람들의 활발한 신규 참가 시도에 대응하기 위해 시작된 것으로 보인다.

일례로, 사사모토 쇼지笹本正治의 연구[13]를 바탕으로 주물사鑄物師 조직을 살펴보자. 주물사란 냄비나 가마, 범종梵鐘이나 등롱燈籠 등 주물 제품을 만드는 직인이다. 중세에는 각지를 편력하며 영업했지만 근세에는 한 곳에 정주하게 되었다. 경영 규모는 다양했는데 개중에는 '직인' 신분을 주장하는 경영자가 다수의 소경영인을 산하에 두고 전체 천 명을 넘는 규모에 이른 경우도 있었다. 일하는 사람들은 주로 '햐쿠쇼' 신분으로 주물이나 경영 기술을 몸에 익힌 후 수요 증가를 바탕으로 끝없이 독립하고자 했다.

이러한 움직임에 대해 센고쿠戰國 시대 이후 주물사의 본소本所(권위 부여의 궁극적인 근거가 되는 조정 관계 조직)가 된 금리의 하급 관인, 마쓰기가眞繼家는 주물사직鑄物師職 면허장을 발행해 주물사 전국 조직을 만들고자 했다. 신구 주물사를 조직해 후발 주물사들로부터 이익을 지키고 동시에 내부의 분쟁 조정을 담당하고자 했던 것이다. 18세기에 시작된 조직 활동은 각지 주물사의 지지를 얻어 성공하고 면허장은 가부株로 매매되며 주물사 권위 부여에 크게 이용되었다.

마쓰기가는 1774(安永3)년 공의에 대해 마쓰기가 발행의 면허장 없이 영업하는 것을 금지하고 전국 주물사를 지배할 수 있도록 명령을 내려달라고 청원했다. 그러나 공의는 공의나

---

[13] 笹本正治『眞繼家と近世の鑄物師』思文閣出版, 1996.

제3장 근세 일본 사회 — 구조·동태와 사회결합의 변화

다이묘 아래에 있는 주물사들이 마쓰기가의 지배에 들어가는 것을 탐탁치 않게 여겨 허가하지 않았고 다만 기존 조직을 용인하는데 그쳤다. 마쓰기가는 그 후 금리와의 관계를 강조하기 시작해 18세기 말에 화마로 무너진 궁궐을 재건할 때 휘하 주물사에게 철 등롱을 헌상케 하고 나아가 금리의 문장이 들어간 간판 등을 배포해 주물사들에게 금리 직속이라는 의식을 심고자 했다.

이처럼 동업 단체의 형성과 신규 참여의 배제 및 타집단을 지배하로 조직하거나 나카마의 권위 부여를 목표로 한 움직임은 18세기에는 어디에서든 볼 수 있다. 이는 옛 전승을 꾸며내 나카마 연혁서를 갖추거나 금리 관계자로부터 '직인' 관위를 받아 이를 근거로 한 공의에의 소원訴願이나 타집단과의 쟁론을 통해 이루어졌다. 공의는 이러한 움직임에 대체로 수동적인 대처를 하고 여러 집단 간의 조정자 역할을 했지만 예외도 있었다. 바로 수도 에도와 '천하의 주방' 오사카에서 도이야問屋[14] 나카마를 적극적으로 이용한 것이다. 이는 공의가 직할하는 대도회지의 물가 억제를 위해서였다. 18세기 전반, 쌀 연공으로 생활하는 거대한 무사 인구를 지탱하기 위해 쌀 가격을 고정시키고 다른 상품의 가격을 억누를 필요가 생겼다. 이를 위해 유통 기구의 각 단계에서 당시 존재하던 각종 나카마를 조직했다. 세기 후반에는 도이야 나카마 각각에 '가부나카마株仲間'

---

14) 도매상. 주로 하주(荷主)의 위탁을 받아 중개료를 받거나 매입해 중매인에게 파는 업자를 일컫는다. '돈야'라고도 한다.

를 만들어 영업 독점을 인정하고 그 대가로 명가금冥加金15)을 납입하게 했다. 가부나카마의 공인은 영업 독점을 인정한 것으로 소비자는 물론, 생산·유통 모든 단계에서도 신규 참여를 꾀하는 자들에게는 불합리한 것이었다. 그 결과 독점 배제를 요구하는 소원도 반복되었다. 19세기 초에 오사카 근교에서 일어난 국소國訴(광역적으로 이뤄진 소원)는 특히 유명하다.

3.3 '지게'에서 '국민'으로

'지게地下'와 '국가'의 관계는 근세 후반에 조금씩 변화해 갔다. '지게'인 서민은 본래 영주로부터 특정한 역을 부과받은 자 이외에는 '국가'의 활동에 주체적으로 관여하려고는 생각하지 않았다. 그렇다고는 해도 양자의 관계는 주종 관계와는 다른 타입의 계약 관계로, 지게가 연공이나 부역을 부담하는 대신 국가는 이를 보호하는 의무가 있다고 간주되었다. 여기에서 다이묘나 영주 측이 보호를 태만히 하거나(기근 심각화도 그 중 하나), 멋대로 증세하거나 하면 계약 위반이 되어 '지게'는 도산逃散(타령他領으로 도망치는 것)·수소愁訴(대표자를 내어 관리에게 연공 등의 감면을 출원하는 것)·강소強訴(관청에 집단으로 몰려 가 압력을 가하는 것. 이른바 햐쿠쇼 잇키一揆16))

---

15) 에도시대 잡세의 일종. '명가'는 본래 신불로부터의 가호를 의미하나 영민의 보호자이자 통치자로서의 '은혜'가 강조되며 상공업자에 대한 조세의 의미도 갖게 되었다. 영업 허가나 보호를 받는 대가로 매년 일정률을 정해 상납하도록 했다.

16) 농민 소요, 봉기로도 번역되나 본문의 설명과 같이 근세 정권이 안정화되면서 발생한 잇키는 폭력을 동반하지 않은 집단적 행동에 가까웠다. 다만 막부 권력이 쇠퇴하면서 발생하는 잇키는 방화와 파괴 행위가 동반

제3장 근세 일본 사회 — 구조·동태와 사회결합의 변화

를 하였다. 바람직하지는 않지만 정통 행위로 간주되었기에 비상사태가 끝나고 쌍방 책임자가 처벌되면 평온한 질서로 돌아가는 것이 보통이었다. 이는 18세기 후반 이후, 잇키 건수가 증가해도 변하지 않는 사실이었다.

한편으로 18세기 중반 이후에는 '지게' 가운데 '국가'의 경제 발전에 적극적으로 관여하고자 하는 자가 나타나기 시작했다. 히라카와 아라타平川新나 루크 로버츠Luke S. Roberts에 의하면 특히 대다이묘 영지에서 현저히 일어났다. 가령 도사土佐에는 초기부터 메야스바코目安箱(무가·지게를 불문하고 영주에게 문제 대처를 요구하며 제출하는 상서[메야스]를 투함하는 밀봉된 상자) 제도가 있었는데 18세기는 조닌이나 햐쿠쇼가 빈번히 도사 일국의 '국익'을 늘리고자 한다는 취지의 메야스를 투서했다. '타국'(다른 다이묘령)으로부터의 상품 수입을 제한하고 역으로 '오쿠니御國'(도사)의 산물을 '타국'에 수출해 '오쿠니'를 풍요롭게 하고자 한다는 제안이다. 다이묘 '국가'를 단위로 한 '부국론', 중상주의라 해도 좋을 것이다. 이들은 '국민御國民'이라 자칭했다. 다이묘 '가문'의 '은혜', 즉 지행은 받지 않으나 '오쿠니'에서 태어난 '국민'임은 틀림없기에 '국가'를 위해 제안하는 것이라 주장했던 것이다.[17]

이같은 움직임은 도사의 이웃 국가인 아와阿波에서는 목면 염색에 사용하는 특산물인 남옥藍玉(근세에 선호된 남색 염료,

---

되는 폭력적인 성격이 나타나며 이는 메이지 초기의 잇키에도 이어진다.
17) L. ロバーツ「土佐と維新」近代日本研究會『地域史の可能性』山川出版社, 1997.

인디고) 거래에 관한 대담한 개혁을 낳았다.[18] 1766(明和3)년 어느 쇼야庄屋[19]가 헌상한 정책에 기반해 기나이畿內[20] 시장에의 남옥 수출을 도쿠시마德島 성하의 공설매매소에서 독점했던 것이다. 그 전까지는 아와의 남옥 상인들은 오사카로의 판매 경쟁에 열을 올리고 있었으며 심지어 오사카의 도이야에게 가불받았기 때문에 이익 대부분을 오사카에 흡수당하고 있었다. 도쿠시마 한곳에서 판매하고 경쟁을 억누르면 이출移出 가격을 높이 유지할 수 있을 터였다. 남옥 거래를 통한 수익 대부분을 오사카 시장에서 아와로 옮기고 이를 다이묘로부터 남옥 제조자까지 분배하고자 하는 제안이었다.

이 정책은 아와 이외의 국가에서 양질의 남옥 공급이 없고 아와의 기술이 타국에 유출되지 않는 조건 하에서 성공을 거두었다. 매우 특수한 조건이었기에 다른 영지에서 동일하게 정책을 모방하기는 어려웠으나 다이묘와 영민을 모두 포함한 '국가'의 '국익'을 외부의 희생을 통해 철저하게 추구하고자 한다는 지향 자체는 공통되었다. 근세 후반을 특징짓는 제諸 집단의 경제 경쟁이 다이묘 '국가'를 단위로 발현되었다고 볼 수 있다.

다른 한편으로 이러한 '국익' 추구 운동은 서민이 경제적인 측면에서 국가와 심리적으로 동일시되고, 적극적 담당자로 변화하는 시작점이기도 했다. '국민'으로부터의 자발적인 헌책

---

18) 平川新『紛爭と世論』東京大學出版會, 1996.
19) 에도시대 촌락의 장. 연공 납입의 책임을 지고 촌락 자치 일반을 관장했다. 나누시(名主), 기모이리(肝煎) 등으로도 불렸다.
20) 교토 부근의 야마시로(山城)·야마토(大和)·가와치(河內)·이즈미(和泉)·셋쓰(攝津) 등을 총칭. 5기나이라고도 한다.

獻策, '국가'로부터의 자문이라는 쌍방향 커뮤니케이션 회로가 생긴 것이다. 아와의 경우 개혁에 착수하며 미리 개혁안을 공시하고 관계된 서민의 동의를 얻은 이후 실행하는 절차까지 밟았다. 경제 정책에 관해서는 정부와 민간 사이에 '공의公議'(공공의 문제를 공개된 장소에서 논하는 것)의 관습이 생겨났다 해도 좋다. '지게'는 분명 '국가'의 안전에 관해서는 이후에도 소극적으로 관여했다. 가령, 이타가키 다이스케板垣退助는 무진戊辰 내란 시에 아이즈會津 무사의 신정부에 대한 저항에 서민이 냉담했다고 느끼고 이것이 후에 자유민권운동에 착수하는 바탕이 되었다고 했다.[21] 그러나 '지게'는 무가의 직분인 군사 이외의 면에서는 스스로의 생활과 '국가'를 일체화해 상상하게 되었다. 그 단위는 아직 '일본'이 아니었고 그 관심은 국가의 안전에까지 이르지는 않았지만 내셔널리즘의 탄생 일보 직전의 조건이 형성되었던 것은 의심의 여지가 없다.

3.4 지적 네트워크의 형성 — 신분과 지역을 넘어

근세 후기의 일본에서는 '일본'을 단위로 하는 내셔널리즘이 기초 조건도 태어나고 있었다. 핵심이 된 것은 서한을 나누고 시적과 정보를 교환하는 지적 네트워크였다. 이는 서민의 경우 상업망을 기초로 형성되었다. 각지의 상층 서민은 원근의 상거래 상대와 취미, 학문으로 교제하고 종종 혼인 관계도 맺었다. 그들은 지적 서클을 만들고 전국에서 유람을 즐기는 지식인들

---

21) 板垣退助 監修『自由黨史』五車樓, 1910.

을 불러 모아 서화회 등을 열었다. 개중에는 학숙을 세워 각지에서 학생을 모은 자도 있다. 대표적인 예로 모토오리 노리나가本居宣長가 이세伊勢 마쓰사카松坂에 세운 스즈노야鈴屋가 있다.

이 가운데 최대 규모를 뽐낸 것은 히로세 단소廣瀬淡窓가 규슈九州 히타日田에 세운 함의원咸宜園이었다.[22] 단소는 현지의 상인 집안 출신으로 그의 한학숙漢學塾은 전성기에 200명 이상의 학생을 모았다. 학생 절반 이상이 서민이었다. 무사가 적은 이유는 도쿠가와의 직할령이었기 때문으로, 무사가 서민과 함께 배우는 것을 싫어했던 것은 아니다. 이곳은 학생 사이의 석차를 연령, 입학 이전 학력, 신분·집안을 불문하고 학력에 따라서만 정하는 '삼탈법三奪法'이라는 규칙의 실행으로 유명했다. 유사한 사례는 후쿠자와 유키치가『복옹자전福翁自傳』[23]에서 묘사한 오가타 고안緒方洪庵의 난학숙蘭學塾인 오사카의 적적재숙適々齋宿[데키주쿠適塾]에서도 보인다. 다이묘가 세운 번교藩校에서는 강한 신분적 제한이 가해지는 것이 일반적이었으나 스승 개인이 자택에 연 학숙에서는 역시나 신분을 묻지 않았다. 학숙은 세속적 신분이 소멸하는 장소로 그곳에서 만난 사람들은 신분의 차이를 넘어선 교제를 맺게 되었다.

학숙은 또한 지역을 넘은 교제망과 상상 공간을 만들어 냈다. 근세에는 유예遊藝 세계에서 이에모토家元 제도[24]가 발달했는데 학문의 세계에서는 반대로 복수의 스승에게 배우는 것이

---

22) 海原徹『近世私塾の研究』思文閣出版, 1983.
23) 허호 역『후쿠자와 유키치 자서전』이산, 2006.
24) 예능 등에서 특정 유파의 종가를 중심으로 정통을 계승하고 전하는 제도.

제3장 근세 일본 사회 – 구조·동태와 사회결합의 변화

당연시되어 학생은 다양한 학숙을 유력했다. 이는 한학이나 국학, 난학이라는 학문 종류를 넘어선 여행이었다. 그 결과 어느 한 학숙에서 신분·지역을 넘어 맺어진 교제 관계는 다른 학숙을 결절점으로 상호 얽히며 국경·신분의 벽이 지배하는 질서 한복판에 수평적이고 광역적인 지적 네트워크를 창출했던 것이다. 이 네트워크는 기본적으로 문자에 의해 맺어진 관계로 사람들은 지역별로 다른 방언을 사용하면서도 문자 세계에서는 한자·가나 혼합문이라는 필법과 화제(고전이나 역사)를 공유하게 되었다. 뿐만 아니라 말하기에서도 각각의 방언과는 별도로 가미카타上方[교토와 인근]나 에도의 '중앙' 언어를 익혀 이중 언어 생활을 하게 되었다. 이는 개별 국가를 넘은 '일본'이라는 상상 공간이 성립하는 과정이기도 했다.[25]

무사는 다이묘의 참근을 수행하거나 특명에 따른 유학遊學을 계기로 이 지적 네트워크에 편입되어 갔다. 막말에는 이것이 정치적으로 전용轉用된다. 가령 막말에 '공의' 운동의 주창자로 활약한 요코이 쇼난橫井小楠은 페리가 도래하기 이전, 두 번에 걸쳐 출신지 구마모토熊本를 떠났다.[26] 처음은 1839(天保10)년부터 이듬해에 걸친 에도 유학이다. 구마모토번의 에도 유학생으로 선정되어 일난 공의 학문소의 하야시林 대학두大學頭에게 입문했는데, 실제로는 그 연줄로 다양한 학자를 만나고 스스로의 학문을 시험하며 '인물'을 찾았다. 이 때 가장 감명을 받은

---

25) 三谷博「『我ら』と『他者』」同『明治維新を考える』岩波書店, 2012.
26) 松浦玲『橫井小楠』筑摩書房, 2010; 山崎正董『橫井小楠傳』マツノ書店, 2006.

것은 미토의 후지타 도코藤田東湖로, 구마모토에 귀국한 후에도 서한을 교환하며 밀접한 관계를 유지했다. 미토 도쿠가와가의 당주인 도쿠가와 나리아키德川齊昭는 일본 전국의 다이묘나 지식인들 가운데 장래 일본을 담당하기에 적합한 인물을 물색하고 있었고 그의 저택에 때때로 그러한 인물을 불러 약식의 차모임茶會을 개최했다. 다회 또한 신분 격차가 사라지는 자리였다. 나리아키의 다회는 취미나 사교의 장이 아닌, 보통은 만날 수도 대등하게 말할 수도 없는 사람들 사이에 솔직한 논의가 오갈 수 있게 한 정치적인 고안이었다.[27] 쇼난이 그 자리에 불리지는 않았지만 그렇게 형성되어 간 정치적 네트워크의 말단에 이어져 있었다.

두 번째 외유는 페리 도래 2년 전이었다. 나고야의 친척을 방문한다는 명목이었으나 일찍이 번교 교관을 찾고 있던 후쿠이福井 마쓰다이라가松平家의 초대가 계기였던 듯하다. 여러 '국'의 정치를 시찰하고 동지를 찾는다는 목적은 이전과 같았지만 서양선 도래의 위기감 아래 이는 더욱 절박해졌다. 가는 곳마다 현지의 주요 인사나 지식인을 면회하거나 평판을 듣고 장서가들과는 희귀서의 사본 교환을 약속하기도 했다. 쇼난은 후쿠이에서 크게 환대받았고 이는 훗날 후쿠이에 초빙되어 '공의' 운동의 지도자가 되는 중요한 전제 조건이 되었다.

요코이 쇼난의 여행은 특별한 사례가 아니다. 조슈의 요시다 쇼인吉田松陰도 동시기에 여러 국을 거듭 유력했다. 또한 이

---

27) 藤田東湖『常陸帶』1863.

제3장 근세 일본 사회 – 구조·동태와 사회결합의 변화

는 학문에 한정된 이야기도 아니다. 쇼인의 친구인 기도 다카요시木戶孝允[가쓰라 고고로桂小五郎]는 페리 내항 1년 전에 검술 수행을 위해 자비로 에도에 가서 사이토 야쿠로齋藤彌九郞에 입문했다. 이는 단순한 전통 무술의 수행이 아니었다. 사이토는 이즈伊豆 니라야마韮山의 공의 다이칸代官인 에가와 타로자에몬江川太郎左衛門의 데다이手代28)로도 근무했다. 에가와는 막말에 서양식 군사 기술의 총 책임자로 평소 사이토 등과 군사 훈련도 거듭했다. 사이토 도장은 최신의 서양 정보와 군사 기술을 접하는 절호의 장소이기도 했던 것이다.

이같이 학숙이나 무예 도장은 지역과 신분을 넘은 수평적 네트워크를 근세 후기 일본에 만들어냈다. 이는 당초에 정치적 의미를 갖지 않았으나 아편전쟁 무렵부터는 무사들에 의해 의도적으로 전용되었고 나아가 서민 상층을 정치의 세계로 끌어들이는 매체도 되었다. 권력 항쟁에 스스로의 손을 뻗은 서민은 적었지만 미야치 마사토가 밝힌 것처럼 그들은 이 시스템을 활용해 정력적으로 대외 관계나 내정의 정보수집에 힘쓰고 방대한 양의 풍설서風說留29)를 남겼다.30) 메이지 10년대[1877~86]의 자유민권운동도 이 지적 네트워크의 존재 없이는 생각할 수 없다. '일본' 내셔널리즘도 '공의'·'공론' 제도도 근세 후기에 발달한 이 시스템을 기반으로 생성되었던 것이다.

---

28) [원주] 다이칸 아래에서 실무를 담당한 자. 무사 신분인 경우는 데쓰키(手付)라 불렸다.
29) 막말기 서민들이 일본 전역의 정치정보를 모아 기록한 자료의 총칭. 풍설을 기록해 남긴 것(가키도메[書留])이라는 의미이다.
30) 宮地正人『幕末維新期の社會的政治史硏究』岩波書店, 1999.

제 4 장

19세기 전반의 국제 환경과 대외론의 축적

예견된 장기적 위기

18세기 후반부터 19세기 초에 걸친 동아시아에서는 일본·조선·류큐·청조 등 역내 각국의 상호 관계가 약해졌다. 동시에 이전보다 군사적·경제적인 힘이 강해진 유럽 강국이 재등장하기 시작했다. 그 결과 19세기 일본은 단독으로 서양에 맞서게 되었으나 그 정책은 19세기 후반처럼 개국으로 향하지 않았고 역으로 '쇄국'의 강화로 나아갔다. 여기에서는 이러한 국제환경 변화, 공의에 의한 '쇄국' 정책의 재정의, 그리고 지식인이 만들어 낸 새로운 세계상과 국내 개혁론 등을 개관한다. 그들의 모색은 머지 않은 장래에 서양과의 위기 발생을 예상한 것으로,

내용은 다양했다. 이러한 모색이 19세기 중반 서양에 개국을 강요당했을 때의 유연한 대응을 가능케 했다. 또한 '예견된 장기적 위기'라는 문제는 자원·환경 제약이든, 대규모 지진·쓰나미든 오늘날의 우리들과 무관한 문제가 아니다. 19세기 일본인은 가까스로 해결에 성공했다. 그 모색 양상을 더듬어 보는 일은 인류의 미래에도 좋은 힌트를 제공해 줄 것임에 틀림없다.

4.1 동아시아 국제환경의 변화

동북아시아 국제관계의 희박화

동북아시아의 해상 교통 관계는 18세기 후반에 일단 축소 국면으로 접어든다. 청은 왕조 창립 당시 빈번한 내륙 원정을 실시해 중화제국 역사상 최대 판도를 구축했지만 원정이 일단락된 후인 1757년 애초 네 곳이었던 무역항을 최남부의 광저우廣州 한 곳으로 제한했다. 그러나 무역은 쇠퇴하지 않았고 오히려 영국이 차를 대량으로 사기 시작했다. 영국은 차 무역의 안정·확대를 도모해 1792년 조지 매커트니$^{George\ Macartney}$를 사절로 파견하고 청조와 조약을 체결하고자 했다. 그러나 당시 선륭제는 이를 단칼에 거절했다. 중국은 '지대물박地大物博'하여 외국산 물품을 필요로 하지 않으며, 차나 자기·생사 등의 수출은 빈국貧國에 은혜를 베풀기 위함이니 이를 요구하듯이 말하는 일은 유감이라는 것이었다. 당시 영국은 중국과 다툴 이유가 없었고 아직 동아시아에 군사력을 전개할 기반도 없었기에 사

절은 순순히 물러났다.[1]

다른 한편 조선과 일본의 관계도 이 즈음에는 약해졌다. 제1장에서 본 것처럼 조일관계는 서로 상대방을 낮춰 보는 것을 묵인하는 관계였는데 이를 견디지 못하게 되었던 것이다. 주도권을 쥔 쪽은 일본이었다. 18세기 일본에서는 생사나 인삼의 국산화가 진행되어 조선 무역의 중요성이 낮아졌다. 때문에 쓰시마對馬의 소씨宗氏는 1775(安永4)년 조일무역의 주요 부분인 사무역 단절을 선언했고 나아가 18세기 말, 로주 마쓰다이라 사다노부松平定信는 통신사의 응접 지역을 수도 에도에서 대한해협에 있는 쓰시마로 바꾸는 방침을 조선에 제안했다. 조선 측은 다양한 고려와 긴 교섭 끝에 이를 받아들였다. 그 결과 1811(文化8)년 쓰시마에서 쇼군 이에나리家齊의 취임을 축하하는 통신사 응접이 이루어졌는데 이를 마지막으로 통신사의 파견·응접은 중단되었다.[2] 서양 각국이 재차 동아시아에 관심을 기울이기 시작했던 그 때, 바다를 매개로 연결되어 있던 동북아시아 삼국은 서로 무관심해졌고 그 결과 서양 각국에 대한 공동행동의 기반을 잃었던 것이다.

서양의 동아시아 재진출 — 영·프와 러시아

다른 한편 이 시기에 유럽 각국은 재차 동아시아에 관심을 갖기 시작했다. 17세기에 네덜란드가 동아시아 말라카 해협과 향료

---

1) 竝木賴壽·井上裕正『中華帝國の危機』中央公論社, 1997.
2) 田保橋潔『近代日鮮關係の硏究』下, 朝鮮總督府中樞院, 1940(復刻 宗高書房, 1972)/ 다보하시 기요시 저, 김종학 역『근대 일선관계의 연구』상·하, 일조각, 2013·2016.

제4장 19세기 전반의 국제 환경과 대외론의 축적

군도群島를 지배한 이래, 동아시아 해역에서는 포르투갈과 스페인 세력이 후퇴했다. 그리고 화인華人이 주도하는, 중국의 여러 항구를 한편의 중심으로 삼고 포르투갈령 마카오, 스페인령 마닐라, 동남아시아 각 항시港市를 결절점으로 한 중계무역이 남중국해에서 전개되었다. 그러나 18세기 후반에는 프랑스와 영국이 전 지구를 무대로 패권경쟁에 돌입하면서 유럽과 북미, 인도뿐 아니라 동아시아와 태평양까지 이에 휘말렸다. 인도의 무역 거점과 북미 세력권의 쟁탈을 둘러싼 7년 전쟁(1756~63, French and Indian War), 전쟁에 패배한 프랑스가 영국 식민지민의 본국 반란을 지원한 미합중국의 독립전쟁(1775~83), 프랑스 혁명과 나폴레옹 전쟁으로 이어진 양국의 사투(1789~1815)가 이어졌다. 1770년대부터 80년대 걸친 제임스 쿡James Cook과 장프랑수아 드 갈로Jean-François de Galaup의 태평양 탐사는 서양 해양 지식의 공백을 상당히 채웠지만 영·프의 세계적 패권경쟁의 일환이기도 했다. 그들이 작성한 해도나 지도가 없었다면 서구의 포경선이 북태평양에 모습을 드러내 일본 개국의 배경이 될 일도 없었을 것이다.

한편 동아시아에서 영·프 전쟁 자체는 극히 소규모에 그쳤다. 그러나 나폴레옹 전쟁 시기, 영국은 네덜란드로부터 말라카 해협의 패권을 빼앗아 말레이 반도 끝단에 싱가포르를 건설했고 전쟁 후에는 지중해에서 인도양, 싱가포르를 거쳐 중국에 이르는 아시아 교역의 대동맥을 장악하게 되었다. 이는 동아시아, 특히 중국에의 관심을 한단계 높아지게 했다. 영국은 종래 차 대금으로 은을 중국에 지불했는데 새롭게 인도산 아편을 대가로 개발해 중국에 대한 밀수를 급증시켰다. 여기에 영국 본국에서 인도로의 면포 수출이 연결되어 이른바 동인도 삼각무역이 형성되었던 것이다.[3)]

다른 한편 북방으로부터도 유럽인이 모습을 드러냈다. 시베리아의 모피를 좇아 러시아·카자크인이 태평양안에 도달했던 것은 오래 전 17세기 중엽으로 거슬러 올라간다. 그들은 중국 동북부에서 청과 충돌해 네르친스크 조약(1689년)에 의해 아무르강 유역에서 북쪽으로 쫓겨나지만, 대신 북태평양에서 양질의 모피가 되는 해달을 발견해 바다를 건너 아메리카 대륙에도 진출했다. 1739(元文4)년에는 베링 Vitus Bering 이 북태평양 탐사의 일환으로 일본 연안에 대해서도 탐사했다. 그 후 지시마千島 열도를 따라 이동하며 우루프섬까지 남하해 정착한 자도 나타났다. 1778(安永7)년에는 정부의 위탁을 받은 상인이 에조치 앗케시厚岸를 방문해 마쓰마에번의 관리에게 교역가능성을 타진했고 1792(寬政4)년에는 황제의 사절 아담 락스만 Adam Laxman 이 네무로根室와 마쓰마에를 방문했다. 아메리카 북서안을 중심으로 활동하는 모피 수렵가들에게 일본을 통해 식량을 공급하기 위해서였다. 러시아의 진출은 장기적으로 동북아시아의 국제 환경을 크게 바꾸지만, 당장의 강한 관심은 일본에 있었다. 지리적으로 가까운 조선에 러시아인이 온 것은 19세기 중반을 지나 제2차 아편전쟁 후에 러시아가 청조로부터 연해주를 할양받고서야 일어난 일이었다.

---

3) 秋田茂『イギリス帝國の歷史』中央公論新社, 2012.

4.2 쇄국 정책에 대한 실천 의지

19세기 전반 일본인은 국제 환경의 변화를 알고도 이를 큰 위협으로는 보지 않았으며 이전 세기에 걸어온 길을 자각하고 선명히 하며 답습했다. 외부에 대해 나라를 닫는 관행을 원칙으로 높여 세우고 서양 각국에는 일본 단독으로 대처하는 길을 택한 것이다.[4]

쇄국·피전·해방

18세기 말, 간세이寬政 개혁을 주도한 로주 마쓰다이라 사다노부는 장기적·군사적 관점에서 대외정책을 체계화하고 그 중심에 쇄국정책을 두었다. 당시까지의 대외정책은 한 뭉치의 금령과 관습 속에서 처리되었다. '신의新儀'(새로운 기획·정책)는 환영받지 못했지만 금령에 없는 한 실행 불가능하지는 않았다. 이는 선대 로주 다누마 오키쓰구田沼意次가 에조치에서 러시아인과 한정적 교역을 시작하는 안을 검토한 사실로도 잘 알 수 있다. 그러나 사다노부는 대외정책을 체계화하고 쇄국을 원칙으로까지 높여 금령에 포함시켰다. 나가사키 무역 제한을 강화하고 조선통신사의 응접장소를 쓰시마로 이전하는 것을 조선에 전달하는 한편, 이국선異國船(서양형 선박) 일반의 취급도 엄격화한 것이다. 당시까지 이국선의 도래는 원칙상 자유롭게 이뤄지고 스페인, 포르투갈, 영국이 개별적으로만 금지되었을 뿐이었는데, 금지를 일반화하고 이전부터 내항을 계속해 온 나

---

4) 井野邊茂雄『新訂增補 維新前史の硏究』中文館書店, 1942; 三谷博『明治維新とナショナリズム』山川出版社, 1997.

라들만을 예외 취급하기로 했다. 러시아에서 락스만이 방문한 것은 바로 이같은 정책 전환 직후였다. 이 때 '지금까지 통신(국교)이 없었던 이국선이 일본 땅에 올 때는 붙잡거나 해상에서 내쫓은 것이 고래古來의 국법이기에 이번에도 그 법을 어길 수 없다'고 통고했는데 이는 역사적 사실에 반하는 '전통의 창조'였다. 표착한 배의 선원은 보호하고 나가사키를 거쳐 중국인은 중국선, 그 밖에는 네덜란드 선박에 태워 돌려보냈었기 때문이다. 19세기 첫해 난학자 시즈키 다다오志筑忠雄가 '쇄국'이라는 단어를 발명했지만[5] 막말에 문제가 되는 '쇄국' 정책, 즉 일본인의 출·입국이 아닌 서양인의 내방이라는 측면에 주목해 이를 일반적으로 금지한 정책은 이 때 등장했다고 보아도 좋다.

다른 한편 사다노부는 장기적 관점에 서서 군비 재건과 단기적 전쟁 회피도 배려했다. 에조치와 에도만의 해안 방비(해방)를 계획하고 후자에 관해서는 대규모 안을 구상해 스스로 이즈 반도의 끝단까지 실지 조사에 나섰다. 한편으로 러시아 사절에 대해 표면상으로는 엄격한 쇄국 방침을 보이면서도 이면에서는 분쟁 회피를 위해 에조치에서 교역을 개시할 가능성이 있음을 시사하며 나가사키로의 입항 허가증을 부여해 돌려보냈다.

그 후 일본의 대외정책은 사다노부가 설정한 쇄국·피전·해

---

[5] 시즈키 다다오는 나가사키의 난학자이자 네덜란드어 통사(通詞, 통역관)로 1801년 『쇄국론』을 완성했다. 이 책은 17세기 말 데지마 상관에 온 독일인 여행가 켐펠(Engelbert Kaempfer)이 유럽인에게 일본을 알리기 위해 저술한 『일본지(日本誌)』를 번역한 것인데 여기에서 시즈키는 근세 일본의 대외관계를 '쇄국'으로 이름붙였다.

방이라는 세 차원의 틀 속에서 추이를 보였다.[6] 사다노부 퇴임 후, 공의는 러시아가 일본에 침공하는 일은 있을 리 없다고 판단해 해방이나 피전 대책을 낮은 수준으로 억제했지만 쇄국정책은 계승했고, 다누마 시대로 돌아가는 일은 없었다. 또한 에조치를 러시아가 영토화하기 전에 국토에 편입시키고자 했다. 마쓰마에가로부터 공의로 관할을 이전하고 이투루프 섬에 수비대를 두어 내부에 살고 있는 아이누에게 일본의 지배를 받아들이도록 한 것이다. 지배 방법은 본토 삼도三島[혼슈, 규슈, 시코쿠]와 달랐지만 에조치를 일본의 배타적 지배영역으로 편입하고자 한 점에서는 마찬가지였다. 이는 근대 서양국가들이 접촉한 모든지역에서 발생한 국경 획정 운동의 초기 사례였다.

러시아와의 긴장 관계

러시아는 1804(文化1)년 마쓰다이라 사다노부의 시사에 기반해 세계 주항周航 탐사대에 시종侍從 니콜라이 페트로비치 레자노프를 동행시켜 나가사키를 방문하고 재차 일본과의 통교를 요구했다. 그러나 공의는 요구를 모두 거절하고 돌려 보냈다. 이 때에 원칙으로 신규 도래를 금지하는 방침을 보다 구체화하고 '통신·통상' 국가를 '중국唐山·조선·뮤규·홍모紅毛(네덜란드)'로 한정했다. 쇄국정책을 더욱 강화한 것이다.

그러나 이같은 정책전환은 러시아 측에 강한 불만을 낳았다. 1806년부터 이듬해에 걸쳐 레자노프의 부하가 이투루프,

---

6) [원주] 이하, 사실에 관해서는 横山伊徳 『開國前夜の世界』 吉川弘文館, 2013.

가라후토 남부 등을 습격해 수비·교역 거점과 배편의 파괴·약탈, 인신 포획을 자행한 것이다. 공의는 이에 대해 동북 지방 다이묘를 동원해 에조치 수비를 강화하고 에도만에도 처음으로 해방 설비를 갖추었다. 이러한 러시아와의 긴장 관계는 1811년 측량을 위해 지시마에 온 바실리 골로브닌$^{Vasily\ Golovnin}$을 일본이 붙잡고 러시아 측도 에조치 교역 어용 상인 다카타야 가헤^{高田屋嘉兵衛}를 붙잡았을 때 정점에 달했다. 그러나 일본 측이 전쟁을 원하지 않았고 러시아도 본국에 나폴레옹이 공격해 들어온 비상 시기였기에 분쟁의 확대 없이 1813년 상호 포로 교환으로 무사히 해결을 보았다.[7]

이 무렵에는 나가사키에도 나폴레옹 전쟁의 여파가 미쳤다. 1808년 영국 군함 페이튼이 나폴레옹 전쟁 하에 적국이 된 네덜란드 선박을 확보하고자 나타나 나가사키 입항 규칙을 무시한 채 들이닥쳐 일시적으로 네덜란드 상관원을 구속한 후 신수^{薪水}·식량을 강탈해 떠난 것이다. 이 사건은 일본 측에 영국에 대한 현저한 혐오와 경계심을 남기게 되었다. 그러나 당시 일본으로서는 실제로 군사 충돌이 발생한 러시아 쪽이 훨씬 커다란 문제였다.

---

7) 生田美智子『外交儀禮から見た幕末日露文化交流史』ミネルヴァ書房, 2008.

제4장 19세기 전반의 국제 환경과 대외론의 축적

긴장 완화와 이국선 격퇴령

골로브닌 사건이 평화롭게 해결되었을 때 러시아 측은 일본 근해로 선박을 접근시키지 않겠다고 약속했다. 이 약속은 확실히 이행되어 러시아 선박의 모습은 보이지 않게 되었는데 이러한 상태가 계속되자 공의 내부에서는 일전의 소란은 해적선의 소행으로, 국가 차원에서 서양이 지구 반대편 일본에 전쟁을 걸어올 일은 없다는 판단이 유력해졌다.

이에 로주 미즈노 다다아키라水野忠成가 주도한 공의는 에조치를 마쓰마에가 관할로 되돌리고 동북 다이묘의 해방 동원을 해제해 해방을 지속가능한 평시 체제로 전환했다. 그 후 1825(文政8)년, 이국선을 발견하면 사정 여하를 불문하고 내쫓으라 명한 이국선 격퇴령을 공포했다. 이는 공의가 호전적으로 되었다는 의미는 아니다. 반대로 분쟁이 발생해도 국가 간 전쟁으로 발전할 우려가 없다면 더욱더 강경한 형태로 쇄국 의지를 표현하고 이국선이 일본 해안에 접근하지 않도록 한다는 의미였다. 위기가 사라지자 해방과 피전에의 배려가 재차 후퇴하고 쇄국 정책이 극한적인 형태로 추구되었던 것이다. 이웃나라에서 아편전쟁이 발발하고 북태평양에서 서양 제국諸國의 우위가 분명해 진 것은 그로부터 10년 후에 불과하다. 그러나 당시 일본인은 러시아와의 위기가 사라진 후, 그 실제 경험에 기반해 세계는 더이상 변화하지 않으며 쇄국이야말로 태평을 유지하는 가장 적절한 정책이라 믿게 된 것이었다.

4.3 지식인의 세계 인식

관심의 이동 — 근린에서 서양으로

18세기 이래 지리학의 발전이나 러시아와의 접촉을 배경으로 일본의 지식인은 다양한 대외론을 저술했다.[8] 18세기 후반에 전개된 대외론에는 구도 규케이工藤球卿의『아카에조풍설고赤蝦夷風說考』(1783년)나 혼다 토시아키本多利明의『서역물어西域物語』(1798년)와 같이 경제적 관점에서 무역 확대와 해외 진출을 제창한 것이 눈에 띈다. 그 가운데 군사면을 문제로 삼아『해국병담海國兵談』(1791년)에서 해방의 중요성과 서양식 총포, 함선의 채용을 주장한 하야시 시헤이林子平는 예외적 존재였다. 그러나 러일간 무력 충돌이 일어나자 지식인들의 대외론은 군사면에 주목하면서 구체적인 외교정책이나 내정 개혁을 논하는 것으로 변했다. 그 내용은 러시아에 대한 양이론에서 한정적·일시적 통상을 주장하는 논의까지 다양했는데 서양의 군사적 탁월성을 인정해 국내 체제의 재건을 중시하는 한편, 주변국들과의 관계를 언급한 것이 거의 없다는 점에서는 공통된다. 조선은 대부분 의식에서 탈락했고, 중국은 대국의 자존심이 약체화에 대한 자각을 방해한 반면교사로 언급되었다. 일본 지식인의 세계상은 중국을 주축으로 한 구성에서 서양 중심으로 명확히 전환했던 것이다.

다만 러시아와의 긴장 완화는 앞선 위기가 기우에 의한 공연한 소란이었다라는 해석을 세간에 유포해, 그 결과 의식적인

---

8) 井野邊茂雄『新訂增補 維新前史の研究』中文館書店, 1942.

쇄국론이 다수 의견이 되었다. 러시아의 골로브닌은 마쓰마에의 감옥에 끌려 갈 때 부국을 위해 널리 통상함이 어떤가라고 통역에게 말했지만 일본 측은 '서양 각국은 국제관계가 긴밀하기에 대전大戰을 반복하고 있다. 고립은 평화를 위한 좋은 수단으로, 빈곤해도 평화가 좋다'라 답했다고 한다.[9] 당시 일본인은 환경이 허락하면 의식적으로 평화·무탈을 위한 쇄국 추구를 생각하기 시작했던 것이다.

그러나 러시아와의 긴장 완화 및 그에 따라 진행되기 시작한 대외관계의 망각에 대해서는 소수 의견이지만 강한 반대론이 제창되었다. 대표적인 것이 미토의 아이자와 야스시會澤安의 존왕양이론과 공의의 유관儒官[10] 고가 도안古賀侗庵의 항해진출론이다. 양자의 주장은 양이와 개국이라는 정반대의 결론으로 보이지만, 서양의 세계 제패 추세를 중시하고 근본적인 대책을 세워야 한다고 주장했으며, 아편전쟁에 의해 동북아시아 국제 환경이 격변하기 이전에 제창되었다는 점에서는 동일했다.

존왕양이론

아이자와 야스시의 『신론新論』(1825년)은 막말뿐 아니리 근대 일본의 진로에 강한 영향을 준 서적이다. 미토 도쿠가와가에서 저술된 이 저작은 결코 도쿠기의 공의의 지배를 상처 입히거나 전복하기 위한 목적이 아니었지만 막말 일본을 풍미한 존왕양

---

9) ヴァシーリー・ゴロヴニン『日本幽囚記』井上滿譯, 岩波文庫(全3卷), 1943-1948.
10) 쇼군에게 유교 경전을 진강하는 관직.

이 운동을 이끄는 사고 형태를 만들어 냈고 메이지 신新국가에 대해서도 천황제 영속을 의미하는 '국체' 관념을 제공했다. 책의 영향이라는 점에서 이후 후쿠자와 유키치의 『학문의 권장』이나 마르크스·엥겔스의 『공산당 선언』에 필적했다.

아이자와의 대외정책은 공의가 포고한 이국선 격퇴령을 서양과 전쟁을 개시하자고 명하는 양이령으로 바꿔 읽고 양이로 발생난 대외 위기를 이용해 대담한 국내 개혁에 시동을 걸고자 한 것이었다. 지역적·신분적으로 나뉘어진 일본을 보다 통합성이 높은 군사 강국으로 재건하는 것이 궁극 목표였다. 세상 모두가 '쇄국에 의한 평화'를 추구할 때에 '전쟁에 의한 개혁'이라는 완전 정반대의 극약 투여를 제안했던 것이다. 다만 '양이'는 '쇄국'이 아니다. 아이자와는 열도에서의 '농성'은 자멸하는 길이라 말한다. 그리고 지금 가장 위험한 것은 러시아의 세계 지배 움직임이라 생각하고 이를 견제하기 위해 이웃 청나라나 멀리 떨어진 튀르키예와 제휴할 것을 시사했다.

『신론』은 외교정책 이외에도 서양 군사기술의 도입이나 무사의 토착화에 의한 군비 재건을 논하고 있다. 이는 다른 해방론자와 마찬가지지만 그 일체를 '국체'를 둘러싼 독특한 코스모로지, 세계와 역사의 규범적 이미지, 마땅한 모습 가운데 통합한 점은 크게 다르다. 『신론』은 이렇게 시작된다.

> 공손히 생각건대 신주神州[신국 일본]는 태양이 뜨고 원기元氣[우주의 에너지]가 시작되는 곳으로 태양의 자손이 대대로 왕위를 이어나감이 예로부터 바뀌지 않았습니다. 본래 [인체로 말하자면] 대지의 머리에 해당하는

> 토지이며 만국을 다스리는 근본입니다. 우내宇內[세계]에 [태양처럼] 밝게 내려 비춰주시니 먼 데나 가까운 데나 황화皇化가 고루 미치는 것이 참으로 마땅합니다.[11]

태양신의 자손이 영원히 통치하는 나라, 일본은 세계의 중심이며 그 질서는 전지구를 뒤덮는다는 것이다. 그러나 난학자의 지리 연구를 참조해 세계 정세를 검토해 보니 세계의 현실은 반대였다. 비천해야 할 서양 '야만'이 세계 지배의 움직임을 착실히 전개하고 '중국'(세계의 중심)이어야 할 일본은 오히려 풍전등화였다. 누군가 영웅이 나타나 이 잘못된 현실, 마땅한 질서로부터의 일탈을 바로잡아야 한다고 아이자와는 외치고 있다.

이 우주론은 당시 일본인의 눈에 기이한 것으로 비춰졌던 듯하다. '양이'론이든, '국체'론이든 현실과 동떨어진 극단론임에 틀림없다. 그러나 이러한 극단론은 아편전쟁 이후 일본은 심각한 대외 위기에 직면했다고 인식한 많은 지식인들에게 커다란 매력으로 다가왔다. 일본은 본래 세계의 지도자여야 할 '중국'이며 지금은 일시적으로 추락한 것에 불과하다고 하는 세계관은 서양에 대한 열세에 눈 뜨고 미래에 대하 우려를 깊이 하면 할수록 매력적인 분발 재료가 되었던 것이다.

---

11) 김종학 역 『신론』 세창출판사, 2016. 번역은 역자가 수정.

항해진출론

이에 반해 아편전쟁 직전에는 일본 측에서 적극적으로 해외에 진출하고자 하는 논의도 저술되었다. 공의의 학문소에서 가르치고 있던 고가 도안의 『해방억측海防臆測』(1838년 이후 집필)이다. 고가는 세계정세를 분석해 오대주 가운데 유럽, 아메리카, 아프리카, 오스트레일리아는 이미 서양 지배하에 들어갔고 일찍이 성인이나 영웅이 배출되었던 아시아에서도 자립한 나라는 '지나12)'와 '본방本邦[일본]'뿐이라 보았다. 다만 대국인 청나라도 외견만큼 강하지는 않은데, '중화' 의식이 세계 정세의 정확한 인식을 가로막아 현재의 큰 문제인 서양의 '병탄'에 대한 대항 노력을 방해하고 있기 때문이라는 것이다. 이러한 인식에서 고가는 일본을 세계 지도 속에 놓고 객관적으로 인식하자고 역설했다. 일본은 청·러·영에는 미치지 못하지만 무굴(인도 북반부의 국가)·페르시아·튀르키예와 나란히 하는 강국으로 '백왕일성百王一姓13)'의 뛰어난 국가이나 세계의 중심 따위는 전혀 아니다. 서양에 의한 세계정복 운동에 대해서는 방심하지 말고 미리 충분한 준비를 갖추어야 한다. 이를 위해 가장 중요하고 유효한 방법은 해군을 창설해 일본인 스스로 해외에 나가 직접 수차례 난관에 부딪히고 스스로를 단련하는 것이다.

---

12) [원주] '지나'는 오늘날 China에 해당하는 서양어에 한자음을 차용한 단어로 근세에는 널리 사용되었다. 당시 중국인이 자칭 '중국'(세계의 중심에 있는 뛰어난 나라)을 사용하는 일은 드물었다.
13) 황실의 혈통이 끊이지 않고 이어짐을 뜻함. 메이지 이후 만세일계(萬世一系)라는 표현으로 통용되었다.

제 4 장 19세기 전반의 국제 환경과 대외론의 축적

> 생각건대 수군水軍의 변동은 예측할 수 없다. 반드시 실제로 시험해 보고 비로소 그 수완을 닦을 수 있는 것이다. 시나해品海(시나가와 바다, 도쿄만)의 연습에만 기대서는 안 된다. 실로 간에이寬永 이전(3대 쇼군 이에미쓰 이전)의 옛 제도로 돌아가 멀리 천축(인도)·샴(타이)·안남(베트남) 등으로 나가 무역해야 한다. 그 기술을 능숙히 행하게 된다면 부국의 자원이 될 것이다.

일본인이 해외로 나가면 당연히 기독교에 접촉하게 된다. 아이자와 등 양이론자가 우려한 것은 바로 이 점이었다. 그들이 천황의 군림을 핵으로 하는 '국체' 이데올로기를 만들어낸 것은 기독교의 국내 침투를 막고 무사와 민중 쌍방의 일본 국가에 대한 충성을 확보하기 위한 것이었다. 그러나 고가는 낙관적이었다. 근세 초기와 달리 지금 일본인에게는 무사·서민 모두 '충군애국' 의식이 정착해 있다. 인민을 현지 정부로부터 떨어트려 반란을 일으키게 하고 국가를 빼앗는 도구로 기독교를 사용하는 일은 더이상 불가능하다는 것이다.

이같이 고가의 해외 진출론은 극히 냉정하고 합리적인 것이었다. 해외 진출이라 해도 교역이 중심이고 영토적 지배는 남해의 작은 섬들 정도에 한정해 서양과의 충돌을 피하라고 서술하고 있다. 때문에 그는 도요토미 히데요시의 조선 진출을 엄중히 비판했다. 하지만 해군을 만드는 정도로 일본은 서양과의 경쟁과 항쟁에서 살아 남을 수 있었을까. 도쿠가와 공의는 페리 내항 후 상당히 빠르게 개국 정책으로 전환했고 이에 대한 세간의 비판 속에서 정권을 잃었다. 그러나 정부의 양이 정책이 성공한 동시대 조선의 이후를 생각하면 일본이라는 나라 자체는 살아 남았다는 점에서 다행이라 말할 수 있을지 모른다. 고가의 논의는 세계 정세를 적확히 파악한 극히 합리적인 것이었다. 그러나 이것이 전면적인 성공을 거두었더라도 일본은 대규모 변혁을 행할 수 있었을까. 이 점에서는 인간의 정동情動을 의도적으로 조작하고자 한 아이자와의 술책 쪽이 유효한 것으로 보인다. 막말에 세력을 얻은 존왕운동은 아이자와의 가치관에서 보아도 결코 용인할 수 없는 영역으로까지 폭주했지만 일본사회의 철저한 개혁에 이르는 에너지를 공급한 사실은 의심할 수 없을 것이다.

대외론의 네 유형

마지막으로 페리 내항 전에 나타난 다양한 대외론을 유형별로 정리해 상호 관계와 이행 양상을 정리[그림 4-1]해 두자.

생각해야 할 축 하나는 서양인의 내항을 인정할지 아닐지에 따른 '개국-쇄국' 축, 또 하나는 대외 위기에 대처하기 위한 국내 개혁에 적극적인지 아닌지에 따른 '개혁-보수' 축이다. 이렇게 하면 네 가지 사분면이 생기는데 아이자와류의 존왕양이론은 '쇄국'과 '개혁', 고가와 같은 적극형 개국론은 '개국'과 '개혁' 사분면에 위치하게 된다. '개국'과 '보수' 사분면에서 다소 '쇄국'에 가깝게 위치하는 것이 소극형 개국론, '쇄국'과 '보수' 사분면에 위치한 현상 유지론은 쇄국론이라 부르는 것이 적당할 것이다. 이 가운데 러시아와 긴장 완화 이후부터 페리 내항까지 시기의 다수 의견은 쇄국론이었다. 무엇도 바꾸고 싶지 않다는 태도이다. 이를 지지한 대부분은 페리의 군사적 위압을 받자

제4장 19세기 전반의 국제 환경과 대외론의 축적

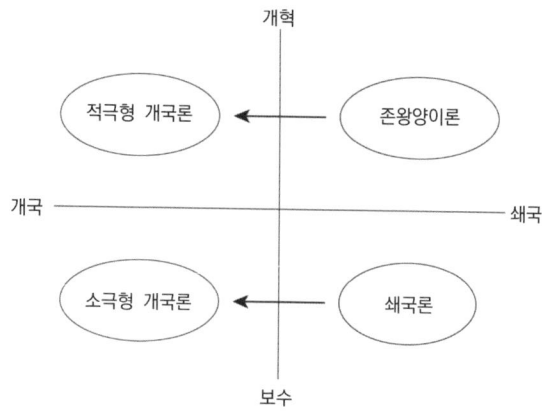

4-1. 페리 내항 전에 나타난 대외론의 네 유형

피전을 위해 소극형 개국론으로 옮겨 간다. 이에 비해 존양론은 페리 내항 전후로 일세一世의 주목을 받게 되지만 일부는 매우 빨리 적극형 개국론으로 옮겼다. 그러나 이러한 이행은 요시다 쇼인과 그 문하생이 전형적으로 보여주듯 안정적이지 않았다. 양이론으로 돌아가거나 개국론으로 뒤바뀌는 등 갈팡질팡하며 동요했던 것이다. 이 불안정함은 반드시 대외관계에서부터 온 것만은 아니다. 양이론자와 적극형 개국론자는 후에 살펴보듯 후지타 도코藤田東湖와 히시모토 사나이橋本左內의 관계처럼 개혁이라는 점에서는 종종 제휴했다. 그들이 간주한 공통의 적은 쇄국론자와 소극형 개국론자였다. 논자들의 의견은 개·쇄 문제에 관해서는 상황 변화에 따라 바뀌었지만 내정 개혁에 관해서는 흔들림이 없었다. 개혁을 목표로 하는가 철저한 보수인가라는 태도는 일관되었던 것이다. 이 사실은 막말 대외론에서 서양에의 대처 방법보다는 내정 개혁의 가부를 둘러싼 대립이 중요했음을 시사한다.

이웃나라 청조는 이후 서양과 두 차례 대규모 전쟁을 하지만 패배를 맛보고도 대규모 내정 개혁에는 손을 대지 않았다. 군비나 산업 면에서의 강화에는 힘썼지만 정치체제는 변하지 않았던 것이다. 또한 조선도 두 차례 서양(프랑스, 미국)과 전쟁을 하고 승리를 거둔 결과, 양이 정책은 오히려 강화되었다. 이에 비해 막말 일본은 대규모 전쟁 없이 서양에 대한 정책을 쇄국에서 개국으로 뒤바꾸고 나아가 대對 서양 위기를 기회 삼아 내정 개혁을 기동해 메이지 유신을 감행하는데 이르렀다. 이같은 차이는 직전 시대의 경험에서 온 면이 적지 않다. 일본인의 19세기 초기의 경험은 서양과의 관계 처리에 귀중한 재산이 되었던 것이다.

제 5 장

막말: 대외정책의 변화

서양이 주도하는 세계질서에의 가입

19세기 중반 일본은 서양 각국의 압력을 받아 서양이 구축해 나가던 새로운 세계 질서에 가담했다. 이는 주지하듯 메이지 유신이라는 일본과 동아시아의 진로를 좌우하는 대규모 정치·사회 변혁을 가져왔다. 여기에서는 우선 유신기의 대외관계에 관해 동아시아 국제 환경을 일변시킨 아편전쟁에서부터 일본이 서양 각국에 '개국'하고 나아가 일본인이 해외 도항을 시작하기까지의 변화무쌍한 과정을 살펴본다.

5.1 아편전쟁과 쇄국 유지의 모색

아편전쟁의 의미

청과 영국 사이에 발발한 아편전쟁(1840~42년)은 서양 국가가 동아시아에 처음으로 대군을 보내 그곳에서 유사 이래 군림해 온 대국에 승리한 사건으로, 그 결과 성립한 서양의 군사적·경제적 거점은 동아시아 국제환경을 불가역적으로 변화시켰다. 이는 19세기 전반 일본이 취해 온 '쇄국' 정책의 전제가 무너짐을 의미했다.[1]

아편전쟁은 주지하듯 청이 영국의 아편 밀수입을 엄금하고자 하며 시작되었다. 다량의 아편 밀수가 청의 주요 통화였던 은의 유출을 촉진하고 은 가격을 상승시켰다. 은은 납세에 사용되었기에 은의 등귀는 백성에게 증세와 같은 효과를 가져왔다. 때문에 청 정부는 대량의 아편 무역을 간과할 수 없었다. 영국의 현지 상인과 무역감독관[2]은 임칙서가 시행한 재고 아편의 몰수와 밀수 엄금 조치에 강하게 반발했고 본국 정부에 그들의 생명과 재산이 위협받고 있다고 호소했다. 현지에서도 중국인에 대한 살상 사건이나 무력 충돌이 발생했다.[3]

영국 정부는 이러한 호소를 받아들여 국회에서 근소한 차이

---

1) 이하, 주로 三谷博『ペリー来航』吉川弘文館, 2003에 의함.
2) 1833년 영국 의회는 동인도회사의 중국 무역 독점권을 폐지하고 중국에서 영국인들의 무역을 보호·통제하기 위해 중국무역감독관을 파견하기로 의결했다. 초대 무역감독관으로는 네이피어(William John Napier)가 임명되었다. 서경호『아편전쟁』일조각, 2020.
3) 坂野正高『近代中國政治外交史』東京大學出版會, 1973.

제5장 막말: 대외정책의 변화

긴 했으나 대군 파견에 대한 동의가 이뤄졌다. 1840년 여름까지 중국 해역에 집결한 원정군은 범선 군함 16척, 수송선 27척, 증기선 4척, 육군 약 4천 명이었다. 이정도 군대를 영국에서 직접 보내는 것은 곤란했겠으나 사실 육군 대부분은 인도에서 인도인을 편성한 것이었다. 영국이 서서히 진행한 인도 지배에 새로운 의미가 더해졌던 것이다.

전쟁은 연해부를 중심으로 이루어졌는데 1842년 영국이 장강長江을 거슬러 가며 대운하와의 교점 지역을 장악하고 남경 침공을 통고하자 청 정부는 항복했다. 이렇게 체결된 남경조약은 개항지의 다섯 항구로의 확대, 홍콩의 장기 조차,[4] 배상금 지불, 대등한 형식의 외교 문서 왕복 등을 규정했고 부속 협정에서 영사재판권이나 협정관세, 최혜국 대우 등 이후 불평등 문제가 되는 조항을 체결했다. 그 후 청은 미합중국과 프랑스 등과도 동일한 조약을 체결하게 된다.

영국은 승전에 따라 중국 남부에 홍콩이라는 군사 거점을, 중·남부 연해에는 상해 등 경제 거점을 획득했다. 이후 인도를 병합하고 대영제국을 칭하게 되는데, 서반구뿐 아니라 동반구에서도 인도에서 싱가포르를 거쳐 동아시아 중추부까지 세력을 확장한 문자 그대로 '해가 지는 날이 없는' 전 지구적 제국이 되었다.

아편전쟁은 또하나 중요한 주체를 동아시아에 등장시켰다. 바로 미합중국이다. 독립 당시 겨우 대서양에 접한 13주 530

---

[4] 정확히는 남경조약 제3조를 통해 홍콩 섬에 대한 영구 할양이 규정되었다.

만 인구에 불과했던 이 나라는 새로운 이민이나 노예를 받아들이며 내륙을 향해 급팽창해 19세기 말에는 7600만 인구를 보유하게 되었다. 그 관심이 태평양 쪽으로 향하기 시작한 즈음에 중국의 개항이 이뤄졌다. 1848년 멕시코 전쟁 결과 손에 넣은 캘리포니아에서 사금이 발견되며 이른바 골드러시가 시작되었는데, 실업가들의 관심은 태평양 건너편으로도 향했다. 중국 시장 개척을 둘러싼 영국과의 경쟁을 위해 증기선에 의한 북태평양 항로 개설을 계획했던 것이다. 증기선은 범선과 달리 대량의 담수와 석탄을 위한 보급 기지가 필요했다. 일본에 보낸 페리 사절은 실상 중국 항로의 기항지 확보를 위해서였다. 중국이 목적이었음에도 이 사절은 일본의 격변과 급격한 대두라는 예상 밖의 결과를 가져오게 되었다.

쇄국 유지의 모색

도쿠가와 공의는 아편전쟁으로 국제 환경이 격변하기 직전에 대외정책을 재검토하기 시작했다. 도쿠가와 이에나리德川家齊의 뒤를 이은 이에요시家慶는 로주 미즈노 다다쿠니水野忠邦와 함께 쇼군의 시정始政으로 대개혁을 계획하고 그 일환으로 쇄국정책을 지탱할 해방 강화를 계획했다. 1839(天保10)년에 메쓰케目付 도리이 요조鳥居耀藏와 다이칸代官 에가와 히데타쓰江川英龍(다로자에몬太郎左衛門)에게 에도 연안을 순견巡見하게 하고 각각 해방안을 상신하도록 한 것은 이를 위해서였다. 에도만은 입구가 좁지만 안쪽은 넓어 일단 안으로 들어오면 에도성 가까이까지 배를 접근시킬 수 있다. 일찍이 러시아와 긴장 관계가 발생했

제5장 막말: 대외정책의 변화

을 때 양안에 다이묘를 한 집안씩 배치해 경비를 맡겼으나 긴장완화와 함께 이를 중지해 경비 수준은 떨어져 있었다. 이를 장기적 전망 하에 재건하고자 했던 것이다.[5]

해방안의 결정이 지연되는 동안 아편전쟁이 발발하고 나아가 청의 패배 정보가 들어왔다. 그 결과 해방 재검토는 대외정책의 전반적 수정으로 발전했다. 우선 이국선 격퇴령을 철폐해 서양 국가와의 전쟁이 자동적으로 시작되는 것을 예방한 후에 다양한 해방 대책이 강구되었다. 에도만 입구 양안에 재차 경비 다이묘를 각 두 가문씩 배치하고 나아가 전 다이묘에게 방비 현황이나 해안 도면의 보고 혹은 근린 영지의 지원 준비를 명했다. 또한 공의 조직으로 서양식 오즈쓰구미大筒組[포병대]를 신설하거나 네덜란드에 증기군함과 선원 고용에 관해 타진하는 등의 정책을 취했던 것이다. 이 정책은 결코 쇄국정책을 바꾼 것이 아닌 그 틀 안에서 다가올 서양 국가에 의한 개국 강요를 막기 충분한 방비를 갖추기 위함이었다.

하지만 덴포天保 개혁에서 해방정책은 이에 필요한 수입 증가를 도모한 세력들이 관원들의 출세 경쟁 속에서 실각하고 미즈노가 파면되자 대부분 방기되었다. 쇄국 有効性의 전제조건이었던 서양과의 거리가 아편전쟁으로 대폭 축소되어 쇄국을 유지하기 위해서는 대폭적인 해방 강화가 절실하던 때의 일이었다. 당시 일본에는 아편전쟁의 향방을 주의 깊게 관찰하여 국제환경의 격변을 알아챈 사람이 공의 안팎으로 적지 않았

---

5) [원주] 이 해방 재검토와 연동하여 발생한 만사(蠻社)의 옥에 관해서는 三谷博『日本史のなかの「普遍」』東京大學出版會, 2020을 참조.

다. 그러나 당시 공의는 개혁 좌절에 깊이 상심하고 모든 일에 소극적이었다. 관료들의 투쟁은 차례차례 로주를 실각시키고 마침내 20대 인물(아베 마사히로阿部正弘)을 로주 수좌에 앉힐 수밖에 없는 데까지 이르렀다. 도저히 대규모 정책 전환을 제안할 만한 상황은 아니었던 것이다.

공의에게 덴포 개혁의 좌절은 사쓰마나 조슈 등 서남 웅번雄藩의 성공과 대비되어, 종종 유신의 승패와 관련지어 이야기되어 왔다. 그러나 페리 내항 후에 보이듯, 공의에게는 통화 증발增發이라는 비장의 수단이 있었고 재정면에서 정말로 궁핍했던 것이 아니다. 문제는 어디까지나 심리적인 후유증에 있었다. 또한 공의 내부의 인적人的 항쟁에 종지부를 찍으리라는 기대를 받고 정권에 취임한 로주 아베 마사히로는 오히려 쇄국정책을 전보다 강한 형태로 한다는 인상을 세계에 보여 서양의 일본에 대한 접근 의욕을 줄이고자 생각했다.

1844(弘化1)년 네덜란드 국왕이 일본에 특사를 파견해 다른 서양 국가들과의 통상을 권고했다. 이듬해 공의는 거절의 회답을 하는데, 여기에는 종래 네덜란드와는 '통상' 관계가 있을 뿐으로, '통신' 관계는 아니며, 금후 이같은 '통신'을 보내지 않도록 바란다는 문언이 있었다. 레자노프의 회답에서는 나뉘어 있지 않던 '통신'국과 '통상'국을 의도적으로 분리해 또다시 '전통의 창조'를 하고 문전박대한 것이다. 너무나도 냉담한 대응이었다고 밖에 볼 수 없다.

이어서 아베는 페리 내항 이전 세 번에 걸쳐 공의 내부에서 이국선 격퇴령의 부활을 제안했다. 마찬가지로 서양의 접근

제5장 막말: 대외정책의 변화

의욕을 누르려는 조치였는데 이를 기회로 적어도 에도만 입구라도 해방 수준을 높이고자 하는 의도도 있었다. 최초의 기회는 1846년 류큐와 우라가浦賀에서 거의 동시에 통상 요구를 받은 때에 찾아왔다. 류큐에서 프랑스 군함이 통신·통상 및 기독교 포교를 요구한다는 소식을 받은 직후, 에도만 입구에 미국의 제임스 비들James Biddle이 이끄는 두 척의 군함이 나타난 것이다. 미 군함은 중국에서 조약비준서 교환을 끝내며 들른 것으로, 귀국을 서둘렀기에 우라가에서 거부 회답을 받자 곧바로 떠났다. 또한 프랑스도 류큐 관리의 완강한 저항 앞에 조약체결을 포기하고 선교사를 내려 두고 퇴거했다.

그러나 이 해가 페리가 도래하기 이전, 최대의 외교 위기였음은 틀림없다. 때문에 해방에 회의적이었던 당시 간조부교도 전쟁 회피책을 철저히 하는 대신, 만입구 경비 다이묘를 네 가문으로 증원하는 것은 인정했다. 아베는 그 후 1848(嘉永1)년과 이듬해에 걸쳐 두 차례 격퇴령의 부활을 제안했다. 1849년에는 학문소의 지식인에게도 의견을 구했다. 그러나 공의의 관원도, 에도만 입구 경비를 담당하는 다이묘도 격퇴령의 부활은 위험하다 보고 반대했다. 그 결과 공의는 연말에 오늘날 「어국은해방령御國恩海防令」이라 불리는 법령을 다이묘 앞으로 포고하고 '서양 각국'을 '일본 합국闔國(전국)의 힘으로 거절'하기 위해 무가뿐 아니라 햐쿠쇼·조닌에게도 신분에 응해 협력하도록 요청했다. 이는 종래의 해석과 반대로 페리 내항 이전의 공의가 얼마나 심각한 위기감을 품고 있었는지 보여주지만 이후 아베가 재차 격퇴령 부활을 제의하는 일은 없었다. 또한 에도만 입구에 조사단을 보내 상세한 검토를 하지만 이국선이 '한두 척' 올 때에 대처할 수 있을 정도의 해방 정비로 얼버무릴 수밖에 없다 결론내렸다. 쇄국정책을 지키기 위해서는 서양 국가의 군사적 위협을 물리칠 정도의 군비가 필요했지만 그 것이 어느 정도 필요한가는 알 수 없었다. 그렇다고해서 개국 정책으로의 전환은 당시 정황상 쉽지 않은 일이었다.

공의 내부의 대외정책

페리 도래 직전 공의 내에는 대략 세 가지 대외정책이 있었다. 이를 쇄국·피전·해방 세 차원으로 분류해 정리하면 표5-1과 같다. 각 주체가 가장 중시한 정책을 ◎, 필요하다 생각한 것을 ○, 거부한 것을 ×로 표시하고, 필요를 인정하지만 우선 사항은 아니었던 것은 △로 표시했다.

표5-1. 페리 도래 직전 공의 내에 있던 대외정책

	쇄국	피전	해방
아베 마사히로	◎	○	◎
해방괘(간조카타)	△	◎	×
우라가 부교	×	○	◎

막각^{幕閣}[6] 중심에 있던 아베는 쇄국 유지를 최우선이라 생각했다. 서양과의 전쟁은 회피해야 하지만 서양의 압력에 끝

---

6) 막정(幕政)을 담당하는, 합의체 로주 집단을 중심으로 한 조직의 총칭으로 이해 가능하나, 명확한 개념 정의가 이뤄지지는 않았다. 가령 이이 나오스케와 같은 다이로의 존재를 '막각'에 포함시킬 수 있는가의 문제가 제기될 수 있다. 오해를 피하기 위해 풀어쓰지 않고 원문 표현 그대로 표기했다.

제5장 막말: 대외정책의 변화

까지 굴복하지 않기 위해서는 해방, 군비 재건이 불가결하다고 생각해 이를 거듭 주장했다. 이에 대해 해방괘의 막부 관료^{有司}(갓테가카리 간조부교·긴미역^{吟味役7)}과 오메쓰케·메쓰케 가운데 임명)는 강하게 반대했다. 해방은 증세가 불가피하고, 이는 외국과의 분쟁 이전에 국내에 잇키 등의 소요를 일으킨다는 것이다. 해방괘는 사실상 '반^反 해방'괘였다고 보아도 좋다. 그들의 대책은 따라서 피전에 중점이 놓여져 공의의 '어위광'을 배경으로 이국선을 온건하게 설득해야 한다고 하였다. 혹 불의의 사태가 발생하면 얼마간 서양에 양보해도 어쩔 수 없다, 즉 피전을 위해서는 쇄국을 느슨히 해도 좋다고 생각했던 듯하다. 제3의 선택지는 우라가 부교의 일부, 아사노 나가요시^{淺野長祚}나 도다 우지히데^{戶田氏榮} 등의 통상개시론이다. 금제^{禁制}국이 아니었던 러시아와 통상을 시작해 해외 정보의 수집 루트를 네덜란드 이외로 넓히며 동시에 그 이익을 해방에 충당한다는 정책이다. 이처럼 페리 도래 이전의 공의에서는 대외정책이 분열되어 있었고 때문에 당장 명확한 정책은 나올 수 없었다. 그러나 사전에 다양한 선택지를 두고 논의한 경험이 있었기 때문에 위기가 눈앞에 닥쳤을 때 공의는 상황에 맞추어 정책 전환을 할 수 있었던 것이다.

1852년 네덜란드는 미국의 요청에 따라 이듬해 봄에 공의가 상정한 '한두 척'을 상회하는, 수 척 이상의 규모로 미 사절단이 방문할 것이라 예고해 왔다. 때마침 에도성의 니시노마루가

---

7) 막부의 재정 및 소송을 관장하는 간조쇼(勘定所)에서 재정을 담당하는 계열이 갓테가카리이며, 간조쇼 최고책임자인 간조부교의 뒤를 잇는 지위가 간조긴미였다.

불타 재건 공사가 막 시작되었기에 이를 중단하고 해방을 강화하기 불가능한 상황이었다. 아베 마사히로는 더 이상 격퇴령 부활을 제창하는 일 없이 류큐·나가사키·에도만 입구를 경비하는 다이묘에게 경계를 촉구하고, 도래하는 사절이 어떠한 태도를 취할지 보고 대처하기로 했다.

5.2 공의의 정책 전환 — 한정적 개국에서 적극적 개국으로

소극형 개국책

1853(嘉永6)년 여름 미국 사절 매튜 C. 페리가 우라가를 방문하고, 이듬해 봄 재차 방문했을 때 미일화친조약이 체결되었다. 이 조약은 한정적인 개국을 정한 것이었다. 페리는 총 9척이 넘는 함선으로 일본에 대한 군사적 위압에 성공했지만 조약 교섭에서는 미국 선박에 대해 시모다下田·하코다테箱館 개항과 난파선원의 구출 약속을 확인하는 정도로 만족했다. 바란다면 통상이나 외교사신의 교환을 획득하는 것도 가능했겠지만 어째서인지 훗날의 사절에 남겨 두었던 것이다. 통상 개시도 어쩔 수 없다 각오하고 있던 공의에게 이는 예측못한 요행으로, 최악의 사태를 피했음을 의미했다. 본의는 아니지만 여론이 이들 조치를 용인한 것도 마찬가지 판단에 의한 것으로 보인다.

공의는 이 해에 러시아, 영국과도 조약을 체결했다. 러시아는 미국의 사절 파견을 알게 되자 이에 대항하듯 예프피미 푸탸틴Yevfimy Putyatin을 나가사키로 보냈다. 러일 교섭은 일단 결

제5장 막말: 대외정책의 변화

렬로 끝나지만 푸탸틴이 다시 왔을 때 조약 체결에 성공했다. 기본적으로는 미일조약과 같은 개항조약이었다.[8] 다만 이웃한 나라여서 영토조항도 조약에 포함되어 지시마千島에 관해서는 쿠나시르, 이투루프를 일본령으로, 우루프를 러시아령으로 삼고 가라후토樺太에 관해서는 국경을 정하지 않은 잡거지로 하였다. 양국은 가라후토에 대한 현지 조사를 거쳐 끈질기게 협상을 전개했으나 결국 영토를 하나의 선에 따라 배타적으로 분할하는 근대적 방법에 구애받지 않고 결론을 내린 것이다. 이에 비해 영국과의 조약은 러시아와의 크림 전쟁으로 나가사키를 방문한 군함과 우연히 체결된 것으로 영국 선박에의 개항만을 결정했다. 2년 후인 1856년 네덜란드와 종래 나가사키 무역을 조문화한 난일蘭日조약이 체결되지만 영국은 네덜란드가 가진 통상권을 확대 적용받을 수 없었다.

다른 한편 미일화친조약 직후에는 류큐도 서양과 조약관계에 들어갔다. 페리는 돌아가는 길에 류큐를 들러 조약을 체결하고 자유 입항과 통상 권리를 획득했다. 류큐는 일단 미국 사절로부터 국제조약질서에서 독립 국가로 위치지어졌고 일본 정부는 이를 묵인했던 것이다. 류큐는 이후 1855년에 프랑스, 1859년에 네덜란드와 마찬가지 조약을 체결했다. 류큐는 그 결과 청의 번속국, 시마즈가의 영유지라는 지위에 더하여 서양 국가들과의 관계에서는 독립국으로 위치하게 되었다.

---

8) [원주] 미일조약에는 없었던 영사재판권 규정도 마련되었는데 이후 조약들과 달리 일본도 러시아령에서 영사재판권을 시행하는 것으로 규정해 권리의 대등성을 확보했다. 生田美智子『外交儀禮から見た幕末日露文化交流史』ミネルヴァ書房, 2008.

그런데 공의는 페리 내항시에 가능한 한 쇄국정책을 유지하는 방침을 취했다. 유명한 양이론자인 미토의 도쿠가와 나리아키를 해방참여海防參與로 등용했던 것도 그에게 기대를 거는 다이묘 여론에 대한 배려와 함께 쇄국 유지 정책의 지주로 삼기 위해서였다. 그러나 공의의 외교정책은 화친조약 체결에 의해 소극형 개국론으로 이행했다. 마지못해서이긴 하나 일단 맺은 조약은 준수하되, 이로써 급격한 대외개방과 내정 혼란을 회피하는 정책으로 전환한 것이다. 나아가 미일조약 2년 후에는 개국에 적극적 의의를 인정해 서양 국제체제에 들어가 일본의 활로를 발견하고자 하는 의견이 유력 관리 사이에 대두했다. 이전의 우라가 부교는 공의 내부에서 개국론에 지지를 얻을 수 없었지만, 페리 이후의 개국론자는 나가사키에서 네덜란드에 의한 해군 전습傳習을 시작해 이를 근거로 적극형 개국론을 주장하는 기회를 얻었던 것이다. 해방에는 서양 기술의 수입이 불가결하고, 자금조달을 위해 국내 산물의 수출이 필요하다는 '통상에 의한 부국강병'이 골자였다. 일찍이 격퇴령 부활을 제기하고 도쿠가와 나리아키와 결탁했던 아베 마사히로도 1856(安政3)년에는 이에 동의해 공의 내부에서 정책 전환의 논의가 시작되었다. 또한 다이묘 가운데에도 다수 의견은 쇄국론에서 소극형 개국론으로 이행하기 시작했다. 나아가 일찌감치 양이론을 주창한 활동적 지식인 가운데에는 단숨에 적극형 개국론으로 전환한 자가 적지 않았다. 후쿠이福井의 하시모토 사나이橋本佐內, 구마모토熊本의 요코이 쇼난橫井小楠, 하기萩의 요시다 쇼인吉田松陰 등이 그 좋은 사례다.

제5장 막말: 대외정책의 변화

자주적인 개방 정책

이후 공의는 서양 국가들을 향해 쇄국 견지의 방침을 표명하면서 내부에서는 나리아키 등 양이파를 경원시하고 보수파 설득에 힘쓰기 시작했다. 1855년에 로주에 재임되어 이듬해에 외교를 일임받은 홋타 마사요시堀田正睦는 1857년 봄에 이르러 자주적인 일본개방 정책을 내세웠다. 일본의 장래를 기탁할 기본 정책으로 개국을 내걸고, 이를 점진적으로 실현하는 방침으로 우선 나가사키에서 네덜란드와 이전보다 광범위한 통상을 결정한 추가조약을 체결했다. 또한 이를 모델로 하여 때마침 나가사키를 방문한 러시아 사절과도 조약을 체결했다. 1년 전 시모다에 내임한 미 총영사 타운젠트 해리스Townsend Harris는 에도로 올라가 대통령 신임장을 봉정奉呈하고자 했으나 연기된 바 있었다. 그는 네덜란드, 러시아와의 추가조약이 체결된 후에야 마침내 에도성에 오를 수 있었다. 공의는 애초 예정으로는 해리스와도 동일한 조약을 체결하고자 했으나 교섭을 담당한 이와세 다다나리岩瀬忠震 등 적극개혁파 관료는 해리스의 보다 광범한 개방 요구에 공명해 통상뿐 아니라 외교 대표의 상호 교환이나 수도 주재, 에도·오사카 두 시가지 및 여섯 항구로 개방 지역을 확대, 비순서 교환을 위한 일본 대표의 미국 방문 등을 결정한 수호통상조약을 체결한다. 일본 민산인의 해외 도항은 여전히 고려 밖에 있었으나 국제관계에서 가장 중요한 국교와 통상은 예정보다 빨리 도입된 것이다.

그러나 수호통상조약 조인과 동반해 일어난 안세이安政 5년 정변은 홋타 등이 계획한 개방정책에 브레이크를 걸었다.

1858(安政5)년 여름 다이로에 취임한 이이 나오스케井伊直弼는 이 해에 사자를 보낸 네덜란드, 러시아, 영국, 프랑스와는 동일한 조약을 체결했지만 이후에는 체약국을 확대하지 않는데 진력했다.[9] 이러한 제약이 풀린 것은 1865년에 조정이 조약을 칙허敕許한 후였다.

5.3 국내 저항과 외교

공의의 정책 전환은 국내에서 강한 반대를 받았다. 이는 세간에 개국에 대한 불안이나 쇄국 관습에 대한 집착이 있었기 때문만은 아니다. 오히려 결정적인 것은 공의가 조정에 조약 칙허를 청한 것이 조정에 거부권을 부여하고 나아가 이것이 쇼군 후계 문제라는 별개의 사안과 얽히며 정계에 의혹과 증오의 악순환을 낳은 데 있었다. 외교정책의 내용 자체보다 내부의 정치적 속셈과 역학이 외교에 결정적 영향력을 갖게 된 것이다.

여론의 급전환

1858년 봄, 로주 수좌 홋타 마사요시가 전례를 깨고 교토로 가서 미일조약안에 대한 천황의 승인을 구했다. 공의는 일본 전체의 방향전환을 맞이해 19세기 전반에 유포된 '일본' 이미지에 맞춰 지금까지는 상징적인 수장이었던 천황을 다이묘 국가에서의 다이묘와 같은 결재권자로 간주하고 그 재가를 거쳐

---

9) [원주] 1860(萬延1)년에 포르투갈과 조약을 체결하는데 이는 난일추가 조약 조인 시에 약속이 있었기 때문이다. 福岡萬里子『プロイセン東アジア遠征と幕末外交』東京大學出版會, 2013.

제5장 막말: 대외정책의 변화

일본 전국의 결정이라는 형태를 갖추고자 한 것으로 보인다 (자세한 내용은 다음 장을 참고).

그러나 조정은 조약 칙허를 거부했다. 천황과 공가들은 특히 효고^{兵庫}와 같이 교토 근방의 개방에 난색을 표한 것처럼 양이론이라기보다 보수적인 배외감정에서 반대했다. 이러한 천황의 반대는 도쿠가와 쇼군의 후계 선정 문제와 얽혀 막부·조정·다이묘 나아가 다이묘 가신이나 민간 지식인을 말려들게 한 근세 미증유의 대정변으로 발전했다(안세이 5년 정변). 공의 책임자 이이 다이로는 칙허 없이 조약 조인을 강행하고 나아가 반대파 탄압에 착수했다. 그러나 일단 소극형 개국론을 향해 움직이기 시작한 여론은 강경 정책에 대한 반발에서 쇄국론이나 양이론에 강한 지지를 보냈다. 또한 당시 국내 개혁의 필요를 통감하고 있던 지식인들은 일단 양이론에서 적극형 개국론으로 전환하고 있었지만 요시다 쇼인 문하에서 전형적으로 나타나듯 이들은 재차 양이론으로 돌아갔다. 다만 쇄국으로 돌아가고자 한 것이 아니라 천황의 의향을 짓밟은 '부정'한 조약을 일단 파기하고 이에 따라 발생할 양이 전쟁의 위기를 이용해 국내에 근본적 개혁에 대한 기운을 불러 일으키려는 목적이었다. 그들의 주장은 전쟁 후에 일본에서 서구로 사절을 파견해 '올바른' 조약을 체결한다는, '개국 견전^{見前} 양이론'이라 부를만한 것이었다.

외교와 내정의 틈바구니에서

다른 한편, 서양 각국과 항상적인 외교 관계에 들어간 막부[10]는 당초 일국만으로 서양에 대항하는 위험성을 생각해 약소국들이 흔히 취하듯 강국들을 분단시키고 제휴 관계를 조작해 압력을 회피하는 외교 전략을 세웠다. 이 때 가상의 적으로 간주한 것은 아편전쟁으로 악명 높은 영국, 크림 전쟁 및 제2차 아편전쟁(애로호 전쟁)에서 영국과 동맹한 프랑스였고, 같은 편으로 상정한 것은 독립 이후 영국과 대립하고 있던 미국 및 화친조약 이래 일본에 호의적으로 행동한 러시아 그리고 네덜란드였다. 막부는 당초 미국 공사 해리스에 원조를 기대했고 네덜란드로부터는 이전 지볼트 사건[11]으로 추방당했던 프란츠 폰 지볼트Franz von Siebold를 고문으로 초빙했다.

그러나 얼마 지나지 않아 서양 열강의 실제 행동에 맞추어 정책을 바꾸었다. 1861(文久1)년에 러시아 군함이 쓰시마 일부를 점거하자 러시아에 대한 기대를 버렸고, 반대로 아편전쟁 이후 가장 경계해 왔던 영국이 정면의 교섭 상대로 전환된 것이다. 영국 공사 러더포드 올콕Rutherford Alcock은 서양 최강국 공사가 일본에서는 미국 공사 해리스의 영향 아래 놓여 있음을

---

10) [원주] 안세이 5년 정변 이후, 공의는 '막부'라 불리는 경우가 많아졌다. 동시에 종래 도쿠가와 공의를 가리켰던 '조정'이라는 용어는 이 무렵부터는 교토의 '천조'를 독점적으로 지칭하게 되었다. 이들 조합은 '막부'를 비정통 정부로 간주하는 뉘앙스를 동반했다.

11) 데지마에서 네덜란드 상관 부속 의사로 활동한 지볼트가 임기를 마치고 귀국할 때에 일본에서 국방상 유출 금지였던 일본 지도['대일본연해여지전도(大日本沿海輿地全圖)']의 사본을 지참하고 있던 것이 발각된 사건. 지볼트는 1829년 10월 국외추방 및 재도항금지 처분을 받았다.

제5장 막말: 대외정책의 변화

유감으로 여기고 일본에 호의적 태도를 취하게 되었다. 다른 한편 미국은 1862년에 해리스가 떠나고 본국에서 남북전쟁이 발발하며 한동안 존재감이 줄어들었고 네덜란드도 약소국으로 여겨져 탈락했다. 이후 일본 외교의 무대에서는 영국과 프랑스가 주역을 담당하게 된다.

외교 정략의 전환은 국내 상황의 악화, 즉 조약 비판의 여론 및 조정과의 대립이 강화되는 가운데 전개되었다.[12] 1860(萬延 1)에 이이 다이로가 암살되자 막부는 천황의 여동생 가즈노미야 和宮를 쇼군의 처로 맞이해 조정과 화해를 연출하고 이에 따라 세상의 비판을 진정시키고자 했다. 막부는 7, 8년 내지 10년 후 화친조약으로 되돌리라는[13] 조정 측의 조건이 불가능함을 알면서도 시간을 벌기 위해 이를 받아들였다. 이 약속은 극비에 붙여졌지만 이후 막부 외교에 극심한 제한을 가하고 그 목을 서서히 졸랐다. 첫 번째 문제는 조약에서 순차적으로 개방하기로 했으나 여전히 미개방이었던 에도, 오사카와 니가타, 효고에 관해 서양 각국으로부터 개방 연기의 승인을 받는 것이었다. 조약의 기한대로 개방하면 천황과의 약속을 이행할 의지가 없다고 보일 것이 분명했기 때문이다. 당초 서양 외교단은 이를 거부했다. 그러나 같은 해 프로이센 소약 사절이 방문했을 때 해리스가 중간에 서서 조정안을 제시했다. 프로이센과의 조약에서 이들 개시·개항장을 제외해 다른 조약국에 개방 연기를

---

12) 이하, 사실 관계는 石井孝 『增訂 明治維新の國際的環境』 吉川弘文館, 1966; 福岡[p.131]에 의함.
13) 통상조약을 화친조약으로 되돌리라는 의미이다.

인정받기 위한 모델로 삼고 나아가 신규 도래국과는 조약을 체결하지 않는다는 의지를 세계에 전달한다는 것이었다. 프로이센과의 신조약 체결은 조정과의 관계에서는 바람직하지는 않았지만 막부는 기 조약국과의 조약 축소가 이를 만회하리라 기대하고 1861년 조인을 단행했다.[14] 프로이센과의 신조약은 역시나 조정과 여론의 반감을 높였다. 올콕은 이같은 상황에서 막부의 입장을 개선할 필요가 있다고 보고 개방 연기의 승낙과 구미로의 사절 파견을 알선했다. 나머지 다른 조항들을 성의 있게 이행할 것이라는 약속만을 담보로 조약의 일시적 축소를 수용해 본국을 설득하고 다른 나라들도 이를 따르도록 한 것이다.

개관: 양이전쟁에서 조약칙허로

그러나 이러한 서양 측의 유화 정책에도 불구하고 일본 국내의 수호통상조약 반대론은 진정되지 않았다. 안세이 대옥 이래의 압정을 부정하고 탄압받은 조정·다이묘·지사志士를 해방하고자 하는 운동은 서양인에 대한 테러리즘을 동반하며 도리어 고양되었다. 1862년, 사쓰마의 시마즈 히사미쓰島津久光가 교토로 올라가 막부 개혁을 제창하자 앞선 밀약은 공공연한 것이 되어 막부를 궁지로 몰았다. 또한 히사미쓰가 에도를 향한 후에는 조슈의 구사카 겐즈이久坂玄瑞나 도사의 다케치 한페이타武市半平太(즈이잔瑞山) 등을 리더로 한 양이파가 교토에서 세력을 얻어

---

14) [원주] 프로이센은 다른 독일연방 31개국을 포함할 예정이었지만 막부는 이를 거절했다. 이후 막부는 스위스·벨기에와 조약을 체결하는데 이는 프로이센 조약 이전의 선약에 의한 것이었다.

제5장 막말: 대외정책의 변화

조정은 그 지원 하에 재차 사절을 에도로 보내 막부로부터 장래에 양이를 이행한다는 공약을 받아 냈다. 그리고 이듬해 1863년 쇼군이 220여년 만에 상락上洛[교토로 올라감]하자 조정은 마침내 쇼군이 전국에 양이령을 포고내리게 하는데 성공한다.

당시 교토에서는 서양에 대한 혐오나 공포 또는 나라의 모습이 바뀌는 것에 대한 당혹감이 농후했고 양이 운동에 폭 넓은 지지를 부여했다. 그러나 조슈의 양이론은 쇄국으로의 회귀를 주장하는 것이 아니었다. '파약破約 양이'를 번시藩是로 삼았을 때 조슈를 지도한 스후 마사노스케周布政之助는 색지色紙15)에 '양이攘란 배척排함이다. 배척함이란 여는開 것이다. 양이 후에 국가는 열어야 한다'고 쓰고 있다.16) 양이 후에 개국하는 것은 당연하지만 그 전에 서양과 전쟁을 하지 않는 한 일본의 근본 개혁은 시작될 수 없다는 것이다. 사실 그는 1863년 간몬關門 해협에서의 외국선 포격과 거의 동시에 이노우에 가오루井上馨, 이토 히로부미伊藤博文 등 다섯 명을 영국으로 유학보냈다. 조슈는 이후 천황을 선두에 세워 전국을 양이전쟁에 말려들게 하고자 했지만, 전국적인 양이전쟁이 실현되어 일본인 전체가 개혁을 단행할 의사를 갖게 되면 전쟁 방기와 개국으로의 전환을 당연하게 생각하고 있었던 것이다.

한편 사쓰마는 같은해 조금 뒤늦게 가고시마에서 영국과 포화를 나누는데 이는 양이 정책을 취했기 때문은 아니다. 전

---

15) 시가, 격언, 휘호 등을 적는 전통적인 문방구용 장식 종이. 특히 막말에 무사, 지사들이 자신의 결의, 정치적 선언을 담기 위해 색지를 즐겨 사용했다.
16) 『周布政之助傳』上 (周布公平監修, 全2卷) 東京大學出版會, 1977.

해에 히사미쓰가 귀국하는 도중 가나가와 근처 나마무기生麥에서 그 행렬을 어지럽힌 영국인을 번사藩士가 살상했다. 이른바 '무례한 자를 처단[부레이우치無禮討]'한 것이다. 영국은 이를 불법행위로 보고 책임을 묻기 위해 함대를 가고시마에 보냈는데 사쓰마는 이를 상대하지 않았고 결국 포격전이 일어났다. 군사적 위협 하의 타협은 무사의 불명예가 된다. 때마침 태풍이 불어 영국 함대의 포격은 정확하지 못했지만 가고시마 절반이 강풍 하에 화재로 불탔다. 영국 측에도 간부 가운데 사상자가 나왔다. 쌍방이 곧바로 강화교섭에 들어가고 이후 급속히 가까워진 것은 동시대 유럽과 마찬가지[17]였다.

또한 1863년 초가을 조정에 쿠데타가 발생해 양이 급진파는 교토를 떠났다. 고메이孝明 천황은 일단 양이 친정親征을 목적으로 하는 야마토 진무릉神武陵으로의 행행行幸[18]을 받아들였지만 내심 이에 강한 불만을 가지고 있었다. 그러자 막부 대표였던 아이즈가 사쓰마의 중개를 얻어 곤경에 처한 천황과 연락을 취해 조슈를 중심으로 한 양이 급진파를 조정에서 추방했던 것이다. 이 때 조슈뿐 아니라 산조 사네토미三條實美를 비롯한 일곱 공경도 교토를 떠났다. 천황은 급격한 양이를 바라지 않는다고 선언하고 국내의 질서 회복을 최우선 과제로 하여 일찍이 '공의公議'를 주장한 사쓰마와 에치젠, 나아가 쇼군 이

---

17) 19세기 유럽 정치와 국제정세는 대단히 복잡해졌고, 직전까지 적이었다가도 필요에 의해 태세를 바꾸어 동맹을 맺거나 협력하는 일이 빈번했다. 조약의 시대였기도 하지만 조약 파기의 시대였기도 하다.
18) 천황이 거소에서 외출하는 것. 목적지가 여러 곳일 경우에는 순행(巡幸)이라고 한다.

제5장 막말: 대외정책의 변화

에모치家茂와 쇼군 후견직 히토쓰바시 요시노부一橋慶喜를 상경시켜 이를 협의하게 했다. 이듬해인 1864(元治1)년 초여름에는 쇼군과 공식적으로 화해하여, 공의파 다이묘의 관여를 배제한 채 히토쓰바시·아이즈·구와나桑名를 매개로 '공무합체' 체제를 쌓았다. 조슈는 이에 교토를 군사적으로 탈환하고자 하지만 실패한다(금문禁門의 변).

이는 막부가 양이운동의 영향에서 벗어날 좋은 기회였다. 하지만 막부는 역행하는 정책을 취했다. 천황과 화해하기 위해 최대 무역항인 요코하마의 쇄항을 약속했기 때문이다. 막부는 천황과의 약속대로 서양 측에 의사를 타진했으나 단호히 거절당했다. 이와 반대로 조슈는 직전까지의 주장을 번복해 양이책 방기를 단행했다. 교토 무력 탈환에 실패한 직후 서양 4개국 연합함대에 의한 보복 공격을 받아 참패한 것을 기회로 강화와 우호의 길을 탐색하기 시작한 것이다. 조슈를 양이운동의 소굴로 보고 공격했던 서양 측은 현장에서 이같은 표변을 경험했다. 일본과의 무역 안정·확대를 기본 목표로 한 서양 측은 이를 중요한 첫걸음이라 평가했지만 바로 그 때 막부는 요코하마 쇄항 담판을 거듭하고 있었다. 당시 막각은 일시적이나마 양이론자가 정권을 장악하고 있었다. 서양 측은 막부의 이러한 움직임을 봉쇄하고 조약 부정의 근원을 끊기 위해 교도 침공 작전 계획을 세우고 있었다(保谷[p.256]). 그 후 1865(慶應1)년 가을, 고베 앞바다에 연합함대를 보내 당시 오사카성에 체재 중인 쇼군 이에모치에게 조약 칙허를 획득하도록 압력을 가했다. 이 행동은 이에모치가 일단 정권 반납을 상주하는 등

파란을 일으키지만 그 결과 천황은 마침내 조약을 칙허했다. 효고 개항 불가라는 조건을 붙여 내정면에서 상당한 문제를 남기기는 했으나 대외관계상 기본문제는 여기서 거의 해결되었던 것이다. 이듬해에는 일반의 해외 도항이 허가되어 일본인은 당시 서양에서도 막 도입되기 시작한 여권을 손에 쥐고 해외로 나갈 수 있게 되었다.

이상과 같이 1858년 이래 일본 국내에 수많은 혼란을 낳아 온 서양에의 개국 문제는 이 해에 거의 결착되었고 나아가 근세 초기 이래의 제도였던 일본인의 출입국 금지도 별다른 이론 없이 해결되었다. 이에 '쇄국' 체제는 해체되고 메이지 일본의 국제관계 틀이 성립했다고 보아도 좋다.[19]

막말 일본의 외교환경은 상당한 혜택을 받고 있었다. 근린에 동맹가능한 나라가 보이지 않는다는 약점은 있었지만 타지역에서는 침략을 주저하지 않던 서양 각국이 일본에서는 오로지 시장 확보에만 관심을 기울였다. 양이론이 일본 정부를 압도하는 것처럼 보였던 1863년 영·프는 소규모 군대의 요코하마 주둔을 단행해 사쓰마나 조슈와 싸웠다. 그러나 이는 조약을 유지하고 양이론자의 정책 전환을 촉진하기 위해서였고 배상에 관해서도 영토 할양 요구는 피했다. 당시 세계에서는 종종 서양

---

19) [원주] 1866년, 시모노세키에서 양이전쟁의 대가로 일본은 거액의 배상금을 부과받고 또한 수출입 관세를 일률 5%로 내리게 되어(개세약서 [改税約書]) 정부는 큰 손실을 입었다. 다만 배상금 일부는 개국 칙허의 대가로 면제받았다. 또한 수입세의 낮은 관세화는 민간 경제에 유리한 조건을 가져왔다. 수입 면화 가격이 내려가 이를 가공한 수출 면사도 저가가 되어 메이지 시기에는 주된 외화 벌이가 되었던 것이다. 낮은 관세율은 정부와 민간에 반대 효과를 가져온 점에 주의가 필요하다.

제5장 막말: 대외정책의 변화

각국과의 작은 분쟁이 군사 충돌로 확대된 결과 서양의 영토가 서서히 확대되는 경우가 확인되지만 일본은 이를 피했던 것이다. 또한 나폴레옹 3세가 보낸 프랑스 공사 레옹 로슈$^{Léon Roches}$는 적극적으로 막부를 편들었고, 이권 획득의 대가로 요코스카橫須賀 군사 공장 등의 건설을 원조했다. 그러나 무진내란이 발발했을 때 영국은 불개입 정책을 고수했고 프랑스도 도쿠가와 쪽이 거절하자 영국에 동조했다. 타지역에서 종종 보이는 것과 같은, 내란이 열강 사이의 세력 경쟁과 결합해 수습불가능한 지경에 이르러 국내 세력들이 공멸하는 사태를 피할 수 있었던 것이다.

제6장

막말: 정치질서의 붕괴

개관: '안세이 5년 정변'이란 무엇인가

19세기 중반까지 2백 수십 년 동안 인류사에 드문 안정을 누렸던 일본은 서양의 개국 요구를 계기로 붕괴와 재생의 큰 소용돌이 속에 던져졌다. 다만 페리가 찾아온 직후에는 근세 정치체제에 정면으로부터 도전하고자 하는 세력은 드물었다. 도쿠가와 공의나 다이묘, 그 가신들의 관심은 오로지 대외관계에 집중되어 서양의 압박에 대항하기 위해 필요한 군비와 재정 재건, 즉 '부국강병' 노력에 쏟아졌던 것이다. 그러나 1858(安政5)년 일부 유력 다이묘가 지금까지는 불가능했던 전국全國 정치에의 참가를 도모하며 쇼군 후계 문제에 개입하고 그것이 마침 교토에서 공의의 금리에 대한 신조약 승인 요청과 결부되면서 그들의 생각을 뛰어 넘은 정치적 대변동이 발생했다. 그것은 순식간에 강력한 악순환의 소용돌이로 발전해 많은 신참자를

제 6장 막말: 정치질서의 붕괴

끌어 당기거나 떠밀어 내며 살아남은 사람들을 생각지도 못한 벼랑으로 데려갔다. 도쿠가와를 정권에서 끌어내린 것뿐만 아니라 다이묘의 통치권이나 무사의 세습 신분까지 빼앗은, 근대 인류가 경험한 최대급의 혁명에까지 도달했던 것이다. 이 장에서는 그러한 급변 과정 가운데 정치질서 붕괴의 발단이 된 안세이 5년 정변이 어떻게 일어났는지를 보고자 한다.

한편 유신의 정치적 동란의 발단으로는 지금까지 페리 내항을 시작으로 한 대외 관계의 변혁이나 안세이 대옥만이 주목되어 왔다. 그러나 안세이 5년 정변은 그 이상으로 주목해야 할 사건이다. 내정 변혁이 이 해부터 시작되었다는 것 때문만은 아니다. 그 해명은 유신에 국한되지 않고 혁명이 어떻게 발생하는가라는 보편적 문제를 이해하기 위해서 불가결하다. 이듬해에 일어난 안세이 대옥은 이 정변을 계기로 생긴 정치체제 대붕괴 초기에 일어난 한 사건에 불과하다. 우리는 정치체제 붕괴가 어떻게 생겨났는가라는 관점에서 안세이 5년 정변이라는 더욱 중요한 사건을 정밀히 살펴보는 것으로 하자.

6.1 외압에의 기술적 대응과 정치적 왜곡의 축직 (1853~58)

화친소약에서 수호통상조약 체결까지 5년 동안 도쿠가와 공의의 전국지배권은 공공연한 도전을 받지 않았다. 공의는 물론 그 외부에 있던 통치 신분도 모두 한정적 개국이라는 환경 하에서 도쿠가와를 중핵으로 삼은 '일본' 레벨의 거국일치체제를 만들어 서양 각국에 대항하고자 했다. 이러한 태도는 그들이 대외정책에서 개국을 시인하는가 여부와 관계없이 공유되었다. 때문에 내정변동은 발생하지 않았고 외압에 대응하기 위한 기술적 노력, 즉 군사조직 활성화나 서양 학술·정보의 도입과 보급, 이를 받쳐줄 재정개혁 등이 유행했다(三谷[p.104]).

군사개혁과 양학 도입

페리 내항 전후에는 공의와 일부 대다이묘가 해방海防을 가장 긴요한 과제로 간주하고 군대 재편성과 서양 학술 도입에 노력을 기울였다. 특히 주목을 받은 것은 해군 건설과 화포 장비였다.[1] 그 필요성은 일찍이 하야시 시헤이가 지적했지만 아편전쟁 결과 난학자뿐 아니라 대다이묘 가운데에도 이를 통감한 자가 나타났다. 가령 대형 선박 건조 금지가 없어진 것은 페리 내항 이후지만,[2] 사쓰마는 그보다 앞서서 페리가 도래할 것이라는 예고가 도착하자 공의에 류큐 도항에 사용할 서양식 범선 건조를 청원해 허가받았다. 이 선박은 준공 후 공의에 헌상되었다. 사쓰마번은 그 후에도 공의가 주문한 선박을 포함해 네 척을 건조했다. 한편 공의 스스로도 이전부터 에도만 입구 우라가에서 서양식 소형 선박을 건조했고 페리 도래의 예고를 받은 후에는 네덜란드에 증기 군함 구입 의사를 타진했다. 네덜란드는 이에 응해 1854년 나가사키에 증기선 한 척을

---

1) 安達裕之『異樣の船』平凡社, 1995.
2) 막부가 시행한 다이묘의 군사력 억제 정책의 일환으로 1635년 무가제법도에서 선적량 500석 이상의 선박을 금지하도록 규정했다. 통칭 '대선 건조금지령(大船建造禁止令)'.

제6장 막말: 정치질서의 붕괴

파견했고 이듬해 이를 재차 교관단과 함께 보내 일본에 기증(간코마루觀光丸라 명명)하며 나가사키에서 해군 전습을 시작했다. 공의는 네덜란드로부터 승무원을 고용하지 않고 일본인 스스로 증기 군함 운용술을 습득하도록 한 것이다. 선박 조종과 포술, 수리를 위해서는 기초적인 수학에서 역학·화학까지 체계적으로 배울 필요가 있었다. 전쟁에는 의술도 필수였는데 마침 당시 서양에서는 세균학이 발달하기 시작해 나가사키에서는 소독법을 포함한 최신 외과의술도 전습되었다. 학생은 주로 하급 막신幕臣부터 한학의 수재, 난학의 기초를 배우고 있던 자가 선발되었는데 각 다이묘로부터 유학도 허가되었다. 이 시점에서 공의는 최신 군사기술을 도쿠가와가 독점하려고는 생각하지 않았던 것이다.

해군은 공의 외에 사쓰마·사가 등에서 실용화되었는데 다른 유력 다이묘도 수호통상조약 체결 후에는 서양식 선박을 구입하기 시작했다. 이들은 해전海戰이 아니라 오로지 수송 업무에 사용되었는데 상업뿐 아니라 정치적으로도 중요한 역할을 하게 되었다. 서국의 다이묘는 증기선을 파도가 잔잔한 세토내해瀨戶內海[3]를 오가게 하며 교토·오사카와 본국 사이의 사자 왕복, 군대 수송에 사용했다. 동국의 다이묘가 육로 교통을 이용하여 이동에 많은 시일이 소요되고 다른 다이묘의 양해를 구해야 했던 것과는 큰 차이가 있었다.

---

3) 혼슈와 시코쿠·규슈로 둘러싸인 가늘고 긴 내해로 3000여 개의 섬이 산재하고 있으며 연안에 항구가 많아 해상교통이 일찍부터 왕성했던 지역이다.

해방에는 크고 작은 화포 장비와 재래 육군의 재편성도 필요했다. 종래의 대포는 청동제였는데 사가에서 아편전쟁 후에 강철제 대포 주조를 시도해 겨우 성공해 냈다. 이러한 시도는 공의의 이즈^{伊豆} 다이칸 에가와가^{江川家}나 미토에서도 이루어졌는데 성능이나 비용 문제로 결국 어느 조직이든 서양으로부터의 수입에 의존하게 되었다. 한편 소총도 서양식 군대의 주력 보병 장비였기에 양산이 필요했다. 이는 재래 기술을 기초로 서양의 최신 기능을 장착할 수 있었기 때문에 국내 생산이 진전을 보였으나 서양에서 사정거리가 긴 라이플총이 실용화되고 내전 발발로 수요가 급증하자 역시 수입에 대부분을 의존하게 되었다.[4]

페리 내항 전후에는 일부에서 군대 재편성도 시도되었다. 200년 이상의 태평 속에서 다이묘 군대는 사실상 경찰조직으로 바뀌었다. 군사적인 역직은 있어도 이름뿐으로 군대를 상대로 싸울 수 있는 조직은 사실상 없어진 것이다. 아편전쟁 후 페리 내항 이전에도 조슈나 미토에서는 군제 재편성이 시도되었는데 조슈에서는 근세 초기의 군역 장부를 다시금 조사하여 대오를 꾸려 싸울 수 있도록 조직을 만들었다. 그 때 서양식 보병의 추가도 시도되었지만 주력이 된 것은 실제 전투가 시작된 1863(文久3)년 이후의 일이었다.

공의는 군사에 대한 주의 환기와 서양식 육군 창설 준비를 위해 에도에 강무소^{講武所}를 열었다. 일찍이 덴포 개혁기에 전

---

4) 鈴木淳『明治の機械工業』ミネルヴァ書房, 1996.

제6장 막말: 정치질서의 붕괴

습傳習해 일부에 도입하고 있던 다카시마류高島流의 서양식 보병 조련이 중시되었으나 전통적인 검·창술도 중히 여겼다. 후자의 경우 실용을 중심으로 삼아 다른 유파와의 시합이 장려되었다. 이들 개혁은 하층 무사와 상층 서민 사이에 신분적 상승 야심을 일으켰다. 검술과 같은 전통적 분야든 서양식 군대든 이에 참여하면 이전에는 상상도 할 수 없었던 신분적 상승이 가능해지리라는 기대를 낳아 무사와 서민의 경계에 있던 많은 사람들을 끌어들인 것이다.[5]

한편 군사와는 직접 관계가 없는 부문에서도 서양학 도입이 도모되었다. 공의가 에도에 설치한 반쇼시라베쇼蕃書調所가 전형적인 사례다. 이는 서양 각국과의 관계 형성으로 서양의 외교 문서를 번역·통역할 수요가 급증했고, 그 배경이 되는 서양과 세계 정세를 파악해 그 지식을 국내에 유통시킬 필요도 발생했기 때문이다. 하타모토·게닌 중에 난학자가 적었기에 그 담당은 다이묘의 가신이나 민간 난학자로부터 조달되었다. 반쇼시라베쇼에는 이후 학생 양성 기능도 추가되었다. 또한 수호통상조약이 체결되고 여러 항구가 개방되면서 영·불·독의 새로운 언어 교육이나 자연과학서의 번역·교육도 시작되었다.[6]

---

5) Marius B. Jansen, *Sakamoto Ryōma and the Meiji Restoration*, 1961 / 마리우스 잰슨, 손일·이동민 역『사카모토 료마와 메이지 유신』푸른길, 2014; 宮地正人『歷史のなかの新選組』岩波書店, 2004.
6) 東京大學『東京大學百年史』通史一, 東京大學, 1984.

정치적 불만의 축적과 발로

그러나 페리 내항 후 일본에서는 표층의 안정 이면에서 급속히 부작용이 축적되고 있었다. 화친조약은 긴급 피난 조치로 일단은 받아들여졌지만 강제된 개국은 강한 불만을 일으켰다. 무사들은 오랜 평화 속에서 행정을 주임무로 하게 되었지만, 대외 위기가 현저해지자 재차 전사의 아이덴티티를 상기했다. 그들에게 싸우지 않고 외국의 요구를 수용한다는 굴욕은 정신적으로 허용하기 어려웠다. 설령 개국의 필요를 인식한 경우에도 이는 변함 없었다.

한편 공의의 주도에 따른 거국일치 움직임은 종래 '일본' 레벨의 정치에 대해 발언할 수 없었던 다이묘나 무사 사이에 널리 참여 소망을 낳았다. 특히 강했던 것은 일부 대다이묘와 그 가신이다. 당시 도쿠가와 산케三家와 구니모치國持 다이묘를 아우른 대다이묘는 30가문 가까이 있었다. 그들 대부분은 독립적으로 군단을 조직하고 운용할 수 있는 인원과 경제력을 갖추고 있었고 일부는 이전부터 해방에 관해 연구하며 서로 정보를 교환하고 있었다. 그러나 그들은 실력과 뜻에 걸맞는 발언권을 부여받지 못했다. 도자마外樣 구니모치 다이묘는 물론 도쿠가와 일문의 대다이묘도 막각에 들어갈 수 없었으며 공의에 영향력을 미치기 위한 공식 루트도 없었다[표2-1]. 때문에 그들은 페리 도래 예고가 전해지자 명확히 불만을 표시하고 어떠한 형태로든 그들의 의견을 전국적 정치에 반영할 것을 요구하기 시작했다.

페리 도래 반년 전 후쿠오카의 구로다 나리히로黑田齊溥(구

제6장 막말: 정치질서의 붕괴

니모치)는 공의에 상서를 올려 사전에 도래 대책을 결정해 해방포고를 발하도록 제안하고 나아가 도쿠가와 산케를 비롯해 주요 다이묘에게 페리 내항에 관한 네덜란드 정보를 내부적으로 전달하고 산케에는 '상담'을 하도록 청했다. 페리가 출현하자 에치젠의 마쓰다이라 슌가쿠(가몬)와 사쓰마의 시마즈 나리아키라(구니모치 도자마)는 미토의 도쿠가와 나리아키를 고문으로 등용하도록 상서를 올렸다. 로주 아베 마사히로는 이를 받아들여 나리아키를 해방참여로 기용했지만 나리아키 스스로는 그들을 대표할 의지는 없었다. 아베는 유능한 직참直參(막신)을 요직에 등용한 후에 '해방국海防局'을 설치하고 여기에 배신陪臣(다이묘의 가신)·로닌(낭인. 섬기는 주군이 없음)까지도 모아 전국의 지혜를 결집하려는 구상을 세웠지만, 나리아키는 도쿠가와 일문 이외의 정권 참가에는 소극적이었다.

다른 한편 도쿠가와 일문[가몬]·구니모치 대다이묘 가운데에는 그들의 대변자를 공의에 보내는 데 그치지 않고 스스로 공의 정권에 참여해 발언하려는 자가 나타났다. 또한 마쓰다이라 슌가쿠와 같이 애초에는 도쿠가와 나리아키의 양이론에 경도되어 있던 자도 양이의 타당성에 의문을 품게 되었다. 때문에 마쓰다이리 슌가쿠나 시마즈 나리아키라는 나리아키가 아니라 그 아들인 히토쓰바시 요시노부一橋慶喜에게 일본 미래의 지도를 기대하게 되었다. 당시 쇼군 이에사다家定에게 친자가 없었던 것에 주목, 고산쿄御三卿[7]) 가운데 한 명으로 쇼군의

---

7) 도쿠가와 산케(三家, 고산케)와 더불어 도쿠가와 종가의 후계를 계승할 자격을 지닌 분가. 다야스(田安)·히토쓰바시(一橋)·시미즈(淸水) 세 가문을 일컫는다.

양자가 될 자격을 가진 요시노부를 후계로 옹립하고 이를 통해 공의 정책결정권을 후다이 소다이묘로 이루어진 로주로부터 가몬·도자마 대다이묘 연합체로 옮기고자 한 것이다.

페리 내항은 직접적인 정치변동을 야기하지는 않았다. 그러나 이는 일본 국내에 서양에 대해 거국일치로 대응하고 이를 위해 인재를 동원할 필요가 있음을 주지시켰다. 근세 일본에는 지위와 능력의 불일치가 곳곳에 있었다. 이는 태평한 세상에서는 각 신분과 개인에 그 나름의 역할을 부여하고 따라서 질서에 안정을 가져오도록 기능했다. 그러나 일단 서양의 내항과 개국 압력으로 능력의 필요성이 널리 인식되자 지위와 능력의 불일치는 일본 미래의 장애물로 간주되었다. 지금까지는 마음 깊은 곳에 불만을 축적하면서 침묵을 감수했던 사람들이 위로는 대다이묘에서부터 아래로는 서민 상층에 이르기까지 스스로의 힘에 걸맞는 지위를 요구하고 과감한 행동을 일으키게 된 것이다.

막말 일본에서 우선 행동을 한 것은 가몬과 구니모치 대다이묘 연합이었다.

제6장 막말: 정치질서의 붕괴

6.2 안세이 5년 정변(1858)

1858년은 미국 사절 페리가 내항하고 일본의 국제환경이 일변한 지 이미 5년이 경과한 시점이었다. 정계는 일견 평온하고 2백 수십여 년의 태평이 여전히 이어지고 있는 듯했다. 그러나 이면에서는 두 가지 중요 문제가 대두하기 시작했다. 하나는 서양 각국에 개국을 단행할 것인가의 문제, 또 하나는 쇼군 이에사다의 양자 문제였다.

에도에서의 문제 발생 — 조약 칙허와 쇼군 후계

앞장에서 본 것처럼 일본은 4년 전 개항 조약을 체결했지만 국교와 무역은 아직 유보하고 있었다. 공의는 전 해에 점진적 개국 방침을 표방하고 우선 네덜란드·러시아와 통상을 체결했으며 겨울에는 미국 대표 타운젠트 해리스를 에도성에 불러 국교와 무역 개시를 내용으로 한 수호통상조약 초안을 정했다. 그 때 공의는 조정에 대미 조약안의 칙허를 주청하기로 했다. 근세를 통틀어 막부가 국정 문제에 관해 조정의 의견을 묻는 일은 없었지만 국내에 거국일치 모습을 명시하기 위해 이같은 이례적 일을 거행한 것으로 보인다. 애초 막부는 조정이 강경하게 거절하리라고는 전혀 예상하지 못했다.

한편 이와 병행해 쇼군의 양자 문제가 부상했다. 도쿠가와 이에사다는 1856년 말에 고노에가의 양녀로 시마즈가 출신인 아쓰히메篤姬를 정실로 맞아들였는데 자식이 생기지 않아 언젠가 양자를 들여야 할 것이라는 관측이 정계에 유포되었다. 이에사다 스스로는 평범한 지성의 소유자였다고 전해지지만 정치 지도의 태도는 소극적인 경향이 강했다. 때문에 일본이 직면한 미증유의 위기를 극복하기 위해 시급히 유능한 인물을 양자로 받아들여 지도를 부탁해야 한다고 생각하는 사람들이 출현했다. 그 중심에 있던 것이 고산케에 이은 가격을 가진 도쿠가와 일문, 에치젠의 마쓰다이라 슌가쿠였다.[8] 그는 이미 이에사다의 쇼군 취임 당시부터 히토쓰바시 요시노부(미토 도쿠가와 나리아키의 7남)를 적임자라 생각해 1856년 가을에는 친우 시마즈 나리아키라(가고시마)와 다테 무네나리伊達宗城(우와지마宇和島), 도쿠가와 요시카쓰慶勝(나고야名古屋)·하치스카 나리히로蜂須賀齊裕(도쿠시마德島, 전전대 쇼군 이에나리家齊의 자식) 등과 상담하고 있었다. 페리 내항 전후에 막각을 주재해 온 아베 마사히로는 이 움직임을 억제했으나 1857년 아베가 병사하자 마쓰다이라 슌가쿠는 공공연하게 운동을 개시하고 공부 모임을 구실삼아 자택에 뜻 있는 다이묘를 모으는 한편, 막각에도 '나이많고 현명'한 인물을 양자로 세우길 제안했고 나아가서는 하타모토 유력자에게도 손을 썼다.

쇼군가에 직계 남자가 없는 경우의 계승법은 확정된 바가 없었다. 5대 쓰나요시綱吉 후계는 전전대의 손자, 7대 이에쓰구家繼 후계는 초대의 증손이었다. 가문의 논리에서 말하면 도쿠가와 성姓을 가진 고산케(오와리, 기이, 미토)와 고산쿄(다야스, 히토쓰바시, 시미즈)의 5가(시미즈가는 당시 공가空家[9])가

---

8) 中根雪江『昨夢紀事』;『奉答紀事 春嶽松平慶永實記』.
9) 당시 시미즈가는 5대 당주 나리카쓰(齊彊) 이래 당주가 부재한 상황이었다(1846~66년).

제6장 막말: 정치질서의 붕괴

범위 내였을 것이다. 1858년 당시 생각할 수 있는 후보자는 다음의 다섯 명이 있었다. 오와리 요시카쓰慶勝(35세. 미토가의 혈연. 이에사다와 동갑). 기이 요시토미慶福(13세. 이에사다의 종제從弟). 미토 요시아쓰慶篤(27세. 요시노부의 맏형). 다야스 요시요리慶賴(30세. 이에나리의 조카. 마쓰다이라 슌가쿠의 동년배 동생). 히토쓰바시 요시노부慶喜(22세).

만약 마쓰다이라 슌가쿠가 친가인 다야스가의 당주였다면 당연히 후보 중 한 명이 되었을 터이나, 에치젠가에 들어갔기 때문에 자격이 없어졌다. 그가 양자 문제에 적극적으로 관여했던 것은 이 때문이라 생각된다.

그러나 당시 관습에서 보면 현 쇼군과 얼마나 가까운 혈연인지가 중요했다.[10] 그렇다면 기슈[=기이] 요시토미가 자연스러운 선택이 된다. 반대로 아무리 유능하다고 해도 연령도, 차기 지도자로서의 적합도 미토 출신인 히토쓰바시 요시노부는 부적당하다고 간주되었을 터이다. 미토가는 2대 이후 쇼군가와 피가 섞이는 일이 없었다. 특히 오와리나 기이가와 달리 미토가는 이에나리의 자식을 양자로 받아들인 일이 없었다. 또한 도쿠가와 나리아키의 습봉은 이에나리이 자식이 이를 상속받는 것을 막는 형태로 이루어졌다.[11] 그 기억은 관계자의

---

10) 久住眞也『幕末の將軍』講談社, 2009.
11) 나리아키 전대 번주인 나리노부(齊脩)에게 자식이 생기지 않자, 후계로 이에나리의 자식인 나리카쓰를 옹립하려는 번 중신 세력의 움직임이 있었다. 그러나 아이자와 야시 등 하급무사들의 격렬한 나리아키 옹립운동 결과 나리아키가 나리노부의 양자가 되는 형태로 번주의 자리를 잇게 되었다(1829년).

뇌리에 선명했을 터이다.

하시모토 사나이의 일본 개혁구상

에치젠이 정력적으로 히토쓰바시 옹립 운동에 착수한 배후에는 대규모 정체개혁 구상이 있었다. 입안자는 마쓰다이라 슌가쿠의 복심인 하시모토 사나이橋本左內였다. 그는 난방의蘭方醫 집안 출신으로 오사카에 오가타 고안緖方洪庵이 연 데키주쿠에서 배운 인물이다. 후쿠자와 유키치와 같은 해에 태어나 그에 앞서 숙두塾頭를 역임한 후 후쿠이로 돌아와 가업을 이었다. 1857년 신분을 평사무라이平士로 올려받고 번교 명도관明道館을 세우는 임무를 맡은 후 같은해 슌가쿠의 히토쓰바시 옹립 운동을 돕기 위해 에도로 갔다.

하시모토는 해리스가 에도성에서 쇼군을 알현하고 조약교섭이 시작되려고 한 11월 28일, 후쿠이에 있는 친우 무라타 우지히사村田氏壽 앞으로 장문의 서한을 썼다.[12] 마쓰다이라 슌가쿠가 로주 마쓰다이라 다다카타松平忠固에 면회를 신청하고 히토쓰바시를 후계로 추천했을 때 긍정적 회답을 얻었다고 기록한 후, 웅대한 외교정책과 내정개혁안을 상술했다.

외교에 관해서는 언젠가 세계는 모두 동맹국이 되어 맹주 하에 평화가 찾아오리라 장기 전망을 하며 그 때까지 일본은 서양 강국을 골라 동맹할 것을 주장했다. 일본은 '독립'할 수 없다. 단독으로 서양 각국에 대항하기 위해서는 영토를 확장하

---

12) 『橋本景嶽全集』 2 日本史籍協會編, 1939, 252호.

제6장 막말: 정치질서의 붕괴

고 가깝게는 만주나 조선, 멀리는 미국이나 인도에 영지를 가져야 하지만 지금 일본에 그런 힘은 없다. 따라서 서양 각국을 분단시키고 맹주 후보와 제휴할 필요가 있다. 후보는 영국과 러시아 두 나라인데 위험천만한 영국을 배척하고 신사적인 행동을 보인 푸탸틴의 나라 러시아를 선택해야 한다고 서술하고 있다.

한편 쇄국의 최종 포기를 맞이해서는 국내 개혁도 불가결하다. 그 첫 번째는 히토쓰바시 요시노부의 쇼군 후계 옹립이다. 옹립하고 쇼군 이에사다를 대신해 실권을 장악케 한 후, 정체를 개혁하도록 한다는 것이다. 즉 일본의 정치를 담당할 막각을 소다이묘를 대신해 대다이묘로 구성하고 신분을 초월한 '천하의 유명·달식達識한 사무라이'를 등용하는 것이다. 제2장에서 지적한 것처럼 막부는 로주의 지위에서 대다이묘를 배제하고 있었다. 대다이묘에게 전국에 관한 결정권을 갖게 하면 쇼군가의 지위를 위협할 가능성이 생기기 때문이다. 그러나 막말 일본에서는 쇼군가의 안태安泰보다 서양에 대항하기 위한 일본 전역의 힘을 결집하는 것이 긴급한 과제였다. 이러한 상황에서 일찍이 서양의 동향을 주시하고 해방에 유의하며 자신의 번에서 다양한 정책을 실험 중이던 대다이묘는 의지할 만한 존재였다. 사나이는 그 후보로 미토 도쿠가와 나리아키, 에치젠 마쓰다이라 슌가쿠, 사쓰마 시마즈 나리아키라, 히젠肥前 나베시마 나오마사鍋島直正의 이름을 거론하고 있다. 시마즈는 서양식 선박을 건조해 공의에 헌상하였고 나베시마는 페리 이전부터 강철제 대포를 주조하고 있었다. 사나이는 무라타에게 시마즈의 기용에 관해서는 (세키가하라의 적이었다고 하는) 의심이 있을지 모르나 '일본국 전체를 일가一家로 보아야' 할 지금 이에 연연해서는 안된다고 서술하고 있다.

다른 한편으로 하시모토는 막부의 중추 역직에 하타모토 내의 준재俊才뿐 아니라 '배신陪臣·처사處士'도 발탁·등용할 것을 주장했다. 배신은 다이묘의 가신, 처사란 로닌을 뜻한다. 로닌은 선조가 무사였다고 주장하지만 실제로는 대부분이 서민이었다. 즉 사나이는 출생 지역과 신분을 묻지 않고 유능한 지식인을 막부에 집중할 것을 제창했다.

대다이묘의 막각 기용이든 지식인의 신분을 넘은 등용이든 이는 근세 후기에 보편적으로 보이는 '지위와 능력의 불일치'를 해소하고자 하는 정책이었다. 연방국가 혹은 다이묘 영국제라는 큰 틀은 그대로 두고 중앙정부의 능력을 강화하고 유력자의 이반을 막는 방책을 생각했던 것이다.

이듬해 안세이 5년 정변으로 인해 이 정체 개혁 비전이 곧바로 실행에 옮겨지지는 않았다. 하시모토 자신도 실현 훨씬 이전에 처형되었다. 그러나 이 대담하고 구체적인 정체 변혁 구상은 서서히 국내에 침투해 10년 후 메이지 정부의 「정체政體」 제정으로 실현에 이른다. 히토쓰바시 옹립 운동에서 협력했던 사이고 기치베西鄕吉兵衛(다카모리隆盛)는 후에 존경하는 정치가가 누구인가라는 질문에 후지타 도코藤田東湖와 함께 하시모토의 이름을 들었다. 선견지명에 감복했던 것이리라. 실제로 그 후에도 에치젠과 사쓰마는 대다이묘의 정권 참가를 '공의'·'공론' 이름 하에 함께 추구해 나가게 된다. 한편으로 하시모토는

제6장 막말: 정치질서의 붕괴

1858년 봄 교토에 갔을 때 이 정체 변혁구상에 조정의 편입을 구상하기 시작했다. 공가는 말만 앞세워서 신뢰할 수 없지만 조정의 관여는 개혁 시동에 도움이 되리라 생각했던 것이다.[13] 조정의 정계 등장은 커다란 파란을 일으키는데 결국 '왕정' 아래 '공의'를 행하는 정체에 도달했다. 그 사이 하시모토의 이름은 잊혀졌지만 그 아이디어는 널리 수용되었던 것이다.

히토쓰바시 옹립 그룹의 오오쿠 공작과 로주의 방침 결정

요시노부 입사入嗣[양자로 들어감]는 많은 막부 관계자에게 강렬한 인격과 양이정책, 극단적인 절검으로 알려진 친부 나리아키가 쇼군가 내부에 들어가 강한 영향을 행사하게 되는 것은 아닌가 하는 염려를 낳게 했다. 때문에 로주나 하타모토에게 히토쓰바시 옹립을 주장해 왔던 그룹은 오오쿠大奧를 통해 쇼군에도 공작을 꾀하고자 했다. 본국[14] 사쓰마에 있었던 시마즈 나리아키라는 사이고 다카모리에게 특명을 내려 에도에서 에치젠가의 하시모토 사나이와 협력해 오오쿠 아쓰히메와 연락을 취하게 했다.[15] 그러나 아쓰히메가 이에사다의 생모인 혼주인本壽院을 통해 그 뜻을 밝히자 이에사다는 당치않은 일이라 화를 내며 아직 양자를 들일 나이가 아니고 설령 그렇다 해도 요시노부는 나이가 너무 많아 어찌되었든 싫다고 하였다.[16]

---

13) 『橋本景嶽全集』 二(日本史籍協會編) 一九三九, 265호.
14) 여기에서 '국'은 근세 '막번 체제'라는 용어를 대신해 저자가 사용하는 쌍두·연방국가에서의 다이묘 '국가'이다. 이후 '귀국' 등의 표현도 나오는데 본 영지로 돌아갔다는 의미이다.
15) 『西鄕隆盛全集』 1, p.101.
16) 『井伊家史料』 6, p.97.

오오쿠를 통한 공작은 봉쇄되었던 것이다.

한편 로주들은 필두인 홋타 마사요시^{堀田正睦}가 칙허 주청을 위해 교토로 가는 것이 결정된 후 쇼군에 알현을 청해 두 문제의 처리법에 관해 양해를 얻었다. 칙허를 얻은 후 양자 문제에 착수할 것과 양자 결정은 이에사다의 영단^{英斷}에 의한다는 방침이었다. 교토에 간 홋타가 에도의 로주에게 보낸 서한에 의하면, 당시 로주들은 혈연적으로 가까운 요시토미를 후보로 생각했음을 알 수 있다. 그러나 홋타는 교토에서 히토쓰바시가 적임이라고 생각을 고친 것이다.[17]

교토에서의 대립발생 — 조약칙허의 난항과 '미토 음모'론의 출현

홋타 일행이 교토를 향할 즈음 다양한 세력이 조정에 정치 공작을 시작했다. 사쓰마에서는 시마즈 나리아키라가 누대에 걸쳐 혼인관계를 맺어온 고노에가에 서한을 보내 인망 있는 히토쓰바시를 양군^{養君}으로 삼도록 로주에 스스로 제의한 사실을 알리고 조정으로부터 이를 지명한다는 내칙^{內敕}(내밀한 칙명)을 내도록 의뢰했다. 또한 마쓰다이라 슌가쿠는 하시모토 사나이를 입경시켜 정보 수집과 정치 공작을 맡겼다.[18] 다른 한편으로 후다이 다이묘 필두인 이이 나오스케^{井伊直弼}는 마찬가지로 복심인 나가노 요시토키^{長野義言}를 교토로 보내 탐색하게 했다.[19] 하시모토가 조정의 실력자 산조 사네쓰무^{三條實萬}를 면회했을

---

17) 『堀田正睦外交文書』, pp.32·50~52.
18) 『橋本景嶽全集』2, p.650 이하.
19) 『井伊家史料』5.

때 개국의 불가피함을 이야기했으나 만족스러운 반응은 없었다. 그러나 쇼군 후계를 언급하자 사네쓰무는 이를 환영했다. 때문에 이후에는 오로지 히토쓰바시 옹립만을 공가쪽에 이야기하기로 했다. 이렇게 조정에 히토쓰바시 옹립론이 갑자기 높아졌을 때 이이가의 나가노는 그 배후에 미토의 '음모'가 있음을 발견했다.

다른 한편 고메이 천황은 조약칙허를 허가할 수 없다는 의견을 보였다. 이 뜻을 받은 관백 구조 히사타다九條尚忠는 칙허를 완곡히 물리치고자 조약에 관해 고산케 이하 각 다이묘에게 재자문한 뒤 그 결과를 가지고 다시 상락하도록 홋타에게 전했다.[20] 홋타는 반격을 도모해 관백으로부터 막부에게 일임한다는 칙명敕諚(천황의 의사표명·명령)을 얻는데 성공했다. 그러나 이 결정에 불만이었던 천황은 고가 다케미치久我建通에게 그 뜻을 흘렸고 조정에서는 공경 88명이 관백 저택에 열참列參[집단 방문]하는 전대미문의 소동이 발생했다. 그 결과 칙명은 최초의 취지로 돌아가게 되었다.

조약칙허가 난항을 겪는 동안 교토에서는 다양한 괴문서가 나돌았다. 그 가운데 '미토 내주서內奏書'라 이름붙여진 문서가 하나 있다. 미토 도쿠가와가의 가신이 조약칙허를 방해하고자 공경에 제출한 상서였는데 나가노 요시토키는 이를 도쿠가와 나리아키가 조정에 양이론을 불어넣고자 보낸 문서로 보고 칙허 난항의 원흉이라 생각했다. 그리고 같은 때에 달아오른 히

---

[20] 『孝明天皇紀』2, p.779.

토쓰바시 대망론과 이 문서가 밀접히 관계하고 있다, 즉 도쿠가와 나리아키가 아들의 쇼군 후계 옹립에 조정을 이용하고자 조정의 양이론에 영합해 칙허를 방해했다고 간주한 것이다.[21] 나가노가 에도의 나오스케 측근에게 보낸 '나쁘게 말하자면 음모의 본체'라는 이해는 순식간에 이이가 쇼군 측근을 비롯해 기슈 요시토미 옹립에 열심이었던 사람들 사이에 유포되었다.

이는 사실 오인이었다. 분명 도쿠가와 나리아키는 당시 여전히 양이를 주장하고 있었다. 또한 표면에는 나타나지 않지만 에치젠가를 통해 히토쓰바시 옹립을 노리고 있었다. 그러나 양자의 인과관계는 나가노가 상정한 것과 정반대였다. 홋타가 교토로 향한 후에 마쓰다이라 슌가쿠는 에도성 오오쿠에 히토쓰바시 후계 옹립을 받아들이게 하기 위해 나리아키에 충고했다. 나리아키의 친족인 태합太閤 다카쓰카사 마사미치鷹司政通에게 지금은 양이打拂い할 때가 아니라고 명언한 서한을 보내게 하고 그 사본을 오오쿠에 제출했던 것이다.[22] 또한 칙허 획득 책임자였던 막부 관료는 '미토 내주서'가 문투를 보건대 나리아키의 것일 수 없다 판단해 세상의 소문을 부정했다.

왜 나가노는 오해했던 것일까. 홋타 등과 달리 그는 기슈 요시토미의 옹립을 열망하고 있었다. 혈통상 당연한 선택이 돌연 조정의 개입으로 틀어지기 시작했다. 처음에는 경악스러워서 오해했으리라. 그러나 '미토 음모'라는 인식은 곧 정치적 필요로 전화했다. 나가노는 원래 칙허 거부론자였던 구조 관

---

21) 『井伊家史料』5, 187호.
22) 中根雪江 『昨夢紀事』2, pp.416-420

백을 관동(막부)에게 일임한다는 것으로 뒤바꾸기 위해 '미토 음모'론을 사용했던 것이다.[23] 제멋대로인 나리아키의 욕망을 만족시켜서는 안 된다. 칙허 거부도 히토쓰바시 옹립도 조정과 막부 사이뿐 아니라 도쿠가와가 내부에도 날선 대립을 낳아 일본의 질서는 정상에서부터 무너져버리게 된다. 나리아키의 음모를 배제하고 조약에 관한 막부의 주장을 인정받고 싶다. 이상이 설득의 논거였으며 이는 성공했다. 그렇게 되자 그와 이이 나오스케에게 미토 음모론은 관백을 막부 측에 붙잡아 둘 정치적 필요상 의심의 여지 없는 '사실'이 되었던 것이다.

에도에서의 전개 — 이이 다이로의 등장과 타협 시도

로주 홋타 마사요시는 다이묘 재자문 후 다시 상주하라는 칙서를 가지고 에도로 돌아왔다. 흉중에는 교토의 반대론을 달래기 위해 별도 안건인 쇼군 후계 문제에 관해서는 그 의향에 따르는 것, 즉 히토쓰바시 채용을 도모하고 이를 준비하기 위해 마쓰다이라 슌가쿠를 다이로로 세우려는 심산이었다.

그런데 교토에서의 전말을 보고하며 이야기가 여기에 이르자 이에사다는 '그것은 불가하다. 다이로에는 집안으로도 인물로도 이이 나오스케를 둘 것이니 그 사람은 필요없다'고 단언하며 그 자리에서 나오스케의 다이로 임명이 결정된 것이다.[24]

홋타는 에도로 돌아가기 전에 앞서 메쓰케 이와세 다다나리 岩瀬忠震를 돌려보내 히토쓰바시 옹립의 사전 준비를 하도록

---

23) 『井伊家史料』 5, 202호.
24) 吉田常吉 『井伊直弼』 吉川弘文館, 1963.

했다. 소문이 에도성 오모테表에 퍼지자 쇼군 측근과 오오쿠를 비롯한 기슈 옹립론자들은 반격에 나섰다. 어전회의 전날 오쿠무키奧向와 연고가 깊은 가치가시라徒頭25) 야쿠시지 모토자네藥師寺元眞가 이이의 저택에 가 눈물로 직접 나서기를 호소한 결과, 쇼군가의 소명이 있으면 반드시 응하겠다는 답을 얻고 돌아갔다.26) 이런 상황에서는 고명한 가문에 의존할 수밖에 없다고 설득했던 것이다. 쇼군의 한마디로 결정된 인사는 이러한 이면 공작이자 음모의 결과였다.

다이로는 취임하자마자 두 문제의 처리에 명쾌한 계획을 세웠다. 쇼군 후계에 관해서는 5월 1일 쇼군으로부터 요시토미를 채용한다는 상의上意를 얻었다. 조약에 관해서는 조정에서 요구한 대로 다이묘에 재자문해 5월 중 대부분 답신을 받았다. 막부의 뜻에 거의 따른다는 내용이었다. 다만 히토쓰바시 옹립 그룹이 '미토 음모'와 마찬가지로 이 문제를 쇼군 후계 문제에 이용할 우려가 있었다. 때문에 다이로는 그들로부터 이견이 나오지 않도록 에치젠의 마쓰다이라 슌가쿠 등을 온건하게 설득하고자 했다. 마쓰다이라 슌가쿠는 히토쓰바시 채용을 '천하의 공론'이라 주장했지만 다이로는 내정된 사실을 언급하지 않고 다만 귀를 기울이는데 그쳤다.27)

---

25) 오쿠무키는 막부 쇼군가나 다이묘 가문의 가정(家政) 전반의 담당자. 가치가시라는 쇼군이 외출할 때에 앞서서 길가의 경비를 맡는 가치구미(徒組)의 수장.
26) 宇津木六之丞·佐々木克 編『史料　公用方祕錄』サンライズ出版, 2007.
27) 中根雪江『昨夢紀事』4, p.7 이하

제6장 막말: 정치질서의 붕괴

정세는 하루하루 다이로에게 유리해졌다. 조약에 관해서는 다이묘의 재답신을 가지고 적절한 로주가 상락할 준비에 들어갔다. 한편 쇼군 후계에 관해서는 6월 1일의 식일式日에 후계가 내정되었음을 공표하고 조정에 사절을 보내 관례대로 축하 선지를 확인받아 18일 내정된 인물을 공표하는 계획을 세웠다. 당시 히토쓰바시파[28]는 소수에 불과했다. 막부 관리 가운데 지지자들은 대다수가 좌천되었고 애초 교토에 손을 써 선지가 내려지는 것을 막고자 했던 마쓰다이라 슌가쿠나 야마우치 도요시게山內豐信도 선지가 에도에 도착할 예정인 14일에는 조약에 관한 답신을 제출했던 것이다.

대립의 폭발 – 해리스의 침입·조약조인·후계결정·히토쓰바시파의 대량 처분

그러나 여기서 별도의 인과관계가 개입해 현저한 대립을 낳고 나아가 정변 폭발의 도화선이 되었다. 요시토미의 이름이 공표될 예정 전날인 6월 17일에 시모다에 있던 해리스가 돌연 가나가와 앞바다에 나타나 즉시 조약 조인을 요구해 온 것이다.

해리스는 조약 문면을 의정한 후, 일본 측 국내 절차가 끝난 뒤에 조인하기로 합의하고 그 기한까지 영사관이 있는 시모다로 돌아가 있던 상황이었다. 그 후 7월 27일까지로 기한 연장을 받아들였지만 때마침 시모다에 내방한 미 함대로부터 제2차

---

[28] 일반적으로 히토쓰바시'파'로 표기하나 원문에는 히토쓰바시당黨으로 되어 있다. 저자가 특별히 그 이유를 밝히고 있지 않고 히토쓰바시파라는 표기 또한 혼용하고 있기에 혼란을 피하기 위해 통용되고 있는 히토쓰바시 '파' 혹은 '그룹'으로 이하에서는 표기한다.

아편전쟁에 승리한 영·프가 가까운 시일에 사절을 보낸다는 소식을 들었다. 미국이 일본 개국의 첫 주자였다는 영예를 잃지 않기 위해 또 군함의 위력을 사용할 기회를 살리고자 기한보다 빨리 조인하기를 막부에 강력히 요청하기로 결심했던 것이다.

외국부교外國奉行29) 이와세 다다나리·이노우에 기요나오井上淸直는 원래 이 조약은 당연 체결될 것으로 영·프 사절 내방 이전에 모델을 결정해 두는 편이 좋다고 생각했기에 해리스의 요구를 물리치지 않고 막각에 조인을 요청했다. 다이로는 어디까지나 칙허 후에 해야 한다고 주장했지만 다른 로주들은 외국부교와 같은 의견이었다. 결국 19일에 이르러 조인 연장에 힘쓰겠으나 만일의 경우에는 어쩔 수 없는 것으로 결정했다. 다이로가 자택에 돌아간 후, 이이가의 가신은 칙허 절차를 중단하고 조인하게 되면 위칙違敕의 죄를 받는다, 조정과의 관계 악화가 반드시 일어날 뿐만 아니라 아직 히토쓰바시 옹립에 연연하는 '음모가들'에게 절호의 구실을 주는 것이다, 라고 간언했지만 다이로는 이미 쇼군의 결재를 얻었기에 어쩔 수 없다고 하였다.30) 아마 국정 최고 책임자로서 다이로는 형식상의 조정 존숭과 정치상의 필요가 모순될 경우에는 후자를 우선할 것을 각오하고 자신의 정치적 위기는 온몸으로 부딪히는, 즉 반대파의 배제라는 정면돌파책을 생각한 것으로 보인다.

이와세·이노우에는 외국괘外國掛 로주31)인 홋타의 지시에

---

29) 통상, 무역 및 기타 외국인에 관한 사무를 담당하기 위해 1858년 창설된 부교.
30) 母利美和『井伊直弼』吉川弘文館, 2006.
31) 외국과의 교섭을 담당한 로주. 1856년 홋타 마사요시가 로주 수좌겸

제6장 막말: 정치질서의 붕괴

따른 것이었는지, 즉일 조인했다. 다이로는 본의아니게 책임을 지게 되었다. 열세에 있던 히토쓰바시 옹립파는 일거에 되살아 났다. 요시토미를 후계로 세운다는 것이 알려졌을 무렵에 그들은 만회책으로 우선 이이 다이로와 로주 마쓰다이라 다다카타松平忠固의 불화에 주목해 다이로에게 다다카타를 면직시켜 스스로 고립되도록 만든 후 다이로직에서 물러나도록 압박하고자 했다. 후임에 마쓰다이라 슌가쿠를 세워 그의 권한으로 후계를 히토쓰바시로 바꾸고자 하는 계략이었다.[32]

첫 단계는 6월 23일에 다다카타의 면직으로 실현되었다. 미토가는 두 번째 단계에 곧 착수했다. 위칙 조인을 이유로 이이를 배척하고 마쓰다이라 슌가쿠에게 정권을 장악하게 해 후계 공표도 '천황에 사죄해야 할 때에 경사스러운 쇼군 후계 공표는 불가하다'는 이유로 연기시키고자 했다. 이같은 계략하에 24일 도쿠가와 나리아키는 오와리의 요시카쓰와 에치젠의 마쓰다이라 슌가쿠를 불러 불시등성(식일이 아닌 날에 멋대로 에도성에 오르는 것)하고 다이로 이하 로주를 대면해 책임을 규탄했다.[33]

그러나 다이로는 사과한다는 말 일변도로 적당히 넘어가고, 나리아키 등이 쇼군을 대면하려 하자 이도 저지시켰다. 나리아키의 기도는 완전히 실패한 것이다. 첫 번째 원인은 그 전날 히토쓰바시 요시노부가 불시등성해 위칙조인의 책임을 추궁한

외국괘 로주로 임명된 것이 효시다.
32) 中根雪江 『昨夢紀事』 4, p.179 이하.
33) 中根雪江 『昨夢紀事』 4, p.258 이하.

것이 요시토미를 후계자로 세운다는 공표를 재촉하도록 한 점에 있다. 이를 받아 나오스케 등은 미리 히토쓰바시파 대책을 결정했던 것이다. 다이로는 가격家格에 따른 대기공간[쓰메노마] 차이를 이용해 불시등성한 나리아키와 마쓰다이라 슌가쿠를 동석하지 않게 하고, 나아가 점심시간에도 식사를 제공하지 않은 채 늦은 시간이 되어서야 대면했다. 때문에 나리아키의 영기英氣는 허사로 끝나고 말았다.

이렇게 히토쓰바시파 다이묘의 위칙 조인 항의와 이이 배척 기도는 완전히 실패했다. 그러나 다이로 측에게는 아직 사태가 끝난 것이 아니었다. 나리아키 등의 불시등성은 일찍이 의심하고 있던 '음모가들'이 마침내 정체를 드러내고 정면에서 공격해 온 것에 다름 아니었다. 무언가 처벌이 반드시 필요했다.

때마침 이 때 쇼군 이에사다가 중태에 빠졌다. 요시토미를 후계자로 세운다는 공표가 25일에 있었지만 쇼군의 죽음을 기회로 히토쓰바시파가 한층 더 '음모'를 꾀할 우려가 있다. 이에 다이로는 이에사다가 죽기 전날인 7월 5일에 불시등성한 관계자들을 처벌했다. 주모자로 간주된 도쿠가와 나리아키는 은거의 몸이 되었는데 사형보다 불과 한급 가벼운 깃토쓰쓰시미急度慎(자택의 한 방에 감금되어 둥글게 만 종이를 창호에 끼워 빛도 통하지 않게 하는 엄격한 금고형), 오와리 요시카쓰와 에치젠의 마쓰다이라 슌가쿠는 은거에 깃토쓰쓰시미, 히토쓰바시 요시노부와 미토 당주 요시아쓰는 일시 등성 정지 처분을 받았다.[34] 히토쓰바시파 유력 다이묘 야마우치 도요노부(도사)는 당시 본국에 있었지만 이듬해 은거·쓰쓰시미慎(낮 동안 외출 금지)에 처해지고 다테 무네나리(우와지마)는 '자발적' 은거를 강요당했다. 시마즈 나리아키라는 이 그룹의 중심인물로 교토에서의 정치 공작은 잘 알려져 있었지만 가고시마에서 7월 16일 급사했기 때문에 불문에 붙여졌다. 가담했던 하타모토들 또한 물러나게 되었다. 이와세 다다나리는 영·프·러 등과 수호통상조약을 타결한 후, 좌천·면직에 이어 은거·사시히카에指控(출사 금지)에 붙여졌다.

이렇게 해서 에도시대가 시작된 이래 미증유의 대정변이 발발했다. 몇 명의 대다이묘와 하타모토 다수가 동시에 엄벌에 처해진 것이다. 다이로 측에서 보면 '미토의 음모'가 마침내 드러나 악의 확대를 미연에 제거하고 조약과 쇼군 후계 옹립이라는 두 난제에 결착을 내린 것에 불과했을 것이다. 그러나 이는 사건의 끝이 아니라 오히려 막부 붕괴에 이르는 동란의 서막에 불과했다. 조인된 조약이 '부정'하다 간주된 것에 그치지 않았다. 이해 봄 돌연 정계에 드러난 조정과 막부의 대립, 처벌된 유지有志 다이묘와 막부의 항쟁은 더욱 확대되었다. 이는 전국外, 특히 존왕양이를 받드는 지식인들의 정치적 관심을 불러일으켰고 분쟁의 소용돌이로 몸을 던지도록 이끌었던 것이다.

---

34) 吉田常吉『安政の大獄』吉川弘文館, 1991.

대립의 고조 — 히토쓰바시파의 급진화와 천황의 저항

운동의 실패는 당사자를 굴복·후퇴하는 자와 급진화하는 자로 나눈다. 다이로에게 처벌받은 오와리·미토·에치젠의 다이묘와 측근들은 분노를 억누르고 근신을 이어갔다. 도쿠가와 가문의 주춧돌이라 자인하는 그들은 아무리 불복한다 해도 종가에 적대하며 분쟁을 확대할 의지는 없었다. 그러나 말단 가신 가운데 운동에 관여한 자들은 히토쓰바시 옹립 실패와 주군의 치욕에 분개하며 역으로 급진화했다. '위칙조인'이라는 막부의 실책을 쥐고 조정을 이용해 상황을 일거에 전환하고자 했던 것이다. 미토·사쓰마의 일부 가신은 구사카베 이소지日下部伊三次(미토에 연고가 있는 사쓰마 가신)를 교토에 파견해 조정이 다이로를 상경시켜 퇴진을 압박하거나 세 번주의 사면 칙명을 내리게 해 요시노부와 나리아키의 정권 장악에 활로를 열고자 했다.[35]

이보다 앞서 조약 조인을 보고하는 로주의 봉서奉書를 받은 천황은 곧바로 어전회의를 열어 양위 의지를 표명했다. 칙허를 재주청하는 사자가 상경하기를 기다리던 와중에 조인이 끝났다는 달랑 한편의 문서를 받은 것은 커다란 치욕이었다. 정신廷臣은 천황의 사의를 '고산케 혹은 다이로가 상경해야 한다'고 하는 칙명을 내리는 것으로 철회시켰으나 다이로는 이를 거절했다. 고산케는 이제 막 처벌을 받았고 쇼군 사거로 어수선하기에 자신을 대신해 로주를 상경시켜 석명한다는 것이었다. 이를

---

35) 『水戶藩史料』(德川家藏版) 上編坤, 吉川弘文館, 1915.

제6장 막말: 정치질서의 붕괴

들은 천황은 재차 양위를 주장하고 또한 막부에 위칙조인을 힐문하는 칙서를 보낼 것을 제안했다.[36]

이에 좌대신 고노에 다다히로近衛忠熙 이하 정신들은 천황의 사의를 철회시키기 위해 구사카베의 의견을 참고해 8월 7일, 다음과 같은 칙서를 막부와 미토에 내리고 특히 미토로부터 재차 고산케 이하 도쿠가와 가몬에 회람시키기로 했다(구니모치 다이묘에게도 각각 연고가 있는 공가들이 사본을 주었기에 '무오戊午의 밀칙'이라 불린다. 1858년은 무오년이었다). 그 내용은 첫째, 칙허 없는 조인은 미덥지 않다. 둘째, 오와리·미토·에치젠 처벌은 인심의 동향과 관계되어 유감이다. 셋째, 선후 조치로 다이로·고산케 이하 모든 다이묘의 '군의群議'를 거쳐 '국내치평國內治平', '공무합체公武合體', '영세안전永世安全'의 방책을 세워야 한다는 것이었다.[37] 이 칙서는 후계 문제를 직접 언급하지 않고 완곡한 말을 사용하고는 있지만 오와리·미토·에치젠을 복권시킨 후에 조약을 파기하도록 요구한 것에 다름아니었다.

무칙허조인은 변명의 여지 없는 실책이었기에 천황과 정신의 태도는 강경했다. 조정의 결정은 원래 관백의 손을 기치지 않고는 이뤄실 수 없는 것이 전통인데 천황의 위탁을 받은 좌대신 고노에 다다히로 이히 수뇌는 관백 구조 히사타다 없이 이를 진행했고 심지어 막부를 제쳐놓고 미토에 직접 칙서를 내리는 전례 없는 방책까지 강구했다. 조정 내에서는 이와쿠라 도모미

---

36) 吉田常吉『安政の大獄』吉川弘文館, 1991.
37)『孝明天皇紀』3, p.30.

岩倉具視처럼 처분 중인 미토에 칙서를 내리는 일降敕은 지나친 도발이라며 반대하는 자도 있었지만 결국 칙서는 내려졌다. 아니나다를까, 다이로는 미토가 여전히 '음모'를 멈추지 않는 것에 격노해 미토 강칙에 관계된 가신, 로닌, 조정 관계자의 일망타진을 생각하기 시작했다.[38]

공의의 탄압정치 — 서생·금리·미토 등에 압박

9월 3일 신임 교토쇼시다이京都所司代[p.77] 사카이 다다아키酒井忠義가 입경하고 17일에는 특사 로주 마나베 아키카쓰間部詮勝도 도착했다. 그들의 사명은 조약에 관해 조정의 사후승낙을 구하고 또한 이에모치로의 쇼군선하將軍宣下[선지를 통한 임명]를 획득하는 것이었다. 나가노 요시토키는 숙소로 가 '음모가'들의 체포를 진언했지만 입경 전의 쇼시다이는 당초 온화한 태도로 교섭하는 방침을 취했다.

그러나 9월 2일에 교섭 상대가 되어야 할 구조 관백이 궁중의 압력으로 관백 사표를 제출할 수밖에 없게 되자 탄압 정책으로 전환했다. 7일에는 강렬한 왕실지지자였던 로닌 우메다 운핀梅田雲濱을 체포했고 마나베 입경 다음날에는 미토의 교토루스이京都留守居[39] 우가이 기치자에몬鵜飼吉左衛門·고키치幸吉 부자, 22일에는 다카쓰카사가鷹司家의 구게자무라이公家侍 고바야시 요시스케小林良典 등을 체포했다.

---

38) 이하, 사실관계는 吉田常吉『安政の大獄』吉川弘文館, 1991에 의함.
39) 각 번의 (교토 소재) 번저에 주재하며 조정과 번의 연락, 교섭 임무를 담당한 역직.

제6장 막말: 정치질서의 붕괴

마나베는 이같은 탄압정책의 효과를 지켜보고 난 10월 6일, 관백이 제출한 사표의 각하를 상주해 인정받은 후에야 비로소 입궐했으며 25일에는 쇼군선하를 획득했다. 그리고 이날부터 수호통상조약을 조인한 사정을 반복해 설명하고 칙허를 구했던 것이다. 설명에는 역시 미토 음모론이 사용되었다.

이에 대해 천황은 강경하게 저항하고 화친조약으로 되돌아갈 것을 요구함과 동시에 효고 개항과 이인夷人[외국인, 서양 오랑캐]의 개항지 잡거에는 완강히 반대했다. 그러나 12월에 들어 궁가宮家나 공경의 가신을 막부가 에도로 압송하기 시작하자 천황은 양보하지 않을 수 없었다[안세이 대옥]. 섣달 그믐에 이르러 조약조인의 불가피한 사정을 양해하고 효고 등에 관해 유보를 붙여 화친조약으로 되돌리는 것을 유예한다는 칙서를 주었던 것이다.[40] 이는 사실상 칙허에 다름아니었는데 다이로는 공표하지 않고 끝냈다.

마나베는 이렇게 해서 조약에 관해 조정으로부터 일단 양해를 얻었다. 다만 교토를 떠나기 전에 막부 측 유일한 지지처인 구조 관백의 지위를 확보하고자 했다. 관백을 통해 반대파 황족과 당상堂上에 압력을 걸어 자발적 청원의 형태로 정계에서 추방했던 것이다. 천황은 저항했지만 결국 쇼렌인노미야靑蓮院宮(아사히코 친왕)의 쓰쓰시미慎[근신], 다카쓰카사 마사미치·스케히로輔熙 부자, 고노에 다다히로, 산조 사네토미의 사관·낙식落飾(머리를 깎고 불교에 귀의하게 하여 정계 밖으로 추방),

---

40) 『孝明天皇紀』 3, p.155; 高橋秀直 『幕末維新の政治と天皇』 吉川弘文館, 2007.

그밖에 10여 명의 공경이 처분을 받게 되었다. 이후 조정은 막부의 위력 하에 잠잠해졌다.

교토에서 정치 탄압이 시작된 즈음, 에도에서는 '미토 음모'에 관여한 체포자를 재판하기 위해 로주 마쓰다이라 노리야스^{乘全} 하에 고테가카리$^{五手掛41)}$가 조직되었다(12월 12일). 그러나 이 가운데에는 지샤부교 이타쿠라 가쓰키요^{板倉勝靜}(빗추備中 마쓰야마), 간조부교 사사키 아키토키^{佐々木顯發}, 효조쇼^{評定所} 도메야쿠$^{留役42)}$ 기무라 게이조^{木村敬藏} 등 관전寬典(관대한 조치)론을 주창하는 자가 있었기에 다이로는 이들을 내치고 심복으로 갈아치웠다.$^{43)}$ 그 결과 8월 27일에 우선 주범으로 간주된 미토가 관계자들에게 최종처분이 내려졌다. 나리아키가 영칩거^{永蟄居}(종신 유폐), 요시노부가 은거·근신, 미토가의 가로 아지마 다데와키^{安島帶刀}가 할복, 같은 오우필두취^{奧右筆頭取} 지노네 이요노스케^{茅根伊豫之介}·교토루스이 우가이 기치자에몬이 사죄^{死罪}, 우가이 고키치가 옥문^{獄門}(효수)에 처해졌다. 이와세 다다나리·나가이 나오유키^{永井尙志}·가와지 토시아키라^{川路聖謨} 등 히토쓰바시파와 함께 한 막부 관리도 면직·은거·출사 금지 처분을 받았다. 시간이 지나 유력 다이묘의 가신과 로닌도 처형되었다. 10월 7일에 에치젠 하시모토 사나이와 로닌 라이 미키사부로^{賴三樹三朗}가 사죄, 27일에는 조슈 요시다 쇼인도

---

41) 형사재판 형식의 하나로 로주의 명령 하에 임시로 설치되어 고위급의 범죄나 국가의 대사건을 재판했다. 삼부교 및 오메쓰케·메쓰케 다섯 명[五手]이 재판 심리를 맡았다.

42) 막부 최고 재판소인 효조쇼에서 분쟁의 중재 역할을 담당.

43) 吉田常吉『安政の大獄』吉川弘文館, 1991.

제6장 막말: 정치질서의 붕괴

처형되었던 것이다. 모두 극형 8명, 원도遠島44)나 추방 등을 넣으면 중형에 처해진 자는 약 40명에 이른다. 구사카베 이소지나 우메다 운핀 등 수감중에 병사하거나 자살한 자도 10명 정도 있다. 근세 미증유의 대옥大獄이었다. 이 사이 로주 오타스케모토太田資始나 마나베 아키카쓰도 형량이 너무 가혹하다며 관전을 주창했으나 도리어 면직과 근신을 명받았다.

다이로는 반대 세력으로 보이는 인물들을 모두 강제적으로 물리쳐 1858(安政5)년 급거 정계에 등장한 조정·다이묘·로닌의 국정 개입을 모두 끊어내고 이에 따른 막각 전제專制로의 복고를 도모했다. 이 공포정치는 정계의 동요를 동결시켰지만 이면에는 커다란 위화감과 원한을 축적하게 했다. 본래는 이 정변과 관계 없는 요시다 쇼인이 처형되며 가쓰라 고고로桂小五郎[기도 다카요시]나 구사카 겐즈이久坂玄瑞·다카스기 신사쿠高杉晋作 등이 막부에 강한 적의를 품게 된 것은 잘 알려진 대로다. 에치젠번의 경우 친번이기에 공순으로 관철했으나 마쓰다이라 슌가쿠는 유폐 중, 하시모토 사나이에 대한 애석함을 품고 '공의公議' 추구 의지를 마침내 굳혔다. 그리고 정변 태풍의 눈, 미토에서는 나리아키 등 수뇌가 근신을 이어나갔으나 가신 중 일부는 역으로 막부의 잘못을 바로잡고 주군의 굴욕을 씻어내고자 한층 급진화했다.

---

44) 유배의 일종. 원도형을 받은자의 전답과 가옥, 재산은 모두 몰수 처분을 당했다.

압정 저항·막정 교정 운동 — 제번 연휴에서 '간신 토벌'로

미토에 막부 힐책 칙서가 내려지자 미토의 급진파는 사쓰마 가신과 제휴해 세력을 만회하고자 했다.[45] 그들은 칙서의 사본을 받고 막부의 외교와 다이묘 처분에 비판적이 되었을 시국 다이묘를 결집해 압정에 대항하고자 여러 가신에 공작을 시도했다. 나리아키 등에 대한 최종 처분이 결정되지 않은 동안에는 신중히 행동했지만 엄벌이 명백해지자 일부는 아리마 신시치有馬新七 등 사쓰마 가신 일부가 제창한 '거병토간擧兵討奸'에 착수했다. 존양파 가운데 다카하시 다이치로高橋多一郎나 세키 데쓰노스케關鐵之介는 이를 명하는 칙서가 모든 번들에 내려지도록 하기 위해 상경했다. 그러나 경계가 엄중해 그들은 유폐 중인 황족과 공가에는 접근하지 못했고 에도로 돌아간 후에는 본국 미토로 소환되어 계획은 중단되었다.

막부는 1859년 처벌이 종료되자 미토에게 막부 비판 칙서를 반납하게 하여 사태를 원점으로 되돌려 놓고자 했다. 12월에 조정으로부터 반납을 명하는 칙서를 받아 미토가에 엄중히 요구했던 것이다.

이에 대해 미토에서는 대 논쟁이 일어났다. 당시 정권을 담당하고 있던 문벌파는 도쿠가와 가문 일체론에 서서 분쟁 확대를 막기 위해 반납에 응해야 한다고 했는데, 존양파인 '천구당天狗黨' 중에도 동조하는 자가 있었다. 『신론』의 저자 아이자와 야스시도 그 가운데 한명으로 '진파鎭派'라 불렸다. 그러

---

45) 『水戶藩史料』(德川家藏版) 上編坤, 吉川弘文館, 1915.

제6장 막말: 정치질서의 붕괴

나 다카하시 등 '격파激派'는 반납에 끝까지 반대했다. 칙서는 미토가의 정당성의 상징으로 나리아키 등의 처분을 철회시키기 위한 근거이기도 했으므로 이를 잃게 되면 영원히 만회는 불가능하다 생각했기 때문이다. 미토에서는 논쟁 끝에 일단 타협안이 성립하여 칙서는 막부를 경유하지 않고 조정에 직접 반납하기로 했다.

그러나 격파는 반납 반대를 고집했다. 반납을 실력으로 저지하기 위해 수백명이 미토 가도街道인 나가오카長岡에 집합해 기세를 올렸다. 막부에게는 반납 지연을 '위칙違勅'이라 책망 받고 발밑에서는 격파의 압력을 받은 번 당국은 2월 15일에 이르러 마침내 근신 중인 나리아키에게 기대기로 했다. 격파가 받들고 있는 나리아키가 직접 '지시서諭書'를 내려 군명君命을 따르지 않는 자는 처벌함을 시사하고 그럼에도 듣지 않는다면 리더인 다카하시 다이치로 등을 금고禁錮에 처하고자 했던 것이다. 나가오카에 결집했던 세력은 결국 해산했다. 그러나 다카하시 등은 차례차례 탈주해 다이로 암살로 돌진해 갔다.

칙서 반납 결정은 미토·사쓰마 가신이 도모한 제번諸藩 연합의 '거병토간' 계획을 소수자에 의한 테러로 축소시켰다. 그들은 원래 미토 가신이 다이로를 습격하고 요코하마 상관46)을 방화하면 동시에 사쓰마번이 3천 병사로 상경해 칙명을 얻어 '공의의 정사政事를 정도正道로 회복'하고 '존왕양이'를 실행할 계획을 세웠으나 사쓰마번의 호응을 확인하기도 전에 일을 결

---

46) 요코하마 개항 이후 외국인 거류지에 설정된 숙박과 창고를 겸한 상업 시설.

행했던 것이다.

이보다 앞서 사쓰마 가신 일부는 동지 40여명이 탈주해 중앙 정계로 '돌출突出'[47]하자는 맹약을 체결했다. 그러나 9월에 국정을 담당한 시마즈 나리오키島津齊興가 사거하고 히사미쓰가 실권을 장악하자 그들은 돌출보다 번 전체를 움직이는 편으로 중점을 옮겼다. 돌출 직전에 주군 다다요시忠義로부터 직서直書를 내려받은 것이 계기였다. 이른바 이들 '성충조誠忠組'의 내부에서는 아리마 신시치와 같이 어디까지나 돌출을 주장하는 자도 있었는데 오쿠보 도시미치大久保利通는 이를 일단 억누르고 에도에서 의거 호응을 요구하는 사자가 오자 히사미쓰에 결기를 촉구했다. 그러나 히사미쓰가 이를 받아들이지 않는 것을 보고 생각을 굽혀 히사미쓰를 따랐다.[48]

한편 미토의 탈주자는 예정보다 적었다. 때문에 '의거'는 다이로 습격만으로 축소되었다. 동지는 미토 탈번 19명, 사쓰마 탈번 2명이었으며 습격은 세키 데쓰노스케 이하 18명이 담당해 1860(萬延1)년 3월 3일 결행되었다. 등성 중이었던 다이로는 눈이 내려 무방비 상태였기에 어려움 없이 토벌했으나 다른 멤버가 노렸던 여러 번들에 대한 호소는 실패했다. 앞서 상경한 다카하시 다이치로도, 습격 성공을 지켜보고 상경한 자도 모두 도중에 붙잡히거나 할복했고 사쓰마의 응원도 찾아오지 않았던 것이다.

---

47) 다이로 이이 나오스케의 암살 및 교토로의 출병을 의미한다.
48) 勝田孫彌『大久保利通傳』全三卷, 1910(復刻 臨川書店, 1970); 芳卽正『島津久光と明治維新』新人物往來社, 2002.

제6장 막말: 정치질서의 붕괴

 그러나 백주 대낮에 막부 최고 책임자가 암살당한 것은 세간에 커다란 충격을 주었다. 다들 공의가 지닌 '어위광'이 약해짐을 서서히 느끼고 있던 차에 그 공허함이 실증되었던 것이다. 미토 가신들에게 도막倒幕 생각은 없었지만, 일반에서는 압정에 대한 통쾌한 반격으로 갈채를 받고 나아가 막부 실력에 대한 경멸도 생겼다. 탄압 하에 숨죽이고 있던 지사들은 급거 활력을 얻고 다른 막부 요인이나 서양인 습격을 도모했는데 여기에 천황 측근 이와쿠라 도모미와 같이 왕정복고를 현실 과제로 생각하는 자들도 섞이기 시작했다. 더 이상 안세이 5년 이전, 2백 수십 년의 태평으로 돌아갈 수는 없다. 막부 바깥에서 살아가던 사람들은 질서 붕괴를 예감하게 되었다. 어떠한 세상이 될지는 모른다. 그러나 어찌되었든 지금과 같은 세상이 이어지지 않을 것이라는 예감이었다.

6.3 어떠한 비극이었는가

만일 해리스가 돌연 나타나지 않았더라면?

안세이 5년 정변은 막부 붕괴의 기점이 되었고 당사자의 파멸을 가져온 점에서 틀림없는 비극이었다. 그뿐만 아니다. 이 사건은 칙허 획득 실패에서 히토쓰바시파 다이묘 처벌까지 약 4개월도 걸리지 않았고 홋타의 상락上洛에서 마나베의 퇴경退京까지로 봐도 약 1년이란 단기간에 일어난 일이었다. 극히 단시간 동안 예상외의 사태가 전개되었고 이후 회복불가한 적대관계를 남겼다. 게다가 대립은 막부와 다이묘 사이뿐 아니라 막부와 조정, 막부와 지식인 사이에도 생겨나 이들이 연쇄하며 전대미문의 거대한 정변이 되었다.

만일 해리스가 예정보다 앞서 가나가와 앞바다에 나타나는 일이 없었다면 어떻게 되었을까. 다이로는 쇼군 후계 문제를 조약보다 앞서 해결할 수 있었을 것이며 따라서 히토쓰바시파를 처벌하는 일도 없었을 것이다. 오히려 다음으로 예정된, 조약과 관련해 재차 교토에 상주할 것을 대비해 그들을 회유하는 수단을 냈을지도 모른다. 실제로 히토쓰바시 요시노부는 이후 쇼군 이에모치의 후견이 되었다. 신조약에 천황이 반대한 것은 사실이지만 후에 조슈의 나가이 우타長井雅樂에 의한 항해원략론에 천황이 상당한 기대를 기울인 점을 생각하면 타협의 여지가 없었다고 할 수 없다.[49] 하물며 당시 대부분의 다이묘들은 개국을 긍정하게 되었다. 또한 황녀의 혼인이 안정된 정치 환경에서 실행되었다면 천황의 번의飜意[의사를 뒤집음]에 상당한 힘을 더했으리라. 안세이 5년 정변이 일어나지 않았다면 어느 정도 난제가 발생했어도 정치체제 자체가 붕괴하는 데까지 이르지 않았을지도 모른다.

그러나 현실은 반대였다. 불신과 증오, 적대행위의 응수라는 악순환은 확대 일변도였다. 어째서 도중에 멈출 수 없었을까. 히토쓰바시파의 불시등성 이후 처분은 관계자 거의 전원을 정계 바깥으로 추방하는 극도의 엄벌이었다. 대상을 압축하는 일은 불가능했을까. 그렇게 했다면 다이묘 다수파의 마지못한 지지는 얻었을지 모른다. 교토에서 황족·공경의 처벌도 마찬

---

49) 高橋秀直『幕末維新の政治と天皇』吉川弘文館, 2007.

제6장 막말: 정치질서의 붕괴

가지이며 사건과 무관했던 요시다 쇼인의 에도 소환도, 이듬해의 최종 처분도 그렇다. 당시 양이론자나 왕정복고론자가 대두하기 시작한 것은 사실이지만 아직 소수에 불과했다. 분쟁을 국지화해 다이묘를 비롯한 여론 다수의 지지를 확보했다면 그 세력이 급팽창하는 일은 없었을 것이다.

실패의 원인과 결과

왜 분쟁 제어에 실패했던 것일까. 한가지 명백한 것은 반反히 토쓰바시파 속에서 '미토 음모'라는 사실 오인이 독자적으로 움직여 갔다는 점이다. 구조 관백의 지론인 조약반대론을 보류하게 하고 그를 조정 내 유일한 막부 지지자로 만든 결정적인 요인이 바로 이것이었다. 일단 정치적 유효성이 인정되면 사실 여부를 반성할 여지는 없어진다. 7월에 이르자 '음모자'들이 실제 불시등성해 다이로를 실각시키고자 했다. 여기에서 의심은 확신으로 바뀌었다. 더욱이 미토 음모론은 9월에 관백의 실각 직전 상황에서 이를 막는 데에도, 연말에 천황으로부터 조약의 사실상 승인을 확인 받는 데에도 유효했다. '미토 나리아키의 조약 반대론은 일본의 장래를 진지하게 생각한 것은 아니었다. 자신의 아들을 쇼군으로 삼고자 하는 개인적 야망에서 나온 부당한 주장이었다. 이에 동조하면 조정도 일본의 질서 붕괴에 가남하게 된다'라는 인식을 제공함에 따라 미토 음모론은 정국의 핵심적 역할을 맡았다. 이를 인정하는 한 타협은 불가능했다. 또한 음모는 부정한 것이 틀림없으므로 처벌도 엄혹해야 했다.

한편 히토쓰바시파의 운동은 극도로 집요해졌다. 6월에 들어 요시토미 옹립이 공공연한 비밀이 된 후로도 그들은 요시노부를 옹립하고자 다이로와 로주 마쓰다이라 다다카타와의 불화를 이용해 다이로를 실각시키려는 음모에 착수했다. 불시등성 후, 쇼군 이에사다가 위독해졌을 때 다이로가 그들의 다음 음모를 두려워 했던 것도 무리는 아니었다. 또한 미토의 가신 상당수는 나리아키 등 군주와 중신들의 근신 처분 이후에도 포기하지 않고 주군에 양해를 구하지 않은 채 멋대로 반대 운동에서 토간討奸 운동까지 기도했다. 미토에서는 일찍이 나리아키의 번주 옹립 이래 두 차례에 걸쳐 유사한 운동이 일어났는데 주모자인 아이자와 등 천구당天狗黨 내의 진파, 나아가서는 나리아키 자신이 이를 저지하려고 해도 그들은 들은 척도 하지 않았던 것이다. 에도 시대에 드물었던, 논쟁적이며 또한 완고한 가신을 가진 다이묘가 마침 쇼군 후계 후보를 옹호한 우연이 정변에서 또 한편의 비타협성을 낳게 되었다.

일단 시작된 적대 관계는 폭력 행사라는 땔감을 태우며 더욱 격하게 불타올랐다. 히토쓰바시파 처분이 제1단, 왕정복고 운동가의 체포가 제2단, 공가 처분이 제3단, 최종적 단옥斷獄이 제4단이었다. 여기까지는 막부 측의 일방적 폭력행사였지만 이는 사쿠라다문 밖의 변[다이로 암살]이라는 반격을 맞았고 이후 테러리즘의 모방이 확대되어 갔다. 폭력은 피해 당사자와 근친자 사이에 뿌리 깊은 원념을 심는다. 한 때의 경쟁 상대는 불구대천의 적으로 바뀌고 보복과 파괴의 바람은 날이 갈수록 거세져 상대측이 파멸할 때까지 멈추지 않는다. 도중에 상대

제6장 막말: 정치질서의 붕괴

방이 유화한 자세를 보여도 이는 오히려 연약함으로 해석되어 보복 충동은 보다 높아진다. 폭력은 일단 응수가 시작되면 현저히 정지 곤란한 상태가 된다. 우세한 쪽은 '폭력을 멈추기 위한 폭력'이라 의미를 부여하지만 효과를 발휘하지는 않는다. 질서 회복 노력 자체가 역으로 분쟁을 확대하고 그 가운데 정치적 타협은 절망적이 되어 간다.

이같은 악순환을 보면 그 자리를 지배하고 있는 것은 '사람'이 아닌 '운명'이라 말하고 싶어진다. 정확히 말하면 '장소'에 작동하는 힘, 이에 따른 '사건'과 '사건'의 연쇄가 주인공처럼 보인다. 이 소용돌이에 휘말린 끝에 사람은 객체가 되어 떠밀려 흘러간다. 파멸도 생존도 모두 개인의 의지를 초월한 힘에 의한 것이었다.

제7장

막말: 공의·존양·강병 운동

개관: 정치동란의 10년

안세이 5년 정변은 근세 국가를 붕괴시킨 발단이 되었는데, 그 소용돌이 속에서 동시에 새로운 정치체제를 낳는 기본적 아이디어도 발생했다. 하나는 '공의公議'·'공론公論', 또 하나는 '왕정복고'다. 이것이 곧장 정치구상으로 다듬어지지는 않았지만 그 후 점차 막말 일본에 침투해 마침내 새로운 국가의 두 기둥을 구성하게 되었다.

다만 사쿠라다문 밖의 변 직후 정계는 오히려 혼란의 강도가 높아졌다. 동란을 돌이켜보면 안세이 5년 정변[1858년]부터 왕정복고[1868]에 이르는 10년 정도를 두 시기로 나누어 볼 수 있다. 최초 5년 동안에는 정치 질서가 순식간에 붕괴해 앞이 보이지 않게 되었다. 1863(文久3)년 8월 18일 정변으로 이것이

제7장 막말: 공의·존양·강병 운동

멈추자 그 후 5년 동안은 조정과 막부가 화해해 공무합체 체제가 성립하는 한편, 그 외부로 내몰린 세력은 '왕정'과 '공의'를 기둥으로 한 새로운 정치질서로의 전환을 목표 삼게 되었다. 이전과 같이 미지의 주체와 쟁점이 등장하는 일은 보이지 않게 되지만 한정된 주체 사이에서는 냉엄한 술수가 전개되어 정계의 불안정은 더욱 깊어졌다.

막말 최종 국면에서는 '왕정복고'가 결정적 수가 되어 도바鳥羽·후시미伏見 전투[1] 후에 주도자는 사쓰마·조슈가 되었다. 그러나 그 이전의 막말사는 담당자도, 제휴·대항 관계도 훨씬 복잡했다. 20세기에 쓰여진 유신사에서는 종종 가장 급진적인 길을 선택한 조슈 및 존양운동이 중시되었지만 실제로는 안세이 5년 정변 시기 조슈는 정계에 존재하지 않았다. 메이지 유신을 이해할 때에 최종적인 승리자에게만 주목해 그 의지와 노력이 결실을 거두는 과정으로 축소표현하는 것은 공평한 관점이 아니다. 메이지 시기를 포함하면 약 20년에 이르는 정치변혁 과정에서는 존양尊攘(존왕양이)에 한정되지 않는, 다양한 정치과제가 등장했고 이를 해결하고자 다양한 정치세력이 경쟁과 제휴를 시도했다. 이 책에서는 전체를 통관通觀하고 국면별로 가장 할약힌 주체들에 주목하면서 이들이 엮어낸 각 시기의 움직임을 상세히 소개하고자 한다.

---

[1] 무진내란의 시작을 알리는 전투. 본서 제12장을 참조.

막말 동란의 전반부 — 세 가지 운동의 경합

이번 장과 다음 장은 막말의 정치동란 가운데 전반부를 개관한다. 질서가 순식간에 붕괴한다고 해도 그 사이에 질서 재건이나 건설적인 개혁 노력이 없었던 것은 아니다. 거기에는 대략 세 가지 정치 운동이 전개되었다. 막부에 의한 군제軍制 개혁 운동, 조슈·사쓰마·에치젠 등에 의한 정권 참가 즉 '공의' 운동, 민간이나 조정의 지식인이 조슈 등 다이묘나 조정을 끌어들이며 전개한 '존왕양이' 운동이다.

막부의 군제 개혁 운동은 서양에의 대처가 주안으로, 조약에 의해 충돌을 회피하는 한편 만일에 대비해 2백여 년의 태평 속에서 사실상 소멸한 군대를 서양 군사기술을 채용해 해군을 중심으로 재편하려는 계획이었다. '공의'·'공론' 운동은 막부 외부에 있던 세력이 근세에는 금지되었던 전국 정치에의 참가를 과감히 요구한 것으로 주력은 에치젠·사쓰마·초기 조슈 등 대다이묘였으며 오로지 막부와의 교섭을 수단으로 했다. 이에 반해 존왕양이 운동은 천황의 권위 회복과 서양 배척을 주장한 것으로 언론과 폭력 양쪽에 호소하며 세간의 지지를 획득하고자 한 특징이 있다.

이 가운데 앞의 두 가지는 질서 재건을 목표로 삼은 운동이었다. 당초에는 상호 친화적이었지만 존양 운동이 고양하며 대립하기 시작해 마침내 존양 운동의 큰 파도에 삼켜져 일단은 정국의 표면에서 모두 모습을 감추게 된다. 그러나 존양 운동 자체도 승리자가 된 것은 아니었다. 막말 정치동란 가운데 최초 5년 동안은 세 가지 운동이 상호 부정적으로 전개되어 이에

제7장 막말: 공의·존양·강병 운동

따라 정치 질서는 해체 수순을 강화해 갔던 것이다.

표7-1. 공의·양이·강병을 둘러싼 입장

쟁점	강병	공의	양이
막부	◎	×	×
(조슈·)사쓰마·에치젠	△	◎	×
지사(+조슈)	○	◎	◎

한편, 이하에서는 시대의 정치 쟁점 세 가지와 정치 주체 셋을 연결해 묘사하는데 실제로는 이들 주체와 쟁점은 표 7-1과 같이 교차하는 관계로 존재했다. 표의 세로는 당시 주요 주체를, 가로는 당시 주요 쟁점을 나타낸다. 각 주체가 각 과제, 쟁점을 적극적으로 지지하는 경우는 ◎, 긍정하는 경우는 ○, 부정하는 경우는 ×, 애매한 경우는 △로 표시했다. 각각 정치 주체는 쟁점별로 긍정·부정 태도나 우선 순위를 설정해 정국 속에서 이를 변경해 갔다. 정치는 다수파를 형성해 스스로의 포부를 실현하는 데 있기에 같은 편을 늘리고 적을 줄이기 위해 우선 순위를 바꾸거나 어떤 쟁점은 보류해 별도의 쟁점을 재료 삼아 라이벌과 제휴하는 일도 발생한다. 가령 존양 지사들은 공의나 강병에 부정적이지 않았고 때로는 에치젠이나 사쓰마 등 양이에 반대한 주체와도 제휴하고자 했다. 그렇다고 해도 상황 전개나 감정이 얽히며 합리적인 선택이 불가능한 일도 종종 일어났다. 사쓰마와 조슈가 경쟁하며 좀처럼 제휴할 수 없었던 것이 그 좋은 예이다. 역사상 주체가 어떠한 무대에 서서 어떠한 정치적 모색을 했었는가. 이상의 표를 참조하면

그들이 보인 '가능성의 예술'[2])과 조건을 더욱 잘 이해할 수 있을 것이다.

7.1 공무화해의 시도 및 막부의 강병 개혁과 대다이묘 공의 운동의 교착

사쿠라다문 밖의 변 이후 막부는 국내에 충만하기 시작한 조약 반대론을 유화하는 정책을 취하는 한편, 조약비준 사절의 귀국을 기회 삼아 장기적인 대외정책으로 서양식 육해군 편성을 계획했다. 다른 한편, 공公·무武[3])의 불화를 본 대다이묘, 조슈와 사쓰마는 공무화해의 중개를 명목으로 중앙 정국에 나섰다. 이는 막부의 군제 개혁을 지지하거나 억제하듯 작동했다 (三谷[p.104]).

막부의 공무화해책과 천황의 복고 결의 – 황녀 혼인

이이 나오스케를 대신해 막각을 담당한 구제 히로치카久世廣周와 안도 노부마사安藤信正 정권은 구舊히토쓰바시파 다이묘나 막부 관료有司를 적대시하는 정책은 유지하면서도 국내 불화의 근원으로 본 조정과 화해를 도모했다. 쇼군 이에모치家茂의 부인으로 황녀를 맞이해 천황을 쇼군의 일가로 삼아 의사소통을 용이하게 하고 천황이 막정에 대한 불만을 세간에 누설하지 않도록 하며 마침내는 개국의 불가피성을 깨달으리라 생각한

---

2) 비스마르크는 정치를 '과학이 아니라 가능성의 예술'이라고 말한 바 있다.
3) 조정과 막부는 공무, 혹은 조막(朝幕)으로 통칭된다.

제7장 막말: 공의·존양·강병 운동

것으로 보인다. 그들은 천황의 의향에 따르기 위해 조약의 실질적 축소를 꾀했고 이를 통해 조약 반대나 막정 비판 여론은 진정될 것이라 기대했다.

막부는 고메이 천황의 여동생 가즈노미야和宮를 후보로 사쿠라다문 밖의 변 직후인 1860(萬延1)년 4월 혼담을 제의했지만 일단은 엄정히 거절당했다. 가즈노미야에게는 이미 약혼자가 있고[4] 본인도 싫어했다는 이유였다. 그러나 천황은 측근인 이와쿠라 도모미의 건의를 받자 태도를 바꾸어 조건부로 혼인을 인정하기로 했다. 이와쿠라의 주장은 다음과 같은 것이었다.[5] ① 사쿠라다 사건에서 명백해진 것처럼 관동[막부]의 패권은 땅에 떨어졌다. 더 이상 막부에 기대어 대외 위기를 극복할 수 없다. ② 이후 관동에 위임한 정권을 은연히 조정으로 회수해 '여의공론輿議公論'에 따라 '국시'[나라의 기본 방침]를 정한다는 장기 목표를 세워 행동해야 한다. ③ 왕정복고를 단기간에 행하기 위해서는 무력에 호소해야 하지만 외적을 앞에 두고 천하 대란을 일으켜서는 안 된다. ④ 현재 막부가 신청한 가즈노미야의 혼인은 조정이 정권을 회수할 첫 걸음으로 실로 좋은 기회다. ⑤ 가즈노미야를 보내는 대기로 수호통상조약을 파기하도록 하며 또한 국정상 큰 문제는 반드시 주문奏聞을 거친 후에 집행하도록 요구하는 것이 좋다.

---

4) 아리스가와노미야 다루히토(有栖川宮熾仁) 친왕과의 혼인이 예정되어 있었다. 다루히토 친왕은 메이지 신정부에서 삼직의 총재자리에 올랐으며 이후 1894년 청일전쟁 발발하자 참모총장으로 참전 중 장티푸스에 걸려 이듬해인 1895년 사망한다.

5) 吉田常吉·佐藤誠三郎 編『幕末政治論集』岩波書店, 1976.

7.1 공무화해의 시도 및 막부의 강병 개혁과 대다이묘 공의 운동의 교착   187

막부의 약체화를 간파하고 '왕정복고'를 명확한 장기 목표로 삼아 눈앞의 막부 요청을 실현의 첫걸음으로 이용하고자 했다. '공론'에 의해 조정을 지지하는 것도 잊지 않았다.

천황의 의사를 확인한 막각은 7월 말 로주가 연서한 봉답서를 바쳐 '지금부터 7, 8년 내지 10년 내에' 화친조약으로 돌아가리라 서약했고 천황은 이를 받아 가즈노미야의 승낙을 얻었다. 기한부로 조약을 되돌린다는 약속은 조정뿐 아니라 막부 내에서도 극비에 붙여졌다. 실행 불가능한 약속임을 알고 있었기 때문이리라. 막부 수뇌가 의지한 것은 일가가 된 천황이 막부의 곤경을 동정해 결국 기한 내에 양이론을 방기해 줄 것이라는 기대였다.

이 혼담은 10월에 정식 칙허를 받아 공표되는데 그 직후 막부가 새롭게 프로이센과 수호통상조약을 체결했기 때문에 파담에 직면했다(福岡[p.131]). 밀약을 알지 못한 존양 지사들은 가즈노미야의 혼인을 막부가 천황으로부터 인질을 잡은 것이라 간주했고 나아가 폐제廢帝 소문까지 돌았다. 가즈노미야가 교토를 떠난 것은 1년 후의 일로 혼례는 1862(文久2)년 2월 11일 거행되었다. 그러나 공무화해·여론진정이라는 목적은 전혀 달성되지 않았고 반대로 조약을 되돌린다는 밀약이 결국 막부의 목을 서서히 조르게 되었던 것이다.

제7장 막말: 공의·존양·강병 운동

대다이묘의 국정 개입 — 조슈의 '공무주선'

가즈노미야의 혼인은 세상의 막부 비판도, 공무 긴장도 완화하지 못했다. 이를 본 조슈는 나가이 우타^{長井雅樂}의 '항해원략^{航海遠略}' 방책에 따라 조정의 정책을 개국 용인으로 바꾸어 공무 불화를 해소하고자 했다. 막부는 종래 일반 다이묘에 대해 전국 정치에의 개입은 물론, 입경조차 금지했다. 그러나 구제·안도 정권은 밀약 해소에 안달한 나머지 근세를 통관한 이 철칙을 부수기로 했던 것이다.

조슈번은 표고^{表高}6) 27만석, 실제 석고^{內高} 70만석을 상회하는 구니모치^{國持} 다이묘 중의 웅번^{雄藩}이었는데 안세이 5년의 히토쓰바시 옹립 문제에는 전혀 관계하지 않았고 페리 도래 직후는 상주^{相州}(사가미국. 현 가나가와현), 통상조약 후에는 효고 지역 경위^{警衛}를 충실히 수행했다. 그러나 무오 밀칙의 사본을 받은 감격은 커서 조슈번은 조정에의 충절, 막부에의 신의, 번조^{藩祖}에의 효도라는 세 가지를 번시^{藩是}로 삼고 국정 개입 시기를 엿보기 시작했다. 이이 정권의 붕괴에 의해 막부 권위가 실추되고 가즈노미야 혼인이 난항을 겪는 상황은 조슈에게 '공무주선' 명목으로 중앙정국에 진출할 설호의 기회로 비쳤다. 이 때 번주에게 매력적인 방책을 제공한 것은 빈주

---

6) 액면상의 석고(石高)로 다이묘의 격식이나 다이묘가 부담해야 하는 군역(軍役)의 산출기준이 되었다. 표고는 에도시대 초기에 확정된 채로 사용되었기에 대부분의 번에서는 신전(新田) 개발 등으로 표고보다 많은 실제 석고(內高: 실제 영지의 영민들에게 부과되는 세금[年貢] 산정에 사용되는 석고)를 가지고 있었다.

측근君側인 지키메쓰케直目付 나가이 우타였다.[7]

나가이가 건언한 항해원략책이란 조정의 정치적 발언을 인정하는 대신 개국책을 채용하게 하고, 이를 통해 조정과 막부 대립을 해소하고 거국일치로 대외진출을 이루고자 한 것이었다. 그 골자는 ① 막부의 무칙허 조인은 공무 불화, 국내 혼란의 원인으로 비판받아야 한다. ② 조정이 주장하는 '파약양이'는 외국 측에 정당성을 부여하고 또한 국력의 강약을 고려하지 않은 졸책拙策이다. ③ 쇄국은 일본 역사상 일시적 에피소드에 불과하고 황조가 융성한 시기에는 교토에 외국 사절을 접대하는 홍려관鴻臚館을 두기도 했다. ④ 아마테라스 대신大神의 신칙神敕에 '해가 비치는 곳은 황화皇化를 펼치셔야 한다'라고 한 것처럼 일본인은 적극적으로 해외 진출을 해야 한다. ⑤ 막부에 대해서는 '파약양이'가 아니라 역으로 항해를 열고 무위武威를 해외에 떨쳐 정이征夷의 소임을 다해야 한다는 조칙을 내리는 것이 좋다. ⑥ 그렇게 된다면 군신의 명분을 바르게 하는 것도, 국내통합海內一和도 실현될 것이다.[8]

조슈번은 프로이센과의 조약 체결로 가즈노미야 혼인이 연기된 1861년 3월, 나가이의 제안을 받아들여 공무주선에 착수하기로 결정하고 교섭역할을 나가이에게 맡겼다. 나가이는 우선 교토에서 의주議奏 오기마치산조 사네나루正親町三條實愛를

---

7) 末松謙澄 『防長回天史』, 1921, 3편 7장 이하.
8) [원주] 적극 개국론자가 종종 근린 국가들에 대한 무력 침략을 목표로 든 것은 제국 형성이 인류사상 극히 최근까지 긍정적으로 간주되었다는 점, 서양의 강제로 개국된 굴욕감·열등감에 대한 보상이었다는 점에서 생각할 수 있다.

제7장 막말: 공의·존양·강병 운동

통해 천황의 내락을 얻은 후 에도로 가 로주 구제·안도의 양해를 얻었다. 그 후 본국에서 재차 번주 모리 다카치카毛利敬親가 에도로 올라가 공식으로 막부에 주선을 신청했고, 이에모치와 가즈노미야의 혼례가 순조롭게 끝난 1862년 2월, 나가이는 로주의 주선 위탁을 받아 교토로 올라갔다.

왜 천황은 조슈의 주선을 내락했을까. 조정은 막부의 억압에서 해방되기를 절실히 희망했고 그 때문에 유력 다이묘의 개입을 바랐다. 개국은 천황의 지론에 반하는 것이었으나 막부에 중요 문제에서의 협의를 약속하게 한다는 제안은 환영할 만한 것이었다. 이에 의해 가즈노미야 혼인 조건으로 제시한 두 가지(조약 파약과 협의의 약속) 가운데 회답이 없었던 또 한가지가 실현되었다.

한편 막부는 왜 주선을 받아들였을까. 이는 무엇보다도 조약을 되돌리는 밀약을 한시라도 빨리 취소하고 싶었기 때문으로 보인다. 또한 조정의 개국 용인으로의 전환은 일단 조약을 되돌리기로 약속한 막부가 말할 수 있는 입장은 아니었고 제3자의 중개가 필요했다. 게다가 조슈는 안세이 5년 정변에 관여하지 않았고 번주 다카치카는 유력 다이묘 가운데 가장 야심이 없다고 여겨셨다. 나아가 나가이 우타의 제안은 당시 막부 관료가 계획하고 있던 대규모 군세 개혁을 조정이 뒷받침하는 형태가 된다는 점에서도 매력적이었다.

그러나 1862년 3월 나가이가 정식 주선을 위해 입경했을 때, 조정은 항해원략책에 흥미를 보이지 않았고 조슈 내부에서도 강한 반대론이 대두하며 나가이의 주선은 좌절로 끝났다.

그 경위는 후에 서술한다.

막부의 군제 개혁 계획

막부는 1861년 봄, 견미遣米 사절의 견문에 기반해, 또한 러시아 군함의 쓰시마 점령 사건에 자극받아 '동방의 일 강국' 창출의 첫걸음으로 본격적인 군제 개혁을 계획했다.[9]

막부는 안세이 연간[1855~60년]에 외압 대책으로 포대 정비나 해군전습 등 군사개혁에 착수하기 시작했다. 수호통상조약 체결은 본격적인 제도 개혁을 향한 좋은 기회였지만 이이 정권은 조직 개혁과 서양 과학기술 도입에는 소극적이어서 해군전습 정지 등 군사조직 개혁은 오히려 후퇴했다. 이것이 부활한 것은 1860년 말경이었다. 구제·안도 두 로주는 승수괘勝手掛[갓테가카리, 재정]와 외국괘外國掛를 겸임하며 견미사절 부사副使 오구리 다다마사小栗忠順 등의 의견을 참고해 군제 개혁을 생각하기 시작했고 이듬해 1861년 봄에 일어난 러시아의 쓰시마 점령 사건에도 자극받아 4·5월에 군제괘를 임명하고 계획입안을 명했다.

1862년 여름에 완성된 계획은 서양 기술을 본격적으로 채용해 대규모 해군과 쇼군 친위 육군을 창설하고자 한 것이었다. 이는 대외전쟁 발생을 대비한 것으로, 당시 고조되고 있던 국내의 반막부 운동에 대한 진압은 고려되지 않았고 따라서 해군이 육군보다 중시되었다.

---

9) 三谷[p.104]; 金澤裕之『幕府海軍の興亡』慶應義塾大學出版會, 2017.

제7장 막말: 공의·존양·강병 운동

해군 건설계획은 두 단계로 나뉘어 제1기에는 함대 조합(에도·오사카용. 군함 12척 외 사관 474명, 수부·화부 3,860명 등)을 축적금(화폐 개주改鑄에 의한 것으로 보이는)과 행정·재정 정리를 통해 창설하기로 계획했다. 그리고 장래에는 전국 6개소에 15편의 막부 직할 함대를 다이묘에게 참근교대 빈도 완화를 대신해 부과할 해군 병부兵賦(처음에는 영민領民을 징집했으나 얼마 지나지 않아 고용으로, 이후에는 금납화로 바뀌었다)를 이용해 편성할 예정이었다.

한편, 육군은 다이묘 군제 개혁(서양식에 따른 통일)은 뒤로 미루고 우선 직참直參(쇼군 직속 가신) 재조직이 계획되었다. 서양식 보·기·포병을 만드는 것이었는데 이 또한 주변에서 중심이라는 수순으로 구상되었다. 즉, 병대는 보병의 주요 부분에 관해서는 하타모토부터 녹고에 따라 병부를 모집하고 다른 부분은 고주닝小十人[p.488] 이하 하급 인사를 재편성해 충당했다. 지휘관은 강무소講武所에 나가 훈련을 받은 하타모토를 임명했다. 나머지 군사番方는 보·기병 나누어 '주군 앞御馬前 수위'를 맡긴다(일본식和式. 실행되지 않음)라는 것이었다.

군제 개혁과 아울러 현안인 행정·재정 정리가 계획되었다. 동시에 조직 기능의 강화를 위해 의례·복제服制, 나아가 결정 절차의 간소화가 이루어져 인재 등용도 학문음미學問吟味[10])에 급제한 자를 메쓰케·부교 급으로 기용하거나 오메미에 이하

---

10) 막부의 관학기관인 쇼헤이코(昌平黌)에서 하타모토·게닌과 그 자제들을 대상으로 주자학 지식을 시험한 제도. 한국·중국의 전통적 관료 등용시험인 과거제와는 성격이 달랐으나 막말이 되면서 막부의 인재등용 기회로 기능하기도 했다.

의 인재, 가령 해군전습에 가담한 게닌家人을 오메미에 이상의 역직으로 등용하고(가령 가쓰 가이슈勝海舟 등) 나아가 외국부교쇼의 번역 담당으로 출사한 배신陪臣(다이묘의 가신家來)을 직참으로 발탁하는 일도 있었다(후쿠자와 유키치 등).

막부의 이러한 문무관제 개혁 계획은 에도 시대의 이른바 3대 개혁을 상회하는 규모로, 에도 초기 상황으로의 '복고'와 동시에 지구상에서 '동방의 일 강국'의 초창草創이라는 장기 과제를 내세웠고 심지어 그 일부를 실현한 점에서 획기적이었다.

개혁 착수 · 개국 권유 · 쇼군 상락

막부 관료의 개혁 계획은 1862년 봄, 이에모치와 가즈노미야의 혼례 이후 실행에 옮겨졌다. 우선 3월 15일에 이타쿠라 가쓰키요板倉勝靜와 미즈노 다다키요水野忠精가 로주에 신임되었다. 그리고 준비를 거듭하는 끝에 5월 22일 이에모치 스스로 개혁을 선언하고 개혁괘를 임명했다(오메쓰케인 오쿠보 다다히로大久保忠寬 외 기용). 이에모치의 선언은 다음과 같았다.

> 정사政事의 방향이 고식姑息으로 흘러 허식을 꾸미고 사무라이의 기풍士風은 경박함이 늘어 당가當家의 가풍을 잃으니 올바르지 않다. 특히 외국 교제에 있어서는 병비의 충실함이 없어서는 안 된다. 이에 시의時宜에 따라 변혁을 행하고 간이한 제도, 질박한 사풍士風으로의 복고를 이루어 무위를 빛내고자 하므로 충근忠勤에 힘쓰도록.[11]

---

11) 『續德川實紀』 4, p.310.

제7장 막말: 공의·존양·강병 운동

한편 막부의 개혁파 관료는 조정이 개국론으로 전환하도록 유도했다. 영국 공사 올콕과의 교섭에 의해 막부는 양도, 양항(에도·오사카, 효고·니가타)의 개시·개항 연기를 약속 받아 시간을 버는 한편, 국내에서는 가능한 빨리 조약 승인을 얻고자 했던 것이다. 이를 위해 나가이 우타에게 주선을 위촉했는데, 그것이 실패한 후에도 또한 설득을 계속하고자 했다.

당시 조정은 1천여 병사를 이끌고 입경한 사쓰마의 시마즈 히사미쓰島津久光의 후원에 따라 막부에 구히토쓰바시파 공가와 다이묘의 사면을 요구하고자 했다. 막부는 이 정보를 얻고 선수를 쳐 사면을 실행했다. 나아가 구히토쓰바시파 복권에 대한 기대를 역이용해 이제 막 사면한 전 에치젠 번주 마쓰다이라 슌가쿠春嶽(요시나가의 은거명)를 정무참여政務參與에 임명해 조정에 개국 권유를 의뢰했다. 조슈 번주에 대해서도 계속 협력하도록 의뢰했다. 내부에서는 조약 되돌리기 밀약의 책임자였던 구제를 사직시키고 교토 입설入說을 신임인 이타쿠라에 맡겼다. 그를 중심으로 가몬·도자마 웅번 번주가 연합한 강력한 개국 권유 사절단을 교토에 보내고자 했던 것이다.

이 때 슌가쿠는 쇼군의 상락上洛 약속을 수락 조건으로 삼았다. 쇼군이 직접 이에미쓰家光 이래의 상락을 실시해 가즈노미야 혼인에 대한 사의謝儀와 종래의 실성에 대한 사죄를 천황에게 하고 그 후에 제諸다이묘 회의를 거쳐 '국시'를 결정해야 한다고 생각했던 것이다. 마침 이 때 조슈번도 가쓰라 고고로桂小五郎의 제언에 따라 쇼군 상락론을 주장하기 시작했다. 개국론을 보류한 채 공무주선은 속행하고 동시에 번내 대립, 즉 파약양이론을 내세워 대두하고 있던 구사카 겐즈이久坂玄瑞와 그 공격 목표가 된 나가이 우타의 대립을 완화하고자 한 정책이었다. 쇼군은 에치젠과 조슈의 주장을 채용해 6월 1일에 향후 상락할 것을 공약했다.

그러나 칙사 오하라 시게토미大原重德와 시마즈 히사미쓰가 에도에 도착하자 이러한 구상은 좌절되었다. 조정은 이보다 앞서 이와쿠라 도모미의 헌책에 따른 시국 수습을 위해 '세가지 대책三事策'을 결정했다. 사쓰마의 구히토쓰바시파 등용론과 조슈의 쇼군 상락론을 모두 포함한 안이었지만 실제로는 교토에 있던 시마즈 히사미쓰의 안이 우선되었다. 즉, 칙사를 히사미쓰와 함께 에도에 보내기로 하고 전권을 위임했으며 막부에 대해서는 로주나 슌가쿠 등의 상경을 저지했던 것이다. 다른 한편 조슈는 후발 주자인 사쓰마가 앞서 나가자 초조함에 번주 스스로 에도에서 교토로 향했다. 이와 교대하듯, 에도에 도착한 칙사는 쇼군의 상락을 불필요하다 하고 구히토쓰바시파인 슌가쿠의 다이로 취임과 히토쓰바시 요시노부의 후견직 취임만을 요구했다. 이렇게 해서 막부가 고심해 낸 방안은 붕괴하고 개국 권유는 일단 보류되었다.

대해군 건설·참근 완화·쇼군 상락

7월 초순, 막부는 칙사 요구를 받아들여 히토쓰바시 요시노부를 쇼군 후견직, 마쓰다이라 슌가쿠를 정사총재직政事總裁職(슌가쿠가 다이로란 명칭을 싫어해 새로 이름을 만들었다)에 임명했다. 이에 따라 슌가쿠 및 히사미쓰의 발언력은 강해졌는

제7장 막말: 공의·존양·강병 운동

데 양자는 체제 쇄신의 첫걸음으로 참근교대 완화를 주장했다. 개혁파 관료는 이를 일찍이 계획한 해군 병부 징수에 대한 대가로 받아들였다. 슌가쿠는 나아가 조슈와의 제휴를 유지하고 막정을 일신하는 모습을 천하에 보이기 위해 쇼군 상락의 즉행을 주장했다. 그러나 막부 관료는 이에 반대했다. 해군 건설에 열심이었던 오구리 다다마사 등은 그 비용을 해군에 충당해야 한다고 했던 것이다. 그리고 사쓰마가 히사미쓰를 에도로 보내기 위해 에도 번저를 스스로 불태우고 번주 다다요시의 상부上府[12] 불가 구실을 만든 사실이 발각되자 막부 관료들의 사쓰마에 대한 반감은 일거에 폭발했다. 잠시 그 책임 추구에 마음을 빼앗겨 참근 완화·쇼군 상락의 두 문제도, 군제 개혁도 보류해 버린 것이다.

그러나 8월 21일에 히사미쓰가 에도를 떠나자 개혁은 재개되었다. 이이 정권 이래의 거물 관료가 파면되고 어용취차御用取次[13]에 발탁된 오쿠보 다다히로나 간조부교 오구리 등 새로운 인물이 주도권을 쥐기 시작하자 군제괘는 대계획에 착수하기로 결정했다. 다만 새로운 인물 가운데 오구리 등은 막권幕權 회복을 위해 군제 개혁에만 관심을 가졌지만 오쿠보는 정권 전체의 재건을 위해 슌가쿠의 '공의'론에 공감했다는 차이가 있었다.

군제괘의 움직임을 살피던 슌가쿠는 돌연 자택에 칩거했다. 그리고 에도로 불러 들였던 고문 요코이 쇼난橫井小楠에게 막부

---

12) 참근 교대를 위해 에도로 떠남. 출부(出府)라고도 한다.
13) 쇼군과 로주 사이의 연락, 응대 역을 맡은 직책.

는 '막사幕私14)'를 버리고 우선 참근 완화와 쇼군 상락을 결정해 천하의 인심 유화에 힘써야 한다고 유세하게 했다. 슌가쿠가 칩거하게 하면 조정에 대해 위칙이 되고 또한 개국을 권설할 연줄이 없어진다. 때문에 이타쿠라나 오쿠보는 슌가쿠에 동의할 수밖에 없었다. 그러나 참근 완화로 비용이 남아도 만일 대해군 건설이 결정되어 다이묘로부터 해군 병부를 징수하면 다이묘 부담은 가벼워지지 않는다.15) 또한 제1기 계획으로만 한정해도 조기 달성하려면 쇼군 상락 비용(약 백만냥 정도)의 염출이 곤란해 진다. 이에 슌가쿠는 오쿠보와 합의하여 가쓰 린타로勝麟太郎(이후의 가쓰 가이슈)를 군함부교병軍艦奉行竝이라는 지위로 등용하고 평의 석상에서 군제괘의 해군건설계획을 철저히 비판하게 했다. 즉 군함을 서양으로부터 구입할 수 있다 해도 운행을 맡을 사관이나 선원을 어디에서 조달할 것인가, 제1기만으로도 천 명에 이르는 인원을 양성하는 데 몇 년이 걸릴지 알 수 없다고 한 것이다. 대규모 장기 계획은 물론, 제1기 계획도 이같이 전문가의 말을 빌려 탁상공론으로 매장당한 것이다.

이렇게 막부 관료의 개혁 계획에 최대 주안점이었던 대해군 건설은 좌절되고 예정 밖에 있던 참근 완화와 쇼군 상락이 결정되었다(윤8월 22일과 9월 7일). 이는 막부 주체의 중앙

---

14) 슌가쿠는 막부가 공공의 도리(전국일치의 여론, 제 다이묘의 일치된 의견)에 입각하지 않은 정치를 행하는 것을 도쿠가와씨(德川氏)의 사정(私政)이라는 의미로 막사(幕私)라고 비판했다.
15) [원주] 참근교대 비용은 히로시마번의 경우 연간 경비의 30%를 넘어섰다. 鬼頭宏『文明としての江戸システム』講談社, 2010.

집권적인 강병 개혁이 에치젠·사쓰마 대다이묘에 의한 '공의' 주장 앞에 패배한 사건이었다. 그러나 그 후 에도에서 승리한 에치젠이나 사쓰마의 '공의' 운동이 정국을 주도할 수 있었던 것은 아니다. 참근 완화와 쇼군 상락은 실현되었지만 교토에서 고양된 존양운동은 조슈를 말려들게 해 그 정책을 개국에서 양이로 180도 전환시켰고 일단 막부나 사쓰마·에치젠으로부터 정국의 주도권을 빼앗았다.

7.2 양이운동의 정국 지배

1862년 가을에 막정 개혁이 일단락되자 정국政局의 주제는 쇼군 상락 시 어떠한 대외 국시를 정할 것인가라는 문제로 옮겨갔다. 이 때 교토에서 급격히 세력을 얻은 존양론자는 막부에 실행 불가능한 양이를 공약하도록 하고 이듬해 봄 쇼군 상락 시에는 양이 기한까지 결정하게 하는 등 막부를 절체절명의 궁지로 몰아 넣었고 나아가 도막倒幕까지도 기도하게 된다. 이하에서는 그 과정을 살펴보고자 한다.[16]

조슈와 조정의 존양 급진화

1862년 5월 하순에 칙사 오하라 시게토미와 시미즈 히사미쓰가 에도로 출발하자 교토에서는 존양급진론자가 급격히 늘어났다. 히사미쓰는 병사를 이끌고 입경한 때에 자번 병력을 도막 거병에 이용하고자 한 로닌들을 탄압했으나 (데라다야寺田屋 사건),

---

16) 이하 전체적인 내용은 『德川慶喜公傳』을 참조. 澁澤榮一 『德川慶喜公傳』 全八卷, 龍門社, 1918.

그가 떠나자 교토에서는 파약양이론과 막정 부정론이 되살아나 더욱 강화되었던 것이다.

이 때 교토 정국을 주도한 것은 구사카 겐즈이를 중심으로 한 조슈 급진파였다(末松[p.189]). 그들은 아리마 신시치(데라다야 사건으로 숙청) 등 사쓰마의 존양급진파와 달리 자번 전체를 끌어들이는 데 성공하고 또한 운동 목표를 양이 즉행으로 정해 조정이나 교토 여론의 압도적 지지를 획득했다. 구사카는 4월 말에 세자(번주의 후계자) 모리 모토노리毛利元德가 입경하자 조정에 손을 써 번주 다카치카의 의사에 따라 공무주선을 담당하고 있던 나가이 우타의 개국 입설을 비판하는 언설을 이끌어내 자번을 궁지로 몰았다. 그 결과 교토에 온 다카치카는 조정의 허락를 얻기 위해 공무주선의 내용을 쇼군 상락+개국론에서 쇼군 상락+양이론으로 180도 전환했다(7월 6일). 이후 조슈번은 급진파가 지배하게 된다. 그들은 막부가 파약양이를 밀약에서 원칙적으로 승인했을 터이므로 즉시 단행할 것을 압박하고 나아가 이를 왕정복고의 길로 바꾸고자 꾀하기에 이른다.

이 즈음에는 도사土佐도 양이 즉행의 주선에 휘말렸다. 존왕양이를 부르짖는 결사, 근왕당의 영수 다케치 즈이잔武市瑞山이 야마우치 요도山内容堂(도요시게의 은거명)의 부재중에 그의 복심인 요시다 도요吉田東洋를 무너뜨리고 막정상 대극의 위치에 있는 보수파와 제휴해 정권을 장악했다. 그 후 야마우치 가문 대대의 친족이었던 산조 사네토미三條實美와 연락해 번주 도요노리山内豐範를 참근 도중 입경시켜 공무 주선의 칙명을 획득했던 것이다(8월 25일). 전前 번주 야마우치 요도는 친도쿠가와

제7장 막말: 공의·존양·강병 운동

태도를 바꾸지 않았으나 다케치 등의 행동으로 도사의 번론藩論은 이에 일단 양극단으로 분열되었다.

교토에서 대다이묘가 양이 즉행을 주장하기 시작하자 조정 내부에서도 존양 급진파가 세력을 얻었다. 이를 촉진한 것은 '4간奸 2빈嬪', 즉 가즈노미야 혼인을 추진한 정신廷臣(고가 다케미치久我建通나 이와쿠라 도모미 등)과 여관女官 배척운동이다. 6월 23일에는 조약 칙허를 추진한 구조 히사타다에서 무오 밀칙을 내리게 한 고노에 다다히로近衛忠熙로 관백의 교대가 이루어졌다. 조정 측에서도 이이·안도 체제를 종식시킨 것이다. 이 무렵 사쓰마 번사 후지이 료세쓰나 로닌 혼마 세이이치로가 가즈노미야 혼인에 관여한 사람들의 참살을 주장하기 시작했는데 구조가의 가신인 시마다 사콘島田左近이 암살당하자(7월 20일), 조정 내의 존양 급진파는 기세를 높였고 고노에 관백은 혼인에 관여한 자들의 베제를 받아들일 수밖에 없었다. 산조 사네토미·아네가코지 긴사토姉小路公知 등 13명의 공가는 내대신 고가 다케미치나 근신 이와쿠라 도모미 등의 탄핵서를 제출했고 그 결과 고가·이와쿠라 등은 해관解官·낙식落飾[머리를 깎고 불교에 입문함]·칩거(8월 20일) 나아가 교토洛中 퇴거(9월 25일)라는 엄한 치분을 받았다.

조약 되돌리기 밀약을 비롯해 '대의大義'에 대한 배신이 폭로되자 '정론正論'이 고양되었고 정론가 세력은 배신자 적발을 통해 증대해 갔다. 고노에 관백과 그 동지 (의주[p.74] 나카야마 다다야스中山忠能, 오기마치산조 사네나루)는 이 소용돌이에 휘말려 급진파 공가의 대두에 손을 빌려주었고 원래 정견政見을 같이 했던 이와쿠라 등을 추방했다. 이는 자연히 천황의 고립과 무력화도 초래하게 되었다.

이렇게 1862년 가을 교토에서는 조정 안팎으로 존양 급진론이 강한 세력을 얻게 되었다. 윤8월 7일에 히사미쓰가 에도를 떠나 교토로 돌아가고 히토쓰바시 요시노부·마쓰다이라 슌가쿠는 개혁의 정관靜觀과 양이 즉행의 불가를 관백에 설득했지만 조슈·도사 및 조정 내 급진파의 압력을 받은 관백 등은 이를 받아들이지 않았다. 오히려 정신들에게 양이에 관한 군의群議를 명한 후에 조슈에 파약양이 주선을 상찬하는 문서를 내렸던 것이다(윤 8월 27일).

다케치 즈이잔은 조정에 올린 건의서에서 ① 5 기나이畿內를 조정령으로 삼고 직속 군대도 설치할 것 ② 참근교대제를 완화해 다이묘의 처자식을 본국으로 돌려보낼 것 ③ 조정은 막부를 거치지 않고 정령政令을 직접 천하에 내리는 것으로 하고 다이묘는 조정에 참근을 시작할 것을 주장했다. 양이칙사를 관동에 파견할 때에는 서국의 대다이묘 7, 8번을 상경시켜 조정을 확고히 하도록 제안하였다.[17] 봄에 로닌들의 데라다야 사건으로 좌절된 왕정복고가 재차 공공연한 목적으로 내세워지고 양이는 그 수단으로 바뀐 것이다.

이같은 분위기에서 조슈와 도사는 재경在京 사쓰마 번사를 끌어들여 삿·초·도 세 번주의 이름으로 양이 요구 칙사를 에도에 파견해야 한다고 조정에 제안했다. 이에 9월 21일 양이

---

17) 岩崎英重編『武市瑞山關係文書』1, 1916(東京大學出版會, 2003), pp.119-124.

요구 칙사가 임명되었고(정사 산조 사네토미 26세, 부사 아네가코지 긴사토 24세), 10월 12일 양이 요구 칙서와 친병親兵 설치 명령서御沙汰書를 들고 야마우치 도요노리의 보호를 받으며 출발했다.

막부의 양이 공약과 조막의 지위 전환

한편 막부는 1862년 9월 7일, 이듬해 봄에 쇼군이 상락할 것을 포고하고 막정 개혁을 일단락지었다. 그 후 쇼군 상락에 대비해 대외 국시의 검토에 들어갔다.[18] 우선 히토쓰바시가 선발대가 되어 상락하기로 결정하고 그가 상주할 대외정책을 논의했는데 이 때 논의는 두 가지로 나뉘었다. 첫 번째는 아이즈·에치젠의 조약 파기론이다. 윤8월 1일 신설된 교토수호직京都守護職에 임명된 마쓰다이라 가타모리松平容保(아이즈會津)는 조지朝旨(조정의 의사) 준봉遵奉의 관점에서 수호통상조약 파기를 주장했고 정사총재직의 슌가쿠도 여론의 막부 지지를 회복하기 위해 조슈번이 주장하는, 개국을 전망에 둔 파약론에 동조했다. 이에 대해 로주와 막부 관료는 조약 유지를 주장했다. 양이는 장기적으로 보아 좋은 책략이 아니고 단기적으로도 실행 불가능하다는 것이었다. 오구리 다다마사와 같이 그들은 조정·다이묘의 국정 개입을 달가워하지 않고 막부의 위광이 재흥하길 바라고 있었다. 이에 대해 가타모리는 조의에 반해 국위를 떨어트린 상태로는 막위幕威는 성립하지 않는다 주장했고 슌가쿠도 '막사幕私' 전제를 비판하며 그를 지지했다.

---

18)『續再夢紀事』1.

이러한 막의幕議 대립은 교토에서 내려온 모리 모토노리가 양이 요구의 칙서를 전달하자 더욱 깊어져 총재 슌가쿠는 재차 출사를 그만두었다. 그러나 쇼군 후견직의 히토쓰바시가 파약 양이는 불가하지만 조약 옹호는 막부가 아닌 전국全國을 위해 도모하는 것이라 하자 슌가쿠는 태도를 바꾸었다. 우선 '막사'를 버리지 않는 한 조정을 개국론으로 바꾸는 일은 불가능하다는 지론에 부합했기 때문이다. 그 결과 10월 1일에 막부는 히토쓰바시가 상락해 성심을 다하여 개국을 상주하기로 내정했다.

그러나 이날 교토에서 칙사가 내려가는 중이므로 히토쓰바시 상락을 연기하라는 명령이 도착했다. 개국 입설 계획은 또다시 좌절되고 초점은 재차 내방하는 칙사의 대응 문제로 옮겨졌다. 이 때 로주와 히토쓰바시는 조정 칙사의 대우를 개선하라는 요구를 일축했는데 이를 본 총재 슌가쿠는 재차 파약론으로 되돌아가 사표를 제출했다. 개국 설득의 유일한 길은 막부가 종전의 폭정을 사죄하고 '막사'를 버려 천하와 함께 천하의 정치를 행하는 자세를 보이는 방법 외에는 없음에도 이처럼 사소한 일에 막위를 펼치려고 해서는 논할 것도 없다라는 것이었다.

조정의 명으로 취임한 총재가 사직해서는 막부는 칙사에 대응할 수 없다. 이에 당시 막정 참여에 임명되었던 야마우치 요도가 조정에 나섰다. 만일 칙사가 마땅한 성과 없이 귀경하면 관서關西는 대란에 빠지고 양이攘夷는 양이攘夷쇼군이 될 것이라고 로주를 설득한 것이다. 이에 막부는 11월 2일 마지못해 양이

제7장 막말: 공의·존양·강병 운동

수락을 내정했다.

한편 칙사는 10월 27일 에도에 도착했다. 그러나 입성과 칙서 전달은 한달 늦어졌다. 이에모치가 때마침 당시로서 중병인 홍역에 걸렸기 때문인데 그 사이 막부는 최근의 일을 청산하기 위해 과감한 조치를 강구했다. 11월 20일, 23일에 이이·안도 체제 책임자를 벌하고 28일에는 안세이 대옥으로 처벌받은 사람들에 대한 대사면을 포고했다. 나아가 칙사 응접과 관련해 의례를 대폭 바꾸었다. 앞선 칙사에 대해서는 전통에 따라 쇼군과 칙사를 대등하게 취급하는 양경兩敬의 의례를 행했는데 이번에는 칙사를 시종일관 쇼군보다 상위에 두었던 것이다. 당시 조정에서는 양이 즉행에서 왕정복고로 주장이 격화되면서 막부를 하위에 두어야 한다는 논의가 비등했는데 막부는 이를 정면으로 받아들인 것이다.[19] 이는 도쿠가와 공의는 사실상 금리 위에 있다는, 안세이 5년 정변 이전에는 에도의 상식이었던 질서관을 뒤엎는 조치였다. 근세를 통틀어 애매했던 천황과 쇼군의 관계는 이를 경계로 명확해졌다. 즉, 천황이 근본적으로 쇼군 위에 있음이 공인된 것이다.

안세이 대옥으로 인한 상처를 보듬고 천황을 일본 유일의 군주로 위치짓는 조치를 취한 후, 쇼군은 12월 5일에 양이를 받아들인다고 회답했다. 구체적 방법은 위임되어, 조정에 친병을 설치하는 것은 거절했지만 대외정책에서 막부의 선택 여지는 재차 좁혀졌다. 이해 8월에 조슈가 조정으로부터 끌어낸

---

19) 東久世通禧述, 高瀬眞卿 編『竹亭回顧錄　維新前後』博文館, 1911; 久住[p.152].

조지朝旨는 거의 실현되어 남은 것은 쇼군 자신이 상락해 직접 천황에 사죄하고 양이를 실행하는 것뿐이었다.

그러나 양이 실행은 위험한 일이었다. 조약 파기에 서양 각국이 응하리라고는 생각할 수 없었고 무력 충돌에 이를 가능성이 컸다. 당시 서양 각국에 일본 전체를 지배할 힘과 의지가 있었을리 없다. 그러나 세계 각지에서의 행동을 보면 그들이 계약 준수를 무력으로 강제하는 일은 흔했다. 무력 충돌이 설령 소규모로 끝난다해도 그 때 막부의 '어위광'이 손상될 것은 의심의 여지가 없었다. 막부로서는 이를 어떻게 해서든 회피해야만 했다.

때문에 막부 내에서는 두 가지 방책이 고려되었던 듯하다. 첫째는 게이키京畿[교토와 그 주변]를 무력 제압해 조정에 개국책을 강요하는 것, 두 번째는 막부 대표와 유력 다이묘가 협력해 조정으로부터 양이 유예를 획득하는 것이다. 첫째 방책은 11월 25일 로주 이타쿠라 가쓰키요와 오가사와라 나가미치小笠原長行가 제안했고 히토쓰바시도 동의했다. 히토쓰바시가 오사카 경비를 명목으로 2만여의 대군을 이끌고 올라간다는 계획으로, 때마침 28일에는 서양식 육군 3병 편성이 시작되었다.

그러나 이는 실현되지 않았다. 아마도 대옥 이상의 탄압을 재연하기에는 준비가 부족했으며 무력 제압의 결의 없이 대군을 이끌고 올라가면 그 대군으로 왜 양이가 불가능한가라는 힐문을 틀림없이 받게 될 것이기 때문으로 보인다. 이에 막부는 총재 슌가쿠의 주장에 따라 유력 다이묘의 협력에 의한 양이 유예의 길을 선택했다. 쇼군의 상락에는 막부 참여인 야마우치 요도, 조정이 또 한명의 교토 수호직으로 내명했었던 시마즈 히사미쓰·다다요시 부자(12월 5일 수락. 조기 해임)도 동행시켜 그들의 일치된 의견으로 무비 충실을 위한 양이 유예를 조정으로부터 인정받고자 한 것이다. 쇼군 자신, 총재 슌가쿠·후견직 요시노부, 로주, 구니모치 유력 다이묘까지 가담한 대규모 입설단入說團이 입경했다. 아무리 양이 회피 조건이 좁혀졌다 해도 최악의 사태는 피할 수 있을 것이다. 그들은 그렇게 예상했음에 틀림없었다.

쇼군 상락 - 양이 기한의 결정과 서정 위임

쇼군 상락에 앞서 막부 주요 인사들이 차례로 입경했지만 교섭 상대인 조정은 존양 급진파가 완전히 지배하고 있었다. 왕정복고를 시야에 두게 된 그들은 양이를 요구하는 칙사가 출발한 후, 대다이묘의 상경을 요구하며 쇼군 상락을 견제하고 나아가 새로운 정책 결정 기관을 설치하는 한편, 온건파 관백·의주를 배제해 갔다. 즉, 12월 9일에 국사괘國事掛(칙문어인수敕問御人數 8명, 양역兩役 7명, 의주가세議奏加勢[20] 5명, 기타 10명)를 신설해 종래 조의에 관여하지 않았던 공가들이 조정에 관여할 수 있게 했다. 이어 이케우치 다이가쿠池內大學 등의 암살을 배경으로 당직(관백, 의주, 전주)의 교체를 압박해 1863년 1월 23일 관백 고노에 다다히로가, 27일 의주 2명(나카야마 다다야스와

---

20) 칙문어인수는 천황의 부름에 따라 참내하여 평의에 참여하거나 조정의 문서 작성 내용에 협의하는 역할. 의주가세는 정식 의주(천황을 가까이에서 모시며 천황에게 올리는 문서와 천황이 내리는 문서 등과 관계된 역할을 맡음)와 별도로 임시 보임되어 의주와 동일한 직무를 맡았다.

오기마치산조 사네나루)이 경질되었다. 천황과 가깝고 온건파인 나카가와노미야 아사히코^{中川宮朝彦} 친왕이 환속해 조정에 관여하게 되었다고는 해도, 몇 해 전 이와쿠라 등을 추방한 온건파 상층 공가는 스스로가 대두를 허락한 존양 급진파에 의해 무대에서 퇴장당하게 되었다.

이렇게 해서 조정을 좌우하기에 이른 급진파는 막부 요인들이 모두 모이자 쇼군 상락 이전에 양이 결행 기한을 정해야 한다고 주장하기 시작했다. 2월 11일, 신임 관백 다카쓰카사 스케히로 저택에 조슈의 구사카 겐즈이 등 세 명의 지사가 들이닥치고 이어서 아네가코지 긴사토 등 13명의 공가도 열참해 관백에게 양이 기일 결정과 조정의 체제 일신에 더욱 박차를 가하도록 압박했다. 다카쓰카사 관백은 13명과 함께 참내^{參內}해 어전회의를 열었고 그 결과 순식간에 히토쓰바시에게 사절을 보내 기일의 즉시 결정을 요구했다. 막부 측은 쇼군 상락 후에 상주할 것이라고 주장했지만, 산조 사네토미 등 8명의 강한 요구로 결국 쇼군이 에도로 돌아간 후 20일을 기한으로 하겠다고 회답했다(4월 중순으로 상정). 조정의 급진파 세력은 더욱 거세졌다. 2월 13일에는 국사괘와 별도로 국사참정^{參政}·국사기인^{寄人}[21]를 만들어 급진파 공가를 임명하고 20일에는 궁정 외의 인사를 궁중 학습원^{學習院}에 출사시켜 건언을 듣겠다고 포고한 것이다.

그러나 막부는 쇼군 도착을 앞두고 반격에 나섰다. 조정을

---

21) 국사참정·국사기인 모두 국사괘를 보좌하기 위해 새롭게 신설한 역직이다.

제7장 막말: 공의·존양·강병 운동

개국론으로 전환시키는 것은 무리라고 해도 가능한 온화하게 만들어 이에모치가 도착했을 때 더이상의 난제를 부담하지 않도록 하고, 가능하면 작년 말의 양이 수락 회답을 유명무실하게 만들고자 했다. 그 첫째 방략은 급진파 공가의 배후에 있던 지사들의 단속이었다. 종래, 막부 측은 수호직의 아이즈 가타모리의 의향에 따라 회유 정책을 취해 지사의 자유 행동을 허락했다. 그러나 22일에 등지원等持院에서 아시카가 쇼군상의 머리가 뽑히는 사건이 발생하자 아이즈도 태도를 전환했다. 하지만 조정 측이 지사의 단속을 인정하지 않으며 이는 실패로 끝났다. 두 번째 책략은 전쟁의 절박함을 호소해 공가를 공포에 빠트리고 다이묘와 지사를 본국에 돌려보내는 것이었다. 그러나 그 재료로 사용한, 영국함대가 나마무기 사건의 배상 담판을 위해 오사카만에 내습한다는 뉴스는 역효과로 끝났다. 미토·조슈 계열의 양이론자는 구사카나 스후 마사노스케와 같이 본래 전쟁을 일으키는 것 자체를 첫 번째 목표로 하고 있었기 때문에 전쟁 가능성의 발생을 대환영했던 것이다. 세 번째는 막부가 정권을 반납하거나 막부에 서정庶政을 위임한다는 양자 택일을 조정에 압박하는 것이었다. 총재 슌가쿠는 성의誠意가 받아들여지지 않는 이상 정권을 반납해야 한다고 주장했다. 후견직 히토쓰바시·수호직 아이즈 그리고 로주들은 이 전내미문의 제안을 지렛대 삼아 조정으로부터 정무 전반을 위임한다는 칙정을 이끌어내고자 했다. 실제로 당시 조정은 전국적인 정치를 담당하기에 충분한 조직도, 경험도 전무했다. 조정 내 온화파는 이에 이르자 비로소 움직이기 시작해 막부의 의향을 받아들였다. 그 결과 쇼군 입락 다음날인 3월 5일 요시노부가 참내하자 천황은 서정 위임 칙서를 내리고 다음날 이에모치를 불러 스스로 대접했던 것이다. 막부는 이렇게 해서 마침내 호랑이 굴에서 탈출한 것처럼 보였다. 양이 책략은 일임되었기에 전쟁은 피할 수 있으리라 생각했던 것이다.

기나이 개전 강요책과 쇄항 담판책

그러나 이 사이에 조슈를 비롯한 존양파는 목표를 한단계 격화시켰다. 영국과 나마무기 사건 배상문제가 뒤틀려 영국이 기나이畿內에 내습한다는 관측이 퍼지자 이들은 기나이에 결전 태세를 갖추고자 했다. 천황을 궁궐禁裏에서부터 공개된 공간으로 끌어내 수장으로 우러르며 쇼군을 선두에 세워 양이 전쟁의 도화선을 지피고자 했던 것이다. 천황은 근세를 통틀어 어소 바깥으로 나간 적이 없었지만 그들은 '친정親征 순수巡狩를 기본'(순수란 천자가 나라를 순시하는 것)으로, 우선 교토 북쪽의 가모사賀茂社, 남쪽의 이와시미즈하치만궁岩清水八幡宮으로 행행을 건백했다. 또한 일찍이 염두하고 있던 친병 설치도 실현했다(3월 18일). 이어서 쇼군에 대해서는 예정을 바꾸어 기나이에 머무르게 하고 오사카에서 거절 담판, 나아가 양이 전쟁을 진두 지휘하도록 요구했던 것이다. 막부의 후견 히토쓰바시와 로주는 이를 회피하기 위해 하루라도 빨리 쇼군이 에도로 내려갈 주장했다. 그러나 수호직 가타모리와 오와리 요시카쓰慶勝는 쇼군의 이경離京은 곧 도막 거병이 되리라 우려하고 조정에 의뢰해 천황이 직접 이에모치를 머무르게 했다

제7장 막말: 공의·존양·강병 운동

(3월 22일). 천황은 이에모치에게 전쟁을 선호하지 않는다고 말하고 관백도 전쟁 회피를 위해 영국에 배상금을 지불해도 상관없다는 의향이었지만, 당시 조정은 그러한 수뇌부의 목소리를 드러내놓고 밝힐 수 없을 정도로 양이론의 열기에 휩싸여 있었던 것이다.

4월 11일에 군신軍神을 모신 이와시미즈하치만으로 행행[p.137]과 양이 기원이 이루어진 후, 조정은 막부에 양이 기한의 정식 포고를 촉구해 결국 5월 10일을 기한으로 한다는 뜻의 회답을 받아냈다. 다만 막부는 다이묘에 포고를 내리면서 일본 측의 개전을 금지했다. 양이는 막부에 위임되었기에 어디까지나 막부의 손으로, 그것도 평화적인 교섭으로 이루어진다는 것이 막부 측의 속내였다.

막부는 양이 자세 표명으로 요코하마 쇄항을 내걸고 곧바로 담판을 시작하고자 했다. 쇼군이 관서關西에서 꼼짝할 수 없었기 때문에 우선 미토 번주인 도쿠가와 요시아쓰德川慶篤, 이어 후견직 히토쓰바시 요시노부를 에도로 내려보내 이를 실행하고자 했다. 그러나 당시 영국과의 관계는 나마무기 사건 처리를 둘러싸고 발화 직전 상태였다. 영국은 범인 체포·처형과 배상을 막부·사쓰마 양쪽에 요구하며 군함 7척을 요코하마에 불러들여 압력을 가하고 있었다. 배상금(10만 파운드)을 지불하지 않고 쇄항을 제의한다면 그 자리에서 개전이 일어날 것이고 반대로 배상금을 지불하면 막부는 양이에 대한 진정성을 의심받아 일제히 세상의 비난을 받게 될 것이 뻔했다.

막부는 이 난제를 로주격인 오가사와라 나가유키가 독단

으로 배상금을 지불한다는 형태로 돌파했다(5월 9일). 이는 에도로 돌아가던 중인 히토쓰바시는 물론, 다른 로주도 알지 못한 형태로 처리되었다. 배상금을 지불한 후 오가사와라는 각국 공사에 쇄항 담판을 개시하고자 한다는 서한을 보냄으로써 조정에 대한 해명으로 삼았다.

오가사와라는 더욱 대담한 반격책을 꾀했다. 전 외국부교 미즈노 다다노리水野忠德를 참모로 삼아 교토를 무력 제압하고자 했던 것이다. 그는 막부 군함과 영국선에 육군 3병(기병·보병·포병) 1천여를 태우고 출발해 5월 30일 오사카에 상륙하자마자 교토로 올라가고자 했다. 그러나 도중에 요도淀(현 교토시 남서단)에서 발이 묶였다. 쇼군이 에도로 돌아갈 것이 이미 내정되어 있었기 때문에 그 측근들은 오로지 온건책으로만 기울어졌던 탓이다.

쇼군의 동귀東歸[에도로 돌아감]가 허락된 것은 배상금 지불에 따라 기나이에서 영국과 결전할 가능성이 사라졌기 때문으로 보인다. 막부가 오가사와라 상경 계획의 책임자 처벌과 양이 담판을 명목으로 동귀를 요청하자 조정은 이를 허락했다(6월 3일). 이 때 산조 사네토미 등 조정의 급진파는 전쟁회피에 목매는 막부를 포기하고 '양이친정', 즉 천황 스스로 양이전쟁의 선두에 서고, 나아가 왕정복고까지도 시야에 넣기 시작한 것이다. 이를 위해서는 막부 병력의 퇴거는 오히려 필수였다.

제7장 막말: 공의·존양·강병 운동

양이개전에서 왕정복고로

이보다 앞서 조슈는 막부가 양이기한을 결정하자 1863년 4월 21일, 곧바로 세자 모토노리元德를 이경離京시켰고 번사들도 본국으로 되돌아 갔다. 목적은 교통 요충인 간몬 해협의 봉쇄에 있었다. 양이기한 당일인 5월 10일, 고의로 막부 명령을 무시하고 통과 중인 미국선을 포격해 내쫓았다. 이어 23일에는 프랑스선, 26일에는 네덜란드선을 포격했다.

외국 측은 곧바로 반격에 나서 미국은 6월 1일, 프랑스는 5일에 해협으로 군함을 보내 신속히 보복했다. 조슈의 모든 포대는 일단 파괴되었다. 6월 6일에 다카스기 신사쿠가 기병대奇兵隊를 조직했던 이유 가운데 하나도 이 타격에 의한 사기 저하를 만회하기 위함이었다.

7월 2일에는 가고시마에서 사쓰에이薩英[사쓰마·영국] 전쟁이 발생했다. 영국은 나마무기 사건에 대한 막부의 배상금 지불로 만족하지 않고 양이행위의 근원을 타격하고자 7척의 함대를 가고시마만으로 보냈다. 태풍 속에서 포화를 주고받으며 사쓰마의 전 포대가 파괴되었고 시가지 절반이 불탔지만 영국도 함장 한 명이 전사하는 등 상당한 피해가 나와 승패가 가려지지 않았다. 싸우게 된 이유는 상대 국적을 불문하고 부레이우치無禮討[p.137]는 국내법상 정당한 행위이며, 명백한 위협을 받고도 싸우지 않는 것은 무사의 체면에 관계되기 때문이었다. 사쓰마번은 본래 개국론을 채용하고 있었기에 전투 종료 후에는 강화 교섭에 들어가 이후 오히려 영국과 화친하게 되었다.

6월 8일, 그 다음날 오사카로 내려간 쇼군과 교대하듯 규슈 구루메久留米의 신직神職 마키 이즈미眞木和泉가 입경했다. 그는 이미 1858년에 왕정복고를 구상해 『대몽기大夢記』라는 시나리오까지 작성했지만 1862년 데라다야 사건으로 붙잡혀 일단은 구루메로 되돌려져 투옥되었다. 그러나 1863년 조명朝命과 함께 조슈·쓰와노津和野 두 번의 주선으로 번으로부터 사면을 받아, 교토에서 탈주해 조슈번에 몸을 맡기고 있던 공가 나카야마 다다미쓰中山忠光와 함께 교토로 올라온 것이다.

그는 도중에 조슈를 들러 번주와 면회하고 시세책時勢策을 헌책했는데 6월 16일에는 교토의 조슈 번사와 회합해 재차 '양이친정'책을 이야기했다.[22] 이는 '다섯가지 대책五事策'이라 불리는데 그 가운데에는 '토지인민에 대한 권한을 거두어들일 것'이라는 항목이 있다. 이는 막부에 칙명을 내려 ① 양이에 관해 오와리尾張 이서以西 지역을 천황 스스로 지휘하고 미카와三河 이동以東 지역은 막부가 담당하는 것으로 하며 ② 경비 처리를 위해 기나이 5국[23]을 조정의 영지로 한다는 것이었다. 그 수순으로는 우선 천황 친정을 포고해 군신 이와시미즈 하치만궁에 행행하고 그곳에서 신속히 칙사를 관동에 내려 보내는 것을 제안하고 있다.

조슈 번사는 시모노세키에서 양이를 결행했음에도 전국적으로 호응하는 움직임이 보이지 않아 초조한 가운데 마키의

---

22) 『眞木和泉守遺文』.
23) 야마토(大和)·셋쓰(攝津)·야마시로(山城)·가와치(河內)·이즈미(和泉)로 현재의 오사카부·교토부·나라현·효고현 일대에 해당한다.

제7장 막말: 공의·존양·강병 운동

제안에 강한 흥미를 보였다. 단발적인 양이의 거동을 넘어 이국인 퇴거를 실현하기 위해서는 전 다이묘의 협력이 필요하며 천황 친정을 드높이면 이를 실현하기 쉽다. 또한 쇼군의 교토 퇴거는 '친정'의 이름 하에 왕정복고의 거병을 할 절호의 기회라 생각되었다.

이렇게 해서 교토에서는 양이친정의 이름을 빌린 왕정복고 거병론이 급속히 세력을 얻었는데, 조슈번은 거국적으로 이에 관여했다. 번주 모리 다카치카는 6월 18일 가로 마스다 단조益田彈正 등에 흑인장黑印狀[24])을 부여해 ① 이와시미즈에 행행[p.137] 해 양이친정의 칙서를 내릴 것(마키의 안과 동일), ② 황태자를 세워 나카야마 다다미쓰 등이 후견하도록 할 것(만일의 경우 천황의 대리), ③ 칙명을 어긴 막부 관리·다이묘를 조슈의 손으로라도 토벌해야 할 것을 명했다. 이들은 7월 11일에 입경해 본격적으로 정신廷臣들에게 친정을 권유하기 시작했다. 도막을 공공연히 부르짖을 수는 없었으나 막부의 군사 지휘권이나 통치권에 대한 명백한 도전이었음은 틀림없다. 아마 조슈번은 막부의 저항을 예측해 언젠가는 군사적 대결로 옮겨갈 것을 각오하고 있었으리라 보인다.

---

24) 검은색 인주를 찍어 발행한 문서. 일반적으로 막부 쇼군이 발행한 공적 문서가 붉은 도장[주인장]이었던 반면, 다이묘가 발행한 문서는 흑인을 사용했다.

야마토 행행 조칙에서 역쿠데타로

천황친정 제안에 대해 조정에서는 적극론과 신중론으로 의견이 나뉘었다. 또한 교토 체재 중인 다이묘들은 신중론을 취했다. 그들은 모두 양이를 옳다고 보았지만 막부의 통치권에 대한 명백한 도전을 의미하는 '친정'에는 반대였다. 가령, 7월 5일 고노에 다다히로·다다후사忠房 부자, 니조 나리유키二條齊敬 우대신, 도쿠다이지 긴이토德大寺公純 내대신이 상서했는데, 친정은 모든 다이묘를 소집해 중의衆議를 바탕으로 결정해야 한다며 절차론에 의거해 대항했다. 또한 일관되게 양이론을 취했던 이케다 요시노리池田慶德(돗토리鳥取)도 11일 상서해 친정 이전에 진력할 수단이 많다고 주장했다. 다카쓰카사 관백은 18일 조슈로부터 정식 신청을 받자 돗토리·오카야마·도쿠시마·요네자와 양이파 네 다이묘에 자문했는데 그들은 중의를 바탕으로 양이를 실행해야 한다고 하며 당장은 양이의 실효 여하를 살필 감찰사監察使를 파견하는 것으로 충분하다고 답신했다.

그러나 조정 내의 친정파는 조슈의 후원 하에 조정의 논의를 강제로 추진해 결국 8월 13일, 야마토 진무릉으로의 천황 행행 조칙을 내리고 조슈번 부자 가운데 한 명이 상경하도록 명했다. 이어 15일에는 조슈 등 여섯 번에 10만냥의 어용금 갹출을 명하고 8월 하순이나 9월 상순 출발하기로 결정했다. 한편 14일에는 나카야마 다다미쓰가 재차 조정에서 탈주해 도사 출신 로닌 요시무라 도라타로吉村虎太郎 등과 야마토에서 거병하고 수천의 의민義民을 모아 천황을 맞이하고자 했다. 이들 '덴추구미天誅組'는 17일 야마토 고조五條 다이칸쇼代官所를

제7장 막말: 공의·존양·강병 운동

습격해 조정의 직할령임을 선언했지만 그 후 패주해 9월 24일, 요시노 산속에서 궤멸하게 된다.

야마토 행행 조칙에 대항하는 두 가지 움직임이 발생했다. 양이파 다이묘들은 재차 친정 중지를 탄원했다. 그들은 친정에 대비해 우마조로에馬揃25)를 실시하고 있었지만 막부의 통치권 부정은 용인할 수 없고, 네 번주가 나란히 에도로 내려가 막부에 양이 즉행을 압박하고 만일 받아들여지지 않을 경우 자신들이 책임지고 요코하마의 외국인夷人을 내쫓겠다고 제안했다. 그러나 조정은 이를 받아들이지 않았다.

그러자 아이즈와 사쓰마는 쿠데타로 사태를 돌파하려 했다. 이보다 앞서 사쓰마는 에치젠이나 구마모토와 연락해 교토의 양이론을 뒤집을 기회를 엿보았으나 준비가 갖추어지기 전에 사태가 긴박해지자 재경在京 번사는 지금까지 소원했던 아이즈와 연락을 도모했다. 수호직 아이즈는 이에 적극 응했다. 사쓰마 번사의 매개로 천황이 가장 신뢰하던 온화파 나카가와노미야와 연락을 취할 수 있었고 그 결과 13일 중에 역쿠데타 계획이 성립했다. 1년 전 쇼군과 혼인한 여동생 가즈노미야에 대한 의리를 생각하고, 자신을 소외시킨 난폭한 결정을 우려하던 친횡은 나카가와노미야의 내주內奏를 받고 이에 동의했다.

17일 심야, 니가가와노미야의 참내를 계기로 쿠데타는 시작되었다. 수호직·쇼시다이·사쓰마의 병사로 궁문을 경비하며 소명을 받은 자 이외는 참내를 금지했다. 그 후 산조 사네토미

---

25) 군마(軍馬)를 모아 조련과 연습을 점검하는 일종의 군사 퍼레이드.

이하 15명의 공가에 대해 참내·내행(바깥으로 외출하는 것)·타인 면회를 금지하는 명이 내려졌고 국사참정·국사기인 제도 폐지, 나아가 조슈번의 낙중 퇴거 및 야마토 행행 연기가 명해졌다. 천황은 이후 8월 26일, 조신과 재경 다이묘에게 친서를 내려 8월 18일 이후의 조칙이야말로 진정한 것임을 알렸다 [8.18 정변].

이 쿠데타에 대해 산조 사네토미 등 급진파 공경과 조슈번사는 다카쓰카사 관백 저택에 모여 일단 저항하고자 했지만 칙명을 받은 결과, 순순히 퇴거했다. 그 인원은 친병 1000여 명, 조슈병 850명이었다. 존양파 공경의 중심인물인 산조 등 7공경은 칙명을 무시하고 이들과 함께 조슈로 떠났다. 조슈 인사에게 이는 청천벽력과 같은 일이었는데 그 원인은 재경 양이파 다이묘를 같은 편으로 끌어들이지 못한 것에 있었다고 여겨진다. 마키의 과격론에 끌려다녀 다수파에 대한 공작을 태만히 하고 중간파를 적으로 돌려 고립되어 버린 것이다.

8월 18일 정변을 경계로 안세이 5년 이래 상황의 유동화는 끝이 났다. 마침내 질서 재건이 가능한 조건이 만들어져 '공의'파 대다이묘를 중심으로 새로운 정치체제의 모색이 시작된다. 그러나 이는 순조롭게 진행되지 않았다. 이하에서는 그 시행착오 속에서 결국 왕정복고를 둘러싼 두 가지 길로 집약되어 가는 과정을 보고자 한다.

제 8 장

막말: 질서재건의 모색 — '공무합체' 체제의 성립과 무력 충돌의 출현

개관: 공의정체의 수립을 둘러싼 쟁투

안세이 5년 정변 이래, 일본의 정치질서는 순식간에 혼란에 빠졌다. 쇼군과 천황이라는 두 우두머리兩頭 사이에 격한 대립이 발생했을 뿐 아니라, 조정, 대다이묘, 민간 지사 등 몇몇 새로운 정치 주체가 전국 단위의 정치에 등장하고 게다가 대부분은 자기주장에 급급해 다른 세력과의 제휴를 중시하지 않았다. 그들은 각각의 야심에 따라 행동했으며 그 결과 정계는 누구도 앞을 내다 볼 수 없는 길로 들어섰다. 그 끝은 서양과의 전쟁이나 도막倒幕이라는 파괴적 기도로까지 다다르게 되었던 것이다.

그러나 1863(文久3)년 8월 18일 정변을 계기로 조류가 바뀌었다. 존양과격파가 교토를 떠난 후, 그들에게 휘둘렸던 대다이묘와 막부 요인이 교토에 모여 조정 상층부와 제휴하면서 질서 재건에 착수했던 것이다. 대다이묘가 '공의公議'라는 이름 하에 오랜 바람인 정권 참가를 실현하고자 했다면, 막부는 옛 영광으로의 복귀를 갈망하며 막부 전제專制의 복고를 목표로 삼았다. 양자는 천황의 총애를 받고자 경쟁했지만 그 줄다리기는 엎치락뒤치락 끝에 막부 측의 승리로 끝났다. 천황과 쇼군은 화해하고 교토에는 조정과 막부를 잇는 조직이 만들어져 이를 지탱하게 된 것이다. 조정 측에서는 천황의 심복 나카가와노미야 아사히코中川宮朝彦 친왕과 관백 니조 나리유키二條齊敬, 막부 측에서는 금리수위총독禁裏守衛總督인 히토쓰바시 요시노부一橋慶喜, 교토수호직 마쓰다이라 가타모리松平容保(아이즈會津), 교토쇼시다이 마쓰다이라 사다아키松平定敬(구와나桑名)가 핵심이 되어 서로 제휴하고 국가 방침을 조정하는 체제가 성립했다. 무가 측에 주목해 '이치카이소一會桑' 체제라 불리기도 하는데 전체를 앞뒤 시대와 대비하며 본다면 '공무합체' 체제라 불리는 편이 적절할 것이다.

그러나 이 체제는 극히 불안정했다. 또한 체제 성립 이후 이전에는 드물었던 조직적 폭력 행사가 빈번히 보이게 되었다. 조슈나 미토를 비롯해 존양 단행을 표방하는 강한 반대 세력이 있는 한편으로 공무합체 체제 성립과정에서 배제된 사쓰마나 에치젠 등 유력 대다이묘가 있었다. 이들은 기회가 눈에 띄는

제8장 막말: 질서재건의 모색 – '공무합체' 체제의 성립과 무력 충돌의 출현

대로 교토 탈환이나 '공의'를 추구했다. 게다가 사쓰마나 에치젠은 '공의' 시도가 좌절될 때마다 체제와 거리를 두게 되었다. '공무합체'했어야 할 막부 측에서도 에도의 막각幕閣과 교토의 이치카이소 사이, 또한 막각 내부에서도 기본 정책 대립이 발생했다. 이에 더해 일부 지사들은 양이나 도막을 부르짖으며 거병을 꾀했고 여러 번의 로닌들뿐 아니라 다수의 농민이 이에 가담했다. 이러한 반란은 개별적으로 진압되었으나 1864(元治1)년 후의 일본 정계는 수 개의 대립 세력으로 명확히 분할되고 또한 조슈를 선두로 정권 쟁탈에 무력행사를 마다않는 경향이 강해졌다.

표8-1. 정권 분여·조슈 처분·요코하마 쇄항을 둘러싼 입장

쟁점	정권분여	조슈 처분	요코하마 쇄항
조정	조정에 ○ 참여에 △	○(x)	○
막각	×	○	○
참여	○	○	×

여기에서 다루는 시기의 정치주체와 쟁점을 미리 [표8-1]로 제시해 두고자 한다. 참여란 1863년 말부터 이듬해 3월까지 조정이 세운 관직으로, 쇼군후견 히토쓰바시 요시노부와 더불어 에치젠의 마쓰다이라 슌가쿠松平春嶽, 아이스의 마쓰다이라 가타모리, 도사의 야마우치 요도, 우와지마의 다테 무네나리伊達宗城, 사쓰마의 시마즈 히사미쓰 등 대다이묘가 임명되었다. 1858년에 히토쓰바시 요시노부의 쇼군 옹립을 기도했던 대표적인 번들이다. 당시 최대 문제가 된 것은 '공의'를 제도화해

막부 정권을 이들에게 분여分與할 것인가였는데, 직전까지 교토 정계를 지배했고 천황의 의사를 속여온 조슈를 어떻게 처분할 것인가도 문제가 되었다. 안세이 5년 조약[1]을 유지할 것인가 여부도 쟁점이 되어 막각은 천황의 지지를 확보하고 대다이묘를 배제하기 위해 구태여 최대 무역항이 된 요코하마의 쇄항鎖港을 제안하며 천황에게 막부의 양이 태세를 어필하고자 했다. 표 기운데 정권 분여에 대한 조정의 입장은 스스로의 막정 개입은 열망하되 대다이묘의 막정 참여는 소극적으로 지지한다는 것이었다. 조정의 조슈에 대한 태도는, 천황과 그 측근이 정토征討를 요구할 정도였으나 내부에서는 양이론의 입장에서 조슈에 동정하는 공가가 다수를 차지했다. 이는 조슈의 교토 무력 탈환 시도(금문禁門의 변)의 전제가 되었다. 한편, 막각은 당연히 공의파 다이묘(참여 등)가 막정에 개입하는 것을 꺼려했고 막부에 적대한 조슈 처분도 당연시했다. 참여는 정권 분여를 열망하면서 조슈 처분 문제를 자신들과 조·막의 결속을 위해 이용하고자 했다.

8.1 '명현후'의 상락과 '정체 일신'

'명현후'의 '공의' 추구와 막각의 '막위' 회복 갈망

1863년 8월에 양이급진파가 교토를 떠난 후, 조정은 겉으로는 막부에게 양이 요구를 계속하면서 실제로는 국내 질서 회복으로 관심을 옮겨 이를 위해 우선 시마즈 히사미쓰의 상경을

---

[1] 1858(安政5)년 미국을 필두로 체결된 수호통상조약. 안세이 5개국 조약이라고도 불린다.

제8장 막말: 질서재건의 모색 – '공무합체' 체제의 성립과 무력 충돌의 출현

요구했다(三谷[p.104]). 정변 후 양이파 대다이묘는 계속 교토에 머물렀고 한때는 양이파의 도쿠가와 요시카쓰^{德川慶勝}(오와리)가 상경해 막부에 대한 양이 주선을 제의했다. 이에 조정은 일단 막부에 양이 독촉사절을 파견하기로 했다. 그러나 다른 한편으로 조슈의 변명 사절 입경은 거절했고 10월 3일 히사미쓰가 입경할 즈음에는 사쓰마나 구히토쓰바시파에 의뢰해 질서를 회복하고자 하는 의지를 보이기 시작했다. 양이파 다이묘가 한사람씩 퇴경하는 한편, 히사미쓰는 쇼군과 구히토쓰바시파 다이묘를 교토에 모으고자 했다. 고치^{高知}의 야마우치 요도나 우와지마의 다테 무네나리에게 상경을 독촉하고 조정에 진언해 10월 7일에는 후견 히토쓰바시 요시노부와 마쓰다이라 슌가쿠를 조명^{朝命}에 따라 불러 내었고, 나아가 11일에는 쇼군 이에모치에게도 재차 상경 명령을 내렸던 것이다. 시마즈 히사미쓰는 쇼군과 막부 수뇌 및 구히토쓰바시파 '명현후^{名賢侯}'의 협의에 의해 일본의 정권을 '소신^{小身} 각로^{閣老}'에서 '대신^{大身} 제후'로 옮기고, 조정의 주도권도 후지와라 5섭가[p.73]에서 황족으로 교체하기를 구상했다.[2] 일찍이 하시모토 사나이가 생각했던 정체 개혁 구상을 실현하고자 했던 것이다.

이에 대해 고메이 천황은 11월 15일에 이르러 히사미쓰에게 ① 양이에 관해서는 '무리한 전쟁'은 그만두지만 신속한 조치를 취하고 싶다 ② 정권에 관해서는 '관동 위임'과 '왕정복고' 두 설이 있지만 전자를 취해 공·무가 협력해 화숙^{和熟}한 나라가

---

2) 『續再夢紀事』 2, pp.181–182

되고자 한다는 친서를 내렸다.3) 다이묘의 정권 참가에 관한 의사표명은 없었지만 질서회복에의 의사, 대다이묘의 손을 빌리고자 한다는 의향을 명백히 했다.

이에 대해 에도 막각은 봄, 가을 교토의 경험에 질려 양이문제에 관심을 집중하는 한편, '막위幕威' 회복에 강한 바람을 품기 시작했다. 전쟁 없이 양이 자세를 보이는 방책으로 최대 무역항 요코하마를 쇄항하는 방침을 내놓았고 1863년 3월 슌가쿠가 사임한 이래 공석이 된 정사총재직에 양이론자 마쓰다이라 나오카쓰松平直克(가와고에)를 임명한 후, 연말에는 쇄항사절을 유럽에 파견했다. 한편으로는 '막위'를 상징하는 전중殿中[쇼군의 거소]에서의 복제服制를 개혁 이전으로 되돌린다는 명령을 내렸다(11월 10일).

양이 급진파가 퇴경한 후의 중앙 정계에서 공무화해에 관한 관계자들의 의사는 일치하고 있었다. 하지만 정권 구상에서는 정권 참가를 목표로 한 대다이묘와, 막위 회복을 지상 과제로 삼은 막각의 생각이 180도 달랐다. 이 때 양자의 조정을 맡은 것은 히토쓰바시 요시노부였다. 그는 단순한 조정을 넘어 새로운 정체를 세우고자 하는 의욕도 표명했다. 11월 26일 입경한 그는 공·무가 화해, 나아가 합체하기 위해 쇼군의 오사카 체재를 구상하고 '명현후'의 정권 참가도 용인하는 태도를 보였다. 이것이 성공했다면 분명 새로운 정체가 관서關西를 본거지로 삼아 성립했으리라.

---

3) 『孝明天皇紀』 4, p.930.

제8장 막말: 질서재건의 모색 — '공무합체' 체제의 성립과 무력 충돌의 출현

조의 기구의 개혁과 '조의 참여'의 성공

고메이 천황은 12월 23일, 9월 내람(內覽[4])을 맡고 있던 니조 나리유키를 좌대신으로 승임하고 관백에도 임명했다. 니조는 이후 왕정복고까지 나카가와노미야 아사히코 친왕(이 해 가야노미야賀陽宮로 개명)과 함께 천황을 보좌하게 된다. 그 후 조정은 12월 30일, 히토쓰바시 요시노부(쇼군 후견)·마쓰다이라 슌가쿠(에치젠 은거)·마쓰다이라 가타모리(수호직, 아이즈)·다테 무네나리(우와지마 은거)·야마우치 요도(도사 은거)에 '조의朝議 참여'를 명했다. 이듬해 1864(元治1)년 정월 13일에는 시마즈 히사미쓰(사쓰마 국부)도 관위를 부여받은 후 이에 가담했다. 사쓰마와 에치젠은 안세이 5년 이래 막각에의 정권참가를 노리고 있었는데, 우선 조의에 참여를 꾀해 실현한 것이다.

다른 한편, 조정은 사쓰마안案에 있었던 것과 같이 황족의 역할도 중시해 아사히코 친왕 외에 야마시나노미야 아키라山階宮晃 친왕을 환속시킨 후 국사괘에 참여시켰다. 그 결과 1864년 초봄 조정에서는 새로운 조의 기구가 만들어졌다. 공식 조의는 황족·삼공(좌대신·우대신·내대신)·의주·무가전주로 이루어진 국사괘가 담당하는 한편, 그들은 다이묘 참여에게도 소어소小御所[5]에서 심의 사항을 서면으로 건네 자문하기로 했다. 참여

---

[4] 섭정·관백 등이 천황에게 주상(奏上) 할 공문서를 내밀하게 보고 정무를 대행하는 것.

[5] 교토 어소 내의 건물 가운데 하나. 천황이 막부의 사자나 쇼시다이, 제후 등을 알현하는 장소다.

다이묘는 교토의 저택에서 집회·의결한 후에 이에 답신하고 국사괘는 이를 받아 정식으로 결정한다는 구조가 만들어진 것이다.

그렇다고는 해도 정국을 주도한 것은 시마즈 히사미쓰였다. 그는 정월 7일, 은밀히 아사히코 친왕과 내대신 고노에 다다후사近衞忠房와 면회하고 입락入洛이 임박한 쇼군 이에모치家茂에게 부여될 칙서의 문안을 헌책했다. 이후 27일에 그대로 이에모치에게 내려지게 되는 칙서 문안의 골자는 다음과 같았다. ① 1862년의 막정 개혁과 쇼군 상락은 상찬해야 한다. ② 산조 사네토미 등의 양이·도막 기도는 비난받아야 하며 이를 부추긴 조슈의 '폭신暴臣'은 처벌받아야 한다. ③ 대對 서양 군비에 전력을 기울여야 한다. ④ 쇼군이나 다이쇼묘大小名[6]는 나의 백성으로, 이와 함께 천하를 '일신'하고자 한다.[7] 막부의 행동을 상찬하며 조슈가 주도한 양이급진·도막 기도를 강하게 비난하고 이로써 공무화해를 중개하고자 했음을 알 수 있다.

그러나 쇼군 상락 시에는 이같은 사쓰마·참여 다이묘와 막각 사이에 치열한 권력 투쟁이 발생할 것이 쉽게 예상되었다. 이에 히토쓰바시 요시노부는 정월 9일, 다음과 같은 조정안을 생각해 참여 다이묘의 찬동을 얻었다. ① 조의로 조슈 정토를 결정하고 쇼군의 대리인 총독에 기슈 번주 도쿠가와 모치쓰구德川茂承, 부총독에 아이즈[의 마쓰다이라 가타모리]를 임명한

---

6) 다이묘[영지 석고 1만석 이상] 가운데 비교적 영지가 크거나 작은 다이묘를 모두 아우른 호칭.
7) 『孝明天皇紀』5, pp.26-27.

제8장 막말: 질서재건의 모색 – '공무합체' 체제의 성립과 무력 충돌의 출현

다. ② 히토쓰바시는 쇼군 후견을 사임하고 금리수위총독이 되어 교토수호직에 임명된 슌가쿠와 함께 교토를 방비한다. ③ 시마즈 히사미쓰와 야마우치 요도에게 막부의 역직을 부여해 히토쓰바시·슌가쿠의 상담역으로 임명한다. 이 제안은 우선 조슈를 공통의 적으로 삼아 막각과 사쓰마의 대립을 완화하고 둘째로는 양이론을 채용한 아이즈를 교토에서 떨어트려 조정을 개국 정책으로 전환시킬 조건을 마련하고자 한 것이라 생각된다. 이상은 ③을 제외하고 실현되었다. 2월 11일 조슈 정토 포진布陣이 발령되고 아이즈도 일단은 수호직에서 전출하게 된 것이다.

정월 21일, 쇼군 이에모치는 제 다이묘·고케高家[8]를 이끌고 참내해 전년과는 다른 환대를 받았다. 이날 수여된 칙서는 다음과 같았다. ① 내외 위기의 책임은 자신에 있고 쇼군의 죄는 아니다. 천하의 만회는 양자가 실제 부자와 같이 화목해지는가의 여부에 달렸다. ② 무모한 양이는 원치 않으며 쇼군에 의한 책략 상주를 기다려 '흔들림 없는一定不拔 국시'를 정하고자 한다. ③ 이 '중흥의 대업'에 있어서는 마쓰다이라 가타모리·마쓰다이라 슌가쿠·다테 무네나리·야마우치 요도·시마즈 히사미쓰와 득히 협력하길 바란다.[9] 화해 의지를 명확히 서술했으며, 참여 다이묘와 협력할 것을 명시하고 있는 내용이다. 27일 재차 참내시의 칙서에는 여기에 조슈를 공통의 적으로 한다는 내용이 추가된 것이라 보면 된다.

---

8) 칙사의 접대 등 조정과 공가 관계 의식, 의례를 담당한 직명.
9) 『孝明天皇紀』 5, p.20~21.

'막의 참여'의 실패

두 번의 참내에서 조정의 공무화해 의지는 명확해졌다. 그러나 막각은 '명현후'들의 정치 참가가 동반된 것에 강한 우려를 보였다. 특히 정월 27일의 의례 후, 조정이 쇼군에 뒤이어 정사총재 마쓰다이라 나오카쓰·각로^{閣老}[로주]도 호출해 참여와의 협의를 명한 것에는 크게 불복했다. 도쿠가와 일문 이외가 막의^{幕議}에 개입하는 것은 단호히 받아들이지 않았다. 가문인 슌가쿠가 막부 고요베야^{御用部屋10)}에 출입하는 것은 상관없지만 도자마 다이묘에 같은 대우를 하는 일은 허락할 수 없다는 것이다. 막각은 같은 의견을 가진 아이즈와 함께 반격에 나섰다.

반격의 씨앗은 요코하마 쇄항이었다. 히토쓰바시는 천황과의 화해가 조정을 개국론으로 바꿀 절호의 기회라고 설득했지만, 막각·아이즈는 에도에서 이미 책정한 요코하마 쇄항 주장을 통해 천황의 환심을 사쓰마로부터 빼앗고자 생각해 이를 물리치고 조정 수뇌의 설득에 나섰다. 히토쓰바시는 재차 조정을 시도해 2월 11일 미리 준비한 조슈 토벌 포진을 포고하게 했다. 쇼군 이에모치는 그 후 14일에 참내해 앞선 칙서에 대한 봉답문을 바쳤는데 그 의식 후에는 아사히코 친왕이 제의한, 5명의 참여를 '막의 상담역'에 임명할 것을 승낙했다. 그 자리에 없었던 막각은 이에 경악했지만 쇼군의 약속을 곧바로 무효로 만들 수 없어 일단 참여 다이묘의 막부 고요베야 출입을 포고했다.

---

10) 로주, 와카도시요리가 정무를 보던 에도성 내의 방.

제8장 막말: 질서재건의 모색 – '공무합체' 체제의 성립과 무력 충돌의 출현

그러나 이 결정은 막각 권력을 훼손한 것에 다름 아니었다. 그들은 반격 기회를 노렸는데 다음날 15일에 소어소에서 열린 염전簾前[어전] 회의에서 참여 측이 실언을 하자 이를 놓치지 않았다. 이 회의에서 천황은 쇼군의 봉답에 입각해 곧바로 요코하마 쇄항에 착수하도록 명했는데 시마즈 히사미쓰와 다테 무네나리는 무모한 전쟁의 계기가 된다며 반대를 명언했던 것이다. 천황은 다음날 아이즈에 친서를 내려 마쓰다이라 다카모리가 교토수호직에 복직하도록 요청했다.[11] 그를 조슈정벌 부총독에서 교토 요직으로 되돌리고 요코하마 쇄항 실행을 주선하길 기대한 것이다.

천황의 기대는 사쓰마에서 아이즈로 옮겨졌다. 동시에 참여와 막각은 공수를 바꾸어 막각에 의한 참여 고립화 공작이 착실히 성과를 거두기 시작했다. 히토쓰바시도 참여 다이묘와 결별하고 막각과 함께 행동하기 시작했다. 참여 가운데 야마우치 요도는 사실 처음부터 조의 참여에 소극적이어서 재차 귀국과 참여 사임을 청원했는데, 조정은 우선 이를 허락했다. 이어 참여 이외의 재경 다이묘에게도 궁중 회의 출석을 허가하고 나아가 2월 26일에는 그들 전원에게 조정과 참여의 왕복문서를 공개해 의견을 자문했다. 참여들이 의거한 '중의', '공의'의 이름을 역으로 이용해 참여 다이묘=구히토쓰바시파의 특권을 빼앗고자 했던 것이나. 이같은 상황 하에서 오카야마와 후쿠오카의 다이묘는 조슈정벌은커녕 반대로 조슈를 옹호하는 답신을 제출했다.

---

11) 『孝明天皇紀』5, pp.46-53.

8.1 '명현후'의 상락과 '정체 일신'   229

 궁중에서 참여 다이묘에의 공격이 강해진 결과, 참여는 자발적 면직을 청원하지 않을 수 없게 되었고, 3월 13일·14일 청원이 수락되었다. 참여 다이묘는 원래 목표였던 막부에의 정권 참가는커녕 조의에의 관여권마저 부정당하게 된 것이다. 그 후 참여 다이묘는 만회 공작을 시도하지만 효과는 없이 4월 중순에는 퇴경하게 되었다.

 이상을 되돌아 보면 다음과 같이 정리할 수 있을 것이다. 1863년 8월 18일 정변 후, 급진 양이파가 사라진 교토에서는 질서 재건 시도가 시작되었다. 안세이 5년 이래, 전국 규모의 정권 참가를 목표로 한 '명현후'들은 이를 절호의 기회로 삼았다. 시마즈 히사미쓰와 마쓰다이라 슌가쿠는 조정의 아사히코 친왕과 제휴하는 한편, 막부 측의 히토쓰바시 요시노부를 같은 편으로 끌어들여 우선 조의 참여를 실현했다. 그러나 그들이 원래 노렸던 막의 참여를 실현시키고자 했을 때, 도쿠가와만으로 질서 재건을 열망하고 있던 막각은 격하게 저항했다. 아이즈와 제휴하는 한편, 요코하마 쇄항 문제를 사용해 천황의 환심을 사고, '명현후'들의 막의 참여만이 아니라 조의 참여도 폐지하기에 이르렀다. 만일 이 때 막부가 '명현후'들을 받아들여 도쿠가와를 중심으로 한 공의정체를 실현했다면 도쿠가와의 천하는 무사태평했을 것이다. 외교에서 개쇄開鎖 문제나 조슈를 비롯한 급진적 양이파에 의한 소요는 남아있다고 해도, 유지有志 대다이묘의 정권 참가는 막부의 정권 기반을 넓혀 조정을 개국책으로 전환시키는 일도 결국에는 가능해졌을 것이다. 그러나 막각은 스스로의 권력 독점을 지키는데 급급한 나머지 유지

제8장 막말: 질서재건의 모색 – '공무합체' 체제의 성립과 무력 충돌의 출현

다이묘를 배제하고 요코하마 쇄항이라는 실현 곤란한 정책을 사용해 천황을 같은 편으로 삼는데 몰두했다. 단기적으로는 대성공이었지만 이는 오래 지속될 방책은 아니었다. 급진적 양이론자에 더해 조정과의 화해를 주선해 준 '명현후'들을 어떠한 보상도 없이 쫓아낸 결과, 조슈에 더해 또 하나의 활동적인 세력을 반대 세력으로 몰아 넣고 나아가 서양의 군사 압력을 불러왔기 때문이다.

8.2 '공무합체' 체제와 외부 세력

'공무합체' 체제

1864년 4월 20일, 천황은 쇼군 이에모치에게 정무를 위임한다는 칙명을 내렸다. 애써 상락을 한데다 '열번列藩'에 의한 국시 건의도 있었기에 특단의 성려聖慮[천황의 생각]로 앞서의 '막부에 일체 위임'을 확인하고 앞으로는 정령政令이 한곳에서부터 나오도록 하겠다는 의향을 표명한 것이다. 다만 '국가의 대정대의大政大議'는 예외로, 조정에 문의하라는 조건을 붙였다. 전년의 정권 위임은 말만으로 끝났지만 이번에는 천황과 쇼군 사이에 개인적 관계가 형성되고 이를 지탱하는 조직과 인맥도 생겼다. [그림 8-1]

핵심 인사는 조정 측의 나카가와노미야(가야노미야賀陽宮) 아사히코 친왕과 관백 니조 나리유키, 막부 측의 히토쓰바시 요시노부와 아이즈 마쓰다이라 가타모리였다. 전체를 구상한 것은 히토쓰바시로, 그는 조슈 정벌 포진 시에 발령된 금리수

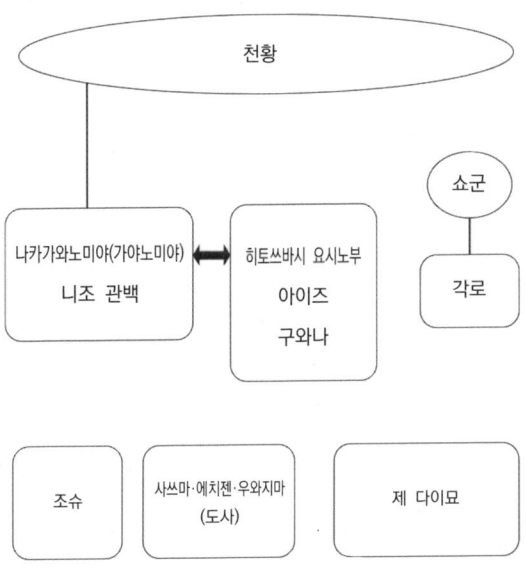

8-1. 1864년 봄, 각 주체의 관계

위총독에 더하여 셋카이攝海(오사카만) 방어지휘에도 임명되어 교토·관서 지역 군사지휘의 중심에 서게 되었다. 3월에는 교토 시가지의 경위 책임을 제 번들에서 다시 거두어들여 수호직·쇼시다이·신센구미新撰組가 담당하게 하고 쇼시다이에는 마쓰다이라 가타모리의 친동생 마쓰다이라 사다아키(구와나)를 임명했으며 4월 22일에는 가타모리를 교토수호직에 복직시켰다. 교토의 치안유지를 도쿠가와 일문이 독점하는 체제로 돌아가 조슈에 의한 탈환이나 서양 침공에 대비하는 체제를 취한 것이다. 쇼군 이에모치는 그 조직이 성립되는 것을 본

제8장 막말: 질서재건의 모색 – '공무합체' 체제의 성립과 무력 충돌의 출현

후에 오사카로 내려갔고 이후 바닷길로 에도에 돌아갔다.

'공무합체' 체제는 이후 발생한 금문의 변, 제1차 조슈 정벌, 조약칙허, 조슈 전쟁, 이에모치의 죽음에 따른 요시노부의 쇼군직 취임, 나아가 고메이 천황의 사거를 지나 대정봉환까지 약 3년 반 동안 유지되었다. 다양한 사건에 의해 끊임없이 요동치기는 했으나 이처럼 핵심조직에서 최종 해결이 이루어졌기 때문에 상대적으로 안정된 체제였다고 보아도 좋을 것이다.

양이파의 무력 반란 – 산발하는 거병과 미토 천구당의 무력 횡행

그러나 이 체제에 대해서는 성립 당초부터 다양한 도전이 이루어졌다. 교토에서 쫓겨난 명현후, 특히 사쓰마는 막부에 강한 불만과 불신을 품었다. 사쓰마는 변경의 구니모치國持 다이묘라고는 해도 지금까지 이에나리家齊·이에사다家定 2대에 걸친 쇼군의 정실을 배출한, 쇼군가와 가장 가까운 인척이었다. 또한 자기주장이 급한 반면, 도쿠가와 천하를 파탄에서 구하기 위해 진력해온 것도 사실이었다. 그럼에도 불구하고 이번에는 그 노력이 무시되고 오히려 굴욕적인 취급을 받으며 권력 중추에서 배제된 것이다. 그들은 이후 협력을 그만두고 방해행위를 통해 정권 분여를 요구하기 시작한다.

다른 한편, 조정의 다수 의견은 양이론이었다. 산조 사네토미 등 급진파가 사라진 후에도 양이파 공가는 양이실행이나 조슈 복권을 획책해 양이론자인 이케다 모치마사池田茂政(오카야마)나 오와리 요시카쓰가 상락上洛하자 그들의 상서를 배경으로 조정 상층부를 압박했다. 아사히코 친왕이나 니조 관백은

이 움직임에 대해 왕정복고냐 대정위임이냐 하는 양자택일을 제시하며 가까스로 막아내는 모습이었다. 교토에 남은 공가들에게 일본의 정치를 담당할 용의는 없었기에 대정위임 선택, 구체적으로는 이치카이소에 선처를 구하는 방책 이외에는 없었던 것이다.

한편, 지방에서는 양이파 낭사에 의한 무력 반란이 이어졌다. 1863년 야마토 행행行幸 발표 후, 기나이나 북관동에서 양이나 도막을 내세운 거병이 시도되었다. 앞 장에서 언급한, 공가 나카야마 다다미쓰中山忠光를 앞세워 야마토 고조五條 다이칸쇼代官所를 습격하고 도쓰카와十津川 향사 천여명이 연루되었던 야마토 남부에서 벌어진 덴추구미天誅組의 난(8월), 역시 공가인 사와 노부요시澤宣嘉를 옹립한 히라노 구니오미平野國臣의 다지마국但馬國 이쿠노生野의 변(10월) 등이 대표적이다. 이들 존양 급진파는 8월 18일 정변으로 도쿄에서 쫓겨난 뒤, 오로지 무력 봉기에 관심을 기울이게 되었다. 북관동에서도 햐쿠쇼인 시부사와 에이이치澁澤榮一 등이 주변 농민을 규합해 다카자키성이나 요코하마를 습격하려는 계획을 세웠다. 이는 미수로 끝났지만 시부사와의 회상에 따르면 왕정복고의 꿈을 좇았다기보다는 현존 체제를 파괴하는 선구자가 되는 것이 목적이었던 듯하다. 중국의 왕조 말기에 등장하는 반란자들을 모델 삼아, 죽음을 각오하고 거병해 역사에 이름을 남기고 뒷 수습은 후계자에게 맡길 심산이었다는 것이다.[12] 이들 무력 반란에는 신관이나

---

12) 澁澤榮一『雨夜譚』岩波書店, 1984 / 시부사와 에이이치 저, 박훈 역 『일본의 설계자, 시부사와 에이이치』21세기북스, 2018.

제8장 막말: 질서재건의 모색 – '공무합체' 체제의 성립과 무력 충돌의 출현

의사를 비롯해 농촌부 지식인이 다수의 농민을 이끌고 가담했다. 이들의 발상 또한 시부사와와 마찬가지였으리라 보인다.

교토에 공무합체 체제가 성립해 가던 때에 최대 무력반란은 존양론 발상지인 미토에서 발생했다. 바로 쓰쿠바산筑波山 거병이다.[13] 이는 당초 막부에 양이 전쟁을 강요한다는 모토로 일어났지만, 곧 번내의 당파 항쟁과 얽힌데다 군자금 징발과 동지 조달 양면에서 북관동 지역의 백성들도 말려들어 대규모 무력반란으로 전개되었다. 1874년 3월 27일, 존양 격파激波 후지타 고시로藤田小四郎를 주모자로, 미토의 마치부교 다마로 이나노에몬田丸稲之衛門을 대장으로 받들며 쓰쿠바산에서 궐기했다. 당초 세력은 가담 백성을 포함해 백수십 명이었는데 4월에는 양이 기원을 위해 닛코로 향하며 우쓰노미야번의 양이파와 제휴를 모색했다. 닛코에서 격문을 내고 하산해 오오히라산太平山에 근거를 둔 후에는 400명으로 불어났다. 그들은 멀리 고즈케遠野의 오타太田·기류桐生까지 군자금 징발에 나서며 행패를 부렸다.

이에 대해 막부는 당초 '공무합체' 기초가 된 '요코하마 쇄항' 실행으로 소동을 진정시키는 방침을 취했다. 이에모치가 에도로 귀환한 5월 말에는 미토의 도쿠가와 요시아쓰德川慶篤에 요코하마 쇄항을 실행하는 임무를 맡기고 동시에 쓰쿠바 세력 진압을 명했다. 다만 조정에서 요코하마 쇄항 임무를 받은 또다른 인물, 정사총재직의 마쓰다이라 나오카쓰는 양이론에

---

13) 이하, 『水戸市史』中卷 5에 따름

강하게 공감하고 있었다. 그는 쓰쿠바 세력의 토벌에 반대하고 나아가 이의를 제기하는 로주나 관료들의 파면도 요구했기 때문에 에도에서는 한 달 가까이 정치 공백이 계속되었다. 이 사이 에도 출신 이케다 모치마사(오카야마)는 조정에 건언해 쓰쿠바 세력이 쇄항의 선봉에 서도록 요구하며 조의를 동요시켰다. 그러나 금리수위총독 히토쓰바시 요시노부(모치마사의 친형)은 이에 강하게 저항했고 그 결과 쓰쿠바 세력이 조정의 지지를 얻을 가능성은 사라졌다. 또한 에도에서는 6월 22일 나오카쓰가 파면되었다. 막각은 로주 미즈노 다다키요水野忠精와 신임 아베 마사토阿部正外 하에 재편성되며 이전으로 되돌아가 조약 유지론자가 정권을 장악하게 되었다. 동시에 7월 8일 와카도시요리 다누마 오키타카田沼意尊가 추토군의 총지휘를 명받고 북관동의 번들이 이에 협력하는 태세가 만들어졌다.

이같은 상황 하에서 이전부터 반복되었던 미토 번내 항쟁이 재연되었다. 쓰쿠바 거병 당초, 문벌 보수파와 존양파 가운데 진파鎭派는 협력을 모색했지만 양자는 마침내 에도와 미토에서 수뇌 인사를 둘러싼 항쟁을 시작했다. 7월 하순, 쓰쿠바 평정 임무를 맡은 보수파가 미토성에 들어가자 쓰쿠바 세력은 하산해 미토에 공세를 시작했지만 격퇴당했다. 그 사이 에도에 있던 존양파 가운데 진파는 번주 요시아쓰에 진정을 호소해 8월 초순 지번주支藩主[14] 마쓰다이라 요리노리松平賴德(시시도宍戶)

---

[14] 번주 집안의 일족으로 가독 상속권이 없는 번주의 동생, 서자 등이 영지를 분여받아 새롭게 만들어진 번(지번)의 번주를 지칭한다. 지번주는 본가의 대가 끊길 경우 본가를 계승하기도 했다. 미토의 경우 4개의 지번이 있었다. 사누키 다카마쓰(高松)번, 무쓰 모리야마(守山)번, 히타치

를 대리^{名代}로 영내에 내려가도록 했다. 하지만 이들은 쓰쿠바 세력과 싸우지 않고 도중에 격파의 중신 다케다 고운사이^{武田耕雲齋} 세력과 합류해, 미토에 도착했을 때에 그 인원은 농민을 흡수해 3천명으로 늘어났다. 미토성에 자리잡은 보수파는 이를 존양파 격파와 진파가 합동해 정권 탈취를 꾀한 것이라 간주하고 요리노리 입성을 거부했다. 그 결과 요리노리 등 이른바 '대발세^{大發勢}'는 미토의 외항 나카미나토^{那珂湊}로 향해 16일에 이를 함락하여 거점으로 삼고 곧장 되돌아가 미토성 바깥을 압박했다. 이에 대해 막부 추토군 다누마 오키타카는 미토 보수파 정부에 구원을 보내 나카미나토 부근에서 양 세력의 공방이 전개되었다. 요리노리나 진파는 화평 공작도 시도했지만 쓰쿠바 세력이 합류했기 때문에 막부로부터는 똑같은 '역도'로 간주되었다. 9월 하순, 요리노리는 격파를 제외한 다른 이들을 구하기 위해 막부군에 투항했지만 10월 5일 할복을 명받았고 토벌군은 이날 총 공격을 시작했다. 하순이 되어 나카미나토 측의 전황이 불리하게 되자 철저 항전파인 다케다 고운사이나 쓰쿠바 세력 천여명은 북방으로 탈출했고 진파 1154명은 투항했다. 진파의 주요 인사 43명은 제번^{諸藩}에 구류된 후 이듬해 4월 처벌하지 않겠다는 약속에도 불구하고 처형되었다.

북방으로 탈출한 그룹 '천구세^{天狗勢}'는 총대장으로 디게다 고운사이를 받들며 미토 출신 히토쓰바시 요시노부에 의뢰해 억울함을 풀고 양이를 호소하고자 교토로 향했다. 북관동 산

후추(府中)번, 히타치 시시도(宍戶)번 등.

기슭을 통과해 닛코 예폐사例幣使 가도15)를 따라 서쪽으로 향해 오타太田에서 휴식을 취한 후, 도네가와와 중산도를 가로질러 중산도 뒷길을 통해 시나노信濃로 향했다. 중도의 작은 번들은 920여명에 달하는 천구세 대부대와의 충돌을 회피했는데 다카사키번高崎藩은 시모니타下仁田까지 추격했으나 패배하고 말았다. 교토를 향해 계속 진군한 천구세는 난관인 와다和田 고개에서도 다카시마·마쓰모토 두 번병의 공격을 맞이해 격파했다. 때문에 이후 저항은 없어 이나다니伊那谷에서부터 세이나이지清内路 고개를 넘어 마고메馬籠에서 중산도로 나와 미노길美濃路에 들어섰다. 그러나 12월에 들어서 세키가하라 부근에서 오가키大垣·히코네·구와나 세 번에게 저지를 당하며 일행은 이비揖斐부터 북으로 우회해 에치젠·와카사若狹를 거쳐 교토에 향하기로 했다. 엄동설한에 큰 눈이 내린 고개를 수차례 넘어 북국 가도를 나섰으나 그곳에서 남하해 기노메木の芽 고개를 넘으며 진력을 다하게 되어 18일, 쓰루가敦賀를 앞두고 가가번 군사에 항복했다.

한편, 그들이 기댄 히토쓰바시 요시노부는 반대로 조정에 토벌을 지원志願했다. 이해 7월 조슈가 금문의 변을 일으켰을 때, 요시노부는 조정 방어의 중심으로 활약해 조적이 된 조슈의 항복을 기대하며 정국을 주도하고 있었다. 조슈의 패퇴는 요코하마 쇄항 약속을 무효화할 조건이 만들어진 것을 의미했지만 한편으로 히토쓰바시에 대한 에도의 의구심猜疑도 이만저만한

---

15) 닛코 예폐사는 매년 교토 조정에서 닛코 도조궁으로 폐백을 봉납하는 칙사를 의미한다. 교토에서 닛코에 이르는 칙사가 사용한 도로를 예폐사 가도라 한다.

제8장 막말: 질서재건의 모색 – '공무합체' 체제의 성립과 무력 충돌의 출현

것이 아니었다. 미토학에 친숙한 환경에서 성장해 왔지만 그렇기 때문에 요시노부는 천구세를 옹호할 수 없었던 것이다. 히토쓰바시는 출진해 가이즈海津에 진을 치고 가가번 군세를 쓰루가에 파견해 대응케 했다.

항복한 천구세는 823명, 그 가운데 미토 번사는 35명에 불과했다. 하급 무사輕輩 약 50명 외에 로닌 10명, 신관神官 14명, 슈겐도修驗道 수행자 4명, 의사 5명의 신분이 확인되었다. 이처럼 천구세의 대부분이 농민이었던 것은 주목할 만하다. 항복한 그들은 당초 가가번에서 두터운 대우를 받았으나 정월 말 토벌군인 다누마 오키타카에 인도되자 순식간에 대우가 악화되어 니신구라鰊倉[청어비료 창고]에 가두어졌다. 다누마는 재판에서 양이에 관한 언급 없이 번내 항쟁을 위해 병사를 움직이고 천하의 대법을 어긴 것으로 352명을 참형, 130명을 유형에 처했다. 무죄·추방이 187명, 미토번으로 인도된 백성은 130명이었고, 도중에 종군하게 되었던 미노·오와리의 백성 78명은 석방되었다.

근세 후기에 유례없는 대량 처형이었으나 사태는 이것으로 마무리되지 않았다. 이후 미토에서는 보수파가 격파 가족을 숙청하고 진파諸派시 배제해 지배했다. 그러나 왕정복고에 따라 교토와 그 외 지역에 있던 존양파가 귀경하자 이번에는 그들에 의한 보복이 시작되어 미토는 재차 숙청의 광풍에 휩싸이게 되었다.[16] 미토는 확실히 유신의 선구였지만 이 때문에 메이지

---

16) 山川菊榮『覺書　幕末の水戶藩』岩波書店, 1974.

정부에는 단 한사람의 유력한 정치가도 배출하지 못했다.

8.3 조슈의 교토 진격과 조적화

관동에서 미토 천구당이 창궐할 즈음, 서국西國에서는 조슈가 교토에서의 세력 만회를 꾀하며 대 병력을 교토로 보냈다. 어소御所를 무력으로 빼앗고자 한 것인데 실패로 끝나며 '존왕'을 내세운 조슈는 현現 천황의 '조적朝敵'으로 추토 대상이 되었다. 이후 정계는 조슈 문제, 즉 조적 추토의 조명朝命과 이에 대한 조슈의 정당성 주장의 경합으로 뒤덮이는 한편, 서양 각국의 조슈 포격에 대한 보복이나 조약 이행·칙허 요구가 주요한 문제가 되었다. 이는 목전의 쟁점이었을 뿐만 아니라, 국내 질서 재건을 어떠한 '정체政體'에서 실현할 것인가라는 한차원 깊은 정쟁과도 결부되어 있었다. 조정과 막부가 선택한 것은 '공무합체'에 의해 가능한 한 현상유지를 꾀하는 체제였지만, 사쓰마를 비롯한 구히토쓰바시파 다이묘는 '공의'의 실현, 즉 재건하는 정치 체제에 유지有志 다이묘의 참가를 제도화하고자 재차 도전했다.

조슈의 교토 탈환 계획

조슈는 8월 18일 정변으로 교토에서 쫓겨난 후, 조정에 정당성을 호소하고 교토 복귀를 꾀하는 사절을 재차 보냈지만 사자는 입경조차 허가받지 못했다(末松[p.189]). 1863년 11월에는 가로 이바라 가즈에井原主計가 「봉칙시말奉敕始末」을 들고 파견되었으나 후시미에서 연고가 있는 공가에게 건네는 정도가 최선이었다.

제8장 막말: 질서재건의 모색 – '공무합체' 체제의 성립과 무력 충돌의 출현

설원雪冤[억울한 죄를 씻음]할 언로를 봉쇄당한 조슈에서는 이 듬해 정월에 번주 부자가 영내를 순시하고 열병식을 거행했다. 한편으로 유격대遊擊隊를 비롯한 제대諸隊[17]는 교토로 돌격해 열세를 만회하고자 했다. 정월에 다카스기 신사쿠가 세자世子의 명으로 이들을 달래고자 했으나 기지마 마타베來島又兵衛 등 제대의 분격憤激에 직면해 면목을 잃고 탈번·상경하여 스스로 정세 탐색에 나섰다. 그 후 조슈에서는 가로가 200여 제대 병사를 통솔해 상경하기로 결정했다.

다른 한편, 2월에 조정은 막부 및 제 다이묘와 함께 조슈 처분 방책을 결정했다. 모리가毛利家 분가末家의 당주 한 사람과 지번支藩인 이와쿠니 깃카와가吉川家의 가로 한 명을 오사카로 불러내고 그곳에 조정의 양역(의주와 무가전주)과 로주를 파견해 규문서糾問書를 넘기기로 한 것이다. 조정 내부의 조슈 동정론을 자극하지 않도록 조슈 사람의 교토 출입을 차단하려는 의도였다. 신사쿠가 만난 조슈의 재경在京 간부와 구사카 겐즈이는 탈번·상경보다 대규모 군사 출진의 기회를 기다려야 하며 구사카 스스로 귀국해 제대 병사들을 설득하고자 한다고 말했다.

그 후 교토에서는 공무합체 체제가 성립했다. 나아가 '공의'파를 비롯해 재경 다이묘가 귀국했는데 조슈는 이를 교토 탈환의 좋은 기회로 보았다. 조슈는 조명에 응하는 대신 분가

---

17) 제대는 말 그대로 여러 부대를 뜻하는데 여기에서는 조슈번에서 군사체제를 강화하며 번 사무라이 이외의 조닌, 농민, 승려 등 다양한 신분으로 구성된 부대들의 총칭이다[조슈제대]. 다카스기 신사쿠에 의한 기병대 창설이 대표적이다.

등의 입경과 산조 사네토미 등의 복직을 주청하고 구체적인 출병 방책을 세웠다. 이에 기반해 5월 말에는 가로 구니시 시나노國司信濃와 후쿠바라 에치고福原越後에 각각 출병 준비를 명했다. 후쿠바라의 사명은 에도로 가 쓰쿠바 군세와 연대해 양이를 실행하는 것으로 알려졌으나 실제로는 중도에 교토에서 후발대인 구니시 등과 공동행동하는 계획이었다고 한다. 6월 4일에는 세자 사다히로에게도 출병 준비가 명해졌기에 전번全藩을 아우른 거국적인 교토 탈환책이었음은 명백하다.

이 때 이른바 이케다야池田屋 사건이 일어나 출병에 절호의 구실을 주었다. 교토에 잠복해 있던 존양 지사들은 조슈 상경에 맞추어 교토를 혼란에 혼란에 빠트리고자 획책했으나 동지 가운데 한 명이 체포되며 모의가 누설되자 6월 5일 이케다야에서 대책을 세우던 차, 신센구미에게 습격당한 것이다. 격투로 쓰러진 자가 8명, 수호직·쇼시다이 등의 손에 체포된 자가 16명에 이르렀다. 이 때 조슈의 가쓰라 고고로(이후의 기도 다카요시)는 가까스로 탈출해 연고가 있는 쓰시마 번저에 숨은 후 다지마국但馬國 이즈시出石로 달아나 잠복하게 되었다.

이케다야에서 쓰러진 자들 대부분은 조슈번 번사로 조슈는 이 사건을 출병 구실로 사용했다. 습격한 불한당狼藉者들을 교토에서 쫓아내자고 목소리를 높인 것이다. 불한당이란 신센구미를 뜻했는데 요컨대 수호직·쇼시다이를 비롯한 막부 세력을 교토에서 추방하자고 선전했던 것이다.

제8장 막말: 질서재건의 모색 – '공무합체' 체제의 성립과 무력 충돌의 출현

금문의 변

조슈군은 6월 24일, 후쿠하라 에치고가 이끄는 약 400명이 후시미에, 또한 마키 이즈미와 구사카 겐즈이가 이끄는 낭사대浪士隊가 야마자키山崎에 도착했고 후자는 요도가와 맞은편의 이와시미즈 하치만궁도 확보했다. 27일, 기지마 마타베의 낭사대는 후시미에서 교토 서쪽 교외 천룡사天龍寺로 옮겼다. 7월 9일에는 구니시 시나노의 병사 800명이 야마자키에, 14일에는 후발대로 가로 마스다 우에몬스케益田右衞門介의 병사 600명이 하치만에 도착했다. 이 날 세자 모토노리元德는 대군을 이끌고 산조 외 다섯 공경을 옹호하며 바닷길로 미타지리三田尻를 떠났다.[18] 그들은 각각 인편을 통해 양이를 본뜻으로 할 것과 원죄冤罪[억울한 죄] 탄원서를 조정에 바쳤다. 조정 내부 양이파의 동정을 사 공무합체에 균열을 내고자 하는 목적이었다.

조정에서는 6월 27일 조의가 열려 일단은 모리가 부자의 칙감敕勘[p.273]을 용서하는 방향으로 논의가 진행되었다. 그러나 참내한 히토쓰바시 요시노부는 대군大軍을 배경으로 삼은 탄원은 용서할 수 없고 철병을 우선 명해야 하며 만일 용서한다면 히토쓰바시·아이즈·구와나는 사직할 것이라며 반대했다. 고노에기의 자문을 빋은 사쓰마의 사이고 나가보리도 이에 찬동했다. 그 결과, 29일에 이르러 조슈의 입경 거부, 군대 퇴거, 8월 18일 이후의 칙명이 진정한 예려叡慮[천황의 생각]임을 서술한 칙명이 내려졌다. 이후 조치도 금리수위총독인

---

18) 이하, 군사적 측면은 三宅紹宣『幕長戰爭』吉川弘文館, 2013에 의함.

히토쓰바시에 위임하는 것이 결정되었다. 7월 초에는 궁문과 교토 외곽 요지의 경비 담당이 발령되었다.

이 때, 재경 제 번사 중에는 구마모토나 구루메와 같이 즉시 토벌을 주장하는 경우도 있었지만 다수는 오히려 조슈에 동정적이어서 제번의 루스이留守居19)는 돗토리 이케다가를 중심으로 조정調停에 나서는 움직임을 보였다. 마키 이즈미나 구사카 겐즈이·이리에 구이치入江九一는 이에 착안해 '장방長防[나가토국長門國과 스오국周防國] 양국의 사민士民'(모리가 영지의 무사와 서민 전체)의 이름으로 선전 활동에 힘썼다. 이 유리한 정세 하에 후쿠하라는 일단 병사를 오사카로 물려 세자의 도착을 기다리며 만전을 기울이자고 제안했다. 그러나 기지마 마타베와 마키 이즈미가 반대했기에 조슈의 교토 포위 체제는 지속되었다.

이렇게 사태는 교착에 빠져 히토쓰바시는 토벌론과 입경 허용론 쌍방을 억제하고 시기가 무르익기를 기다렸다. 7월 15일 조정은 조슈에 본국으로의 퇴거를 명한다는 방침을 세우고 다음날 막리幕吏를 후시미에 파견해 17일까지 실행하도록 재촉했다. 이에 대해 조슈 측은 아이즈에 천황 천좌遷座[천황의 자리를 옮김]의 기도가 있었다는 소문을 흘리며 적을 아이즈로 집중시키고 공가와 제번諸藩에 공작을 꾀하는 한편, 17일 야마

---

19) 제번 루스이는 각 번에서 번주가 에도 번저에 없는 때에 번저의 수호를 담당하고, 번주가 에도에 체재 중일 때에도 막부의 동정파악, 막부가 내리는 법령의 입수와 해석, 막부에 제출하는 상서의 작성 등을 맡았다. 번의 유능한 가신을 선발하거나 일부 번에서는 번의 가로가 겸무하는 경우도 있었다.

제8장 막말: 질서재건의 모색 – '공무합체' 체제의 성립과 무력 충돌의 출현

자키에서 열린 군의軍議에서는 싸움에 능한 기지마와 마키의 주장에 따라 개전을 결정했다. 다음날 조정의 논의는 한때 조슈의 주장을 수용하는 방향으로 나아갔으나 급히 달려온 히토쓰바시는 재차 강경히 반대했고 때마침 포성이 울리는 가운데 조슈 토벌 칙허가 내려졌다.

이 날 전투는 다음과 같이 전개되었다. 후쿠하라 군세는 후시미 가도에 올라 오가키번에 저지된 후, 다케다 가도로 돌아가던 중 히코네·아이즈에 의해 격퇴되었다. 교토 서측 천룡사에 진을 친 구니시와 기지마 군은 어소의 서측 외곽을 부수고 하마구리문蛤門과 내곽 공경문公卿門 사이까지 침입했지만 아이즈와 구와나·사쓰마에 의해 쫓겨났다. 야마자키의 마키·구사카 등은 남쪽에서 사카이마치문堺町門을 향했지만 후쿠이 군세에 차단당했기 때문에 주변의 다카쓰카사 저택에 들어가 후쿠이·구와나·히코네, 나아가 사쓰마·아이즈와 포화를 주고받았다. 여기에서 구사카는 부상을 입고 움직일 수 없게 되어 저택 내에서 자결했다. 이렇게 조슈군은 모두 격퇴당하고 각자 본국으로 달아났다. 마키 이즈미는 문하생들과 함께 야마자키의 덴노산天王山에 올라 자결했다. 세자의 군세 도착을 기다리지 않고 개전을 강행한 그에게 조슈로 도망친다는 선택은 없었으리라. 세자 모토노리는 패전 소식을 시코쿠 다도쓰多度津에서 듣고 나선 공경과 함께 귀국했다. 이 싸움으로 다카쓰카사 저택에서 발생한 불은 차차 교토로 퍼져 7월 21일까지 시가지 남부가 불타버리게 되었다.

조슈의 조직화와 여론

조슈의 무력 도전과 패배, 특히 어소에 총탄을 쏜 것은 그 정당성을 현저히 손상시켰다. 자신을 향해 날아오는 탄환 소리를 들었던 고메이 천황은 그 후 조슈에 비타협적이 되었다. 그렇다고는 해도 대화재로 집을 잃은 교와라와 京童(교토인)는 여전히 조슈에 동정적이었고 공가는 물론 다이묘 가운데에도 양이론을 정의로 보고 조슈의 과감한 행동에 공감을 느끼는 자가 적지 않았다. 조정은 23일, 조슈를 조적으로 토벌을 명했지만 그럼에도 여전히 조슈는 세간의 강한 지지를 계속 모으고 있었던 것이다.

8.4 '합체'와 '공의'의 경합 (1) — 제1차 조슈 정벌을 둘러싼 술수

막각의 '어위광' 복고의 시도

금문의 변 소식을 들은 에도 막각은 1864년 8월 2일, 에도에 머물고 있는 在府 다이묘를 등성시켜 쇼군 진발進發[군대를 이끌고 나감]을 포고하고 다음날에는 함께 할 다이묘와 에도 수비를 맡을 다이묘를 발표했다. 그러나 쇼군의 직접 출진은 조정의 뜻朝意을 받은 히토쓰바시·아이즈·구와나의 거듭된 요청에도 계속 회피되었다. 하나는 관동에서 천구당의 난이 확대되고 있었기 때문이다. 진압을 위해 8월 초순에 미토의 지번주支藩主를 파견했지만 지번주 자신이 쓰쿠바筑波 군세의 포로가 되어 10월 초순까지 전투가 이어졌고 게다가 격파激波가 탈출해 교토 상

제8장 막말: 질서재건의 모색 – '공무합체' 체제의 성립과 무력 충돌의 출현

락西上을 꾀했다. 쇼군은 에도를 떠나기 어려웠음이 틀림없다. 그러나 그 이상으로 심각한 문제가 있었다. 6월에 개쇄정책에 관해 막각에 내분이 발생해 총재 마쓰다이라 나오카쓰와 로주 이타쿠라 가쓰키요板倉勝靜 양자가 서로 다투며 물러난 후, 후계 막각이 조정朝廷과 히토쓰바시·아이즈·구와나에의 협조를 거절하기 시작했던 것이다. 후임 로주 스와 다다마사諏訪忠誠·아베 마사토·혼조 무네히데本莊宗秀 등은 공무화해에 의한 정무 일임을 문자 그대로 해석해 에도의 독자적인 국책 결정 방침을 취했다. 대외정책에 관해서는 화해 조건이었던 요코하마 쇄항을 보류하고 개국 정책으로 전환을 도모했으며 나아가 1862년 이전으로 되돌아가 다이묘를 막부의 '어위광'으로 이사頤使(사람을 턱으로 부림)하고자 한 것이다.[20]

막각은 조슈 문제에 관해 다이묘에게 전면적으로 의존하고자 했다. 교토 탈취 저지와 마찬가지로 조슈 정벌에 관해서도 다이묘들이 명령을 내리는 것만으로도 협력할 것이라 생각한 듯하다. 히토쓰바시·아이즈·구와나는 쇼군이 조슈 정벌에 직접 출진해야 한다고 주장했지만 막각은 쇼군의 대리도 상관없다고 보았다. 8월 4일 에치젠 번주 마쓰다이라 모치아키松平茂昭를 부총독, 다음날 기슈 번주 도구가와 노지쓰구德川茂承를 총독으로 임명했는데 후자는 곧바로 오와리에서 은거 중인 도쿠가와 요시카쓰로 교체되었다. 요시카쓰는 양이론자로 조슈에도 동정적이었기에 이 인선은 막각 정책에 적합하지 않았다.

---

20) 이하, 막부 관계는 久住眞也『長州戰爭と德川將軍』岩田書院, 2005에 의함.

아니면 양이론자끼리 서로 싸우게 하기 위한 것이었을지도 모른다.

　막부의 통치는 원래 다이묘를 이용하는 것이 중심이었다. 세키가하라에서도 선봉은 도자마 대다이묘가 나섰고 후다이의 임무는 이에야스의 하타모토 경호였다. 평시에도 마찬가지로 오랜 태평시대는 다이묘에 대한 교묘한 조종에 의해 유지되어 왔다. 그러나 이 해의 공무합체 이후, 에도 막각은 '어위광'을 되돌리고자 특히 존대함을 꾸미고 안팎의 의견에도 귀를 기울이기 시작했다. 9월에 1862년 완화했던 참근교대제를 되돌리고자 한 것도 그 일환이었다. 그러나 대다이묘는 이에 따르지 않았다. '어위광'에의 집착은 오히려 막부의 권력 약화를 두드러지게 할 뿐이었다.

　이를 주시한 것이 안세이 5년 이래 '공의' 이름 하에 정권 참가를 목표로 삼아 온 사쓰마였다. 봄에는 막각의 정략으로 좌절했지만, 금문의 변으로 조정 방호에 활약한 이후, 막부가 조슈 정벌을 오와리에 맡기자 [사쓰마는] 재차 전국 정치에 그 존재감을 드러낼 커다란 기회를 맞이한다.

조슈 정토의 포진과 조슈의 복죄

오와리 요시카쓰는 막부의 소명에 즉답하지 않고 한 달 반 후인 9월 하순에 이르러 비로소 총독직을 받들었다. 이 사이 그는 조슈에 관전寬典으로 임할 가능성을 물색하는 한편, 10월 3일 교토에서 처음으로 군의를 열었을 때 참모로 자신의 가로와 가신 외에 사쓰마의 군부역軍賦役 사이고 다카모리를 추가했다.

제8장 막말: 질서재건의 모색 – '공무합체' 체제의 성립과 무력 충돌의 출현

쇼군으로부터 전권위임장을 받은 11일에는 동원한 번들에 대해 한달 후 각 부분에 도착하도록 명하고 22일 오사카에서 열린 군의에서는 11월 18일을 총공격일로 정한 뒤 11월 1일, 총독부를 설치한 히로시마를 향해 육로로 출진했다. 3일에는 부총독 마쓰다이라 모치아키(후쿠이)가 해로로 출발해 고쿠라小倉에 진을 쳤다. 번들의 배치는 조슈를 둘러싼 세토내해, 세키슈구치石州口(이와미국岩見國 쓰와노津和野 방면), 게이슈구치藝州口(아키국 히로시마 방면), 규슈구치를 아우른 21개 번, 총 병력 15만명의 대 동원이었다.

이 사이, 7월의 교토 탈환에 실패한 조슈에는 8월 5일 서양 4개국 연합 함대(미·영·불·러)가 내항해 시모노세키 포대를 공격했다. 엎친 데 덮친 격이었다. 조슈는 전투에서 패하고 결국 14일에 강화를 맺었다. 조슈의 정당성은 양이론에서 유래한 것으로, 전 해에 천황에게 양이친정을 강요하고 이 해에 교토 무력 탈환을 시도한 것도 이러한 대의가 있었기 때문이었다. 하지만 실제 전쟁에서 패하자 양이 전쟁을 완전히 포기했다. 목표를 대對 서양 전쟁에서 국내 항쟁으로 전환한 것이다. 서양 4국과의 강화교섭은 양이 급진파 다카스기 신사쿠가 맡았고 통역은 영국에서 기국힌 이노우에 몬나井上聞多(뒷날의 가오루馨)와 이토 슌스케伊藤俊輔(뒷날의 히로부미)가 맡았다. 이들은 양이정책을 포기했어도 조슈는 전면적인 정당성을 가진다고 계속 믿으며 천황과 합체한 막부에 철저 항쟁하는 길로 들어간다. 이들은 자번自藩과 일본의 근본적인 개혁을 전쟁을 통해 단행하는 것, 그것도 대외 전쟁이 아닌 국내에서의 전쟁을 개혁 수단으로 삼고 행동해 나갔다.

조슈는 내부에서 분열했다. 교토 진공에 소극적이었던 세력이 한숨 돌려 번의 요직을 되찾고 자번 존속을 위해 조정·막부에 공순恭順하는 길을 모색하기 시작했다. 지번인 이와쿠니岩國의 깃카와 쓰네마사吉川經幹도 이를 원조해 총독부에 대해 세 가로를 엄벌에 처하고 번주 부자는 근신하겠다는 탄원안을 제시했다. 총독과 사이고는 전쟁 없이 조슈를 굴복시키는 길을 찾고 있었기에 이에 응했다. 조슈는 11월 1일, 세 가로 처분, 참모 처형, 다섯 공경의 영외 이주 방침을 결정했다. 총독이 히로시마에 도착하기 전에 세 가로의 할복과 네 참모의 처형을 실행해 세 가로의 머리를 히로시마에 제출했다. 11월 14일에 참수된 머리를 확인首實檢한 뒤 깃카와는 히로시마에서 오메쓰케大目付 나가이 나오유키永井尚志에게 탄원하고, 심문에 대해 하나하나 석명釋明했다. 히로시마에 도착한 총독은 18일, 로주 이나바 마사쿠니稻葉正邦와 함께 재차 참수된 머리를 확인하고 공격 중지 조건으로 야마구치성을 파괴할 것과 다섯 공경을 내어 놓을 것을 조슈에 제시했다. 조슈 측이 이를 승낙했기에 총독은 메쓰케를 야마구치와 하기에 순검巡檢으로 파견하는 한편, 다섯 공경의 이전에 관해서는 사이고에게 주선을 의뢰했다. 그 결과 25일 조슈 번주 부자는 번내에 칩거·공순을 포고하는 한편, 총독에 우케쇼請書[21]와 복죄서服罪書를 제출했다. 공경 본인들의 강한 거부가 있었지만 사이고는 후쿠오카 번사의 협력

---

21) 상위자에 대해 실행 내역을 보고하거나 실행을 약속하기 위해 작성하는 상신 문서.

을 얻어 규슈의 다섯 번이 신병 안전을 보증한 후에 다자이후로 옮기기로 했고, 12월 15일 조후^{長府}에 있던 공경들이 후쿠오카 번사의 설득을 받아들여 이전을 승낙했다(실행은 다음달 정월 14일). 이같은 상황 하에서 동원한 번들의 피폐를 염려한 총독은 군대 해산을 서둘렀고 12월 27일, 조건이 충족된 것으로 보고 해산을 포고했다. 이듬해 1865(慶應1)년 새해 첫날 아침, 오메쓰케 나가이 나오유키는 조슈가 제출한 복죄서와 처분안(번주 부자의 은거·영^永근신, 가명^{家名} 존속, 10만석 삭봉)을 지참하고 에도로 보내졌다. 이렇게 해서 조슈 정벌은 조슈의 굴복으로 개전이 이뤄지기 전에 끝나게 된다.

조슈 처분안과 다이묘 회의

조슈 정벌 과정에서는 막각의 전제 지향에도 불구하고 사실상 사쓰마를 비롯, 후쿠오카 등 서국 다이묘가 깊이 관여했다. 조슈에 대한 최종 처분에서도 마찬가지로, 사이고는 11월 19일 번주 부자의 은거 낙식^{落飾}[머리를 자르고 출가함], 10만석 삭봉 등의 조건을 제안했다. 총독 요시카쓰는 이러한 동향을 고려해 해산 후, 최종 처분을 대^大제후 6, 7번^藩을 교토에 소집해 의견을 듣고 결정하고자 했다. 사실상 시작된 대다이묘의 정치 간여를 제도화하고자 제안했던 것이다.

대다이묘 회의의 개최는 구히토쓰바시파 다이묘의 지론으로, 이들은 봄에는 실패했지만 권토중래를 꾀하고 있었다.[22]
4개국 연합 함대가 시모노세키 공격 후 기나이로 회항해 압력

---

22) 『大久保利通文書』 1, p.250.

을 가할 것이 우려되었던 8월에는 에치젠 슌가쿠가 히토쓰바시에게 다이묘 회의를 소집해 개쇄 문제를 재차 논의할 것을 제안하고, 9월에는 가신 나카네 유키에中根雪江가 상경한 로주 아베 마사토에게 같은 취지를 설명했다.[23] 또한 당시 고베 해군 조련소 창립에 관여하고 있던 막신 가쓰 가이슈도 사이고와 대면했을 때 같은 생각을 이야기해 사이고에게 큰 감명을 주었다. 어느쪽이든 모두 요코하마 쇄항으로 기울고 있는 막각의 위험한 정책을 포기하도록 하고 아울러 대다이묘의 정권 참가 방도를 열고자 하는 구상이었다. 소집 이유로는 조슈의 최종 처분 검토가 부상했다. 12월에는 다테 무네나리나 규슈에 체진滯陣하고 있던 구마모토의 공자公子(번주 아들) 나가오카 요시노스케長岡良之助(모리요시護美)가 쇼군의 교토 진발進發을 전제로 다이묘 회의를 제안했다.[24] 총독 요시카쓰의 제안은 이들 동향을 참작한 것이었다.

막부의 분열 ― 교토 제압인가, 협조인가

그러나 대다이묘 소집은 보류되었다. 공무합체 체제에 내부 균열이 발생해 쇼군 상락에 의한 수복·안정화가 정국의 초점이 되었기 때문이다(이하, 久住[p.246]). 에도 막각은 조정과의 중개를 맡아 온 히토쓰바시·아이즈·구와나에조차 불신감을 품고 그 역할을 그만두게 하고자 했다. 1865년 2월, 로주 아베 마사토와 혼조 무네히데가 보병을 이끌고 교토로 들어왔다. 서양식

---

23) 『續再夢紀事』 3, pp.265·317.
24) 『續再夢紀事』 3, p.394.

제8장 막말: 질서재건의 모색 – '공무합체' 체제의 성립과 무력 충돌의 출현

군대로 조정을 위압하고 조막 관계를 막말 이전으로 되돌려 에도에 의한 전국 지배를 부활하고자 한 시도였다. 히토쓰바시와 아이즈를 에도로 돌려보내고 다이묘들의 주선도 교토에서 배제하는 것도 노렸다.

이에 대해 쇼군 상락에 의한 합체 체제의 강화를 급무로 삼고 있던 아이즈는 연말에 상락했을 때 교토의 상황에 대해 이해가 깊은 로주 마쓰마에 다카히로松前崇廣로부터 밀보密報를 얻으며 조정과 주도면밀한 사전 협의를 했다. 관백이 참내한 아베·혼조를 불문곡직 견책하고 역으로 쇼군이 진발하도록 힘쓰길 약속하게 한 것이다. 막부 권력 강화와 다이묘 배제를 노린 점에서 양자는 같은 의견이었지만 조정의 배제는 당시 정세 하에서는 불가능했다. 조막朝幕 관계를 견고히 하기 위해서는 결국 쇼군이 관서關西로 이주해 공무합체 체제를 항구화하는 것 외에는 선택지가 없었다(久住[p.246]). 다른 한편 사쓰마의 움직임에도 한계가 있었다. 막각이 발령한 참근교대제 부활이나 다섯 공경의 에도 소환을 막는 것으로도 벅차 다이묘 소집은 논외가 되어버렸다. 이들은 공의公議의 제도화 기회를 가을이 되어 조슈 재정벌[제2차 조슈정벌]이 구체적인 쟁점이 되고 4개국 연합 함대가 효고 앞바디에 나타나기까시 기다려야만 했다.

8.5 '합체'와 '공의'의 경합 (2) — 조슈의 '대적' 체제, 조약칙허 문제

쇼군의 관서 이주와 조슈의 항전 체제

1865년 3월, 막부는 쇼군이 오사카로 향할 것을 포고하고 4월 1일에는 조만간 조슈 정벌을 위해 출진할 것을 예고했다(久住[p.246]). 재삼에 걸친 조정의 상락 요구에 응하고 나아가 조슈의 '역도逆徒 재발'이나 다섯 공경의 에도 소환 명령에 대한 저항에 대처하기 위한 것이었다. 막각에는 세 차례나 상락하는 것에 반대하는 의견도 상당했지만 교토의 사정을 숙지한 아베·마쓰마에 두 로주는 19일에 중심인물이었던 마키노 다다유키牧野忠恭·스와 다다마사 두 명을 파면하고 동시에 출진을 정식으로 포고하며 번들에도 출병 준비를 명했다. 그 결과, 쇼군 이에모치는 5월 16일 에도에서 출진해 윤5월 22일 참내 후 25일에 오사카성에 들어갔다. 인솔 병력은 총 2만 1천여에 달했다. 이에모치는 이듬해 패색이 짙어진 조슈 전쟁이 아직 한창이던 가운데 이곳에서 사망한다.

일단 복죄한 조슈에서는 군대 해산 이전인 1864(元治1)년 12월에 다카스기 신사쿠가 조후長府 공산사功山寺에서 거병한 후 대규모 내란이 시작되었다(三宅[p.242]). 무력 항쟁 끝에 막부와 절충에 나섰던 공순파恭順派는 이듬해 2월 하순에 타도·숙청되었고, 번 내부는 다카스기 등 예전의 존양과격파가 전권을 장악하며 대담한 조직 개혁에 착수했다. 군사면에서는 난학자 오무라 마스지로大村益次郎의 안에 기반해 정규 가신단인 오구

제8장 막말: 질서재건의 모색 – '공무합체' 체제의 성립과 무력 충돌의 출현

미大組에서 정예를 간성대干城隊로 조직하고 기병대奇兵隊 이하 제대는 10조·1900명으로 재편, 나아가 농상병 1600명도 모집하기로 해 10월에는 1000석 이상 가신의 배신陪臣을 남대대 12개·북대대 3개로, 1000석 이하 160석 이상 가신의 종자를 2개 대대로, 하급무사足輕를 3개 대대로 조직했다. 모두 소총부대로 사정거리가 긴 미니에총을 갖추었고 전술에서는 산개전술을 채용해 사관과 병을 철저히 훈련시켰다.[25] 기사騎士 한 사람에 종자가 붙는 종래의 신분적 군제를 개혁하는 일은 지난한 과업이었지만 조슈는 고의로 전쟁기회를 창출해 이를 단행한 것이다. 이즈시出石에서 불려 와 5월 용담역用談役[26]에 천거되어 전체 통할을 맡았던 기도 다카요시는 '방장防長 2주州[조슈번], 숙연肅然히 심야深夜와 같은 형정'을 만들어 군정·민정 개혁을 단행해야 한다고 했는데,[27] 이 정신에 따라 윤5월 27일 조슈는 '대적待敵'[28] 방침을 포고했다. 기도는 이에 '오늘의 조슈도 황국의 병을 치유하기에 좋은 도구'라는 의미를 붙였다. 미토에서 시작된 '양이에 의한 개혁기동'론은 여기에서 적을 국내로 전환해 철저히 실행된 것이다.

이렇게 해서 조슈는 막부와 굳이 충돌하는 코스로 들어갔다. 다른 한편, 막부 측에는 싸움을 할 외향이 없었다. 대군을

---

25) 三宅[p.242]; 小川亞彌子『幕末期長州藩洋學史の研究』思文閣出版, 1998; 木村紀八郎『大村益次郎傳』鳥影社, 2010.
26) 조슈번 번정의 실무를 담당하는 요직.
27) 『木戶孝允文書』8, p.22.
28) 막부의 조슈 재정벌을 대비하여 체재를 갖추고자 한 것으로 여기에서 상대할 적은 다름아닌 '막부'를 의미했다.

오사카에 집결해 조슈에 압력을 가하면 내부 분열할 터인 조슈가 최종 처분을 받아들일 것이라 예상한 것이다. 이에 우선 조슈 분가와 가로를 오사카로 불러내 일찍이 서약시켰던 근신 이행 상황을 확인하고자 했다. 그러나 이번에는 조슈 측이 호출 요구를 묵살했다. 때문에 히토쓰바시·아이즈·구와나는 압력을 높이기 위해 조슈 재정벌 칙허를 획득하고자 했고 9월 21일 이에 성공했다. 그러나 이 때 사쓰마는 조슈 측에 서서 반대 공작을 펼쳤다. 오쿠보 도시미치가 가야노미야賀陽宮를 면회했을 때 가야노미야는 열후를 소집해 공론으로 결정하고 싶다고 제안했으나 히토쓰바시·아이즈·구와나의 반대에 의해 단념했다고 해명했다. 오쿠보는 이유가 분명하지 않은 '잘못된 칙명은 칙명이 아니다', 다른 다이묘도 조·막의 명령에 따르지 않는 날이 올지 모른다고 격론했다.[29] 그 배경에는 뒤에 보는 것과 같은 사쓰마의 정책 전환이 있었다.

서양의 군사적 위압과 조약 칙허

조슈 재정벌 칙허는 서양 각국이 관서의 정치 중추에 군사 압력을 한창 가하던 가운데 내려졌다. 1년 전의 시모노세키 공격 당시부터 일본 측은 연합 함대가 기나이에도 출현해 조약 칙허 등을 압박할지 모른다고 우려했는데 결국 현실이 되었던 것이다. 이보다 앞서 서양 각국은 사쿠라다문 밖의 변 이후 일본의 국내 정세를 관찰해 문제의 근원이 조약을 유지하고자 하는 막부에 대한 일부 서국 다이묘의 반항에 있다고 판단했는데,

---

29) 『大久保利通文書』 1, p.311.

제8장 막말: 질서재건의 모색 – '공무합체' 체제의 성립과 무력 충돌의 출현

1863년 막부가 조정의 뜻을 받아 요코하마 쇄항을 제의하자 막부 자체에 조약 이행의 의지가 없는 것은 아닌가하는 의심이 시작되었다.[30] 가고시마에서 영국과 일단 포화를 나눈 사쓰마가 화친 후 통상 등에 의욕을 보이기 시작하는 가운데, 연말에 막부가 유럽에 쇄항 사절을 파견하자 그 의심은 더욱 강해졌다. 마쓰다이라 나오카쓰 총재의 막부는 실제로 이타쿠라 등 조약 이행파 로주를 멀리하고 요코하마 쇄항을 집요하게 추구하기 시작했던 것이다.

막부의 외교관은 서양 측에 '화친 유지를 위한 통상 제한'을 인정하라고 했으나 조약에서 통상권을 확보한 서양 측은 이를 엄정히 거절하는 한편, 본국에서는 만일에 대비해 대일 제재를 위한 작전 계획(특정 다이묘, 천황, 쇼군의 세 경우를 상정)도 입안되었다. 일단 귀국했던 영국 공사 올콕은 귀임 후에 프랑스·네덜란드·미국과 함께 시모노세키 자유통항과 조약 이행 등을 막부에 요구했지만 쉽사리 결말이 나지 않자 17척·5천 명의 연합 함대를 조직해 1864년 8월 양이 정책의 본거지인 조슈의 포대 공격으로 발을 내딛었다. 주된 목적은 조·막에 대해 정책 전환을 촉진하는 것이었다. 무력 공격이 성공하고 나아가 조슈에 시모노세키 개항 의지가 있음을 알게 되자 서양 측의 막부에 대한 불신감은 점차 강해졌다.[31] 그 후

---

30) 이하, 保谷徹『幕末日本と對外戰爭の危機』吉川弘文館, 2010에 의함.

31) 石井孝『增訂 明治維新の國際的環境』吉川弘文館, 1966; Sir Ernest Mason Satow, *A Diplomat in Japan: The Inner History of the Critical Years in the Evolution of Japan When the Ports Were Opened and the Monarchy Restored*, 1921 / E. サトウ『一外交官の見た明治維新』全二卷, 岩波

영국 공사는 파크스로 교체되었는데, 그는 조약·통상 문제를 타개하기 위해 3국 대표에게 권유해 관서로 옮겨진 정치 중추에 직접 군사 위협을 가하기로 했다.

1865년 9월 16일, 4개국 연합 함대 9척이 효고 앞바다에 나타나 막부가 지불하기로 한 시모노세키 배상금 가운데 3분의 2를 포기하는 대가로 조약 칙허 및 예정보다 빠른 효고 개항, 관세율 개정을 요구했다. 당시 쇼군은 조슈 문제로 상경 중이었는데 로주 아베 마사토를 먼저 오사카로 돌려보내 문제를 처리하도록 했다. 아베와 마쓰마에 다카히로는 파크스 등이 상륙해 교토로 향하는 사태를 염려해 막각 내부의 의견을 효고 개항 용인으로 모았다. 오사카로 돌아온 쇼군은 히토쓰바시 요시노부가 오사카로 내려올 것을 요구하고 회의를 열었는데, 칙허 없는 효고 개항을 히토쓰바시가 반대하며 막의는 분열되었다. 한편 막부는 4개국과의 절충에서는 조약 자체에 관한 칙허를 요구받아, 이를 주청奏請하기 위한 10일간의 유예를 얻었다. 그러나 히토쓰바시가 교토로 돌아가 아베·마쓰마에의 효코 개항론이 전해지자 조정에서는 의론이 비등해 9월 29일 두 사람의 관위 박탈·본국 칩거를 결정했다. 막부 로주를 조정이 파면한 전대미문의 일이었는데, 이를 받아들일 수밖에 없었던 이에모치는 쇼군 사직과 에도 귀환을 결의하고 10월 1일 조정에 사직을 대가로 조약과 효고 개항 칙허를 요구했다. 상서에는 쇼군직을 히토쓰바시 요시노부에 양보한다고 되어 있었으나, 막신들이 히토쓰바시의 수임受任을 받아들일 리 없

書店, 1960.

었다. 궁지에서 벗어나기 위해 히토쓰바시는 필사적으로 조정을 설득, 10월 5일 조약 칙허를 받아냈다. 효고 개항은 유보되었지만 안세이 5년 이후 정계 최대 난제였던 조약 문제의 중핵 부분이 해결된 것이다. 물론 쇼군의 사직 신청이 막부의 위광을 크게 손상시킨 것은 말할 것도 없었다.

오쿠보 도시미치의 다이묘 회의론과 그 좌절

이 때, 사쓰마의 오쿠보 도시미치는 조슈 재정벌 문제에 이어 칙허에 대해서도 방해 공작을 펼쳤다. 교토 사쓰마 번저의 의사를 대표해 그는 문제 해결을 다이묘 회의會議에 맡기자고 주장하고 고노에가를 통해 조정에 결정 연기를 신청했다. 자신이 효고에 가서 영국과 교섭하면 교토로 다이묘를 소집하기까지 4개국 측은 기다려 줄 것이라고 했다. 가능성이 전혀 없지는 않았을 것이다.

히토쓰바시는 필사적으로 이에 맞서 방어에 성공했다. 조정의 요직에 대해서 뿐 아니라 교토에 있는 여러 번들의 대표를 모아 조약 칙허 찬동을 얻어 중의衆議의 이름으로 조정에 호소한 것이다. 이는 참여 제후를 쫓아낸 1년 전 봄에 취한 술책과 동일했다. 구히토쓰바시파 다이묘는 일찍이 '공의'를 주장했지만 다이묘 회의 멤버가 될 자격은 그들 내부에 한정되어 있었다. 아무리 안세이 5년에 히토쓰바시 옹립을 도모했고, 감금押込 처분의 쓰라린 경험을 겪었다는 영광과 고난의 기억을 몸에 두르고 있어도 다른 대다이묘가 보기엔 탐탁지 않았다. 히토쓰바시는 이같은 대다이묘 사이의 경쟁·질투에 주목해 구히토쓰바시파의 '특권'을 부정하고 '중의'를 도쿠가와 쇼군가의 편으로 삼았다. 오쿠보는 이렇게 패배를 맛보지만 사쓰마는 이후 명백히 합체 체제에의 도전을 추구하기 시작한다.

8.6 조슈 최종 처분안과 삿초의 접근

사쓰마와 조슈의 접근

조약 문제가 일단락된 후, 정국의 초점은 재차 조슈 문제로 옮겨갔다. 막부는 아베·마쓰마에 로주 후임을 분큐文久 시기[1861~64년]에 활약한 이타쿠라 가쓰키요와 앞서 로주격으로 복귀한 오가사와라 나가미치小笠原長行를 중심으로 재편성했는데, 조슈정벌 칙허는 얻어 냈으나 그 실행에는 신중했다. 다른 한편, 사쓰마는 조적 조슈와 연합하는 길을 진지하게 검토하기 시작했다. 1862년 이후 삿초 두 번 사이는 늘상 이런저런 알력 다툼이 있었고, 특히 금문의 변에서는 정면으로 대결했으나 이제 양자는 과거를 뒤로 하고 급속도로 가까워졌다.[32]

이를 재촉한 것은 다자이후로 이전한 다섯 공경의 측근, 도사 출신 로닌인 나카오카 신타로中岡愼太郎·히지카타 히사모토土方久元와 그의 맹우 사카모토 료마였다(Jansen[p.146]). 나카오카와 히지카타는 탈번 이래 조슈와 행동을 함께 했고 금문의 변에서 싸운 후에는 다섯 공경과 함께 조슈로 가 그들을 모시고

---

32) 연합관계가 복잡해지면서 약어가 등장하게 되는데, 사쓰마(삿[薩])·조슈(초[長])·도사(도[土])·히젠(히[肥])·오와리(비[尾])로 약칭된다. 한국 한자음과 일본 한자음이 유사하면서도 다르므로 혼동에 주의해야 한다.

제8장 막말: 질서재건의 모색 – '공무합체' 체제의 성립과 무력 충돌의 출현

있었다. 나카오카는 다섯 공경의 다자이후 이전 교섭을 통해 오랜 적수 사쓰마와의 관계를 다시보게 되었고 조슈를 사쓰마와 연결시키고자 했다. 사쓰마와 공동 사업을 시작한 사카모토 료마와 연대해 삿초 양 번에 대한 적극적인 공작을 펼치기 시작했다. 1865년 윤5월에는 조슈로 귀국해 요직에 있던 기도 다카요시와 상경 예정이었던 사이고 다카모리를 시모노세키에서 면담시킬 계획을 세웠다. 그러나 쇼군 출진 정보를 신경쓴 것인지 사이고가 기나이로 직행하면서 화해는 일단 파탄났다.

항전 체제에 들어간 조슈는 무기 조달을 서둘렀다. 사카모토 료마가 시사해 준대로 기도는 사쓰마의 명의로 서양에서 무기를 구입하고자 했고 사카모토·나카오카의 진력으로 사쓰마의 양해를 확인한 후, 7월에 이노우에 가오루와 이토 히로부미를 나가사키로 보내 사쓰마의 고마쓰 다테와키小松帶刀와 가메야마샤추龜山社中[33])의 협력을 얻어 이를 실현했다. 외국에서 무기를 들여오는 일은 막부의 의심을 사는 행동이었고, 더군다나 이를 조적朝敵 조슈로 빼돌리는 것은 위험한 시도였지만 사쓰마는 구태여 위험을 무릅쓴 것이다. 그동안의 사쓰마에 대한 조슈 측의 의혹은 이로써 상당히 풀렸다. 때문에 10월, 사쓰마가 사카모토를 통해 시노노세키에서의 병량 조달을 제

---

[33]) 1865년 막부 기관인 고베 해군조련소가 해산됨에 따라 사쓰마번과 나가사키 상인 등의 원조를 얻어 나가사키 가메야마에 결성되었다. 무역과 물자 운반 등을 통한 이익으로 해군, 항해술 습득에 힘썼다. 사카모토 료마 등이 중심이 되어 나가사키에 설립한 무역상사 가이엔타이(海援隊)의 전신이라는 것이 속설이었으나 결성 당초에는 사카모토 료마보다 도사번의 곤도 조지로(近藤長次郎)나 사쓰마번의 고마쓰 다테와키 등이 관여했음이 밝혀졌다.

의하자 적극적으로 이에 응했다.

막부의 최종 처분안

한편, 막부는 조슈 재정벌이 다시 초점이 되자 조슈에의 최종 처분안 검토에 들어갔다(久住[p.246]). 조슈 측이 처분 통고를 받아들이면 이전과 마찬가지로 전쟁 없이 끝나겠지만 거절한다면 명확한 개전 명분이 생긴다. 오사카에 있던 쇼군과 이타쿠라·오가사와라는 일찍이 오와리의 요시카쓰가 사이고 안을 바탕으로 상신한 내용에 따라 번주 부자의 은거와 분가에 의한 상속, 10만석 삭봉이라는 처분을 제안했지만 히토쓰바시는 일단 모든 영지를 몰수한 후에 15만석을 부여해야 한다고 주장했고 아이즈도 반국半國 삭감이라는 엄벌안을 주장했다. 오사카쪽은 진을 치고 있던 하타모토들의 전쟁을 꺼려하는 분위기나 서국 다이묘들의 불복종을 감안해 개전 회피를 바랐다. 그러나 히토쓰바시·아이즈·구와나는 관전寬典책은 사쓰마를 비롯한 다른 다이묘에 영향을 미쳐 도쿠가와의 패권 상실에 제동을 걸 수 없으리라 보고 도리어 개전을 마다않는 태도를 취했던 것이다. 앞서 오쿠보 도시미치가 보인 대담하고 노골적인 조정 공작은 사태가 조슈 일개 번의 문제를 넘어 도쿠가와의 다이묘 통제 일반 문제로 심화해 갔음을 보여준다. 오사카의 이타쿠라 등은 관전책을 취해도 도쿠가와의 위광이 급속히 저하하지 않도록 사쓰마와 '공의'론을 공유하는 에치젠이나 하타모토 오쿠보 다다히로大久保忠寬를 통해 사쓰마 회유 공작에 나섰지만 히토쓰바시는 어디까지나 단호한 조치를 취할 것을 주장했다. 1866년

제8장 막말: 질서재건의 모색 – '공무합체' 체제의 성립과 무력 충돌의 출현

정월 교토에서 이루어진 이타쿠라 등과 이치카이소의 협의는 혼란을 거듭했다. 그러나 로주가 오사카로 돌아가 이에모치의 판단을 청한 결과, 히토쓰바시는 큰 틀에서 오사카 안에 동의했고 이달 22일에 조정의 재가를 얻었다.

삿초 맹약의 성립

바로 그 때 사쓰마는 조슈 처분 문제에 직접 개입하는 길로 들어섰다. 12월에 구로다 기요타카黑田清隆를 시모노세키에 파견해 기도 다카요시에 상경을 요구하자 기도는 상당한 망설임 끝에 이에 응했다. 그가 교토의 사쓰마 번저에 들어간 것은 1866년 정월 8일, 바로 이타쿠라 등이 이치카이소와 처분안 조정을 재개한 다음날이었다. 사쓰마의 고마쓰, 사이고, 오쿠보 등과 기도의 협의는 좀처럼 시작되지 않았고 20일에 사카모토 료마가 오면서 비로소 단서가 열렸다. 그 결과 체결된 맹약의 골자는 다음과 같았다.[34]

① 조슈와 막부 사이에 싸움이 시작되면 사쓰마는 교토·오사카 두 곳을 3천여 병력으로 굳건히 지킨다. ② 싸움에서 조슈가 승리할 조짐이 보이면 사쓰마는 조정에 복권을 획책한다. ③ 지게 될 듯해도 조슈가 반년이나 1년만에 괴멸하지는 않을 것이므로 그 동안 사쓰마는 조정에 중재를 행한다. ④ 개전 없이 막부 병력이 에도로 돌아가면 사쓰마는 곧바로 조정에서 조슈의 원죄冤罪[억울하게 뒤집어 쓴 죄] 사면을 획득한다. ⑤ 병사를 교토·오사카로 보내 조정에 중재 공작을 해도 이치카이

---

34)『木戸孝允日記』2, pp.136-142.

소가 방해한다면 결전도 부득이 하다. ⑥ 원죄가 풀린 후에는 쌍방이 연합해 황국을 위해 분골쇄신할 것인바, 왕정복고를 목표로 한 협력은 오늘부터 시작한다.

막부·조슈 개전을 전제로 한 맹약이다. 마지막 항을 제외하고 조슈 측의 의무는 특별히 기재되지 않았고 사쓰마 측이 취할 행동이 경우에 따라 나뉘어 약속되어 있었다. 이 내용은 기도가 돌아오는 길에 오사카에서 사카모토에게 보내 확인을 받은 것이었지만 사쓰마 측의 공식 기록에는 없다. 또한 교토에 있던 사쓰마의 세 지도자를 상대로 삼은 것으로 국부 시마즈 히사미쓰의 승인을 얻은 것도 아니다. 그러나 조약 칙허 전후 오쿠보의 발언이나 개전 후 사쓰마의 움직임에 비추어 보면 여기에서 실질적인 약속이 이뤄진 것으로 보인다.

이 맹약은 조정·막부가 조슈 최종 처분안을 결정한 마지막 단계에서 맺어졌다. 결정된 처분안은 대략 오와리 요시카쓰의 안에 따른 것으로 그 골자 또한 사이고가 요시카쓰에 제안한 것이었다. 그 때문인지 사이고는 기도에게 일단 이를 수락하도록 권했지만 기도는 엄정히 거부했다. 조슈 측은 조막으로부터의 비난을 어디까지나 무고라 주장했다. 결국 사쓰마는 금문^{禁門}에 발포했다는 사실이나 천황의 노여움을 모른 체하고 조슈의 변명을 인정한 셈이 되었다. 아마도 조막에서 관대한 조치로 여긴 처분안을 조슈가 전혀 수용할 의지가 없다고 확신했기 때문일 것이다. 그러자 막부·조슈 개전 가능성은 높아졌다. 이러한 조건에서 사쓰마는 그 정치 목표를 만족시키기 위해 어떻게 해야 했을까. 교토의 사쓰마 번저에서는 망설임 끝에

제8장 막말: 질서재건의 모색 – '공무합체' 체제의 성립과 무력 충돌의 출현

조슈의 분투에 걸어보기로 한 것이다.

다만 이 시점에서 개전은 필연적이지 않았다. 막각은 여전히 개전에 소극적이었고 사쓰마도 개전을 부추기지는 않았다. 오쿠보 도시미치는 보고를 위해 귀국하는 길에 오사카에서 에치젠의 나카네 유키에中根雪江를 정월 23일에 만나, '조슈의 삭지削地·폐립에는 동의하나 그 조리條理에는 의심의 여지가 있다. 만일 막부가 '공론'을 받아들이고 히토쓰바시가 태도를 바꾸어 1862년 경으로 돌아간다면 히사미쓰는 협력할 것'이라 말하며 천하의 인심을 끌어 모으기 위해서는 오쿠보 다다히로나 가쓰 가이슈 등을 등용하는 것이 중요하다고 덧붙였다.[35] 오쿠보 다다히로는 이보다 앞선 12월 24일에 오사카의 각로(이타쿠라 가쓰키요·혼조 무네히데·오가사와라 나가미치)에 타개책을 질문받았을 때, 다름아닌 사쓰마에 조슈와의 중개를 의뢰해 문제를 조기 해결하는 편이 좋으며 나아가 '천하의 공론'으로 '대정大政을 혁신'한다면 '국가 백년의 대계'가 성립할 것이라 답했다.[36] 분명 조슈의 체면을 유지하면서 화해를 가져올 주체는 사쓰마 이외에는 없었고 사쓰마의 협력을 끌어내기 위해서는 정권 참가를 약속하는 것 이외에는 없었을 것이다. 그러나 조슈를 사면하고 이어서 정권 공유에 이르는 일은 막각과 이치카이소 모두에게 논외의 선택이었다.

---

35) 『續再夢紀事』 5, pp.37-38.
36) 『續再夢紀事』 5, pp.15-22.

제 9 장

유신: '왕정'·'공의' 정체로 (1) — 최초의 시도부터 최후의 다이묘 회의까지

개관: 조슈 재정벌에서 요시노부의 종가 계승까지

1866(慶應2)년 6월 7일, 조슈를 포위한 막부군은 사방에서 공격을 개시했다. 제1차 정벌과 달리, 전력의 중심은 친번과 후다이 도쿠가와 일문으로 도자마 다이묘는 동원에 응한 경우라도 대개 형세를 관망할 뿐이었다. 그 결과 세간의 예상대로 침공은 난항을 겪었고 조슈 측의 문자 그대로 '필사' 항전에 의해 각 전선에서 막부군은 패퇴를 계속했다. 그 와중에 쇼군 이에모치家茂가 사망하면서 이를 계기로 전쟁은 종결되었다.

제9장 유신: '왕정'·'공의' 정체로 (1) — 최초의 시도부터 최후의 다이묘 회의까지

도쿠가와 측의 패배는 '어위광御威光'을 결정적으로 상처입혔다. 무가의 관습에서 패자의 평가는 현저히 낮아진다. 이 상황에서 도쿠가와 종가를 이은 도쿠가와 요시노부德川慶喜는 겐지元治[1864~5년] 이래 철저히 배제하고 있던 대다이묘에의 정권 분여를 생각하기 시작했다. 그러나 이와 병행해 조정에서 시도된 공경의 열참列參은 고메이 천황의 분노를 샀고, 공의정체로의 전환은 이듬해인 1867년으로 넘어가게 되었다.

9.1 조슈 전쟁 — '어위광'의 실추

개전 전의 조막과 조슈

조슈 처분안을 결정한 조막朝幕 정권은 1866년 2월, 로주 오가사와라 나가미치小笠原長行를 히로시마에 보내고 조슈 번주 부자, 세 지번의 번주 및 이와쿠니의 깃카와 쓰네마사吉川經幹에 대해 4월 21일까지 히로시마에 출두하도록 명했다. 조슈는 명령 수리受理를 거부하고 대신 번주 대리와 3분가의 가로를 히로시마로 보냈다. 5월 1일, 오가사와라 로주는 이들에게 처분령을 교부하고 기한 내에 우케쇼請書[p.249]를 제출하도록 명했는데 조슈 측은 사죄는 끝났다며 응하지 않았다. 이 때문에 오가사와라는 마침내 조슈정벌군[정장군征長軍]에 6월 5일을 기해 진격하도록 명령을 내렸다. 오가사와라가 교토를 떠나 개전에 이르기까지는 상당한 시일이 걸렸는데 이를 통해 도쿠가와 측이 가능한 한 전쟁을 피하고자 한 것을 알 수 있다. 다른 한편, 개전을 기다려 온 조슈 측은 여론을 자신의 편으로 삼기 위해 이 기간을 이용해 정력적인 공작을 펼쳤다.

사쓰마의 오쿠보 도시미치가 4월 14일 오사카성에서 사쓰마의 출병 거부를 공공연히 건백해 세간의 이목을 끈 것은 유명한데 조슈는 주변 다이묘의 회유에도 힘썼다. 조슈 병대는 인접국 쓰와노령을 자유 통행할 수 있었고 조슈정벌의 거점이 되었던 히로시마번도 정장군의 병참을 지탱하는 데 온힘을 쏟고 있었기에 전쟁은 바라지 않았다. 조슈에 적대적인 주변 세력은 시코쿠의 마쓰야마 마쓰다이라, 세키슈石州 초입의 하마다 마쓰다이라, 시모노세키 초입의 고쿠라小倉 오가사와라 등 후다이번 세 가문에 불과했다.

조슈 전쟁의 전개

전쟁의 전개(三宅[p.242] 참조)는 간략하게만 서술하고자 한다. 전쟁은 세토내해의 섬 스오오시마周防大島에서 6월 7일 시작되었다. 막부 군함의 원호 아래 시코쿠 마쓰야마의 병력이 바다를 건너 상륙했는데, 맞이해 온 조슈군에 쫓겨 났다(오시마구치大島口의 싸움). 세키슈 초입에서는 빈고 후쿠야마와 하마다, 기슈 번병이 주력이 되었는데 오무라 마스지로大村益次郎가 직접 지휘를 한 조슈군은 국경을 나와 쓰와노를 빠져 나가 17일에는 마스다益田를 공략했다. 여기서 조슈는 일단 사태를 지켜본 뒤, 7월 18일 전진을 시작해 하마다성 총공격에 들어가자 하마다 번병은 성을 불태우고 퇴거했다(木村[p.254]). 이 두 전투에서 조슈는 막부군을 쉽사리 격퇴한 것이다. 이에 반해 주 전장인 게이슈 길목에서는 일진일퇴가 이어졌다. 히로시마와 이와쿠니 사이, 미야지마宮島 대안의 가도가 전장이 되어 막부군은

제9장 유신: '왕정'·'공의' 정체로 (1) – 최초의 시도부터 최후의 다이묘 회의까지

구식 장비를 갖춘 히코네 다카다의 병력이 패퇴하는 한편으로 막부의 서양식 육군, 기슈·오가키의 병력은 호각 이상으로 싸웠다. 이 사이 부총독인 로주 혼조 무네히데本莊宗秀는 6월 말, 이와쿠니를 통해 강화교섭을 꾀했다. 인질이 된 조슈 대표를 돌려보낸 후, 7월 13일에는 막부 육군을 히로시마까지 뒤로 물리고 교섭을 회유했지만 조슈 측은 엄중히 거부했다. 이러한 전쟁 수습 정략에 관해 정벌군 내부에서 혼란이 발생해 혼조는 25일 해임된다. 전투 재개 후에도 막군은 우세에 서지 못하고 8월 9일 히로시마로 총 철수를 하지 않을 수 없었다.

마지막으로 시모노세키 길목인데 여기에서는 막부 군이 움직이기 전에 조슈 측이 간몬關門 해협을 건너 전투가 시작되었다. 고쿠라에는 로주 오가사와라 나가미치가 전쟁 독려를 위해 왔고 규슈의 구마모토·구루메·야나가와柳川·가라쓰唐津 등의 번도 병력을 진전시켰다. 막부 측은 건너온 조슈병과 격전을 벌였는데 우세에 있던 군함을 유용하게 사용하지 못한 탓도 있어 7월 초순에는 조슈병이 고쿠라에 인접한 요지를 진압하기에 이르렀다. 고쿠라번은 30일에 이를 탈환하고자 했지만 구마모토 외에 다른 번병은 협력하지 않았다. 반대로 제번은 때마침 쇼군이 사거했다는 소식을 받자 철병을 결의했고 군감軍監[1] 오가사와라마저 군함으로 도망가 버렸다. 막부군은 완패한 것이다. 다만 고쿠라번은 그 후에도 상륙해 온 조슈군과 싸움을 계속했다. 8월 1일 성을 불태우고 번령 남부로 철퇴하면서도 10월 초순까지 사투를 벌였다. 강화가 이뤄진 것은

---

1) 출정 시의 부대지휘관으로 장군, 부장군의 뒤를 잇는 3등관.

9-1. 조슈 전쟁 약도[2]

이듬해 정월 23일이었다.

조슈 전쟁에서 막부 측의 패퇴에는 다양한 사정이 있었다. 조슈 측에 비해 장비나 전술이 대부분 구식이었던데다 사기도 낮았다. 공격받은 쪽은 '필사'의 각오일 수밖에 없었고 지리에도 밝았다. 이는 고쿠라번의 조슈에 대한 저항에서도 분명했다. 또한 주민의 지지 여부도 큰 영향을 미쳤다. 조슈측이 사민士民 일체가 된 것에 비해 정장군 측은 타령 주민으로부터 식량이나 노동력을 징발해야 했는데 이는 현저히 곤란했을 뿐만 아니라 노골적인 저항조차 불러 일으켰다. 전쟁의 정당성이 애매한데

---

2) 野口武彦『長州戰爭』中央公論新社, 2006을 바탕으로 작성

제9장 유신: '왕정'·'공의' 정체로 (1) — 최초의 시도부터 최후의 다이묘 회의까지

다 전장에서 주민 협력을 거절당했기에 전쟁을 꺼려하는 분위기가 만연하고 중도 퇴각이 유발된 것은 무리도 아니었다.

9.2 도쿠가와 요시노부의 계승과 '공의' 정체 전환의 기회 상실

요시노부의 도쿠가와 종가 계승과 '공의' 정체론으로의 동조

패배 소식이 이어지는 가운데 쇼군 이에모치는 1866년 7월 20일 오사카성에서 사망했다. 이 사실을 감춘 채 전쟁은 계속되었지만 당연히 후계를 결정해야 했다. 사람들의 눈은 히토쓰바시 요시노부 이외에는 없다는 쪽으로 모였다. 이에 7월 29일, 이에모치의 이름으로 요시노부의 도쿠가와 종가 계승이 포고되었다. 종래대로라면 정이대장군에도 임관되어야 하지만 요시노부는 이를 사절하고 '구보사마公方様'가 아니라 도쿠가와가家 내부 존칭 '우에사마上様'로 불리는 것에 머무르기로 했다.[3]

도쿠가와 요시노부는 우선 전쟁의 형세 만회를 노리고 8월 8일 천황으로부터 절도節刀[4]를 받아 히로시마로 출진하고자 했다. 이에모치의 죽음이 휴전의 좋은 기회라고 보는 자들도 있었으나 그러한 목소리에 요시노부는 귀를 기울이지 않았던 것이다. 조슈정벌의 주창자인 이상, 온존하는 막부의 주력 육군을 투입하면 일격 후에 휴전에 들어갈 수 있으리라 예상한 듯하다. 그러나 그는 시모노세키 길목에서 제번의 군대가 해산

---
3) 『德川慶喜公傳』 2, pp. 390·395·442.
4) 외교사절이나 평정·토벌군 장군에게 천황이 하사하는 칼.

했고 오가사와라 나가미치마저 전장을 방기했다는 소식을 듣자 8월 12일 반격 계획을 단념했다. 고메이 천황과 가야노미야 아사히코^{賀陽宮朝彦} 친왕·아이즈 마쓰다이라 가타모리^{松平容保}가 이에 반대했지만 강행했다.

초정^{初政}에서 비틀거린 요시노부는 국내 정책을 180도 전환하는 것으로 궁지에서 벗어나고자 했다. 출진 중지를 결의한 날, 그는 도쿠가와 일문 가운데 공의파^{公議派}였던 에치젠의 마쓰다이라 슌가쿠^{松平春嶽}와 회견을 요구하여 슌가쿠와 다이묘 회의를 소집하는 상담을 시작했다. 조슈와의 휴전 교섭도 초미의 일이었는데 이를 위해서는 지금까지 멀리했던 가쓰 가이슈를 기용하고 다이묘 공의^{公議}에 따라 조슈 처우를 결정한다는 방침을 제시해 설득하기로 했다.

다만 요시노부의 이러한 결단에는 아이즈와의 대립이라는 위험도 따랐다. 이치카이소 동맹을 해체하고 공의파 다이묘와 협조하는 일은 겐지^{元治}[1864~5년] 이래의 권력 정책(즉, 공무합체 체제)의 대전환이었다. 공의파의 거두 에치젠이나 사쓰마가 이에 희망을 발견한 것은 말할 것도 없다. 에치젠의 마쓰다이라 슌가쿠는 일찍이 정장에 반대해 쇼군 출진을 간하여 말리기^{諫止} 위해 오랜만에 후쿠이에서 나왔는데 요시노부의 '반정^{反正}'(마땅한 상황으로 돌아가는 것)을 환영했다. 요시노부에게 보낸 문서^{覺書}에는 '천하의 대정^{大政}을 일체 조정에 반납하시길'이라는 문구가 있다.[5] 다이묘 회의 소집을 왕정복고와

---

5) 『續再夢紀事』 5, p.335.

결합하고자 하는 아이디어가 현실적 선택지로 거론된 것이다.

공경의 열참과 고메이 천황의 저항

그러나 이 획기적 시도는 조정 내부의 혼란으로 좌절되었다. 이와쿠라 도모미岩倉具視의 획책에 의해 오하라 시게토미大原重德 등 22명의 공경이 조정에 열참한 것을 발단으로 천황을 한편의 당사자로 삼은 조정 내부의 분쟁이 발생한 것이다.

이와쿠라 도모미는 1863(文久3)년에 궁정에서 쫓겨난 이래, 교토 북쪽 근교를 전전하다 이와쿠라무라岩倉村에 거처를 정해 은거하고 있었다. 그 사이 연줄을 통해 교토의 동향을 탐색했는데 존양격파가 교토를 떠나고 사쓰마와 연고가 있는 사무라이가 이와쿠라무라에 출입하게 되자 사쓰마의 요직에 책론을 보내기 시작했다. 조슈 정벌이 전쟁 없이 결착된 후에는 삿초제휴를 주장하고 나아가 천황 주도의 거국적 화해, 그것도 적대하는 도쿠가와와 조슈 쌍방을 포함한 해결책을 구상했다.

그러나 조슈 전쟁에서 막부의 패퇴는 그의 질서 구상을 한 단계 비약시켰다. 왕정복고 기회가 도래했다고 판단한 것이다. 그의 「천하일신책天下一新策」에 의하면 왕정복고는 우선 조정 내부 개혁부터 착수해야 하는 것으로, 합체체제의 핵심이자 이치카이소와 함께 개진을 주장했던 아사히코 친왕 및 관백 니조 나리유키二條齊敬를 퇴진시키고자 했다.[6] 때문에 오랜 친우 나카노미카도 쓰네유키中御門經之와 오하라 시게토미에 의뢰해

---

[6] 『岩倉具視關係文書』1, pp.249–255.

1866년 8월 30일, 염전簾前회의[어전회의]에 22명의 공경을 열참시켜 조정에 의한 제번의 소집, 7공경을 비롯해 칙감(천황에 의한 처벌)을 받은 공경의 사면, 정벌군 해산 명령을 요구하게 한 것이다.

천황이 자리한 회의에서 강경한 요구는 전대 미문의 일이었으며, 오하라는 천황에게도 정면에서 이를 밀어붙였다. 천황은 기세에 눌리면서도 직접 대치했다. 조슈 정벌 책임을 둘러싼 아사히코 친왕과 니조 관백에 대한 탄핵은 천황 자신에 대한 비난에 다름 아니었다. 어전회의에서 열참한 공경들의 주장을 듣고, 후일 오하라를 불러 직접 대화했지만 조슈를 징벌해야 한다는 천황의 의지는 변하지 않았다. 그러나 이 사건은 아사히코 친왕과 니조 관백이 사직원을 제출할 수밖에 없게 만들었고 이후 재직은 계속했지만 두 사람은 장기간 참내할 수 없게 되었다. 조정에 권력 공백이 발생한 것이다. 이에 따라 사쓰마와 가까웠던 야마시나노미야山階宮나 오기마치산조 사네나루正親町三條實愛가 발언력을 강화했다. 한편으로 천황은 조정의 공식적 결정권자인 당직의 의주議奏와 무가전주武家傳奏를 통해 도쿠가와 요시노부와 연락을 취하며 정세 만회에 노력했다.

9월 8일, 조정은 대다이묘 24가문에 상경 명령을 내렸다. 언뜻 보기에는 공의에 의해 조슈 처분을 결정하자고 주장했던 에치젠·사쓰마나 오하라 등의 주장이 통한 듯했다. 그러나 가쓰 가이슈가 이달 2일에 미야지마에서 휴전 교섭에 성공한 것을 알게 되자 요시노부는 태도를 바꾸었다. 소집된 다이묘 회의의 역할을, 조슈 문제 해결을 통한 공의정체 창출에서부터

제9장 유신: '왕정'·'공의' 정체로 (1) — 최초의 시도부터 최후의 다이묘 회의까지

스스로를 쇼군직에 추대하는 것으로 바꾼 것이다. 이같은 표변을 안 사쓰마의 시마즈 히사미쓰島津久光나 우와지마의 다테 무네나리伊達宗城는 상경을 단념하고 에치젠의 슌가쿠도 실망 속에 10월 1일 교토를 떠났다. 교토에서 공의파의 영향력은 하락했고 요시노부는 이에모치의 장례가 끝난 것을 기회로 10월 16일, 종가 계승 후의 첫 참내를 실현하며 이후 천황과 직접 간담을 나누었다.[7] 그 후 천황은 27일, 열참한 공경들 및 이들을 배후에서 사주한 것으로 여겨진 야마시나노미야와 오기마치산조를 엄벌에 처해 정계에서 추방했다.

도쿠가와 요시노부는 12월 5일, 쇼군 선하宣下를 받았다. 그때 재경한 다이묘는 7명이었다. 고메이 천황과 도쿠가와 요시노부는 둘이서 조슈 정벌 실패의 책임을 뒤로 하고 합체체제를 재건하고자 했지만 고립된 것은 분명했다. 공의파 다이묘들은 실망하면서도 재기의 기회를 재차 노렸다. 그 기회는 천황의 사거와 함께 예상 외로 빨리 찾아왔다.

---

7) 『德川慶喜公傳』史料編2, pp.483–484.

9.3 마지막 쇼군의 외교와 정체 일신

1866년 12월 25일, 천연두로 고메이 천황이 사망했다. 메이지 천황의 천조踐祚와 니조 관백의 섭정 전임轉任 후,[8] 조정은 장례 절차에 들어가며 조정·막부의 공식 정무가 모두 정지되었다. 그러나 이면에서는 정계의 유동화가 일거에 이루어졌다. 고메이 천황의 죽음은 칙감을 받은 공경의 조정 복귀, 효고 개항, 조슈 사면이라는 현안을 단숨에 해결할 기회였다. 도쿠가와 요시노부가 이 기회를 붙잡아 도쿠가와가德川家와 정부 조직의 발본적 개혁을 시작하는 한편, 사쓰마는 조슈의 정계 복귀를 지렛대삼아 정체 자체의 근본 개혁을 노리기 시작했다.

도쿠가와 요시노부의 막부 개혁과 대외주권의 과시

도쿠가와 요시노부는 종가 계승 직후부터 도쿠가와 쇼군가 조직의 기능 강화에 착수해, 하타모토를 총대銃隊로 재편성하고 하급 막신을 고관으로 등용하기 시작했다. 나아가 쇼군직을 수임한 즈음에는 서양에 대한 외교도 화려하게 전개하기 시작했다.[9] 우선 착수한 것은 서양 외교단 알현이었다. 그는 스스로가 서양식 주권자가 되는 것을 이상으로 삼고 그 조건 가운데 하나인 외교권 장악을 노렸다. 첫 번째 발걸음은 서양의 주일 대표로부터 신임장 봉정捧呈을 받는 일이었다. 동시에 그는

---

8) 관백과 섭정 모두 천황의 보좌직이나 관백은 성년이 된 천황을, 섭정은 미성년 천황이나 황위 공백기에 정무를 집행하는 자리라는 점에서 차이가 있다. 메이지 천황은 당시 만14로 미성년이었다.

9) 『德川慶喜公傳』 4.

제9장 유신: '왕정'·'공의' 정체로 (1) — 최초의 시도부터 최후의 다이묘 회의까지

서양 측의 계속된 요구였던 효고 개항을 실현하고자 했는데 그 목적은 조약상의 의무 이행에 그치는 것이 아니라 스스로를 주권자의 지위에 가깝게 하는데 있었다.

요시노부가 움직이기 시작한 것은 쇼군 선하 직전이다. 서양 각국 외교단에 오사카성에서 배알식을 할 것을 통고했다.[10] 쇼군이 바뀌었기에 외교단 측도 신임장을 재차 봉정할 필요가 있었다. 고메이 천황의 상중喪中으로 실시는 늦어졌지만 1867년 3월 28일과 4월 1일에 영국 공사 해리 파크스를 비롯한 4국 공사가 차례로 등성해 성대한 배알과 향연이 이루어졌다.

이 쇼군 배알은 미국의 해리스가 1857(安政4)년 처음으로 에도성에 오른 이래 분큐文久 연간(1861~64년)까지 다듬어진 의식에 대폭적인 변경을 가한 것이었다. 서양 각국은 동아시아 국가들과 외교를 개시한 이래, 외교 의례에서 지위 문제에 고심해 왔다. 서양의 주권 국가 사이에서는 접수국의 군주와 외교 사신이 대등한 의례를 나누는 것이 관습이었지만 이곳 동아시아에서는 청조가 삼궤구고의 의례를 강요했을 뿐만 아니라, 일본도 사신에 신종臣從의 예를 갖추도록 하려고 했다. 해리스는 재삼에 걸쳐 대등한 의례를 요구해 실현에 성공했다고 믿었시만, 조선통신사보다도 낮은 취급을 받았다. 일본이 대등한 국교를 맺은 유일한 나라, 조선의 통신사는 에도성 오히로마大廣間의 중단에서 맞이했지만 해리스를 비롯한 서양 공사들은 하단에서의 알현에 그쳤던 것이다.

---

10) 佐野眞由子『幕末外交儀禮の研究』思文閣出版, 2016.

이에 반해 요시노부는 배알 의식을 대등에 가깝게 하고 또한 알현 후 성대한 향연을 열어 스스로 접대했다. 서양적 의례를 대폭 받아들여 프랑스 요리를 준비하고 그 자리에 출석해 온화하게 건배사를 하는 모습은 서양 외교단에 기분 좋은 놀라움을 주었다. 막부의 폐쇄 정책이나 우유부단함에 질려했던 파크스조차 막부에 대한 평가를 일변했다. 이 성공은 요시노부 스스로에게 커다란 자신감을 안겨 주었다.

요시노부는 일련의 배알식에 효고 개항이라는 선물을 덧붙이고자 했다. 이것이 해결되면 막부에 심각한 혼란을 가져온 외교 문제의 최종적인 해결을 가져와 대외적 주권자로서 요시노부의 지위는 확고히 성립될 터였다. 그는 1867년 2월 18일, 다이묘들에게 효고 개항 칙허를 얻고자 한다는 의사를 밝히며 서면으로 의견을 구신具申하도록 했다. 기한은 서양 외교단의 알현 전으로 했다. 그러나 요시노부는 다이묘들의 답신이 모이기 전인 3월 5일, 조정에 칙허를 주청하고 외교단 알현 시에 이를 구두 약속했다. 이는 1년 반 전과 마찬가지로 외교 문제를 발판삼아 다이묘 정권 참가를 실현하고자 했던 사쓰마, 특히 오쿠보 도시미치에게 커다란 타격이 되었다.

공의파 4후의 상경과 정체 일신

이보다 앞서 사쓰마의 교토 번저(고마쓰, 오쿠보, 사이고)는 1867년 2월 상순, 공의파 다이묘에게 상경을 요구하기로 결정했다. 사이고를 사쓰마로 돌려보내 히사미쓰 상경을 요청하고 돌아오는 길에는 도사의 야마우치 요도山內容堂·우와지마의 다

제9장 유신: '왕정'·'공의' 정체로 (1) — 최초의 시도부터 최후의 다이묘 회의까지

테 무네나리를 방문해 동시 상경을 촉구하기로 한 것이다. 나아가 에치젠의 마쓰다이라 슌가쿠에게도 사자를 파견했다.[11] 세 제후는 곧 이에 응해 겐지[1864~5년] 이래 3년만에 초여름의 교토에 집결했다. 이전과 달리 조명朝命에 의한 상경이 아니었다. 이 사실은 그들 자신이 강한 정치적 결의를 가지고 상경했음을 시사한다. 이러한 움직임에 대해 도쿠가와 요시노부는 3월 말, 조정에 공작해 대다이묘 25가의 상경을 명했다. 이 또한 일년 반 전과 마찬가지로 공의파 다이묘 네 가문을 견제하기 위해서였다. 선택된 다이묘들은 1년 전 겨울에 쇼군 추대를 노렸을 때와는 달리 지리적으로 전국을 망라하고 있었다. 그러나 소명을 받은 다이묘는 출경에 소극적이어서 본국에서 중앙 정국의 관망을 이어나갔다. 때문에 요시노부는 다름 아닌 네 가문을 역이용해 조정에 효고 개항을 승낙시킬 수단으로 삼고자 했다.

4후侯의 상경 목적은 쇼군과 달리 정체 일신이었다. 사쓰마의 오쿠보 도시미치는 4월 히사미쓰에 상서를 올려 조정에서의 인재 정선精選과 조슈 사면을 주장하고 나아가 쇼군이 다이묘 의견을 자문하는 와중에 서양 각국에 효고 개항을 약속한 불성실을 근거로 '정이내상군직을 빼앗고 삭봉 후 제후의 대열에 놓아야' 한다고 건언했다.[12] 사쓰마의 주상은 조·막에 대한 대다이묘의 정권 참여 요구에서 막부의 전면 부정으로 비약했다.

이해 여름은 대다이묘의 정권 참여를 정치 교섭만으로 실현

---

11) 『續再夢紀事』 6, pp.107-108.
12) 『大久保利通文書』 1, pp.468-471.

할 마지막 기회가 되었다. 자신들이 현재 천하의 전환점, 치治·란亂의 경계선에 서 있다는 자각은 도쿠가와 측에도 있었다. 요시노부의 심복인 하라 이치노신原市之進은 에치젠의 나카네 유키에中根雪江와의 대화에서 일본역사의 이런저런 에피소드를 회고하며 '당대는 이미 200년에 이르렀다. 이제 혁명의 시기가 도래했다. 중흥의 정치가 없어서는 안된다'고 발언하고 있다.[13] 대변혁을 행할 시점에서 요시노부와 공의파는 일치하고 있었지만 누가 주도할 것인가, 무엇이 급무인가에는 엄중히 대립하고 있었다. 그들은 격한 정치 교섭을 전개한 끝에 타협에 실패하고 사쓰마는 결국 무력 동원과 위협에 의한 해결을 선택하게 된다.

9.4 공의파 4후와 쇼군 요시노부

공의파 4후의 조슈 사면 선의론

1867년 5월 1일 도사의 요도가 교토에 도착하자 4후는 누차 회의를 열었다. 우선 문제가 된 것은 조정의 인사이다. 4월 중순 조정에서는 존양지사의 협박을 받아 의주 3명과 무가전주 1명이 면직되는 춘사椿事[뜻밖에 일어난 불행한 일]가 발생했다. 후임은 조정 수뇌부에 친막파를 확보하고자 하는 쇼군과 조슈 복권의 길을 열고자 하는 공의파 다이묘의 줄다리기가 되었다. 사쓰마는 1년 전에 열참을 주도한 나카노미카도·오하라를 의주로 임명할 것을 주장했지만 섭정 니조 나리유키는 이에 곤

---

13) 『續再夢紀事』 6, p.187.

제9장 유신: '왕정'·'공의' 정체로 (1) – 최초의 시도부터 최후의 다이묘 회의까지

혹스러워 했다. 요도를 제외한 히사미쓰·슌가쿠·무네나리가 10일에 니조 섭정의 저택을 방문했을 때 섭정은 '선제先帝의 예려叡慮'를 구실 삼아 사쓰마가 추천한 나카노미카도·오하라 등 양이파를 물리치고자 했다. 그러나 히사미쓰는 그렇다면 요시노부가 바라고 있는 효고 개항도 거부할지 되물었다. 슌가쿠와 무네나리의 중재로 친親 조슈이면서 온건한 오기마치산조 사네나루와 중립적인 나가타니 노부아쓰長谷信篤의 의주 임용을 섭정이 받아들이면서 사태는 일단락되었다. 어린 메이지 천황의 조정 수뇌부는 칙감[p.273]을 해제해 복귀한 양이파 공경을 쇼군 요시노부에 기대어 억제하고자 했는데, 그 실상은 히사미쓰가 되받아친 것처럼 효고 개항을 받아들일 용기는 없었던 것이다. 섭정만이 아니라 사쓰마와 누대로 관계가 깊은 고노에가도 오쿠보의 집요한 주장에 대해 '조헌朝憲을 세운다는 명분으로 도리어 조헌을 어지럽힌다'고 불평했다.[14] 조정 수뇌는 현상 유지 이외에 어찌할 바를 몰랐고 그 때문에 이후 쇼군과 사쓰마 쌍방으로부터 버림받게 된다. 로주 이타쿠라 가쓰키요板倉勝靜는 섭정을 요시노부로 바꾸는 것을 생각해냈지만, 요시노부는 별도의 발본적 구상이 있었기 때문인지 관심을 보이지 않았다.[15]

한편, 4후는 5월 14일이 되어서야 요시노부가 정무를 보는 니조성으로 나란히 등성했다. 교토에 들어온 이후부터 상당한 시일이 흐르게 된 이유는 첫째로 히사미쓰가 쇼군에 대한 정

---

14) 『續再夢紀事』 6, p.224.
15) 『續再夢紀事』 6, p.357.

식 배알을 탐탁치 않게 여겼기 때문이다. 겉으로는 처음있는 일이라 의례도 알지 못하고 복식도 없다고 했지만 '우에사마의 어전에서 두 손으로 엎드리는 일은 감당하기 어려울 정도로 걱정스럽다'라는 것이 본심이었다.[16] 그는 에도성에 등성해 본 경험이 없었고 때문에 더더욱 도쿠가와 쇼군과 멀리 떨어진 자리에 엎드려 얼굴도 보지 않은 채 이야기를 나누는 의례를 견디기 어려웠을 것이다. 어찌되었든, 네 제후는 함께 등성했다. 쇼군으로서의 요시노부에 첫 대면 인사가 끝난 후, 효고 개항과 조슈 문제 가운데 무엇을 앞서 논의해야 할 것인가로 쇼군과 히사미쓰 사이에 의견 차이가 있음이 판명되었다. 요시노부가 바라는 효고 개항은 4후 모두 찬성이었지만 히사미쓰는 조슈 문제야말로 천하 질서를 재건하는 열쇠로 보고 먼저 논의[선의] 할 것을 주장했고 에치젠의 슌가쿠가 이에 찬동했다. 그러나 이번은 첫 대면을 무사히 끝내는데 주안을 두었기에 그 이상 논의하지 않았고 다음번 등영登營 시에 4후가 효고 문제에 관해 회답하기로 합의하고 산회했다.

사쓰마가 말하는 조슈 선의先議란 조슈의 복권이다. 더 이상 삭봉은 요구하지 않으며, 모리 다카치카毛利敬親·모토노리元徳 부자의 관위를 복구하고 가독은 모토노리에게 물려줘야 한다는 것이다.[17] 이후에 관해서는 4후 회의에서 논의되지 않았지만 사이고가 히사미쓰에 올린 상서에 의하면, 조슈의 명예 회복

---

16) 『續再夢紀事』 6, pp.222–223.
17) 『續再夢紀事』 6, p.244.

제9장 유신: '왕정'·'공의' 정체로 (1) – 최초의 시도부터 최후의 다이묘 회의까지

이후 교토 정계로의 복귀가 계획되어 있었다.[18] 조슈 문제가 선의되어 복권이 결정되면 쇼군 면전에 언젠가 조슈 번주가 모습을 드러내고 나아가 다이묘 회의가 열린다면 여기에도 출석할 터였다. 쇼군 요시노부로서는 견딜 수 없는 사태였으리라. 이같은 전망 하에서 4후는 함께 모여 조슈 선의에 관해 동의했다. 그러나 도사의 요도는 사쓰마가 노리는 조슈의 전면적 참가에 실은 반대였고, 쇼군을 옹호하기 위해 이면에서 막각이나 슌가쿠와 연락을 취하며 만회책을 강구했다. 강경론의 장본인으로 논의에 강한 오쿠보를 배제하기 위해, 일반 배신陪臣들을 중요한 회의에서 제외하자고 제안했다. 쇼군이 섭정 저택에 들어가 의주·무가전주 등 조정 수뇌와 함께 협의하는 자리를 마련해 그곳에 4후가 가신을 동반하지 않고 참상參上해 중요 사항을 결정하고자 한 것이다.[19]

병 기운이 있던 요도를 제외한 3후는 5월 19일 재등영해 쇼군과 토론했는데 여기에서 시마즈 히사미쓰·다테 무네나리의 조슈 선의론과 쇼군의 효고 선의론이 재차 대립했다. 효고에 관한 요시노부의 실책·기만을 둘러싼 논의가 격렬히 진행되던 중에 슌가쿠가 기회를 틈타 중개에 나서 조슈와 효고의 동시 재정裁定을 제안하자 출석자는 모두 찬동했고 보누가 쇼군·로주와 함께 섭정 저택을 방문하는 것도 결정했다.[20] 회의 자리는 이후 어소로 옮겨갔다. 오쿠보 도시미치와 고마쓰 다테와키는

---

18) 『鹿兒島縣史料 玉里島津家史料』5, p.200.
19) 『續再夢紀事』6, pp.242·257·275.
20) 『續再夢紀事』6, pp.258-263.

반격을 꾀했다. 에치젠과 우와지마의 숙소를 방문해 막부의 반정反正이 최우선이며, 이를 구체화하기 위해 우선 조슈의 처치를 결정해야 한다고 했다. 즉, 관대한 조치라는 원칙에서 더욱 나아가 조슈 부자의 관위 복구를 비롯한 구체적인 조치까지 상신해야 하며 효고 문제는 그 결착 후로 미루어야 한다고 주장한 것이다. 슌가쿠와 무네나리는 이를 듣고 찬성으로 기울어 참내에 의한 결착은 무리라고 판단해 일단은 섭정에 양해를 구했다. 이에 로주 이타쿠라 가쓰키요는 슌가쿠에게 단 한명이라도 참내해 조의朝議에 함께 하도록 간청했다. 도쿠가와 일문인 슌가쿠는 거절하지 못하고 재차 태도를 바꾸어 참내를 결정했다.

쇼군 요시노부의 조의 승리

이렇게 해서 5월 23일, 어소의 도라노마虎の間에서 조의朝議가 시작되었다.[21] 쇼군이 대강의 경위를 설명한 후, 슌가쿠는 조슈 복권이 효고 개항보다 먼저 논의되어야 한다는 4후 일동의 합의를 소개하고 그 후 두 건을 동시에 재정해야 한다는 사견을 아울러 이야기 했다. 이에 대해 공경들은 이전 의견대로 조슈 선의가 타당하다고 논의했지만 쇼군이 이를 물리쳤기에 혼란에 빠져 일단 휴게에 들어갔다. 공경은 그 사이 별도의 자리에서 논의했지만 니조 섭정은 결국 슌가쿠의 의견을 채용해 조슈에의 관대 조치와 효고 개항을 동시에 행한다는 칙재를 얻었다. 그런데 조의를 재개해 발령 방법으로 화제가 바뀌자

---

21) 『續再夢紀事』6, p.290이하.

제9장 유신: '왕정'·'공의' 정체로 (1) – 최초의 시도부터 최후의 다이묘 회의까지

또다시 논의가 불붙어, 조의는 철야에 이르렀다. 심야부터 이른 새벽까지 세 차례 회의를 했지만 결착을 내지 못했고 아침이 밝아오자 일반 공가들도 밀려 들어왔기에 섭정은 결국 공경의 총참내를 명하는 지경에 빠졌다. 이미 칙재는 얻었으나 참내해 온 공가들은 각각 강경론을 내뱉고 그 가운데에는 칙명 발포를 연기하고 회의를 산회하라고 말하는 자까지 나타났다. 섭정은 극히 우유부단했지만 어느 공가가 '만일 이를 결정하지 않으면 쇼군은 사직할 터인데 그래도 좋은가'라고 발언하자 마침내 공경들의 흥분은 가라앉았다. 결국, 칙명을 그대로 내리는 것으로 결정되었다. 이 철야 회의는 1년 반 전의 조약 칙허와 마찬가지로 요시노부의 끈질긴 승리로 끝났다.

이 결과를 들은 고마쓰, 오쿠보는 재차 반격 공작에 나섰다. 칙서에서 말하는 '관대한 처치'는 4후가 건언한 구체적 처치와는 다르다며 4후가 연서한 서면으로 이를 조정에 호소했다. 또한 조슈 처치에 관해 막부 측은 조건을 붙여, 조슈의 탄원서 제출을 의무짓고자 했다. 그러나 사쓰마는 첫 번째 정토征討 시에 사죄는 이미 완료했기에 사면을 탄원할 필요는 없다며 반대했다. 무네나리도 슌가쿠도 이를 지지했다. 또한 조슈로 칙명을 전달해 줄 것이라 기대되었던 히로시마번도 조슈가 탄원을 받아들일리 없다며 전달을 거절했. 야마우치 요도를 제외하고 이들은 조슈의 즉시 복권을 계속 호소했지만 쇼군은 완고하게 이를 듣지 않았다.

막부 측에서 보자면 4후들의 논의는 금문의 변에서 조슈의 죄를 무시한 채, 재정벌에 착수한 막부의 과오만을 문제삼아

'반정'을 요구한 점에서 불공평했다. 또한 도쿠가와 요시노부는 4후를 효고 문제를 해결하기 위한 존재 이상으로는 인정하지 않았고 특히 오쿠보 등 반막부 급진파 다이묘 가신의 개입을 극단적으로 꺼려했다. 4후의 압력을 피하기 위해 이면에서 요도에 협력을 의뢰했지만 이에 그치지 않고 종래 막말 정계와 거리를 두고 있던 사가의 나베시마 나리마사鍋島齊正[이후 나오마사直正]를 상경시키기 위한 공작을 펼치기도 했다. 요시노부는 매번 대다이묘 서로간의 경쟁심을 부추겨 이들을 조종하고자 한 것이다.

그러나 그의 강경한 태도는 이것만으로는 설명할 수 없을 것이다. 그는 역대 쇼군과 달리 능력을 자부했고 실제로 모든 문제를 스스로 재량하여 처리했다. 서양의 강한 압력에 노출되어 있던 일본에 새로운 질서를 구축할 비전과 능력은 자신만이 가지고 있다, 반항한 조슈는 물론 사쓰마나 그에 동조하는 에치젠, 우와지마의 다이묘에게도 이러한 대사업을 수행할 능력은 없다. 그렇게 믿었을 터이다. 그는 1864년 봄과 1865년 초겨울에 이어 또다시 조의에서 승리를 거두었다. 그러나 이 궁중 정치에 패한 사쓰마가 어떻게 나올지가 그에게는 보이지 않았던 것이다.

제 *10* 장

유신: '왕정'·'공의' 정체로 (2)
— 무력 동원과 정책·제휴 관계의 격변

개관: 공무합체 이래의 제휴·대항 관계의 격변

1867(慶應3)년 5월 하순, 사쓰마는 정치 교섭을 단념하고 기본 방침을 무력 동원에 의한 정체일신으로 전환했다. 조슈와 함께 병사를 교토·오사카에 보내 이를 배경으로 도쿠가와의 패권을 빼앗아 천황 직속의 새로운 정부를 만드는 방침으로 전환한 것이다.

한 달 후, 지금까지 쇼군 권력 옹호에 진력해 온 도사는 왕정복고를 전제로 한 정체일신 구상을 제안했다. 극히 단기간에

표10-1. 1867년 전후의 제휴·대항 관계의 변화

⓪ 공무합체체제: 체제성립에서 1867년 4후회의까지 [1864-67]			
조슈	사쓰마, 에치젠, 우와지마, 도사	요시노부, 아이즈, 구와나	막각, [하타모토]
① 제1의 변화: 효고 개항 결정에서 대정봉환까지 [1867.5-67.12]			
조슈, 사쓰마, 게이슈	에치젠, 우와지마, 도사, 오와리	요시노부, 아이즈, 구와나, [하타모토]	
② 제2의 변화: 대정봉환 후, 왕정복고에서 도바후시미까지 [1867.12-68.1]			
조슈, 사쓰마, 게이슈	에치젠, 우와지마, 도사, 오와리, 요시노부, 구와나	아이즈, 하타모토	
③ 제3의 변화: 도바후시미 이후 [1868.1-]			
조슈, 사쓰마, 게이슈, 에치젠, 우와지마, 도사, 오와리, 서국다이묘	아이즈, 구와나, 하타모토, 동북다이묘		

주요한 플레이어가 기본 정책을 전환했고 이에 따라 1864(元治 1)년 이래 정치적 제휴·대항 관계가 격변하기 시작한 것이다. 이는 막말 동란이 시작된 1858(安政5)년에 필적할 정도의 급격한 변화였다.

이를 도식화한 것이 [표10-1]이다. 이제 개별 쟁점은 후경後景으로 물러나고, 정체 전환을 둘러싼 적나라한 권력 투쟁이 주제가 되었다. 어떠한 정체를 어떠한 수단으로 만들 것인가, 특히 누가 주도할 것인가라는 관심이 정치의 장을 지배하게 된 것이다.

1864년 봄 공무합체 체제가 성립되고 조슈의 무력에 의한 교토 탈환이 실패한 후, 정계는 고메이 천황 아래 가야노미야 아사히코賀陽宮朝彦 친왕·관백 니조 나리유키二條齊敬와 히토쓰

제10장 유신: '왕정'·'공의' 정체로 (2) – 무력 동원과 정책·제휴 관계의 격변

바시·아이즈·구와나를 핵으로 구성되었다. 이 합체 체제는 한편으로 에도 막각과 알력을 다투며 다른 한편으로는 적대적인 조슈에 직면했고 나아가 합체체제에서 배제된 사쓰마 시마즈 히사미쓰·에치젠 마쓰다이라 슌가쿠 등 공의파 다이묘에 의한 견제도 받았다(⓪). 사쓰마·에치젠은 기회가 있을 때마다 공의정체 수립을 노리고 히토쓰바시 요시노부를 획책했으나 번번이 실패했다. 조슈 전쟁에서 막부의 패퇴와 고메이 천황의 죽음 이후, 사쓰마·에치젠·우와지마·도사는 최후로 남겨진 외교 문제를 조슈 복권과 결합해 요시노부에게 양보할 것을 압박했지만 요시노부는 이를 완강하게 거부했다.

이 때 사쓰마는 조슈와 군사 동맹을 단행하고 이에 게이슈 藝州藩(히로시마)도 가맹시켰다. '공의' 정체 수립은 연래의 목표였지만 그 수단으로 무력 사용을 결단한 것이다. 다른 한편, 종래는 공의 운동에 소극적이었던 도사는 '공의' 정체 주창자로 표변했다. 왕정복고 후에 실현할 정체의 구체상을 제시하고 이에 따라 정체 이행을 평화롭게 이루자고 주장하기 시작한 것이다. 에치젠은 물론 도쿠가와 고산케의 필두인 오와리도 이 진영에 참가했다. 이것이 첫 번째 변화이다(①).

이에 대해 도쿠가와 요시노부는 정권 반환을 받아들여 구와나와 함께 공의정체 수립을 모색하기 시작했다. 두 번째 변화이다(②). 사쓰마가 공의정체를 목표로 한 것에는 변화가 없었기에 공의파는 이 시점에서 정계의 다수파를 구성했다. 그들의 목표는 왕정복고에 의해 정권의 소재를 일원화하고 정부를 대다이묘 연합으로 구성하며 그 수반에 도쿠가와 요시노부를

두는 것이었다. 이 권력 정책의 변화는 1864년 이래 교토의 치안을 위임하며 깊은 제휴 관계에 있었던 아이즈와 도쿠가와의 관계를 끊는 일도 동반했다.

이에 대해 삿초는 또다른 형태의 왕정복고를 목표로 삼았다. 우선 도쿠가와를 신정부에서 배제하고 이를 기점으로 보다 급진적인 정체일신을 노린 것이다. 삿초의 탑 리더들은 당시에 이미 다이묘 연합을 넘어선 다음 과제를 생각하고 있었다. 폐번廢藩에 의한 중앙집권화와 탈신분화로 한걸음 내디딘 것이다. 양자의 경쟁은 사쓰마에 의한 친도쿠가와 다이묘의 협력을 얻은 왕정복고 쿠데타, 도쿠가와 요시노부의 신정부 가입으로의 움직임, 아이즈·구와나·하타모토에 의한 교토의 무력 탈환 시도라는 격변 끝에 도바후시미에서 삿초의 승리와 요시노부의 도망으로 결착을 맺는다. 세 번째 변화이다(③). 요시노부가 정계에서 퇴장하는 한편, 신정부는 삿초 주도 하에 놓여지고 공의파 다이묘는 이에 잔류하며 공의의 제도화를 통해 삿초에 대항하는 길을 모색하기 시작했다. 다른 한편, 지금까지 방관하는 모습을 보이던 제 다이묘들은 요시노부의 추토追討가 포고되자 신정부를 추종할지 여부를 선택해야만 했다. 그 때 하코네 이서以西 지역 다이묘는 신정부에 뇌동하고 동북 다이묘는 일단 아이즈와 운명을 함께 하는 길을 선택하게 된다.

제 10장 유신: '왕정'·'공의' 정체로 (2) — 무력 동원과 정책·제휴 관계의 격변

10.1 사쓰마와 도사의 정책 전환 — 무력 동원과 신정체 구상

사쓰마의 무력 동원책으로의 전환

효고 개항과 조슈 문제에 관해 쇼군이 정치적 승리를 거둔 다음날인 1867년 5월 25일, 교토의 사쓰마 간부는 회의를 열어 '조슈와 함께 일을 거행'하기로 결정했다(芳[p.175]). 가로 고마쓰 다데와키小松帶刀의 주최 하에 오메쓰케 세키야마 다다스關山紀, 사이고 다카모리·오쿠보 도시미치를 포함한 소바야쿠側役1) 5명과 루스이留守居 2명은 오쿠보의 표현으로는 '이후 병력을 갖추어 성원聲援하고 결책決策의 기색을 드러내' 조정에 진력할 것을 결정하고 조슈에 사자를 보내기로 한 것이다.2) 이 계획은 후일, 국부 히사미쓰에 보고되어 승인을 얻었다. 히사미쓰는 6월 18일 가고시마에 있던 번주 다다요시에 서한을 보내, 4후 회의의 실패를 거울삼을 것과 '막부의 의중 ... 반드시 사사로이 권력을 펼쳐 정의로운 번이라 하더라도 폭위暴威로 누르고자 하려는 소행이 분명'해 '황국의 대사大事는 사라지고 마침내 막부가 조정을 장악'할 우려가 있다, 이를 막기 위해서는 '지금 한층 비상한 진력으로 병비를 충실히 하고 성원을 보내며 결책의 뜻을 드러내 조정을 받들어 보호奉護'해야 한다, 이를 위해 조슈에 사자를 보낸다, 이에 대해서는 일찍이 생각해 둔 것처럼 다다요시 스스로 거병 상경을 단행하고 그 첫단계로

---

1) 주군을 가까이에서 모시는 역직이나 사람. 근시(近侍), 근습(近習)이라고도 한다.

2) 『大久保利通文書』1, p.476.

우선 1대대를 상경시켰으면 한다는 내용이었다.[3] 이틀 전인 6월 16일, 그는 사쓰마 번저에 와 있던 조슈의 시나가와 야지로品川彌次郎와 야마가타 아리토모山縣有朋를 만나 '돌아가 모리 다카치카毛利敬親·모토노리元德 부자에 이러한 의향을 전했으면 한다'라고 의뢰하며 야마가타에게 6연발 피스톨을 주었다.

그러나 이는 무력 토막討幕을 내건 것은 아니었다. 그 목적은 1862(文久2)년을 상회하는 대군을 교토로 보내고 그 위력을 배경으로 왕정복고의 길을 여는데 있었다. 곧바로 무력을 행사하는 것은 아니었다. 만일 무력 행사 의도가 겉으로 드러났다면 히사미쓰는 거부했을 것이다. 교토 번저 내부에서도 어디에 역점을 둘 지에 대한 차이가 있었다. 사이고는 무력 행사를 중시하고 그 의도를 내비쳤지만 고마쓰 등은 압력 강화에 의한 막부의 양보라는 길을 시야에 넣고 있었던 듯하다. 설령 조슈가 사쓰마와 군사 동맹을 단행한다고 해도 두 번藩으로만 도쿠가와와 아이즈·구와나, 친번·후다이의 군사력을 압도하는 것은 무리였다. 금문의 변에서의 조슈와 같은 전철을 밟을지도 모른다. 유력 다이묘 일부를 같은 편으로 삼고 나아가 나머지 다이묘들이 추종하도록 유도하는 것이 필수 과제였다. 기도 다카요시木戶孝允가 '이번 꾸밈 수에 관해서는 … 도움이 되는 자는 끌어들이시길 바랍니다'고 말한 것처럼 이 전략은 조슈 수뇌에도 공유되고 있었다(末松[p.189], p.1168). 국면 타개에는 무력(에 의한 위협)이 필요하지만 2백 수십의 다이묘로 이루어진 연방국가에서 새로운 체제를 창출하기 위해서는 무력만으로는

---

3)『鹿兒島縣史料 玉里島津家史料』補遺 2, p.740.

제10장 유신: '왕정'·'공의' 정체로 (2) — 무력 동원과 정책·제휴 관계의 격변

불충분하고 전체 다이묘에 대한 다수파 공작이 불가결했던 것이다.

도사의 공의정체론으로의 변모

이 때 도사의 대전환이 사쓰마를 도왔다. 6월 13일, 나가사키에 있던 도사의 참정參政, 고토 쇼지로後藤象二郎가 교토로 왔다. 그는 나가사키에서 다가올 정체의 핵으로 의회를 둔다는 아이디어를 듣고 상경 중에 함께 배를 탄 사카모토 료마坂本龍馬와 논의를 거듭했다. 도착 후에는 사쓰마가 조슈와 동맹·거병을 결의했음을 듣고 내란 발발을 막고자 분투하기 시작했다. 의회를 핵으로 한 신정체 구상을 제시하면서 교토의 도사 번저藩邸의 중역, 나아가 사쓰마 설득에 착수한 것이다.

골자는 일본이 '만국과 임하여 부끄러움' 없도록 하는 것을 궁극적 목표로, '정권이 일군一君에 돌아가는 것'을 '큰 조리條理'로 하고 '제도를 일신해 정권은 조정으로 돌아가고 제후회의諸侯會議·인민공화人民共和' 체제를 창출하는 것이었다. 별도로 교토 번저가 준비한 문서를 참조하면 네 번이 막부와 의론해 온 조슈 복권·효고 개항·4경卿 귀경 등의 쟁점을 '작은 조리'로 치부하는 한편, 삿초의 거병 계획은 '사투私鬪'라는 비판을 면할 수 없으며 일단 개전하면 외이外夷에 침략 기회를 제공한다고 비판하고 있다. 일단 두 번만이 불타 오르고 다른 번들이 방관하고 있는 것은 어느 다이묘도 충분한 '조리'를 가지지 않았기 때문이라는 것이다.[4]

---

4) 「寺村左膳手記」『維新日乘纂輯』3, p476 이하.

도사에게 이는 기본 정책의 대전환이었다. 사실상의 군주인 야마우치 요도山內容堂는 1864년에도, 이 해에도 막부 권력의 옹호에 힘써 왔다. 1858년 히토쓰바시 요시노부 옹립 운동에 가담해 처벌받았기에 에치젠·우와지마·사쓰마와 마찬가지로 비운을 맞이했던 특별한 존재, '명현후名賢侯'로 간주되며 1863년 이후부터 종종 그들의 회합에 가담했다. 하지만 막부에 대해 정권 분여를 요구하는 '공의' 주장에는 냉담해 '명현후'와 막부의 권력 투쟁이 심해지면 가장 빨리 교토를 떠나는 일이 일상이었다. 그런데 그의 유력한 가신이 이번에는 왕정복고, 나아가 의회 개설이라는 '공의' 제도화의 주창자로 등장한 것이다. 고토는 6월 22일에 사쓰마와 이를 구체화한 맹약을 체결(삿토맹약)하고 게이슈도 한편으로 끌어들인 후, 요도의 승인을 얻기 위해 7월 4일 교토를 떠났다. 다른 3후는 스스로의 경험에 비추어 요도가 이를 인정할지 회의적이었지만 실제로 요도는 곧바로 승인했다.

다른 한편, 사쓰마 측은 고토의 신청을 호의적으로 받아들였다. 무력 발동책을 선전한 사이고조차도 조슈의 야마가타나 시나가와에게 '건너려 하니 배가 들어온다渡りに船'라 설명하고 있다.[5] 네 번이 막부에 대해 전개한 논쟁은 확실히 '작은 조리'에 불과해 박력이 없었다. 이에 비해 고토의 제안은 새로운 정체 구성에 관한 '큰 조리'였다. 도사의 의도는 내란 회피에 있었지만 그 실현에는 사쓰마가 생각한 무력에 따른 위협을 사용해도 무관했다. 지금까지 사쓰마에게는 왕정복고로 도쿠가

---

5) 『西鄕隆盛全集』 2, p.218.

제10장 유신: '왕정'·'공의' 정체로 (2) — 무력 동원과 정책·제휴 관계의 격변

와를 일개 다이묘로 격하시킨다는 정도의 구상밖에 없었지만, 실제 왕정복고에 착수한다고 했을 때 일본 전국에서 열렬한 지지를 획득할 수 있는 충분한 비전이 필요했다. 실은, 신슈信州 우에다上田 마쓰다이라 가문 출신으로 사쓰마에 병학兵學 교수로 초빙받았던 아카마쓰 고사부로赤松小三郎는 5월에 '천막합체天幕合體·제번일화諸藩一和'를 위해 천황 아래 6명의 재상으로 구성된 정부를 설치하고 별도로 이원제의 '의정국議政局'을 세울 것을 구상해 에치젠과 사쓰마에 건언했다.[6] 직후 그는 사쓰마의 기리노 토시아키桐野利秋에게 암살당한다.

고토의 제안은 아카마쓰와 대동소이한 내용이었으나 사쓰마에게는 보다 중시해야 할 이유가 있었다. 히사미쓰는 무력 발동에 소극적이었고 본국에서는 다다요시의 솔병率兵 상경에 관해서도 강한 반대론이 있었다. 한편으로 친도쿠가와인 도사가 왕정복고를 단행하는 것은 잠재적인 적이 우리 편이 됨을 의미했으며 그 병력도 매력적이었다. 4후 가운데 우와지마는 소번小藩으로 병력 면에서는 기대할 수 없었다. 에치젠도 도쿠가와 친번이라는 문벌과 인재는 쓸 만했지만 군사면에서는 부족했다. 도사가 솔병 상경해 조슈·게이슈아 합쳐지면 도쿠가와 측에 상당한 압력이 될 터였다. 이 때문인지 히사미쓰는 6월 27일 모치히사[7] 앞 서한에서 '이 방책이 단연 이루어진다면 실로 황국을 만회挽回할 기본이 될 것이다'라며 큰 기대를

---

6) 『續再夢紀事』6, p.245; 『鹿兒島縣史料 玉里島津家史料』5, p.194.
7) 히사미쓰의 아들이자 당시 사쓰마번 번주인 시마즈 다다요시.

드러냈다.[8]

10.2 정권 반납 운동과 거병책의 상승적 전개

세 번주의 조슈 복권 주선 단념

그러나 고토 쇼지로는 좀처럼 교토로 돌아오지 않았다. 나가사키에서 발생한 영국인 살해 사건[9]에 도사가 관여했다는 혐의가, 영국 공사 파크스의 도사 방문이라는 소동으로까지 확대되면서 그 해결에 분주했기 때문이다. 고토가 오사카에 나타난 것은 1867년 9월 초의 일로 교토를 떠난 지 2개월이나 지난 뒤였다.

그 사이 시마즈 히사미쓰는 여전히 다테 무네나리나 마쓰다이라 슌가쿠와 함께 조슈 복권에 노력을 기울이고 있었다. 삼번三藩 공동으로 복권의 구체적 절차를 밟도록 막부에 요구했으나 결착이 나지 않았다. 쇼군과 로주 이타쿠라 가쓰키요板倉勝靜, 와카도시요리若年寄 나가이 나오유키永井尚志는 조슈 문제에 관해 또다른 길을 모색하고 있었다. 조슈 측 사죄를 불가결한 조건으로 생각해, 중개를 기대하며 게이슈의 세자를 불러 오거나, 오와리 도쿠가와 요시카쓰의 동조에 기대하거나, 사가의 나베시마 나오마사鍋島直正의 상경을 요구하거나 한 것이다. 간소閑叟[나베시마 나오마사의 호]는 안세이 5년 정변 시에 이

---

8) 『鹿兒島縣史料　玉里島津家史料』 補遺 2, p.742.
9) 영국 군함 이카루스(Icarus)호의 수병 로버트 포드(Robert Ford)와 존 허칭스(John Hutchings)가 나가사키 마루야마 유곽에서 살해당한 이카루스호 사건.

제10장 유신: '왕정'·'공의' 정체로 (2) — 무력 동원과 정책·제휴 관계의 격변

이 다이로 편에 섰기 때문에 '명현후'들과는 소원해져 재정·군사상 실력이 있으면서도 중앙 정국에의 관여는 계속 피해 왔다. 막부가 눈 앞의 사번四藩 내지 삼번 견제에 사용하기에는 절호의 존재였던 것이다. 그러나 조슈의 사정을 숙지한 게이슈는 주선에 매우 난색을 표했고, 오와리 요시카쓰의 사신은 조슈에 관전寬典[관대한 조치]을 주장하며 막의幕議에 동조하지 않았고, 간소조차도 관전을 주장한 후 곧 교토를 떠났다. 막부는 오와리 이서 지역의 유력 다이묘로부터 모조리 버림받은 것이다.

교토에서는 또한 막부가 육해군 강화에 힘써 곧 1만의 병사를 불러 모아 네 번을 쫓아내고 조정을 압복하고자 한다는 소문이 퍼져 나갔다.[10] 어쩌면 그러한 생각을 입에 담는 막신幕臣이 있었을지도 모른다. 요시노부 자신은 1, 2개월 정도 에도로 돌아갈 것을 고려하고 있었다.[11] 실현되지는 않았지만, 직접 조직 개혁을 지휘하고 오오쿠大奧에도 인사를 드려 막부 내 지지를 강화하고자 한 것은 아니었을까. 고립이 깊어지면 사람은 노골적인 힘에 의지하기 십상이다. 그러나 여론의 동향은 역시나 무시할 수 없어 그는 7월 23일, 조지朝旨를 받아 조슈에 대해 분가인 싯카와 쓰네마사吉川經幹와 가로 한 명을 오사카로 보내도록 명했다. 관전寬典으로의 길이라 설명했지만 복권 절차를 우선 조슈 부자의 관위 복구에서 시작하자고 주장했던 세 번이 만족할 수 없었던 것은 말할 것도 없다.

---

10) 『伊達宗城在京日記』pp.560·567~568.
11) 『伊達宗城在京日記』p.564.

그러나 세 번주는 차례로 교토를 떠났다. 에치젠 슌가쿠는 8월 6일, 우와지마 무네나리는 같은 달 18일에 교토를 뒤로 했다. 히사미쓰는 그들이 교토에 머물 것을 바랐지만 슌가쿠·무네나리에게 체재비를 계속 지출할 기력은 없었다. 고토가 빨리 돌아 온다면 또다른 국면이 전개되었을 터이나, 그들의 요도에 대한 기대는 낮았고 달리 눈에 띄는 방법도 없었던 것이다. 히사미쓰 자신도 각기병이 심해져 8월 15일 오사카로 내려갔다. 여기에서 전지 요양轉地療養에 힘썼지만 본국에서 가로 시마즈 빈고島津備後가 이끈 1대대가 도착한 것을 기회로, 이와 교대하는 형태로 9월 15일에 가고시마로 떠났다. 히사미쓰가 1개월이나 오사카에 머문 것은 책임감 때문일 것이다. 특히 고토 쇼지로의 재방문을 절실히 기다렸음에 틀림없다. 요도가 왕정복고에 가담한다면 평화롭게 정체 이행이 가능할 터였기 때문이다. 그러나 그의 재경在京·재판在坂 가신들은 고토의 오사카 도착을 알리지 않은 채 그가 귀국하도록 했다.

사쓰마의 거병 단행과 도사의 정권봉환 운동

한편 사쓰마의 재경 간부는 [고토 쇼지로의] 공백 2개월 동안 무력 거병론으로 기울어 갔다. 8월 중순, 조슈에서 연락책으로 번주 측근君側 가시와무라 가즈마柏村數馬와 미호리 고스케御堀耕助가 입경했다. 이들은 14일에 고마쓰 다테와키의 숙소에서 사이고·오쿠보와 회담을 가졌지만 그 자리에서 사쓰마 측은 '이제 할 수 있는 일은 다했다. 이 이상은 병력으로 상황을 바꾸는 것' 외에는 없다고 명언하고 구체적인 거병 계획을 제시했다

제10장 유신: '왕정'·'공의' 정체로 (2) — 무력 동원과 정책·제휴 관계의 격변

(末松[p.189], p.1154). 그 골자는 ① 교토·오사카·에도에서 동시에 거병한다. ② 교토에서는 재경 병력 1천 명을 셋으로 나누어 각각 어소의 방비, 아이즈 저택의 급습, 막부 둔지에의 화공火攻을 맡게 한다. ③ 본국에서 올라오는 3천 병사로 오사카성을 습격하고 막부 군함을 파괴한다. ④ 에도 정부定府12) 1천에 낭사浪士를 합친 병력으로 고후성甲府城에 농성해 막부 병력의 교토행을 억누른다. 이상은 사쓰마의 단독 거병 계획으로, 내란을 일으킬 수는 있어도 막부를 타도해 신정권을 수립하기는 무리였다. '폐번弊藩[사쓰마]에서 토막을 이룰 수 없고', '폐국[사쓰마]이 무너질 경우 또한 그 뒤를 잇는 번도 있을 것이다'라 한 것처럼 상황 타개가 목적으로 성패는 도외시되었다.

이 정치적 의미는 조슈에 구체적인 거병안을 제시하고 동맹 의지를 확실히 하는데 있었던 것으로 보인다. 가시와무라 등은 이 제안에 대해 천황의 동좌動座(어소·교토에서의 탈출)나 궁문宮門 확보에 관해 되묻고 있다. 단순한 연락책이었지만 사쓰마 측은 이것으로 조슈가 공동 거병에 동조함을 확인했을 것이다. 이 날은 히사미쓰가 교토를 떠나기 직전이었다. 조슈 측은 히사미쓰에 면회를 요구했지만 사쓰마 측은 히사미쓰의 병세 악화를 이유로 거절했다. 이에치카 요시키家近良樹의 연구에 의하면, 중태였던 것은 확실하나 고마쓰 등은 히사미쓰에 아직 거병 계획을 밝히지 않았고 사쓰마 측의 불일치가 노출되

---

12) 막부 역직에 있는 다이묘나 가신이 참근교대하지 않고 에도에 상주하는 것.

는 것을 회피하는 의미도 있었다.[13]

그 결과 9월 초순에 고토 쇼지로가 마침내 귀착했을 때, 사쓰마 측은 삿토맹약을 해약하고자 했고 이후 각자의 길을 가기로 확인했다.[14] 고토가 군측君側 데라무라 사젠寺村左膳과 오사카에 도착한 것은 9월 3일, 곧장 오사카에 있던 사이고와 면회를 신청하자 사이고는 우선 도사의 출병 여하를 물었다. 도사 측은 요도의 의향에 따라 아직 출병하지 않았다고 답하며 도사의 국론으로 정한 '큰 조리', 쇼군에의 건백에 대한 동의를 구했다. 이 때 사이고는 회답을 피했다. 9월 7일 고토를 교토의 고마쓰 저택으로 불러 고마쓰·사이고·오쿠보가 회담했지만 사쓰마 측은 '병력으로 진력'한다고 결정했기에 우선 삿토 맹약의 해약을 바란다고 했다. 고토는 거병론에 반대하고 어디까지나 건백에 의해 '큰 조리'를 관철해야 한다고 주장하며 양보하지 않았다. 그러나 9월 10일 재차 회담이 열리자 양측은 거병과 건백이라는 별도의 길로 나아가되 서로 방해하지는 않는 것으로 합의했다. 사쓰마 측은 그 후에도 진행 상황을 알렸다. 거병 유인을 위해 오쿠보를 조슈에 파견한 것, 히사미쓰에 거병 승인을 받기 위해 고마쓰를 오사카에 파견한 것, 나아가 히사미쓰가 전권을 가로 시마즈 빈고와 중신에 위임한 것을 전했던 것이다.

여기서 알 수 있는 것은 당시 사쓰마 측이 도사의 군사력을 기대했었다는 점이다. 당시 도사의 교토 번저에서는 거병가

---

13) 家近良樹『西郷隆盛と幕末維新の政局』ミネルヴァ書房, 2011.
14) 이하, 「寺村左膳手記」『維新日乗纂輯』3.

제10장 유신: '왕정'·'공의' 정체로 (2) – 무력 동원과 정책·제휴 관계의 격변

담론이 대세를 차지해 가고 있었다.[15] 그러나 고토는 요도의 의향을 따라 이를 억누르고 쇼군 설득에 승부를 걸겠다고 명언했다. 이 때문에 사쓰마는 도사에 거병 협력을 기대할 수 없게 되었다. 고토가 처음으로 입경한 6월 중순 이래, 고마쓰와 사이고가 그를 상대했는데 특히 사이고는 당초 크게 솔깃해 했지만 고토의 귀경이 늦어지자 열기가 식은 듯하다. 한편, 오쿠보의 일기에는 고토의 움직임이 나오지 않는다. 오쿠보는 수차례 요시노부에게 정체일신으로의 움직임을 저지당해 왔다. 요시노부에 대해 강렬한 불신감을 가져도 이상하지 않다. 언론으로는 요시노부의 벽을 부술 수 없다, 시마즈가의 멸망 위험을 무릅쓰고라도 무력 발동이 불가결하다고 확신했던 것으로 보인다. 일찍이 조슈에 예고했던 사이고를 대신해, 거병 맹약을 맺기 위해 조슈로 향한 것은 오쿠보였다.

삿·초의 거병 맹약

9월 15일 히사미쓰가 본국으로 떠난 바로 그날, 오쿠보는 별도의 배편으로 조슈로 향했다. 18일에 야마구치에서 모리 다카치카·모토노리 부자와 대면하고 '경사京師(교토)의 일은 번 전체의 힘을 다해 맡도록 하겠다'는 결의를 전한 뒤 조슈 분가 등을 오사카로 소명召命한 것을 이용, 조슈가 병사를 보내고 사쓰마에 가세할 것을 의뢰해 부자의 가납嘉納[권고를 기꺼이 받아들임]을 얻었다. 이 때, 동석한 기도는 거듭 세부 계획을 물었다. 금문의 변과 조슈 전쟁이라는 두 차례의 존망 위기를

---

15) 「寺村左膳手記」『維新日乘纂輯』3, p.492

겪은 조슈는 더 이상 실패가 허락되지 않는 입장에 있었다. 기도와 모리 모토노리가 특히 신경쓴 것은 막부 측에 '구슬玉[천황]을 빼앗기지' 않도록 하는 것이었다. 전쟁을 일으켜도 승리한다는 보장은 없다. 일단 패색이 짙어져도 천황의 신변을 수중에 둔다면 정당성을 확보하고 전쟁을 이어나갈 수 있을 터였다. 기도의 질문에 오쿠보는 처음에는 천황의 탈출지를 오사카라 답했지만 힐문을 당하자 '근왕 열번列藩 중 마땅한 지형에 해당하는 곳'이라 고쳐 답했다.[16] 사쓰마 측이 거병을 실패한 경우의 전망을 세우지 않았던 것에 비해 조슈는 천황을 서국으로 탈출시켜 근린 다이묘를 규합, 재차 교토를 목표로 삼는다는 시나리오를 생각해 이를 덧붙이도록 한 것이다. 가까이는 금문의 변 이후 일곱 공경의 도락都落[교토에서 추방], 멀리는 남북조 전란이 상기되었으리라.

다만 조슈가 거병 일변도였던 것만은 아니다. 기도는 회담 이전에 나가사키로 가 군사 준비를 했는데 그 때 사카모토 료마에게 '정권봉환은 혹 어렵지 않겠는가. 그렇지만 그 의견 십중 칠, 팔을 달성한다면 그 때 형세에 따라 열 번째 막에서 총포연극鐵砲演劇[무력 행사]을 할 수밖에 없다'고 했다. 삿초 모두 거병책과 정권봉환책을 배타적인 방책으로는 생각하지 않았다. 도쿠가와를 궁지에 몰아넣은 후 무력 행사를 단행할 것인가의 여부는 상황에 따른다고 생각한 것이다.

오쿠보는 번주 부자와 대면 후에 기도 등과 세부 사항을

---

16) 『大久保利通日記』1, p.391 이하.

제10장 유신: '왕정'·'공의' 정체로 (2) — 무력 동원과 정책·제휴 관계의 격변

논의한 후 다음날 조약서를 교환하고 나아가 게이슈에서 온 사자와도 만나 제휴를 확인한 뒤 귀경했다. 이 때 삿·초·게이가 세운 출병 계획은 다음과 같았다. 우선 사쓰마가 본국에서 군함 두 척을 조슈의 세토내해 측 외항인 미타지리三田尻로 보낸다. 그 후 사쓰마 병사를 태운 한 척이 오사카로 먼저 떠나고 다음날 조슈가 사쓰마에게 빌린 한 척에 조슈 병사를 태워 게이슈의 배와 함께 니시노미야西宮로 향한다. 이후 오사카 시내로 들어갈 수 있는 전망이 서면 교토·오사카에서 동시 궐기한다는 것이었다. 기한은 9월 말까지로 각각의 병사는 사쓰마와 조슈의 가로가 이끌며 교토·오사카의 일거 후에는 사쓰마와 게이슈의 번주가 각각 5백의 병사를 이끌고 가세할 터였다(末松[p.189], p.1160).

사쓰마 내부의 대립과 동요

그러나 오쿠보가 9월 23일 귀경했을 때, 교토에서는 고토의 정권반환론에 이목이 집중되어 있었다. 이타가키 다이스케 등 토막론자는 쇼군에의 건백은 거병 직전에 해야 한다고 주장하며 분쟁이 일었으나 20일에 막부 와카도시요리 나가이 나오유키가 고토를 불러 건백을 재촉하자 번론藩論은 건백 제출로 결착되었다. 이 결론을 사이고에 가져가자 사이고는 건백서 내용은 언급하지 않고 도사가 건백하면 사쓰마는 곧바로 궐기할 것이라 받아쳤다. 그러자 고토는 반격 공작에 더욱 열을 올렸고 이에 따라 사쓰마 번저는 동요하기 시작했다. 다카사키 마사카제高崎正風 등은 거병 반대를 부르짖고 오메쓰케 마치다

히사나리町田久成도 이에 동조했기에 상경한 가로 시마즈 빈고와 고마쓰는 건백 용인론으로 바꾼 것이다. 그 결과 고마쓰는 10월 2일, 사쓰마가 건백에 동의한다는 뜻을 도사에 전했다. 그 사이 도사는 게이슈의 쓰지 쇼소辻將曹도 동료로 끌어들였다. 이같은 이면 작업 후에 도사는 3일에 로주 이타쿠라 가쓰키요, 4일에 섭정 니조 나리유키에게 정권반환 건백을 제출했다.[17]

그러나 사쓰마가 거병을 단념한 것은 아니었다. 과거의 경험에 비추어 요시노부가 정권반납을 단행할지 의심스럽고, 설령 그렇게 결단해도 도쿠가와의 권력은 상처입지 않고 온존될 가능성이 높았다. 이에 사이고와 오쿠보는 10월 8일에 게이슈의 쓰지, 조슈의 히로사와 사네오미廣澤眞臣 등을 불러 회의하고 세 번의 총의를 거병론으로 되돌린 후 이를 나카야마 다다야스中山忠能에게 전해 협력을 받아내고 토막 선지를 내리는 것까지 요청했다.[18] 그러나 다음날 조슈에서 출병 연기 소식이 도착했다. 약속한 9월 말을 넘어서도 사쓰마함이 미타지리에 나타나지 않았기에 조슈는 공동 출병을 일단 중지하고 거병을 연기해 다음 기회를 기다리기로 결정했던 것이다. 그러나 사쓰마와 조슈의 재경在京 간부는 이를 계획 전체를 다시 가다듬을 절호의 기회로 삼았다. 특히 사쓰마는 본국에서 거병 반대론이 일어나 출병이 지연되고 있다는 소식이 전해졌다(芳[p.175]; 家近[p.299].) 그 가운데에서도 번주 다다요시의 동생 시마즈 즈쇼 島津圖書(히사하루久治)는 시마즈가의 존망을 쉼 없이 논했고,

---

17) 「寺村左膳手記」, 『維新日乘纂輯』3, p.483 이하
18) 『大久保利通日記』1, p.398; 『大久保利通文書』2, pp.11·28.

제10장 유신: '왕정'·'공의' 정체로 (2) — 무력 동원과 정책·제휴 관계의 격변

귀국한 히사미쓰는 번내의 격론을 진정시키기 위해 9월 28일, 가로들이 연명連名한 유서諭書를 내어 '토막 거동을 일으킨다'는 소문을 부정했다.[19] 이대로는 재경 간부가 조슈나 공가에 약속한 거병 계획은 발밑에서부터 무너지게 된다. 발본적인 대응이 필요하게 되었다.

사쓰마 번저가 낸 답은 고마쓰·사이고·오쿠보가 나란히 귀향해 가고시마의 중역·번사를 설득하고 히사미쓰나 번주 다다요시의 솔병 상경을 결정한다는 것이었다. 오쿠보 일기와 도사 측 기록을 조합하면 10월 11일, 만일 요시노부가 도사의 건백을 거부하면 거병하고 그 때에는 도사도 이에 가담하게 한다는 방책을 세우고 있다. 이 조건부 건백 용인이라면 조슈와 도사 양측, 나아가 게이슈도 한편으로 확보할 수 있을 것이었다. 또한 사쓰마 본국의 설득에는 두 가지 수단을 강구했다. 하나는 이른바 토막 밀칙密敕이다. 그들은 이와쿠라 도모미岩倉具視를 통해 오기마치산조 사네나루正親町三條實愛와 나카노미카도 쓰네유키中御門經之의 손으로, 요시노부를 죄가 깊은 '적신賊臣'으로 '진륙殄戮'하라는 '칙서'를 만들게 했다. 동시에 아이즈·구와나를 '주륙誅戮'해야 한다는 서면도 만들었다. 칙서는 관백 내지 섭정의 손을 거쳐야 하지만 서명자는 나카야마 다다요시·오기마치산조 사네나루·나카노미카도 쓰네유키 세 명뿐이었으며 사쓰마에의 서면은 오기마치산조, 조슈에의 서면에는 나카노미카도가 정리해 서명이 이루어졌다. 조정 관례를 아는 자는 이것이 천황의 의사라고는 믿지 않았을 것이고 사실 그 존재는

---

19)『鹿兒島縣史料 忠義公史料』4, p.458.

후세까지 비밀에 붙여졌다. 그러나 이 '밀칙'은 적어도 공경 3인과 이와쿠라가 거병에 가담했음을 증명하고 있는 셈이다. 그러나 본국에서 그 이상으로 설득력을 가진 것은 요시노부가 의외로 정권반환을 단행하고 나아가 고토나 고마쓰 등 대번大藩 재경 간부의 진언을 받아들여 다이묘 전원의 상경을 명한데 있었다. 거병을 위한 상락에 이견은 있었지만 다이묘 회의를 위한 번주의 상락을 반대할 수는 없다. 번주 스스로가 조정의 부름에 응해 대 군세를 이끌고 상락한다. 고마쓰·오쿠보·사이고에게 이는 거병과 직결되지 않는다는 점에서 신중론자를 설득하기 적절하면서 동시에 도쿠가와 쪽에의 압력으로, 나아가 만일 개전이 이루어진다면 기댈 만한 군사력으로 사용할 수 있는 방책이었다.

제*11*장

유신: '왕정'·'공의'정체로 (3) — 두가지 '왕정복고'

11.1 도쿠가와 요시노부의 정권 반납

개관: 왕정복고의 두가지 길- 도쿠가와 주도인가, 도쿠가와 배제 인가

1867(慶應3)년 10월 14일, 쇼군 도쿠가와 요시노부는 조정에 정권 반납을 자청했다. 도쿠가와 쇼군가가 스스로 왕정복고의 결단을 내린 것이다. 초여름 이래 교착상태였던 정국은 일거에 움직이기 시작했다. 도쿠가와 요시노부는 천황 직속의 대다이묘 연합정권을 조직하고 스스로 그 수반이 되어 일본을 강국으로 만드는 길을 모색하고자 했다. 이 결단은 정권 반납을 권유했던 도사나 공의론의 원조인 에치젠뿐만 아니라 도쿠가와

고산케御三家의 필두인 오와리가의 지지를 얻었으며, 요시노부는 고립을 면하고 정국을 주도하는 입장으로 복귀했다. 이에 대응해 사쓰마는 별도 타입의 왕정복고로 돌진하고자 했다. 우선 도쿠가와 권력에 타격을 주고 이를 명분 삼아, 폐번에 의한 일본의 완전 통합까지도 전망하기 시작한 것이다. 때문에 사쓰마는 조슈·게이슈뿐 아니라 도사도 끌어들이고자 했다. 이른바 대정봉환에서 사쓰마 주도의 왕정복고 쿠데타를 거쳐 도바鳥羽·후시미伏見에 이르는 중앙 정국은 양자 사이의 격심하고 과감한 수싸움으로 물들어졌다. 양자는 아이즈와 조슈의 병력을 격리해 전쟁 발발을 회피하면서도 제 다이묘 다수파를 같은 편으로 삼아 스스로의 미래상을 실현하기 위해 필사적인 투쟁을 시작했다.

도쿠가와 요시노부의 정권 반납 상표上表는 다음과 같이 서술하고 있다. 도쿠가와 가문은 천황의 은혜와 보살핌 아래 200여 년 동안 정권을 담당해 왔으며 현재 자신이 그 직을 받들고 있으나 실정失政이 적지 않았기에 오늘의 형세에 이르게 되었다. 박덕薄德에 이르렀음에 송구함을 견딜 수 없다. 그러나 현재는 '외국과 교제가 날로 왕성해 짐에 따라 이제 조권朝權이 한 길에서 나와야' 한다. 따라서 '정권을 조정에 되돌리고 널리 천하의 공의를 다하여 성단을 받들고 동심협력해 함께 황국을 보호'하고자 한다, 제후에도 의견을 자문 중이라 하였다.[1] 요지는 종래 둘이었던 일본의 지도자頭首를 천황으로 통합하는 것, 즉 동시대 서양의 언어로는 '주권'을 확립해 대외적인

---

1) 『德川慶喜公傳』 史料3, p.183.

제11장 유신: '왕정'·'공의'정체로 (3) — 두가지 '왕정복고'

체면을 정비하고 내정의 혼란도 줄여 '해외 만국과 병립'하는 것이었다.

정권 일원화의 필요는 막말 10년의 정쟁을 경험한 사람들이 몸에 사무치도록 느끼고 있던 바일 것이다. 그러나 이를 도쿠가와의 정권 포기를 통해 실현하는 일은 동의하지 않는 사람이 적지 않았다. 왕정복고 후의 비전을 가진 사람들에게 이는 오랜 기간의 운무雲霧를 걷어내는 쾌거로, 제안한 도사뿐 아니라 도쿠가와 요시노부도, 재경在京 사쓰마 번사도 그렇게 느끼고 있었다. 그러나 그러한 비전을 갖지 않은 사람들에게 이는 질서의 파괴 그 이상도 이하도 아니었고, 그들은 이후의 정치를 단순한 사적 권력 투쟁으로 간주했다. 이는 마침내 커다란 교란攪亂 요인이 된다.

정권봉환의 실현과 요시노부의 의도

도사의 고토 쇼지로後藤象二郎와 후쿠오카 다카치카福岡孝悌는 1867년 10월 3일 건백 제출 후, 6일과 7일에 로주 이타쿠라 가쓰키요板倉勝靜에 면회를 요구했다. 두 차례의 거부 끝에 마침내 8일, 면담이 성사되었지만 이타쿠라의 대응은 극히 냉담했기에 아이즈의 긴부에게도 양해를 구하기 위해 움직였다.[2] 이에 비해 와카도시요리 나가이 나오유키永井尚志는 적극적으로 이를 받아들였다. 그는 하라 이치노신原市之進이 8월 중순에 암살당

---

2) 「寺村左膳手記」, 『維新日乘纂輯』 3, p.494

한 후,[3] 요시노부의 상담 상대가 되어 정치 공작을 담당하고 있었는데, 도사의 건백 소문을 듣고 9월 20일에 고토를 불러 이를 재촉했다. 건백 후, 10월 9일에는 막의幕議가 건백 채용으로 움직이기 시작했음을 고토에 은밀히 알리고 그 후에도 중요한 때마다 만나 이야기를 나누었다.

요시노부는 10월 13일, 니조성에 10만석 이상 다이묘의 재경 대표자를 모아 정권반납 의향을 전했다.[4] 로주 이타쿠라로부터 문서를 회람하도록한 후, 희망자를 잔류시켜 요시노부가 직접 설명하기로 해 사쓰마의 고마쓰 다데와키小松帶刀, 도사의 고토, 게이슈의 쓰지 쇼소辻將曹 세 명을 만난 후, 히젠 오카야마와 우와지마의 대표자도 접견했다. 이 때, 고마쓰 등은 영단英斷을 상찬한 후, 조정에의 신속한 주문奏聞과 전체 다이묘 소집을 제안하고 조정이 정권 반납을 인정하도록 곁에서 힘쓸 것을 약속했다. 그 결과 조정은 상표 다음날인 15일, 건백을 수납해 다이묘 전원에 상경을 명했다. 장래의 근본 방침은 다이묘의 '공의'에 의해 정하지만 당분간 주요 사안과 외교는 재경 번주·번사의 '중의'로 결정하고, 다이묘와의 통상적인 관계 업무는 의주·무가전주가 처리하며 도쿠가와의 직할 영지와 교토의 단속은 종래대로 한다는 지령이었다.

요시노부는 24일이 되어 재차 쇼군직 사퇴를 신청했는데 조정은 다이묘 회의가 열리기까지 종래대로 직무를 하도록 명

---

3) 요시노부의 측근으로 효고 개항 문제를 둘러싸고 다이묘들과 공경들이 요시노부에 찬동하도록 공작하는데 힘썼다. 존왕양이 지사들에게 변절자라는 비판을 받으며 암살당했다.
4) 『德川慶喜公傳』史料3, p.184 이하.

제11장 유신: '왕정'·'공의'정체로 (3) — 두가지 '왕정복고'

했다. 또한 요시노부가 신청한대로 조슈 대표가 오사카로 올라오는 것上坂은 다이묘 회의 개최까지 보류하기를 허락하고 나아가 조선에 특별 사절을 파견하는 것도 인정했다. 1년 전에 조선은 강화도를 습격해 온 프랑스와 싸웠다[1866년, 병인양요]. 요시노부는 이를 알고 양국의 대립을 해소하고자 정부 사절을 조선에 보내려고 했다. 요시노부는 여전히 국정의 전권 행사를 위임받았을 뿐만 아니라 전대미문의 외교까지 전개하고자 계획했던 것이다. 그는 10월 13일에 제후 대표에 자문한 직후, 양학자 니시 아마네西周를 불러 서양 정체政體의 개략을 듣고 이후 이를 문서로 제출[「의제초안議題草案」]하게 했다.[5] 그에게 정권반납은 본의아닌 양보나 굴복이 아니었다. 신체제를 스스로 창출하고 이에 따라 일본 전체의 새로운 지도자로 변신하는 것을 결의했던 것이다.

도쿠가와 측의 개혁 비전과 반대 운동

막부 내에서는 물론 의론이 비등했다. 10월 9일 논의 끝에 교토의 막각이 정권반납을 결의하자 요시노부는 로주 상석에 자리하고 있던 마쓰다이라 사다아키松平定敬(구와나, 교토쇼시다이)와 이타쿠라 가쓰키요가 연서한 서한으로 에도 막각에 그 뜻을 전하고 12일에는 제 번사를 소집한 것도 알렸다. 후자에 대해 에도 막각은 17일에 로주 이하 제 관료有司를 등성시켜 대평정大評定을 열었다.[6] 로주 이나바 마사쿠니稻葉正邦가 그

---

5) 『德川慶喜公傳』사료3, p.170.
6) 『淀稻葉家文書』, pp.328-342; 吉田常吉·佐藤誠三郎 編 『幕末政治論集』岩波書店, 1976.

결론을 교토에 보냈는데 정권반납 후의 대책으로는 세 가지 안이 제창되었다. 첫째는 도쿠가와 군을 대거 상경시켜 교토를 석권하고 이에 사쓰마·도사·게이슈·조슈가 반항하면 철저히 억누를 것, 둘째는 왕정복고를 건백해 두고 실제로는 조정을 버리고 요시노부 이하가 에도로 돌아가는 것이다. 이나바는 위 두 안은 모두 공론空論이라 물리치며 제3안을 기술하고 있다. 교토에 도쿠가와 가신단이 이주해 요시노부를 수반으로 일본 전체 영주(다이묘·하타모토)가 일체화된 신정권을 수립한다는 것이었다. 정권반납을 조정이 채용한다면 공가나 무가, 외번外藩이나 친번親藩이라는 차별을 철폐하고 영주는 모두 왕신王臣이 된다, 조정 경비는 영주가 석고에 따라 부담하고 요시노부는 섭정·관백을 겸무해 공가나 다이묘 가운데 선임된 국사괘國事掛와 함께 정무를 본다, 상하 2원 가운데 하의사원下議事院에는 상인商人도 채용해 의사를 맡긴다는 구상이었다. 요시노부의 역할을 논외로 하면 도사의 안이나 이후 왕정복고 정부와 큰 틀에서 다르지 않다.

또한 이 평정에서 병결病缺했던 로주격 오규 노리카타大給乘謨(육군총재를 겸임)는 더 나아가 '전국의 힘으로 전국을 지키고, 전국의 재화로 전국의 비용을 충당'하는 중앙집권화 구상도 서술하고 있다. 다가올 왕정의 제도制度는 중앙都의 정부도, 지방州郡의 정부도 상하 의사원을 핵으로 구성하고 그 결의는 '주상'(천황)도 거부할 수 없는 것으로 한 후에 다이묘의 사병私兵은 폐지해 단일 육해군으로 통합하고 그 경비는 다이묘에게 석고 3분의 2를 상납시켜 충당한다는 것이었다. 그는 나

제11장 유신: '왕정'·'공의'정체로 (3) – 두가지 '왕정복고'

아가 '사·민'을 '병합'하고 이에 대폭적인 자유를 부여하자는 탈신분화도 주장했다. 이나바와 오규는 유럽을 모델로 하면서 막부 조직의 개혁을 맡아온 인물이었다(三谷[p.104]). 오규의 안이 지향하는 방향으로는 메이지 정부가 실행한 개혁과 다를 바 없었다고 할 만하다.

그렇다면 직후에 삿초가 주도하게 되는 개혁과는 어떠한 차이가 있었던 것일까. 공의와 집권화, 탈신분화를 목표로 한 점에서는 차이가 없다. 다른 점은 실현 방법이었다. 오규는 우선 정권 반납을 제안한 도사나 게이슈를 설득하려고 했다. 왕정으로 복고해 '제국'의 '개화'를 목표로 한 이상은, 사병을 보유할 이유는 없다는 것이었다. 그러나 다이묘의 영지와 그 가신들의 봉록을 차출하는 것, 특히 유지 다이묘뿐 아니라 전 다이묘 가문에 이를 요구하는 일은 말만으로 달성 가능할 것인가. 여기에 사쓰마나 조슈가 무력에 연연한 의미가 보인다. 즉, 기존 정체政體에 우선 일대 타격을 주는 것이다. 무력 발동을 마다 않는, 또한 오규 등이 결코 인정할 리 없는 도쿠가와 가문의 해체를 출발점으로 선택한 것이다.

다른 한편, 에도에 있던 막신 대부분은 교토로부터 갑자기 징권 쪼기로 보이는 통지를 받아 놀라고 또한 분개했다. 하타모토뿐만 아니라 다이묘에서도 친번·후다이 각각의 불만은 커서 이를 본 기슈 도쿠가와가는 11월 3일에 오와리·미토 및 데이칸노마즈메帝鑑間詰 다이묘의 중신, 다음날에는 간노마雁間, 그 다음날에는 야나기노마柳間의 중신을 모아 누대의 은恩이 있는 쇼군가가 일개 영주로 격하되는 일은 부당하다고 하며 '망은의 왕신이 되기보다는 전의全義[도리를 다함]의 배신陪臣이 되고자 한다'며 호소하는 격문을 발했다. 에도에서 논의할뿐 아니라 육군 수뇌 이하가 교토·오사카로 가서 간언하자고 주장하는 하타모토도 속출했다. 교토에도 마찬가지 사람들이 다수 있었다. 도쿠가와 요시노부는 도쿠가와 일문의 결속과 이해를 최우선하는 아이즈의 마쓰다이라 가타모리松平容保를 귀국시키고 삿·초·도·게이와의 충돌을 회피하려고 했으나 로주 이타쿠라 가쓰키요는 이를 저지했다. 아이즈는 전년과 마찬가지로 재차 요시노부의 결단에 의심을 품고 조정의 가야노미야 아사히코賀陽宮朝彦 친왕이나 섭정 니조 나리유키二條齊敬와 제휴하면서 정권 만회 운동을 시작했다.[7] 또한 쓰津의 도도가藤堂家는 친번·후다이 다이묘 규합을 꾀해 11월 21일에는 막부로의 정권 위임은 지속되어야 하며 개혁에는 관심이 없다는 건백서를 18개 번藩을 모아 조정에 제출했다.[8] 그 결과 전체 다이묘의 약 3분의 1 이상이 조정의 소집朝召 거부를 명언한 반면 이에 응해 상경한 다이묘는 16가문에 그쳤다.[9]

조정의 수용 태도 — 당혹과 보수성

다른 한편, 정권 반납 신청을 받은 조정은 이를 받아들이기는 했으나 복고 후의 체제를 생각하는 일에는 소극적이었다. 10월 20일에 요시노부가 당면 정무에 관해 문의를 올린 것에 대해 당시 재경하고 있던 10만 석 이상의 다이묘 대표 60여명에

---

7) 『德川慶喜公傳』 4, p.105.
8) 『鹿兒島縣史料 玉里島津家史料』 5, pp.287-292.
9) 『德川慶喜公傳』 4, pp.96·97.

제11장 유신: '왕정'·'공의'정체로 (3) — 두가지 '왕정복고'

자문을 구했는데 그들은 일단 요시노부의 문의대로 하는 것이 좋으며 신체제의 틀은 제 다이묘의 상경과 중의를 기다려 결정해야 한다고 답했다.[10] 조정의 소집 기한은 11월 말까지였는데 다음달인 11월 12일 국사괘國事掛 좌대신 고노에 다다후사近衛忠房 등 6명은 연서해 왕제복고 후의 정체에 관해 제언했다. 제번諸藩 봉건의 제도를 율령의 군현제로 복고하기는 곤란하다고 한 후에, 중앙에 태정관 8성제를 세우고 여기에 공가·관인 및 다이묘의 가신을 임명한다는 안이었다. 결정 방법으로는 조의에서 결정해 요시노부 및 상경한 제번에 내리거나, 그들에게 자문해서 조의로 결정하는 두 가지 안을 제시했다.[11] 니조 섭정은 이 안에서 태정관에 관한 구체안을 삭제하고 15일 요시노부와 오와리·에치젠에 의견을 물은 후, 17일 요시노부와 제번 다이묘들에 대해 자문을 내렸다. 여기에서는 구전舊典(옛 제도)을 그대로 사용할 수는 없다고 인정하면서도 봉건을 유지한 후에 율령의 신기관神祇官과 태정관을 재흥해 태정관에 제 다이묘를 교대 근무하게 하며 나아가 '신법'뿐 아니라 가능한 한 '구의舊儀'에 기반하고자 한다는 의향을 보였다.

그러나 이를 진지하게 검토한 무가는 거의 없었다. 요시노부는 답신에서 국사괘 안의 내용을 전혀 언급하지 않고, 제후의 상경을 기다려 그 '공의'를 다해 결정하길 바란다며 논할 것도 없다는 말 뿐이었다.[12] 도쿠가와 요시노부와 그 막료는 보다

---

10) 『德川慶喜公傳』 4, p.85.
11) 『復古記』 1, pp.114-121.
12) 『德川慶喜公傳』 史料3, pp.221-223.

철저한 개혁을 생각하고 있었고, 삿초 수뇌는 인재 등용만이 아닌 봉건제 폐지까지 시야에 넣었기에 무리도 아니었다. 4후회의 시기부터 유지 다이묘와 그 가신은 공경에 대한 실망을 공공연하게 이야기하고 있었다. 공가에 실무 경험이 없는 것은 주지의 사실이었지만 아사히코 친왕이나 고노에 다다후사를 비롯한 조정 수뇌는 이 시기에 이르러서도 여전히 서양인 기피에 구애되는 등 보수적인 태도로 시종 일관했다. 조정에는 이와쿠라 도모미 등 극히 일부를 예외로 하고 인재가 없다는 것이 무가의 상식이었다. 사쓰마 번주나 게이슈의 세자世子가 대군을 끌고 교토에 들어온 11월 하순, 좌대신 고노에 다다후사와 우대신 이치조 사네요시一條實良는 자리에서 물러났다.[13] 그들의 왕제王制 안이 무가뿐 아니라 섭정으로부터도 소외된 것에 불만을 가진 듯하다. 사실, 왕정복고 쿠데타에서 섭관가가 따돌림당했을 때 그 누구도 비판의 목소리를 내지 않았다.

11.2 사쓰마와 이와쿠라 도모미 — 거병에서 쿠데타로의 전환

사쓰마와 이와쿠라의 쿠데타 계획

이제 1867년 변동의 주동자였던 사쓰마로 돌아가 보자. 사쓰마는 요시노부의 정권반납으로 거병의 명분을 잃었다. 그러나 그 대신에 번주 스스로가 대병을 이끌고 상락할 구실을 얻었

---

13) 『鹿兒島縣史料　玉里島津家史料』 5, p.282; 家近良樹 『德川慶喜』 吉川弘文館, 2004.

제 11 장 유신: '왕정'·'공의'정체로 (3) – 두가지 '왕정복고'

다. 도사의 고토가 훗날 이야기한 바로는, 고마쓰와 고토는 두 주군의 솔병 상경 하에 유지有志 다이묘에 의한 천황 어전 회의에서 왕정복고를 단행할 계획을 세워 사전에 합의했다고 한다.[14] 고마쓰·사이고 다카모리·오쿠보 도시미치가 조슈를 거쳐 가고시마로 돌아온 것은 10월 26일이었는데 3일 후에는 번주 시마즈 다다요시의 상경이 결정되었다.[15] 이후에는 병대 편성이나 군함의 신규 구입으로 분주했다. 오쿠보는 11월 10일에 먼저 도사로 출발해 요도·고토의 출병 약속을 확인한 후, 15일에 교토에 도착했다. 이와쿠라와 나카노미카도 쓰네유키中御門經之·오기마치산조 사네나루正親町三條實愛를 만나 우선 토막 밀칙의 처리에 관해 양해를 구한 후, 이와쿠라와 쿠데타 계획 입안에 착수했다. 한편, 번주 다다요시는 가로 시마즈 히로카네島津廣兼·이와시타 미치히라岩下方平 및 사이고와 함께 11월 13일에 가고시마를 떠나 미타지리三田尻에서 모리 모토노리毛利元德와 대면한 후, 23일 교토에 도착했다. 함선 네 척으로 수백의 병사를 운반했기에 교토의 선발대와 합쳐 총 병력은 1천을 넘었다. 이 때 가로 고마쓰 다테와키는 가고시마에 머물렀다. 본인은 계속 국정 주선을 맡고자 했으나 족통足痛으로 거동할 수 없게 되어 그 역할은 가로 이와시다 미치히라와 오쿠보 도시미치가 이어받았다. 결과적으로 오쿠보는 고마쓰의 구상을 착실히 따랐다. 여름 무렵까지도 세간에서는 강경 일변도라는 평가를 받던 오쿠보 또한, 요시노부와 마찬가지로 이전과는

---

14)「丁卯日記」『再夢紀事·丁卯日記』, p.243.
15)『大久保利通日記』1, pp.405-406.

다른 행동을 보이기 시작한 것이다.

　오쿠보는 교토로 돌아온 후, 고마쓰와 고토의 약속을 기초로 이와쿠라와 함께 쿠데타 계획을 다듬기 시작했다. 전 다이묘에 의한 회의가 열리기 이전에 교토에 삿·도·게이의 병력을 집중하고 상경한 유력 제후만으로 어전회의를 열어 왕정복고를 선언, 천하의 추종을 유도한다는 구상이었다. 사쓰마는 조·게이와 재차 거병을 계약했는데 이번에는 다른 조건에 직면했다. 도쿠가와 요시노부가 정권반납을 자청했기에 이전처럼 그의 '죄'를 물을 수 없게 된 것이다. 오히려 이러한 자기 희생은 천하의 동정을 살 터였다. 오쿠보는 귀경 후 이와쿠라에게도 이야기했듯, '고명정대高明正大'한 조리를 내걸지 못하면 요시노부에 대항해 천하의 지지를 확보할 수는 없을 것이라 판단했다.[16] 즉각적인 무력 발동을 피하고 우선 쿠데타를 시험하는 것, 그리고 도사뿐 아니라 도쿠가와 친번인 오와리·에치젠도 한편으로 끌어들여 천하에 공평함을 호소하는 것이 그 해답이라 생각한 것으로 보인다.

삿초 출병 계약의 실제 — 삿초 주도의 쿠데타와 조슈의 입경 보류

다만 이 계획이 조슈에게 명확히 이야기되었는가는 확실치 않다. 조슈 측 기록에서는 사쓰마 번주 다다요시가 미타지리에서 조슈의 세자를 회견했을 때, 재차 '세 가지 요건'을 결의했다고 되어 있으나 원본은 전해지지 않는다 (末松[p.189], p.1188). 같은 날인 11월 17일, 사이고가 조슈의 출병 담당자와 협의·결정한

---

16) 『岩倉具視關係文書』3, p.381.

제11장 유신: '왕정'·'공의'정체로 (3) ─ 두가지 '왕정복고'

구체적인 계획은 다음과 같았다. ① 삿·초·게이 삼번 모두 오사카를 근거로 한다. ② 사쓰마는 교토를 전담한다. ③ 사쓰마 번주는 11월 23일에 입경入京, 조슈 병사는 28일에 니시노미야西宮에 도착, 사쓰마로부터의 소식을 받아 교토로 향한다. ④ 만일의 경우 천황은 야마자키로山崎路(서국 가도)를 거쳐 니시노미야로 가고 게이슈까지 동좌動座한다.[17] 이를 보면 삿·초·게이 사이에는 이전과 마찬가지로 거병계획만이 이야기되고 쿠데타는 화제에 이르지 않은 것으로 보인다. 그러나 같은 날, 시마즈 다다요시가 조슈 측에 준 친서는 다음과 같이 쓰여있다 (末松[p.189], p.1190). '시기가 변천變遷해 여러 방면에서 여의치 않을 경우에는 세밀히 다시 고려해 마땅함을 이루도록 꾀하는 것이 긴요한 일', '... 칙명을 받들어 조리 명분을 올바르게 하고 경거망동, 무모함에 빠지지 않을 것', '기밀이 사방에 노출되었기에 더욱 깊이 묘의廟議에 주의할 것'. 이상을 사이고 등의 ②와 겹쳐보면 사쓰마는 조슈와 군략에 관해 약속했지만 거병 계획은 이미 누출되었다고 인식해 정략에서 자율성을 얻은 것으로 보인다. 계약에서 겉으로 드러나는 것은 조슈군의 행동이었다. 효고와 오사카 사이의 니시노미야에 진을 친 조슈군은 해로 확보·견제에 도움이 될 것이고 만일 교노에서 전투가 발생할 경우 사쓰마에 가세하는 것도 가능하다. 더욱이 전황이 불리해질 때는 천황을 서국으로 피신시켜 서국에서 권토중래하기에도 쓸 만했다. 모든 전개에 대비해 군세의 기염을 내뿜는 것은

---

17) 『西鄉隆盛全集』 2, p.298.

무가로서 당연한 일이었다.[18] 그러나 전투가 첫번째 선택지는 아니었다.

귀경 후 오쿠보는 11월 8일 교토 저택으로 귀가를 허가받아 이와쿠라 도모미와 쿠데타의 구체적인 계획을 다듬었다. 이와쿠라는 이후 천황의 외조부 나카야마 다다야스^{中山忠能}·오기마치산조 사네나루·나카노미카도 쓰네유키와 연락 임무를 맡았을 뿐만 아니라 오쿠보와 극밀히 회합해 쿠데타 계획과 실행에 전념을 기울이게 된다. 다다요시의 착경^{着京} 이틀 전, 오쿠보는 이와쿠라에게 쿠데타에 관련된 초안 집필을 의뢰했는데 교토에 집결한 사쓰마 간부는 25일에 이와시타 미치히라가 묵고 있는 여관에서 이 방침을 승인하고 즉각 가고시마에 보고했다.[19] 그 내용은 기록에 없지만 쿠데타 자체의 수순으로는 삿·도·게이·에쓰[에치젠]·비[오와리^{尾張}]의 5번이 궁문을 방어하고 왕정복고를 선언한 후에 도쿠가와 요시노부의 '반정'^[p.271]을 실증하기 위한 조치를 취한다는 것이었다.[20] 처음부터 도쿠가와 친번인 에치젠·오와리를 계획에 가담시키는 것이 주안이었다. 다만 이 시점에서는 아직 에치젠·오와리와의 협의는 없었고 군사력의 중핵으로 기대한 도사와 게이슈에도 직전까지 비밀로 해 둘 예정이었다. 아직 조적^{朝敵}을 면하지 못한 조슈의 입경과 참여는 상정되지 않았다. 쿠데타는 사실상 사쓰마 단독으로 펼친 계획이었던 것이다.

---

18) 막부 측의 나가이도 그렇게 서술하고 있다. 「丁卯日記」『再夢紀事·丁卯日記』, p.233.
19) 『岩倉具視關係文書』 3, 167호; 『大久保利通日記』 1, p.407.
20) 『岩倉具視關係文書』 3, 168호.

제11장 유신: '왕정'·'공의'정체로 (3) – 두가지 '왕정복고'

11.3 왕정복고 쿠데타로의 길 — 공의파 친번 도쿠가와 다이묘의 참가

에치젠과 도사

그렇다면 이 사이 도사의 고토가 중심이 되었던 공의파는 어떻게 움직이고 있었을까. 요시노부의 정권봉환을 수리한 후, 조정은 다이묘 일동에 조정으로 출두할 것을 명했는데 다른 한편으로 막부 로주 이타쿠라 가쓰키요는 친번親藩인 오와리·에치젠에 신속한 상경을 촉구했다. 특히 공의를 제창하고 그 실현에 십년 간 진력해 온 에치젠은 정권 반납 후의 공의정체 실현에서 가장 기댈 수 있는 다이묘였다. 그러나 마쓰다이라 슌가쿠는 곧바로 응하지 않았다. 세 차례나 요시노부에게 배신당한 경험에서부터 당초는 내심 기쁨을 감춘 채 무뚝뚝한 답신을 보냈다.[21] 그러나 1866년 10월 하순 오와리에서 사자가 와 도쿠가와 요시카쓰德川慶勝와의 동시 상경을 요청하고 나아가 고토 쇼지로의 의뢰로 후쿠이를 방문한 사카모토 료마가 상세한 사정을 이야기하자 상경을 단행했다.[22] 병력을 거느리지는 않았다. 11월 8일 입경한 뒤 이튿날에 귀국 중인 고토를 대신해 후쿠오카 다카치카가 방문해 정권반납 운동의 경위를 이야기했고 또한 요시노부의 '영단英斷'이 진심임을 증언했다. 같은 날 게이슈의 쓰지 쇼소도 와서 같은 이야기를 했다.[23] 10

---

21) 「丁卯日記」『再夢紀事·丁卯日記』, p.210 이하.
22) 「丁卯日記」『再夢紀事·丁卯日記』, pp.217–219.
23) 「丁卯日記」『再夢紀事·丁卯日記』, pp.223–226.

일에는 니조성에서 요시노부와 대면하고 '반정反正'의 진지함을 확인했다. 제 방면을 통한 확인을 거쳐 20일에 재차 요시노부와 대면했을 때에는 서로 전면 협력하기로 약속했다.[24]

후쿠오카 다카치카가 슌가쿠에 이야기한 복고 개혁안은 상하 의사원을 세우고 요시노부가 주최하는 것을 주지로 하며, 모든 다이묘의 상경을 기다리지 않고 '유명 제후'만으로 천황 어전 회의를 열어 결정한 뒤 다른 다이묘에게는 그 결의를 조정이 통달하는 것으로 하며 이에 반대하는 자는 추토한다는 것이었다.[25] 이러한 구상은 고마쓰 다테와키 등 사쓰마의 재경 간부가 10월 가고시마에 가지고 돌아간 안과 거의 중복되는 것으로 보인다. 사쓰마는 무력 동원에 의한 압력이 불가결하다고 생각한 것에 비해 도사와 게이슈는 평화리의 이행을 바라는 점에서 차이가 있었다. 그러나 전 다이묘 회의를 비현실적으로 보고 유력 다이묘의 어전 회의만으로 신정체를 발족시킨다는 점에서 양자는 공통되며 이것이 왕정복고 쿠데타에 도사나 게이슈, 나아가 친번인 에치젠·오와리가 가담하는 전제가 되었으리라 생각된다.

한편, 도사의 고토 쇼지로는 재차 귀국해 번론을 정리하고 야마우치 요도로부터 출마 확약을 받은 후 11월 21일 귀경했다. 이 때 도사 번저는 15일에 [도사 지사] 사카모토 료마가 암살당했기에 범인으로 의심받는 신센구미에 적대 감정을 품고

---

24)「丁卯日記」『再夢紀事・丁卯日記』, p.238.
25)「丁卯日記」『再夢紀事・丁卯日記』, p.225.

제11장 유신: '왕정'·'공의'정체로 (3) – 두가지 '왕정복고'

있었다.[26] 고토는 신속하게 막부의 와카도시요리 나가이 나오유키나 사쓰마·게이슈와 연락을 취한 듯하나, 23일 시마즈 다다요시가 교토에 도착했을 때 고마쓰 다테와키의 모습이 보이지 않자 깊이 실망했다. 그는 거기에서 11월 25일에 에치젠번저에 불려갔을 때에는 누구든 '공명정대한 동론同論의 번들은 당당히 깃발을 세워' '어전회의의 서약'에 따라 '공의'를 세우는 방침으로 나아가면 사쓰마 등에 의한 거병 폭론에 대해 승산이 있으리라고 이야기했다. '하나의 번이라도 동론이 많은 것이 힘도 강하고 설득력이 있다'고 하며 제번 규합을 위해 고토는 게이슈와 사쓰마에, 에치젠은 오와리와 히고肥後에, 게이슈는 이나바因幡와 비젠備前에 각각 분담해서 공작을 펼치기 시작했다.[27] 우연히도 같은 날인 11월 25일, 사쓰마가 이와시타의 여관에서 결정한 제휴 대상도 이 범위 안에 있었다. 27일에 에치젠은 폭론의 수괴로 간주되어 온 오쿠보 도시미치를 불러 그 의사를 탐색했다. 오쿠보는 '회의 공론'은 당연하나 실현 방법에 관해서는 번저 내의 의견이 나뉘어 있다고 이야기하며, 무엇보다도 요시노부의 반정 '실적實蹟'이 명백해야 한다는 주장을 거듭했다.[28] 명언하지는 않았지만, 오쿠보는 어전회의에 쿠데타 형식과 요시노부 배제가 필수라 생각한 것이다.

---

26) 『鹿兒島縣史料 玉里島津家史料』 5, p.278.
27) 「丁卯日記」 『再夢紀事·丁卯日記』, p.243.
28) 「丁卯日記」 『再夢紀事·丁卯日記』, p.245; 『大久保利通日記』 1, p.407.

사쓰마와 도사의 오월동주 — 경합과 상승

공의파의 움직임이 활발해지자 삿초와 제휴하고 있던 공가들이 동요하기 시작했다. 일찍이 토막 밀칙 작성에 협력한 오기마치산조 사네나루와 나카야마 다다야스가 쿠데타에 난색을 표하기 시작한 것이다. 좌우대신이 사표를 제출하고 관백도 사임 의향을 내비친 이상, '점진적인 성취'도 가능할지 모른다는 말을 꺼냈다. 오쿠보 도시미치는 11월 29일, 오기마치산조 사네나루에게 지금 '두세 번藩이 대군을 끌고 상경'한 것은 '조정에 병력을 갖추어 지리지당至理至當한 방법으로 기반을 열고 명령에 반하는 자들을 소탕'하기 위해서이며 이같은 '일대의 기회는 천년에 한번'밖에 없음을 주장하고 세 공경의 재고를 구했다. 12월 1일 나카야마 다다야스와 강경 담판한 끝에 그들의 의지를 굳히고, 세 공경의 지지를 근거로 도사 등에 쿠데타 계획을 밝힐 것을 승낙 받았다.[29]

12월 2일, 오쿠보는 사이고와 함께 고토를 방문해 야마우치 요도의 지참遲參을 힐책하고 이와쿠라 등 네 공경의 협력 하에 니조 섭정이나 아사히코 친왕을 배제해 쿠데타를 발동할 계획임을 밝혔다. 도사 측의 기록에 그 골자는 ① 니조 섭정·아사히코 친왕의 배제와 조정 양역(의주·무가전주)의 폐지, ② 정이대장군의 사직辭職 칙허, ③ 아이즈 마쓰다이라 가타모리·구와나 마쓰다이라 사다아키의 퇴직과 궁문 경비의 파면, ④ 막부 영지 삭감을 통한 의사원 경비 조달, ⑤ 아리스가와

---
29) 『大久保利通日記』1, pp.408-410.

제11장 유신: '왕정'·'공의'정체로 (3) ─ 두가지 '왕정복고'

노미야 다루히토有栖川宮熾仁 친왕의 총재 임명, ⑥ 의정議定 설치 및 하원에 '가문門地'을 불문한 인재 발탁, ⑦ 도·삿·게이·비·에쓰에 의한 궁문 경비 및 이론자異論者 추토[30] 등이었다. 오쿠보 일기에서는 고토가 '뇌동雷同'했다고 한다. 그러나 이는 사쓰마의 계획 전모를 밝힌 것은 아니었다. 쇼군직 폐지는 당시 이야기가 끝난 문제로 화제는 조정 제도의 개폐改廢로 옮겨갔는데 오쿠보 등은 핵심이 되는, 도쿠가와 권력에 타격을 주기 위한 방책(후술)은 이야기하지 않았다. 예정된 기한은 12월 5일이었는데 고토는 요도가 교토에 도착할 때까지 쿠데타 결행을 미뤄달라고 요구해 4, 5일 한도로 연기를 인정받았다.

당시 쿠데타 계획의 중심에는 이와쿠라 도모미와 오쿠보 도시미치가 있었고 사이고는 군사면을 분담하고 있었다. 쿠데타를 목표한 12월 5일, 오쿠보는 사쓰마로 보내는 보고에서 계획의 골자를 다음과 같이 말하였다.[31] ① 섭·관·의·전·국사괘를 폐지하고 태정관을 설치해 3직(총독總督·의정議定·참여參與)을 두며 인재 등용(현후·유지공경·문무관 무차별), 이른바 중의衆議 발탁, 의사원 법에 따라 참여직에는 당상·지게地下 차별 없이 배신陪臣·초망草莽이라고 하더라도 인걸을 발탁한다. ② 당일 곧바로 이러한 논을 결정해 발령한다. ③ 도쿠가와 요시노부의 처치에 관해서는 다섯 번(삿·도·게이·비·에쓰)이 조의에 참여하고 오와리·에치젠을 통해 '반정·사죄'를 명한다. 그 요구는 '관 1등을 내리고 영지를 반납해 제후의 자

---

30) 「寺村左膳手記」, 『維新日乗纂輯』 3, p.501
31) 『大久保利通文書』 2, 149호.

11.3 왕정복고 쿠데타로의 길 — 공의파 친번 도쿠가와 다이묘의 참가

리로 내리고 형벌을 궐하闕下에서 기다리는 것'(궐하는 천황의 어전을 의미) 이었다. 이를 진정으로 수용한다면 '공평 관대한 처치'가 '지당'하다. ④ 아이즈·구와나에 관해서는 '반정하는 점'이 없기에 수호직·쇼시다이를 폐지해 귀국을 명한다. ⑤ 조슈에 관해서는 즉일 관대한 처치를 결정하고 상경도 명한다. ⑥ 조약국·열번·농공상민에의 포고안도 준비한다.

오쿠보가 당시 가장 신경을 쓴 것은 이 계획을 섭정과 아사히코 친왕에게 숨기는 것이었다. 신정권에서 이들을 배제하는 한편 이와쿠라 등 평공가平公家(낮은 가격家格의 공가)에게 주요 지위를 부여하기 위해서는 불가결했을 것이다. 역으로 요시노부에 관해서는 낙관했다. '막부가 간과干戈[무력]로 움직이는 일은 만에 하나 없을 것이며 지금은 만남만이 이루어질 것입니다'라 한 것이다. 아마도 요시노부가 전쟁 회피로 나올 것을 고토가 보증한 것은 아닐까. 오쿠보가 도사와의 제휴를 중시한 것은 이 시점에서는 오로지 여기에 있었던 것으로 보인다. 아이즈에 관해서는 막권 복고를 주장하던 다른 번이 '존왕'은 어찌되었든 '존막'은 그만두었다고 낙관했던 탓인지 그 영향은 '뻔할 것'이라고 쓰고 있다. 군사적 충돌이 일어나도 소규모에 그치리라 본 것이다. 이는 너무 낙관적인 것이 아니었을까. 일단 아이즈와 충돌이 발생하면 구와나뿐 아니라 막신도 격분해 연쇄반응이 일어나 요시노부가 제어할 수 없게 될 가능성은 다분히 있었을 터이다. 다만 아이즈의 도발을 피하는 데에는 충분히 주의해, 특히 숙원한 사이인 조슈와 아이즈의 접촉은 회피하고자 배려했다. 쿠데타 계획에서는 조슈의 복권에 관한

제11장 유신: '왕정'·'공의'정체로 (3) — 두가지 '왕정복고'

조의는 정체일신 결정 뒤로 돌리고 쿠데타 참가도 요구하지 않는 것으로 했다. 니시노미야에 도착한 조슈 병력에 대해 오사카로 들어오도록 조정이 명한 것도 이를 상경시키지 않기 위한 것으로 보인다.

이상의 낙관론은 동시에 사이고가 가고시마에 보낸 보고에도 공유되고 있다. '막부는 마침내 반정하는 모습이며 결코 동요하는 형세는 보이지 않지만, 아이즈·구와나는 아무래도 안심할 수 없습니다', '이번 일은 막부도 감사할 일이라 생각됩니다'[32]라고 한 것이다.

오쿠보 도시미치를 비롯해 이와시타·사이고 등은 쿠데타 결행 전날인 12월 8일, 동맹 공경에 마지막 결의를 굳히게 하도록 이와쿠라에게 서한을 보냈다. 거기에는 보통의 회의가 아닌 쿠데타에 호소할 필요를 다음과 같이 설명하고 있다. '2백 수십 년의 태평한 구습에 오염된 인심이므로 도리어 싸움을 일으켜 천하의 이목을 일신하고 중원을 평정하는 성거盛擧가 있어야 하며', '싸움을 결의하고 죽음 속에서 살 길을 찾는 착안이 가장 급무'[33]라 하였다. 이 때, 가장 중시한 것은 도쿠가와 요시노부를 '반정·사죄'시키는 것이었다. 요시노부에 대한 사죄 요구는 1863(文久3)년 정변 이래의 조슈나, 몇 차례나 공의정체로의 이행을 방해받은 사쓰마에게는 자명한 것이었을지도 모른다. 그러나 정권 반납을 자청한 요시노부에게 이러한 요구를 하는 것은 무리였으며 재경 번들 대표 중에서도 같은 생각을 하는

---

32) 『西鄕隆盛全集』2, p.82.
33) 『大久保利通文書』2, 154호.

자가 적지 않았다. 신정권이 최초에 행한 개혁을 생각하면 요시노부는 이른바 근세 정치사회 전체의 죄를 뒤집어 썼다고 말할 수 있을지 모른다. 오쿠보나 이와쿠라는 요시노부가 이 시련과 굴욕을 견디고 받아들인다면 신정부로 맞아들이는 것이 당연하다고 생각했다. 그러나 어떠한 결과가 나올 것인지 당시에는 어느 누구도 예상할 수 없었다.

아이즈와 조슈의 격리

12월 2일 오쿠보·사이고로부터 쿠데타 계획을 알게 된 고토 쇼지로는 5일 밤 에치젠 마쓰다이라 슌가쿠를 방문해 이를 전했다.[34] 다음날이 되어 오쿠보에게 오와리·에치젠에 전달할 것을 요청해 일축당했지만 실제로는 그 전에 일을 누설한 것이었다. 고토는 도쿠가와가에 깊은 은혜를 느끼고 있던 요도의 충실한 가신으로, 심중은 '감자芋 번저가 위산違算에 낙담'(감자는 사쓰마, 위산은 잘못된 전망이라는 의미)하기를 바라고 있었다. 그는 에치젠뿐만 아니라 막부의 나가이 나오유키에게도 이 계획을 전했다. 슌가쿠도 행동에 나서 그날 복심인 나카네 유키에中根雪江를 요시노부에 파견하고 다음날에는 직접 요시노부와 대면해 대책을 숙의熟議했다. 이 때 그가 가장 주의를 기울인 것은 교토에서의 전란 회피로, 특히 아이즈의 움직임을 우려했다.

에치젠 슌가쿠는 입경 후, 정권 반납을 지지하도록 아이즈의 간부를 설득하는데 힘썼다. 그러나 그들은 도쿠가와가는

---

34) 『松平春嶽未公刊書簡集』, p.77.

제11장 유신: '왕정'·'공의'정체로 (3) – 두가지 '왕정복고'

왕명을 받들어야 한다는 원칙을 인정하면서도 번내의 다수 의견에 억눌려, 조정에 국정 운영 능력이 없으며 '구막舊幕의 제도 외에는 치평의 전망'이 없다고 답하였다.[35] 왕정복고파는 이 때문에 도사·에치젠·오와리라는 친親도쿠가와 번이라 하더라도 아이즈와 구와나의 면직과 귀국은 필수라고 생각하게 되었다. 다른 한편, 11월 말에는 조슈의 대표가 병력을 이끌고 니시노미야에 상륙했다. 조정은 일찍이 명한 조슈 대표의 오사카 소환을 취소했지만 조슈는 사쓰마·오쿠보와의 계약에 따라 이를 무시하고 출병해 온 것이다. 중재에 나섰던 게이슈는 연락이 어긋난 것이라고 둘러댔지만 교토에서는 조슈군이 즉시 상경할 것이라는 소문이 퍼졌다. 니시노미야에서 교토에 이르는 가도의 요충, 야마자키山崎 관문은 쓰번津藩 도도가藤堂家가 지키고 있었는데 이 번은 막부 복권 운동에 한창이었기 때문에 당연히 조슈가 관문 통과를 타진하자 거절했다(末松[p.189], p.1201). 만일 야마자키에서 쓰와 조슈의 전투가 시작되면 쿠데타에 의한 어전회의의 행방은 알 수 없게 되고, 여기에 아이즈가 가담하면 일거에 대규모 내란으로 확대될 우려가 있었다. 때문에 사쓰마는 조슈에게 일단 상경하지 말고 오사카로 가도록 공작했다.

다른 한편, 조정에서는 조슈 처치에 관한 논쟁으로 옥신각신하기 시작했다.[36] 섭정과 아사히코 친왕은 아이즈의 주장대로 조슈를 본국으로 퇴거시키고자 했으나 의주 등이 반대했다.

---

35) 「丁卯日記」『再夢紀事・丁卯日記』, p.245.
36) 「丁卯日記」『再夢紀事・丁卯日記』, p.254.

결국 섭정은 12월 8일에 이르러 마침내 조슈의 관위 복구와 입경 허가를 결정했다. 다만 조슈군은 그 후에도 신중히 행동했다. '도착 즉시 전쟁'할 작정으로 상경해 조정에서 입락入洛 허가를 얻어 야마자키 관문을 통과는 했지만 교토 서남 교외에 머물며 쿠데타의 진행을 기다렸고, 쿠데타 종료 10일이 지나 마침내 대표가 참내했던 것이다(末松[p.189], p.1202). 만일 조슈가 쿠데타에 가담했다면 아이즈·구와나와의 전쟁은 피할 수 없었을지도 모른다. 쿠데타를 실행한 두 왕정복고파는 조슈의 부재라는 조건 하에서 마침내 요시노부와 아이즈·구와나의 분리, 그리고 후자의 배제 가능성을 확보했었던 것이다.

11.4 쿠데타에서 내전으로 — 요시노부 의정 취임 공작과 좌절

왕정복고 쿠데타

1867년 12월 8일, 기다리고 기다렸던 요도가 교토에 도착했다. 이날, 조정은 조슈 처분이나 칙감救勘[p.273]을 받았던 공경들의 사면에 관한 조의를 열었지만 논의는 혼란에 빠져 9일 이른 아침에 이르러서야 결정이 나고 산회했다. 출석자 일동은 퇴청했는데 이를 확인 후, 나카야마 다다야스는 섭정·나카가와노미야·좌우대신을 비롯해 21명의 친왕·공경의 참조參朝를 금지하는 칙명을 전달했다. 이후 조의를 처리한 것은 나카야마, 오기마치산조 사네나루, 나카노미카도 쓰네유키였는데 주모자인 이와쿠라도 오쿠보·사이고와 동행해 오랜만에 참조했다.

제11장 유신: '왕정'·'공의'정체로 (3) – 두가지 '왕정복고'

그들은 전날 밤, 이와쿠라 저택에 사쓰마·도사·오와리·에치젠 간부를 불러 쿠데타 취지와 궁문 경비 배치 명령서를 전했다.[37] 여기에 게이슈를 더한 다섯 번은 그대로 출동해 어소의 외곽 아홉 문 안으로 들어가 내곽을 통과하는 여섯 문 등을 장악하고 조정이 부르지 않은 자의 출입을 막았다. 이 조치는 궁문 안팎에 있는 자들의 운명을 나누었다. 어소의 외부로 배제된 자는 발언 장소를 잃었을 뿐만 아니라 무력행사도 어렵게 되었다. 금문의 변에서의 조슈와 마찬가지로 다섯 번에 대한 공격은 곧 천황에 대한 공격을 의미했고 조적이 될 수 있는 입장에 놓여진 것이다.

전날 밤부터 조의에 동석한 오와리·에치젠·게이슈의 번주는 잔류를 명받았고, 그 후 정오를 넘겨부름을 받은 시마즈 다다요시, 야마우치 요도가 차례로 참조했다. 부름을 받은 조정 측 인물에는 아리스가와노미야 다루히토, 닌나지노미야 요시아키라仁和寺宮嘉彰, 야마시나노미야 아키라山階宮晃 세 명의 황족이 있었다. 또한 조의의 회의장소였던 소어소小御所[p.224]에는 다섯 번의 간부가 수 명씩 배석을 명받았다. 오후 5시부터 열린 조의에서는 우선 나카야마 다다야스가 취지를 설명했는데 이에 대해 슌기쿠와 노요가 크게 이론異論을 제기했다. 초점은 도쿠가와 요시노부의 부재였다. 특히 요도는 2백여 년의 태평을 이룬 도쿠가와씨, 특히 스스로 정권봉환을 행한 요시노부를 소외하는 일은 '공의'에 반한다며 열심히 요시노부의 참내를

---

37) 『松平春嶽未公刊書簡集』, p.91;「丁卯日記」『再夢紀事·丁卯日記』, p.255;『大久保利通日記』1, p.42.

11.4 쿠데타에서 내전으로 – 요시노부 의정 취임 공작과 좌절

요구했다. 이에 이와쿠라와 시마즈 다다요시가 반론했는데 오쿠보는 구태여 아래 자리에서부터 나와 거들었다. 요시노부의 사정을 판단하기 위해서는 '우선 그 관위를 낮추고 소령所領을 거두는' 시련을 주어 이에 불평하는 기색이 없음을 확인한 후에 참내와 채용을 결정해야 한다고 말한 것이다.[38]

이에 대해 고토 쇼지로가 요도 옹호에 힘쓰자 논의는 혼란에 빠졌다. 요도를 지지한 것은 에치젠에 더해 오와리·게이슈였고 이와쿠라를 지지한 것은 사쓰마뿐으로, 다섯 번의 간부 의견은 번주君公와 같은 의견이었다. 혼란 끝에 일단 휴게에 들어간 사이, 오쿠보와 고토가 담판을 시도했으나 오쿠보는 완고하여 양보하지 않았다. 결국 재개 후에 슌가쿠와 요도가 양보해 이와쿠라·오쿠보가 세운 순서대로 '강관降官·납지納地'를 니조성의 요시노부에 전해 승낙 여부를 확인하기로 결정되었다. 아이즈와 구와나를 수호직·쇼시다이에서 해임하고 귀국을 명하는 것도 예정되었는데 요시노부 스스로 그들의 직을 해제했다는 소식이 있었기에 귀국만을 명하기로 결정했다.[39] 이날은 또한 신정부의 핵을 이루는 3직이 발표되었다. 총재에 아리스가와노미야, 의정議定에 야마시나노미야·닌나지노미야·나카야마·오기마치산조·나카노미카도·오와리 요시카쓰·에치젠 슌가쿠·도사 요도·사쓰마 다다요시·아키 아사노 모치코토淺野茂勳, 참여에 오하라 시게토미大原重徳·마데노코지 히로후

---

38) 「丁卯日記」『再夢紀事·丁卯日記』, p.260; 『大久保利通日記』 1, p.414.
39) 「丁卯日記」『再夢紀事·丁卯日記』, p.261.

사萬里小路博房·나가타니 노부아쓰長谷信篤·이와쿠라 도모미·하시모토 사네야나橋本實梁를 임명했으며 기타 참여는 다섯 번에서 세 명씩 추천하기로 했다.[40] 산회한 것은 한밤 중이었다.

병력 이탈과 사쓰마의 공략 전환

다음날인 12월 10일, 에치젠 슌가쿠와 오와리 요시카쓰는 니조성으로 향했다. 성 내부는 살기로 가득차 있었다. 전날 오와리와 에치젠의 중역은 이와쿠라의 의뢰로 니조성을 방문해 쿠데타가 토막을 거행하는 것이 아니라고 설명하며 이타쿠라板倉에 진무鎭撫[진정]를 요청했으나 이날도 들끓는 분위기는 가라앉지 않았고 오와리·에치젠 두 제후를 배신자로 증오하는 자가 적지 않았다. 조지朝旨 전달은 논외의 분위기였기에 요시노부와만 밀담을 했는데, 일단 쇼군직 사직 우케쇼請書[p.249]를 제출하고 '강관·납지'에 관해서는 막신이 진정된 이후 답하겠다는 보고였다.[41] 이에 사이고와 오쿠보는 즉각 처분 승낙을 주장했지만 슌가쿠는 전투로 비화할 것을 우려해 이를 피했다.[42] 한편, 요시노부는 직접 성중의 하타모토들에게 진정하도록 설득했지만 아이즈·구와나의 거동을 걱정해 그 병력 공칭公稱 4500명을 성중에 수용해 감시하에 두나. 12일에는 나아가 하타모토·아이즈·구와나 전원을 이끌고 오사카로 내려갈 것을 결정했다. 조정에는 오와리 요시카쓰를 통해 오와리·에치젠 두 제후의 권유에 따라 오사카로 내려간다고 보고하고 그날 밤 오사카로

---

40) 『鹿兒島縣史料　玉里島津家史料』5, pp.296-298.
41) 「丁卯日記」『再夢紀事·丁卯日記』, p.262 이하.
42) 『松平春嶽未公刊書簡集』, p.83.

향했다.⁴³⁾ 요시노부의 병력 철회 결단에 의해 교토에서의 병란 발생 가능성은 사라졌다.

다음날 13일 이와쿠라 도모미는 사쓰마 참여에게 두 가지 지침을 제시해 어느쪽을 취할지 답하도록 명했다. 그 '제1책'은 삿초 군사력만에 의한 결전, '제2책'은 오와리·에치젠에 의한 주선을 계속해 요시노부가 '반정'을 실행한다면 의정직에 채용하고 나아가 섭정과 아사히코 친왕을 제외한 공경·다이묘를 널리 등용한다는 안이었다. 사쓰마 측은 8일 이래의 경위에 따르면 '제2책' 이외에 선택 여지는 없다고 답했다.⁴⁴⁾ 그 결과 이후 정국의 주제는 요시노부의 처우를 둘러싼 교섭으로 옮겨 간다.

왕정복고 포고

12월 13일 신정부는 왕정복고 포고에 관해 평의하고 그 내용을 다음날 14일 공표했다. 오늘날 볼 수 있는 왕정복고 포고는 전날에 임명된 다섯 번에서 선출된 참여를 더한 조의(朝議)에서 갑론을박 이후 결정된 것이다.⁴⁵⁾ 최초 부분을 인용해보자.

하나, 도쿠가와 내부(內府⁴⁶⁾)가 종전에 위임받았던 대정大

---

43) 「丁卯日記」『再夢紀事·丁卯日記』, p.265~266.
44) 『鹿兒島縣史料 玉里島津家史料』5, p.308.
45) 「丁卯日記」『再夢紀事·丁卯日記』, p.267; 『鹿兒島縣史料 玉里島津家史料』5, p.301~302.
46) 요시노부는 1865(게이오2)년 8월 도쿠가와 종가를 상속하고 이어서 12월에 권대납언·정2위·정이대장군, 그 후 내대신에 서임되었다. 내부(內府)는 내대신을 뜻한다.

제11장 유신: '왕정'·'공의'정체로 (3) — 두가지 '왕정복고'

政을 반납하고 쇼군직을 사퇴한다는 두 사안을 [천황께서] 이번에 받아들이셨다. 본래 계축[인용자:1853년] 이래 미증유의 국난으로 선제[고메이 천황]께서 매번 괴로워하신 것은 모두가 아는 바이다. 이에 예려叡慮를 결정하시어 왕정복고, 국위 만회의 기반을 세우시고자 함으로 기왕의 일은 불론하고 새롭게 일신해 이후 섭관·막부 등을 폐절하고 우선 총재·의정·참여 3직을 두어 만기萬機를 행하실 것이며 모든 일은 진무神武 창업에 기반해 진신搢紳[공경]·무변武辨[무가]·당상·지게의 구별 없이 지당한 공의를 다하여 천하와 휴척休戚[평안함과 근심]을 함께 하실 생각이므로 각각 힘써 구래의 오만·타락한 오습汚習을 씻고 황국을 위해 충성을 다할 것이다.

쇼군직 폐지는 기정 방침이었다. 따라서 여기에서는 섭관을 비롯한 조정 관직의 전폐全廢와 신정체 건립이 주제가 되었다. 그 가운데 공가·무가의 구별이나 관위 고하를 묻지 않는 대등한 입장에 서서 철저하게 '공의'를 행하려 한다고 서술된 점이 중요하다. 참여에 공경과 배신을 모두 거용한 것이 구체적 사례지만, 이를 곧 '상·하' 참여직으로 나눈 것처럼 탈신분화가 곧바로 실현되지는 않았다. 다른 한편, 이러한 변혁은 '진무 창업'을 목표로 했다. 무가 정치의 부정뿐이라면 섭관제로 돌아가도 좋고 섭관제의 부정이라면 율령제로 돌아가도 좋을 터인데 이를 건너 뛰고 일본 왕조의 창업 시기로 돌아가고자 했다. '복고'라 해도 선례가 없는 시대를 목표로 했기에 창업에는 큰 폭의 자유도가 발생했다. 이 조건이 천황의 통치 하에서 서양 제도의 본격적 도입을 가능케 한 것이다. 한편, 변혁에서 먼 과거의 참조는 왕정복고에 한정되지 않았다. 14대 쇼군 도쿠가와 이에모치는 분큐文久 연간[1861~4년]의 서양식 군제 개혁에서 에도 초기로 '복고'하자고 하였다. 18세기 서양에서 발생한 계몽, 진보 사상이 확대되기 이전의 세계에서 철저한 변혁은 '복고'의 이름으로 정당화되었다. 일본의 유신은 그 대표 사례인 것이다. 다만 서양의 제도 도입이 중요한 과제로 의식되기 시작하자 '복고'는 곧 '진보'와 '문명'이라는 변혁 상징에 자리를 내주게 된다.

오와리·에치젠의 요시노부 참가 주선과 사쓰마의 결전 전환

신정부는 복고령을 공포한 12월 14일부터 오사카에 있는 도쿠가와 요시노부의 처우를 검토하기 시작했다. 도쿠가와 측의 무장 궐기를 회피하면서 소어소 회의에서 오와리·에치젠에 맡기기로 결정된 구쇼군가의 처분을 실현하는 것이 과제였다. 이 때 에치젠 슌가쿠는 도사 요도와 긴밀한 연락을 취하면서 이와쿠라·사쓰마가 주장한 '강관·납지' 요구를 끌어내리도록 움직였다. 관위 강등은 관을 사직하고 '전前 내대신'이라 이름 붙여 불명예의 정도를 줄이는 것으로 바로 합의가 이뤄졌으나 문제는 '납지'였다. 설령 임시적이라 하더라도 명목상 요시노부는 전 영지를 헌상해 스스로 하타모토의 운명을 모두 조의에 맡기게 되기 때문이었다. 이에 요도는 직접 붓을 들어 '소령 일부를 조정의 용도御用途로 매년 바치도록 할 것'이라고 사쓰마가 최초로 도사에 상담했을 때의 조건으로 되돌리는 안을 써서 고

제11장 유신: '왕정'·'공의'정체로 (3) – 두가지 '왕정복고'

토에게 지참케 해 이와쿠라와 교섭하도록 했다.[47] 이와쿠라는 재삼 이를 거절했지만 결국 이를 받아들였다.

그 후 양자 교섭은 정체되었으나 12월 22일 오와리 요시카쓰가 오사카로 설득하러 가고자 한다는 상신을 하며 다시 움직이기 시작해 23일부터 다음날 아침에 걸친 조의朝議에 의해 결국 '정무의 용도 분은 도쿠가와 영지 가운데 각각 조사한 후에 천하의 공론으로 확정하실 것'이라 결정되었다.[48] 이와쿠라와 오쿠보·사이고는 사전에 협의해 '확정御確定' 부분을 '반납返上'으로 할 것을 양보의 최저선으로 했지만, 나카야마 다다야스 등이 동요해 에치젠·도사에 동의했기 때문에 이를 무너뜨리게 된 것이다. 조의는 오와리·에치젠 두 제후를 오사카로 보내 25일부터 3일 동안이라는 기한 내에 결과를 보고하도록 명했다. 이 주선이 성공한다면 도쿠가와 요시노부는 입경을 명받고 의정에 임명될 터였다.

이 결정은 사쓰마의 본의에서 한참 벗어난 일이었다. 그들이 쿠데타를 계획한 것은 정체 일신을 도쿠가와 권위 타파에서 시작했기 때문이며 이를 위해 구태여 요시노부의 명예를 손상시키고 일개 다이묘로서의 통치권조차 빼앗아야 한다는 조건을 강요고자 헸던 것이나. 그것이 무효가 되었을 뿐만이 아니다. 정권 반납에서 쿠데타에 이르기까지 최중요 맹우로 여겨 온 도사가 오와리·에치젠과 결탁해 사쓰마의 주장에 공연한 반대를 시작한 것이기에 그 군사력도 기대할 수 없게 되었다. 오쿠보·

---

47) 『鹿兒島縣史料　玉里島津家史料』5, p.309.
48) 『鹿兒島縣史料　玉里島津家史料』5, p.312.

사이고와 이와쿠라는 신정부 내에서 고립되기 시작했다. 필수라 여겨진 아이즈와 구와나의 귀국도 오사카로부터 그 징후가 보이지 않았고, 오히려 교토와의 중간에 위치한 요충지인 요도淀와 후시미에서는 막부 보병이나 신센구미를 비롯한 구막부 세력에 의한 역공 조짐도 날로 강해졌다.

이러한 상황에서 오쿠보 등은 조슈로 기대를 옮기기 시작했다. 조슈군은 12월 18일에 주둔지를 교토 서남 교외의 광명사光明寺에서 동남 교외의 대가람인 동복사東福寺로 옮겼고 여기에 모리 모토이사毛利元功(조슈 지번 도쿠야마德山의 세자)가 이끄는 증원 부대가 니시노미야에서부터 가세했다. 21일에는 사쓰마·도사·게이슈의 병사와 함께 후시미 경비를 시작했다. 24일에는 신정부에서 번주 모리 다카치카毛利敬親·모토노리元德 부자의 상경 조치가 내려졌고 26일에는 모리 모토이사가 참내, 그 다음날에는 히로사와 사네오미廣澤眞臣와 이노우에 가오루井上馨가 참여에 임명되었다. 조슈는 완전히 복권해 교토 시중에서 확실한 존재감을 보이기 시작했다.

이와 거의 동시에 1863(文久3)년 8월 18일 정변 이후 조슈, 나아가 다자이후에 숨어 지내던 다섯 공경도 27일 입경·참내했고 곧이어 산조 사네토미三條實美가 의정, 히가시쿠제 미치토미東久世通禧가 참여에 임명되었다. 그날 천황은 어소 내곽의 문 안에서 사쓰마·도사·게이슈에 조슈를 더한 군사 조련을 보았다. 사쓰마 병사만으로 약 1500명, 오쿠보는 장관이었다고 기록하고 있는데 이를 사용할 날이 가까워지자 자각했던 것일지도 모른다.[49] 조슈와 다섯 공경의 복권은 교토에서 반反도쿠가와 기세를 선동하고 사쓰마가 당초부터 생각했던 또 하나의 선택지, 도쿠가와와의 개전으로 접근하기 시작하는 상황을 만들어 냈다.

1867년 섣달 그믐, 오사카에서 오와리 요시카쓰와 에치젠 슌가쿠가 돌아와 요시노부의 사관·납지에 관한 우케쇼를 제출했다. 요시노부가 입락入洛해 의정에 임명될 절차가 시작될 터였다. 다른 한편, 교토에서는 쿠데타를 알게 된 도쿠가와의 하타모토들이 에도에서 오사카로 밀려와 아이즈·구와나와 함께 무장해 입경하려 한다는 소문도 전해졌다. 그렇게 되면 쿠데타 이래의 성과는 수포로 돌아가게 된다. 오쿠보는 궁지에 몰린 결과 1868년 정월 2일, 방침 전환을 결의하고 요시노부가 상락하기 전에 조슈와 함께 결전을 호소하기로 했다.[50] 그 기회는 다음날, 도쿠가와 쪽에서 열렸다.

변혁과 전쟁 회피를 물색한 1년

1867년 여름 4후 회의의 좌절에서 이듬해 초 도바·후시미 전투 발발까지 중앙 정국은 무력 행사의 가능성을 명시한 상황에서 다수파 공삭을 주죽으로 전개되었다. 정국을 주도한 사쓰마는 도쿠가와 요시노부가 왕정복고와 공의정체를 받아들이게 하기 위해서는 협박이 필수라고 생각해 조슈와 거병 계약을 맺었다. 이에 대해 도사는 종래의 정견政見을 내던지고 다가올

---

49) 『大久保利通文書』2, p.141.
50) 『大久保利通文書』2, 169호.

11.4 쿠데타에서 내전으로 – 요시노부 의정 취임 공작과 좌절

공의정체의 구체상을 제시하며 요시노부의 자발적 정권 반납을 재촉해 내전을 회피하고 도쿠가와의 주도권을 유지하고자 했다. 사쓰마는 조슈와 거병 준비를 진행하는 한편으로 요시노부에 대해서는 정권 반납을 권했다. 요시노부는 뜻밖에도 이를 수용하기로 결단했다. 그 결과 사쓰마는 우선 순위를 바꾸어 도사와의 제휴를 단행하며 본국에서의 거병 반대론을 억누르고 번주 스스로 솔병 상경을 실현했다. 사쓰마는 조슈·게이슈와의 출병 계약은 유지했지만 거병은 보류했고 조정이 소집한 다이묘 회의가 열리기 이전에 왕정복고 쿠데타를 결행했다. 여기에 조슈는 부재하여 참가한 다섯 번 가운데 도쿠가와 권위의 타도에 열심이었던 것은 사쓰마뿐이었고 남은 네 번은 도사·오와리·에치젠 등 도쿠가와 요시노부를 지지하는 다이묘였다.

이 계획을 사전에 알게 된 요시노부는 냉정하게 대응해 아이즈·구와나를 데리고 오사카로 퇴거했다. 사쓰마는 조슈의 복권을 실현하는 한편, 거병이나 조슈 입경은 회피했다. 조슈의 발이 묶이고, 막신·아이즈·구와나가 교토를 퇴거하면서 교토에서의 내전 발발 가능성은 봉쇄되었다. 이 평화 동안 도사와 오와리·에치젠은 요시노부와 구舊 막부에의 징벌을 완화해 요시노부의 신정부 참가를 실현하고자 움직였고 연말에는 그 성공 직전까지 다가갔다.

그러나 요시노부는 쿠데타에 분격한 막신幕臣을 억누르지 못하고 개전으로의 길을 연 결과, 정치적 성공을 방기해 버렸다. 1867년 후반의 정치가들은 전쟁 가능성을 끊임없이 의식하면서도 매번 전쟁 회피를 선택하고 오로지 정치 게임으로 승리

제11장 유신: '왕정'·'공의'정체로 (3) — 두가지 '왕정복고'

하는 방안을 고심했다. 최후에는 개전으로 결착을 맺게 되지만 이 정치적 수싸움은 무의미하지 않았다. 요시노부는 저항을 피했고, 요시노부 옹호에 전력을 기울였던 도사·오와리·에치젠은 신정부에 머물러 그 유력 구성원이 되었다. 쿠데타에서 언급된 '공의' 이념은 이들에 의해 더욱 발전했고 역으로 무력 반항하는 다이묘는 동북의 한 구석에 그쳤다. 유신에서 정치적 사망자가 소수인 것은 다수파 공작을 통해 발본적인 개혁을 이루고자 한, 이 해의 노력에 힘입은 바가 적지 않을 것이다.

제 *12* 장

메이지: 정체 변혁의 3년 반 ─ '공의'·'집권'·'탈신분'

1868(慶應4, 明治1)년 정월 3일, 교토 남쪽 교외의 후시미伏見와 도바鳥羽 가도에서 상경하고자 하는 도쿠가와 측과 교토 쪽에 진을 치고 있던 사쓰마·조슈의 전투가 시작되었다. 싸움은 일진일퇴 후, 이튿날에는 삿초 측이 우세를 차지했고 이틀 후에는 도쿠가와 측이 교토·오사카의 관문인 야마자키 남쪽으로 밀려나 오사카로 패퇴했다. 이러한 정세 하에 오사카성에 있던 도쿠가와 요시노부는 에도로 물러났다. 주인이 사라진 오사카성은 불타고 도쿠가와 측은 궤멸했다.

도바·후시미에서의 싸움은 소규모 전투였지만 정권과 일본의 행방을 좌우하는 분기점이 되었다. 승리자인 삿초는 신정부에서 주도권을 획득했고 형세를 관망하던 다이묘들이 차차 부화뇌동한 결과, 질서의 발본적 개혁으로의 길이 열리게 되었

제12장 메이지: 정체 변혁의 3년 반 – '공의'·'집권'·'탈신분'

다. 도쿠가와 요시노부가 신정부의 수반이 되었다면 신국가는 왕정 아래 연방의 영역에 머무르게 되었을 것이다. 왕정복고를 계기로 공의와 집권集權, 탈신분을 노린 점에서 두 가지 왕정복고안은 같은 방향을 목표로 하고 있었지만 삿초의 도쿠가와 권력에 대한 도전과 파괴는 더욱 급진적이고 또한 철저한 변혁을 가능케 했다.

이하에서는 신정권 하에서 '공의'와 '집권' 추구가 어떻게 탈신분— 핵심은 무사 신분의 해체와 피차별민의 평민으로의 통합— 에까지 도달했는지, 결정적 관문이 된 정체 변혁의 대강을 그려 보자.

12.1 '일신'의 제도 — 국가기본법「정체」의 의미

개관: 메이지 초년의 정치과제

왕정복고를 실현했을 때, 신정부의 지도자가 새로운 질서에 관해 명확한 설계도를 가지고 있었던 것은 아니었다. 도사土佐에 의한 정권봉환 건백, 나아가 왕정복고 조칙에서 보이듯 거기에는 전국의 정권을 천황 아래 통일하고 '공의'를 체현할 국제國制를 세운다는 큰 틀의 합의는 있었다. 또한 이 정부가 신분을 불문하고 '인재를 등용'할 것도 정치 운동에 분주했던 지사들 사이에서는 당연한 것으로 생각되었다. 나아가 그 일부는 가까운 장래에 중앙 집권, 즉 일본의 완전 통합이 필요한 것도 의식하고 있었다. 그러나 마지막 부분은 쉽사리 입 밖에 낼 수 없었다. 신정부 발족 5개월 후 본격적인 내란이 시작되었는데 그 결착을 보기 전에 혹 정부 수뇌가 폐번廢藩 의향을 공언하면 상당수의 다이묘가 동북 다이묘들의 반항에 가담하게 되고 따라서 내란은 늪에 빠져버릴지도 몰랐다.

미리 결과를 보자면 이들 과제는 당사자의 예상 이상으로 철저하고 또한 원활하게 해결되었다. 신정부는 발족 5개월 후에 최초의 국가기본법인 「정체政體」를 제정해 중앙정부로의 권력 집중 이념을 제시하고 동시에 인재등용과 공론 채용 제도를 정했다. 무진내란이 종결된 1869년에는 도쿄에 제후와 제번의 대표를 모아 군현화郡縣化에 대한 가부可否 등 다가올 정체에 관해 논의하게 한 후 판적봉환版籍奉還[1]을 실시하고 나아가 연방에 획일적 제도를 도입했다. 그리고 2년 후에는 폐번치현을 단행해 일본을 중앙집권 국가로 바꾸었다. 이후 무사의 가록家祿을 해소하는 방침을 내어 발족 9년째에 그 제도를 확립했다. 폐도廢刀와 더불어 이같은 가록처분을 통해 근세의 세습적 지배신분이었던 무사는 완전히 해체되었다.

처음에는 커다란 목표만이 있었지만 10년 후에는 인류 역사상 드문 대규모 사회변혁이 실현되었다. 메이지 정부는 이러한 바람을 어떻게 구체화해 갔던 것일까. 이하에서는 우선 발족 직후의 신정부가 스스로를 어떻게 조직했는지를 훑어 보는 것에서 시작하고자 한다.

---

1) 통치 하에 있던 토지[版]와 인민[籍]을 조정에 반납함.

제 12 장 메이지: 정체 변혁의 3년 반 – '공의'·'집권'·'탈신분'

공의파 다이묘의 거취

후시미와 도바에서 전투가 시작되고 정월 7일에 요시노부의 추토령이 내려지자 지금까지 요시노부 옹호에 힘썼던 도사·에치젠·오와리·우와지마의 제후는 곤란한 입장에 서게 되었다. 이날, 도사의 야마우치 요도는 요시노부를 포기하고 의사원議事院에 의한 공의에 이후를 걸고자 결의하고 우방友邦의 찬성을 얻었다.[2] 도사는 일부나마 도쿠가와 쪽과 싸워 신정부에서의 기반을 가까스로 확보한 참이었다. 다른 한편, 삿초 우세 속에서 신정부의 중심에 서게 된 이와쿠라 도모미는 복고 쿠데타의 주요 구성원이었던 공의파 제후를 정부의 유력 멤버로 계속 확보하고자 했다. 구舊쇼군가 처분도, 신정부의 조직도, 전국 다이묘의 지지 확인도 삿초에만 의존해서는 불가능했기 때문이다. 이 때문에 신정부의 당면 과제가 요시노부의 추토로 옮겨간 후에도 공의파 다이묘는 신정부 가운데 중요한 존재로 계속 남게 되었다.

그들의 역할은 구쇼군가의 항복을 내란으로 확대하는 일 없이 실현하는 데에만 있지 않았다. 그들은 신정부에 조직구상과 인재도 공급했다. 전쟁 병참, 확대되는 직할령의 통치, 서양과의 외교, 경비 조달·차입, 인재 동원, 그리고 조직 자체의 정비 등 신정부에는 여러 일이 몰려 들었다. 쿠데타 직후에는 정상부에 3직이 조직되었으나 그 수족이 될 조직이 없으면 정부는 성립하지 않는다. 종래의 조정朝廷 조직이 도움이

---

2) 『伊達宗城在京日記』pp.644-645.

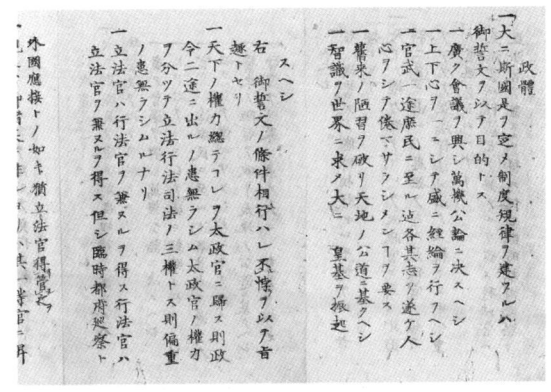

12-1. 「정체」(1868년) (저팬 아카이브스)

되지 않음은 자명했기에 이를 대신할 실무 조직이 필요했다. 주지하듯, 이는 1868년 1월 17일의 3직職 7과科 설치와 징사徵士 제도의 공포로 시작되었다. 관제는 그 후 몇차례고 뒤바뀌는데 정돈된 형식으로 최초 제정된 것은 도바·후시미 약 5개월 후에 공포된「정체」(1868년 윤4월 21일)였다.

「정체」(1): 목적으로서의「5개조 서문」

「정체」는 문자 그대로 정부의 '몸통'을 기록한 법령으로 정부는 이를 팜플렛으로 판매했다(이즈미야 이치베和泉屋市兵衛 간행). 그 서두에는 약 1개월 전에 공포한 이른바「5개조 서문」을 인용하고 이를 위해 정부를 조직한다고 밝히며 뒤이어 정부 조직 원칙과 중앙·지방 정부 관직의 대강을 기록하고 있다[사진 12-1].

근대 최초의 국가 기본법이라 해도 좋다. 훗날의 법제사

제12장 메이지: 정체 변혁의 3년 반 – '공의'·'집권'·'탈신분'

연구가들은 근대 서양 헌법의 기준으로 이를 바라보고 국민의 인권 규정이 없기에 근대 헌법이라고는 할 수 없다며 경시해 왔다. 그러나 거의 무無에서부터 만들어진 정부로서 그 조직 원칙을 천하에 명시한 것은 실무 처리뿐 아니라 정당성을 확보하기 위해서도 필수 과제였다. 여기에는 막말 정치 10년의 성과가 집약되어 있었고 이후 개혁의 출발점을 제공했다. 막말과 메이지를 잇는 유신의 원점으로 봐야 할 법령이기에 조금 상세히 소개해 보고자 한다. 국민의 권리는 신정부가 안정된 후에 검토가 시작된다.

우선 5개조 서문이다. 인용해 보자.

하나, 널리 회의를 일으켜 만기를 공론으로 결정한다.
하나, 상하 마음을 하나로 하여 왕성히 경륜經綸을 행한다.
하나, 문무관 모두, 서민에 이르기까지 각 그 뜻을 이루고 인심으로 하여금 지치고 싫증나지 않도록 한다.
하나, 구래의 누습을 부수고 천지의 공도公道에 기반한다.
하나, 지식을 세계에서 구하며 크게 황기皇基를 떨쳐 일으키게 한다.

이는 본래 에치젠의 미쓰오카 하치로光岡八郎(유리 기미마사由利公正)와 도사의 후쿠오카 다카치카福岡孝悌가 도바후시미 직후에 제후 회맹會盟을 제창하며 쓴 것이었다. 교토에서 제후를 소집하고 새로운 정체를 세운다는 아이디어는 도사의 정권봉환 제창으로 시작되었으며 신정부가 전국적 지지를 확인하기 위해서는 언젠가 필요한 절차였다. 미쓰오카·후쿠오카에 의한 입안에는 확실히 단기적인 정치적 의미도 있었다. 도사·에치젠은 도쿠가와 요시노부의 추토에 동의했지만 추토 방법이나 처분안에 관해서 발언할 필요가 있었다. 이 문제를 제후회의 소집과 결부시키면 삿초 세력을 견제하고 처분을 온화하게 할 수 있으리라는 생각이 있었던 것은 아닐까. 그러나 3월이 되어 조슈의 기도 다카요시木戶孝允가 '국시' 확립을 제창했을 때, 이들 초고는 바뀌어 더욱 일반적 의미를 지니게 되었다. 기도는 원안 서두의 '열후列侯 회의를 일으켜'라는 문구를 '널리 회의를 일으켜'로 바꾸었다. 이 변경으로 제1조는 보편성을 획득했다. 이어서 제2조 이하는 일본에서 태어난 사람들이 신분을 불문하고 국가의 경영에 참가하고(제2조), 또한 자기실현을 이루어(제3조) 일본을 흥륭시키는 것, 이를 위해서는 '천지의 공도'를 기초로 삼아 관습의 파괴를 강행하고(제4조), 국외에서도 뛰어난 지식을 도입해야 한다(제5조)고 서술하고 있다. 여기에서 '천지의 공도'란 요코이 쇼난이 애용한 말로, 유학儒學을 배경으로 한 인류 '보편의 길'을 말한다. 전체적으로 국가 목표를 간결히 기술하고 있어 유신기뿐 아니라 근대를 일관하는 '국시'로서 후세에도 참조할 만한 것이 되었다고 해도 좋으리라.

「정체」(2): 관제 제정과 탈신분화의 개시

「정체」는 서두에 5개조 서문을 거론한 후 중앙정부의 조직 원칙을 서술하고 있다. 제1조에서는 우선 '천하의 권력은 모두 태정관太政官으로 귀착한다'고 선언·명령했다. 마침내 성공한

제12장 메이지: 정체 변혁의 3년 반 – '공의'·'집권'·'탈신분'

권력의 일원화는 신정부가 사수해야 할 과제였는데 여기에서는 정부 전체를 태정관이라 부르며 권력의 소재를 명시하고 있다. 제번에 대한 우위가 요점이다. 제1조 후반은 '태정관 권력을 나누어 입법·행정·사법 3권으로 한다. 즉 편중의 우환이 없도록 한다'고 하는 문언이 이어진다. 이 삼권분립 규정은 기초자가 우연히도 미국의 조직을 참조해 쓴 것이라고 하나 실제 관계는 뒤이어 서술되는 관제도 참조하면 다음과 같았다. 태정관 가운데에는 '의정관議政官'의 상국上局(의정議定·참여參與 회의체)이 입법 전권을 장악하고 그 결정을 다른 관청이 집행한다. 그 가운데 '행정관'은 의정 가운데 두 사람이 보상輔相으로 천황을 보좌하고 국내 사무와 궁중 서무의 통할을 맡은 조직이며 그 밖에 신기神祇·회계·군무軍務·외국·사법의 5관이 설치되어 사무를 분장했다.

종래에는 「정체」가 삼권분립을 규정했지만 사법권이 독립되지 않았고 이후 행정권이 입법·사법에 대해 압도적인 우세를 차지했기에 근대적인 국가 기본법이라고 간주하지 않았다. 그러나 이제 막 성립된 정부에 숙려할 시간은 없었고 서양의 법 체계에 상세한 자도 도쿠가와 신하 외에는 없었다. 신정부는 수박 겉핥기식 지식을 재료로 임시 변통의 제도를 설립할 수밖에 없었던 것이다. 「정체」의 평가에서는 성립 과정보다는 실제 운용에서 무엇이 중시되고 무엇이 버려졌는가를 보는 편이 중요하다.

이 점에서 처음부터 훗날까지 커다란 의미를 가진 것은 제3조다. 9등으로 이루어진 관제 가운데 1등관에는 '친왕·공경·

제후'가 아닌 한 오를 수 없다. (천황이) '친밀한 자를 가까이 하고 대신을 공경'하기 때문이다. 동시에 '번사·서인이라 하더라도 징사徵士의 법을 세워 2등관에 이를 수 있다', (이는) '현명함을 높이 사기' 때문이라고도 규정하고 있다. 이 규정에 따라 2등관 이하는 원칙상 남성이라면 누구라도 취임할 수 있게 되었다.

요컨대 막말에 빈번히 주창된 '인재 등용'이 제도화된 것이다. 10년 후인 서남내란까지 서민 출신자가 정부 상층의 26%를 차지하게 된 사실을 보면 이 규정은 실제로 실현되었음을 알 수 있다.[3] 신분을 불문한 중앙정부로의 인재 등용은 이미 1857(安政4)년에 에치젠의 하시모토 사나이橋本左內가 제창한 바였다. 당시에는 고관으로의 등용은 상정되지 않았지만 10년 동안의 동란 속에서 정치 운동가들 사이에서는 자명하게 된 듯하다. 그들이 받은 교육은 사적인 욕망 표현을 금지했기에 이를 직접적으로 주장한 사람은 드물었다. 그러나 '존왕'이든 '양이'이든 '공의'이든, 그들이 호소한 슬로건은 다분히 숨겨진 출세욕의 간접적 표현으로 볼 수 있다.

물론 이들의 대두는 그 행동력·설득력·판단력·실무능력의 산물이었다. 근세의 정치 결정은 주군君公의 재가 없이는 무효였지만 주군들은 가신이 차려놓은 밥상을 자명한 전제로 행동했고 서로의 외교에서도 직접적으로 면담하는 기회는 적었다. 이같은 정치 관행 하에서는 가신 측에 경험을 쌓고 정무에

---

3) 升味準之輔『日本政黨史論』1, 東京大學出版會, 1966.

제12장 메이지: 정체 변혁의 3년 반 – '공의'·'집권'·'탈신분'

숙달한 인재가 축적된다. 게다가 막말의 정쟁은 생존한 자들을 끊임없이 단련시켰다. 정부가 그들을 징사로 모았을 때 2등관 이하 관직에 오른 다이묘 가신이 주도권을 장악하게 된 것은 자연스러운 추세였으며 1등관의 신분적 제한은 정부의 기능상 커다란 장애는 되지 않았다. 덧붙여 제3조의 '친밀한 자를 가까이 한다', '현명한 자를 높이'한다는 표현은 사카모토 료마가 죽기 직전에 오자키 사부로尾崎三郎(산조가三條家의 가신) 등과 작성한 관제안을 계승한 것이다. 료마의 또다른 유산이라 해도 좋을 것이다.[4]

다음으로 제4조는 '각 부번현府藩縣, 모두 공사貢士를 내어 의원으로 삼는다. 의사議事 제도를 세움은 여론 공의를 취하기 위함이다'라 규정하고 있다. 번을 비롯한 지방 조직은 중앙정부의 의정관에 '공사'라는 대표를 보내게 되었다. 의정관은 상하 2국으로 되어 있는데 상국과 하국은 완전히 이질적인 존재였다. 상국이 태정관의 전권을 담당하는 기관이었던 것에 비해 하국은 '상국의 명령을 받아 논의하는 곳', 즉 자문 기관이었다. 이 하국의 주역이 바로 공사였다. 자문기관에 불과하다고 해도 이 지방대표에 의한 '공의'는 폐번치현까지는 상당히 중요한 역할을 했다. 주지하듯, 의정관 하국이 이름을 바꾼 공의소公議所는 정부에 의한 과감한 폐번 제안에 대해 소극적인 논의나 답신을 하게 되는데, 정부는 이곳에서 각 번의 동향을 망라적으로 관찰해 일단 판적봉환을 실현했다. 공의소 없이 제번의 의견을 알고자 했다면 상당한 곤란이 있었을 것이다.

---

[4] 文部省『維新史』5, p.30.

징사[p.349]와 공사는 전국을 망라해 모았다. 부번현 대표였던 공사만이 아니라 징사도 출신은 다양했다. 도바후시미 전쟁에 승리한 삿초나 복고 쿠데타에 참가했던 대다이묘가 아무리 공적을 세웠다고 한들 정권 독점은 불가능했다. 200여 이상의 단위로 이루어진 국가들의 연방에서 신정부를 연명토록 하고 능력을 높이기 위해서는 전국적 인재 등용이 불가결했다. 막부의 실무가가 중하급뿐 아니라 상급의 관직에 채용되어 간 것은 당연한 결과였다(澁澤[p.233]) 징사들은 조신朝臣으로 등용되었다. 이에 따라 주군[번주]과의 주종 관계는 단절되었다. 번들 가운데에는 당초 인재를 징사로 발탁하는 것을 경계하는 목소리가 있었지만 신정부가 안정됨에 따라 오히려 징사에 채용된 번 출신자를 통해 세력 유지를 꾀하는 방향으로 바뀌어 갔다.

「정체」는 다른 조목에서 입법관의 행정관 겸임 금지, 사택에서의 담합 금지, 임기 4년 제한과 '공선 입찰'에 의한 개선改選, 시종侍從 인원의 제한, 현직 관리在官者로부터의 조세 징수,[5] 태정관 권한의 부번현에 대한 우월 등을 규정했다. 그 가운데 앞선 두 가지는 실행되지 않았다. 「정체」 자체가 행정관 수장인 보상輔相에 대해 의정국 상국의 구성원 겸임을 규정하고 있다. 정무가 급증하고 인재가 부족한 당시에 행정관에 인재와 권력이 집중해 간 것은 자연스러운 일로, 1868년 9월에 의정관은 폐지되었다. 또한 사택에서의 의사議事는 오히려 주류가 되었다. 초기 정부는 상급 관리로 공경과 제후를 채용했지만 실제 결정은 정권 봉환이나 복고 쿠데타 등을 획책·실행했던

---

5) 현직 관리들에게 지급되는 봉록의 1/30을 정부에 바치도록 규정했다.

제12장 메이지: 정체 변혁의 3년 반 – '공의'·'집권'·'탈신분'

이와쿠라, 오쿠보 도시미치, 고토 쇼지로^{後藤象二郎}, 나아가 도바쿠시미 전후^{前後}부터 가담한 산조 사네토미^{三條實美}, 히로사와 사네오미^{廣澤眞臣}, 기도 다카요시 등 소수의 사람들이 담당해야 했다. 그들은 사택에 모이거나 서로 오가며 연이은 현안을 처리해 갔다. 공식 제도의 관원과 비공식 결정집단의 괴리는 폐번치현 때에「정체」를 대신하는 태정관 삼원제^{三院制}6)가 정해지고 이에 산조와 이와쿠라를 제외한 공경과 제후 거의 전부가 정부를 떠날 때까지 계속되었다. 그 도중 1869년 5월에 관^官 공선이 실시되었는데(3등관 이상의 관리가 상급직을 선출했다), 이는 관직과 실질적 결정권자의 괴리를 해소할 임시 조치로 이용되었던 것이다.

「정체」이후 관제는 몇차례에 걸쳐 개정되었다. 급진적인 변혁의 시대에 제도는 반복 개정된다. 당시 가장 중요한 것은 빈번하게 출현하는 긴급 과제의 처리로, 제도는 상황에 맞추어 수시로 변경되었다. 인사도 마찬가지로 무능하다 여겨진 자는 곧바로 도태되었다. 또한 관직에 오른 공경이나 제후는 회의 안에서 옛 가신인 징사와 대등하게 논의해야 했다.7) 5개조 서문의 '널리 회의를 일으켜 만기를 공론으로 결정한다'는 실제로 정부 관료의 일상에서 우선 시작되었다. 신정부는 잡다한 구성의 모임이라는 성질상, 정부 내부에서도 여러 번들

---

6) 정원(正院), 좌원(左院), 우원(右院)으로 구성되었다. 정원은 최고 행정 기관으로, 태정대신, 좌·우대신, 참의 등으로 구성되어 국정을 총괄했으며 좌원은 입법 자문 기관, 우원은 각 성의 장관들이 참여하여 행정 각 부서의 실무를 담당, 조정하는 역할을 맡았다.

7) 佐々木高行『保古飛呂比』4, p.63.

과의 관계에서도 결정을 '공의'·'공론'에 의거하지 않으면 안 되었다.

신정부의 대 서양 외교

한편으로 신정부는 외교를 독점하고 대외적 정당성을 확보하는 데에도 절치부심했다. 도바후시미 직후에 고베에서 오카야마 번병이 양이사건을 일으켰을 때, 이를 곧바로 처결한 후 정월 15일에 각국 공사에 왕정복고와 화친 방침을 통고했으며 이틀 후에는 국내에도 대외 화친을 포고했다. 2월 말에는 각국 공사의 참내參內 알현이라는, 고래부터 이어져 온 의례의 집행을 단행했는데 그 직전에는 사카이堺에서 프랑스 병사와 충돌이 일어났으며 참내시에도 영국 공사 해리 파크스가 습격당하는 돌발 사건에 휩쓸렸다. 신정부는 이같이 살얼음을 밟는 듯한 상황에 직면하면서도 단호한 개국 의지를 표명해 서양 각국의 지지를 확인받고자 노력했다. 도쿠가와와의 무력 충돌 발생 후, 서양 각국이 국외중립을 선언했기 때문에 구막부가 주문한 군함 등의 거래에는 실패했지만 내정 간섭의 회피에는 성공했다. 다른 한편, 제번에 대해서도 「정체」에 따라 외국과의 맹약이나 외국인 고용을 금지했다. 중앙정부에 의한 외교와 전쟁의 독점은 연방 국가의 통합성을 유지하기 위한 필수 조건이었다.

제 12장 메이지: 정체 변혁의 3년 반 – '공의'·'집권'·'탈신분'

12.2 무진내란 — 규모의 한정성·부차 효과의 거대함

서국·오와리 이서의 부화뇌동

1868년 정월 7일, 신정부는 교토에 체재 중인 제후에 도쿠가와 요시노부 추토를 정식으로 발령하고 제후에게 귀추를 분명히 하도록 압박했다. 전날 요시노부가 후퇴하며 도바후시미에서의 전투는 끝이 났고 과제는 전국의 번들의 충성 확인으로 옮겨간 것이다.[8] 도쿠가와 쪽의 패퇴는 로주 이나바 마사쿠니의 거성이었던 요도성이 패주를 시작한 도쿠가와 측의 입성을 거부하고 나아가 같은 편이어야 할 쓰번 도도가藤堂家가 야마자키 관문에서 도쿠가와 측을 측면에서 포격한 것이 계기가 되었다. 교토 근방의 번들은 곧 부화뇌동했고 이러한 움직임은 서국 일반으로 확장되면서 서국 번들은 자연스럽게 신정부를 지지하기 시작했다. 유일한 예외는 조슈가 빈고備後 후쿠야마성에 들이닥쳤을 때로, 소소한 전투가 있었으나 곧 후쿠야마 측이 성문을 열며 끝이 났다. 규모가 큰 후다이 다이묘는 그외에 산요도山陽道 쪽에서는 로주 이타쿠라 가쓰키요板倉勝靜의 빗추備中 마쓰야마 외에 히메지姬路, 시코쿠의 이요 마쓰야마, 사누키讚岐 다카마쓰가 있었는데 모두 곧바로 성을 열어 신정부가 지명한 오카야마번이나 도사번에 의한 관리를 받아들였다. 산인도山陰道 쪽에서는 오바마小濱 사카이가에서 문제가 발생했지만 번주의 신병 구속만으로 정리되었다. 서국은 한달도 지나지 않은

---

8) 이하, 군사면은 保谷徹『戊辰戰爭』吉川弘文館, 2007에 의함.

사이 신정부 지지로 쏠렸던 것이다. 특히 눈에 띄는 것은 현역 로주의 거성인 요도淀나 빗추 마쓰야마에서 가신단이 주군을 버리고 반대 측에 가담한 사실이다.

다른 한편, 도카이도東海道 쪽에서도 뇌동하는 세력이 퍼져 갔다. 구와나에서는 완강한 저항이 예상되었지만 가신단은 군주 부재 중에 개성開城을 단행했다. 나아가 오와리 도쿠가와 가에서는 도쿠가와 요시카쓰德川慶勝가 막부 지지를 고수하는 중신 십여 명을 죽이고 신정부 지지를 강고히 했다. 이렇게 해서 혼슈 중앙부에도 뇌동의 파도가 미치고 그 결과 정토 대장군으로 출진했던 닌나지노미야 요시아키라仁和寺宮嘉彰 친왕은 정월 28일에는 교토에 개선해 금기錦旗[천황이 내린 깃발]와 절도節刀[p.270]를 반환했다.

에도의 개성

평정 작업은 이것으로 일단락되었고 정국의 초점은 에도로 돌아간 도쿠가와 요시노부의 처치와 막신들의 거취에 맞춰졌다. 요시노부의 항복이 순조롭게 진행된다면 신정부는 전국의 지지를 모아 국내에는 재차 평화가 찾아올 터였다. 신정부는 2월 9일에 총재 아리스가와노미야 다루히토有栖川宮熾仁 친왕을 동정東征 대총독으로 세웠고 그는 15일에 참모 사이고 다카모리와 모리 구주로森玖十郎(우와지마宇和島)와 함께 동정의 길에 나섰다. 동정군은 본영을 슨푸駿府(시즈오카靜岡)에 두고 도카

제12장 메이지: 정체 변혁의 3년 반 – '공의'·'집권'·'탈신분'

이도·도산도·호쿠리쿠도·오우奥羽[9] 네 방면에서 에도 공략에 나섰다. 각 방면의 다이묘들에 대한 방침은 이전과 마찬가지로 신정부 지지 확인이 최우선되어, 설령 일단 상대가 적대 자세를 보인다해도 우선 귀순을 권하고 귀순한 후에는 정토군의 선두에 세워 그 의지를 굳히는 방침을 취했다. 에도 총공격 일정은 3월 15일로 정해졌다.

이에 대해 에도로 귀환한 도쿠가와 요시노부는 공순恭順의 자세를 보였다. 정월 23일 가쓰 가이슈를 육군총재, 야타보리 고矢田堀鴻를 해군총재, 오쿠보 다다히로大久保忠寬를 회계총재로 발탁해 도쿠가와 종가 조직의 철저한 탈신분화를 꾀하는 한편, 하코네나 우스이碓井 등 관동에 들어오는 관문을 강화해 일단 무력 동원 준비를 했지만 프랑스 공사 레옹 로슈의 재삼에 걸친 무력 반항 제안은 물리쳤다. 그는 금문의 변 이후 조슈와 마찬가지의 입장에 빠진 셈인데 자신의 생명, 가문의 처분, 하타모토의 처우, 모두 전혀 전망이 보이지 않았다. 교토와의 교신은 일문에서 개인적으로도 친한 마쓰다이라 슌가쿠松平春嶽를 통해 이루어졌지만, 신정부 측 태도의 강경함을 알자 2월 9일에는 도바후시미의 책임자를 파면·처벌한 후에 스스로는 에도성에서 우에노의 관영사寛永寺로 물러나 근신을 시작했다. 아이즈·구와나에 대해서는 에도에서 물러나 본국에 돌아가도록 명했다. 조슈가 세 가로를 처형하고 그 수급을 제출한 것과 비교하면 가벼운 조치라 하겠다. 슌가쿠를 통해 이를 알게 된

---

9) 일본의 옛 지명인 무쓰(陸奥)와 데와(出羽)를 아우른 명칭으로 일본 혼슈 동북부 지방의 총칭이다.

신정부 측은 엄격한 태도를 취했다. 관영사의 린노지노미야 요시히사輪王寺宮能久 친왕이 3월 7일 슨푸를 방문해 사죄서를 전달하고 탄원을 거듭해도 받아들이지 않았고 전 쇼군의 부인 가즈노미야和宮의 탄원도 물리쳤다. 강경한 자세를 분명히 해 요시노부가 전면 항복을 받아들일지를 시험한 것으로 보인다. 3월 13일에는 에도의 입구인 시나가와숙에 도카이도군, 이타바시숙에 도산도군이 도착했다.

요시노부는 이에 전면 공순을 결의했다. 육군총재 가쓰에게 전권을 맡겼고 가쓰는 슨푸의 총독부에 야마오카 뎃슈山岡鐵舟를 파견해 사이고와 교섭을 시작했다. 총공격 예정 전날인 14일에 가쓰와 사이고는 에도의 사쓰마 별저別邸에서 회견하고 항복에 관해 합의했다. 사이고는 총공격 연기를 포고하고 슨푸, 이어서 교토로 급히 가 태정관의 양해를 받았다. 그 결과 4월 4일에 선봉 총독은 에도성에 들어가 다음의 칙지를 전하고 그 후 11일에 이르러 에도성은 무사히 열렸다. 구막부의 근간 부분에 한해서는 요시노부의 의향대로 일전一戰도 나누지 않고 신정부에 항복한 것이다. 그 조건은 다음과 같았다.

① 도쿠가와 가명家名을 존속시킨다. 요시노부는 사형을 감형하여 미토에 은거·근신한다. ② 에도성을 오와리번에 맡긴다. ③ 군함·총포를 신정부 측에 인도하고 이후 일부를 돌려받는다. ④ 에도성에 거주하는 신하는 성 바깥으로 퇴거·근신한다(오오쿠大奧의 여성들도 포함). ⑤ 요시노부의 모반을 도운 가신은 사형을 감형하여 처분하고 총독부에 보고한다.

이는 일찍이 막부에 의한 조슈 처분안과 비교해 항목에 따

제12장 메이지: 정체 변혁의 3년 반 – '공의'·'집권'·'탈신분'

라 경중의 차이는 있지만 어느 경우도 중형에 처하지 않는 점에서 관대한 처분이었다 해도 좋을 것이다. 무력 발동을 가능한 회피하고 관동 평정을 신속히 성공시키고자 한다는 의지가 작동했음을 알 수 있다.

막신의 거취

그러나 물론 막신 가운데에는 불복한 자도 있었다. 이미 후루야 사쿠베古屋作左衛門가 이끄는 보병이나 곤도 이사미 등의 신센구미가 에도를 뒤로 하고 북관동이나 고슈甲州로 향했으나 에도 개성 전후에는 보병부교步兵奉行 오토리 게이스케大鳥圭介가 이끄는 보병 약 2천과 살병撒兵[10] 약 1500 등이 탈주했다. 그들은 결국 우쓰노미야를 거쳐 닛코로 향해 아이즈의 후원을 받으며 북관동이나 시라카와구치白河口에서 토벌군과 전투를 반복했다. 보병이나 신센구미는 부대가 해산하면 곧 실업이었다. 세록(세습 가록)을 가진 하타모토와 달리 그들은 생계도 출세 희망도 전쟁(의 기대)에만 의존하고 있었던 것이다. 토벌군 이타가키 다이스케에 의하면 구막부 보병은 집단 행동 훈련이 가능했던 만큼 제 번병보다는 훨씬 힘겨운 상대였다고 한다.[11]

한편 개성은 원활하게 진행되었으나 총독부는 에도 전체를 충분히 장악하지 못했다. 로닌들이 조직한 창의대彰義隊가

---

10) 막부가 창설한 서양식 보병. 프랑스인 교사를 초빙해 훈련했으며 에도성 각 성문에 배치되었다.

11) 宇田友猪『板垣退助君傳記』1, 原書房, 2009, p.426; 野口武彦『幕府步兵隊』中央公論新社, 2002.

세력을 넓혀 관영사에 들이닥쳐 우에노 산[12]에 약 2000명이 농성했던 것이다. 에도 시중과 북관동의 무력 저항이 연동하는 것을 우려한 신정부는 부총독 산조 사네토미를 에도로 보내 우선 도쿠가와 종가를 존속시키는 방침을 포고한 후 5월 15일에 이르러 창의대의 무력 토벌을 단행했다. 이 때 창의대에 의해 추대되었던 관영사의 린노지노미야는 탈주해 시나가와에서 막부 군함을 타고 해군과 함께 북으로 향했다.

신정부는 5월 24일, 도쿠가와 종가를 슨푸에서 개칭한 시즈오카로 전봉하고 70만석을 내려 준다고 선언했다.[13] 구막신舊幕臣들은 이 때 조신朝臣에의 등용, 시즈오카 이주, 사적士籍 이탈 세 선택지가 있었다. 시즈오카로 이주해 도쿠가와와의 주종관계를 유지한 사람들 중에는 신설 누마즈沼津 병학교에서 최신 서양학과 병학을 교수·학습한 자도 있었는데 이들은 후에 신정부에 징발되거나 유력 번의 병학 교수로 고용되었다. 한편으로는 귀농해 서양에서 수요가 급증하고 있던 차茶 재배로 생계를 꾸리는 자들도 나타났다. 주군의 영지가 급격히 줄어들었을 때, 과감히 무사 신분을 이탈한 자도 있었는데 결국에는 다른 다이묘 가신에게도 마찬가지의 상황이 찾아오게 된다.

구하타모토의 다수파는 운명을 감수했지만 막말에 신규 발탁된 사람들 가운데에는 계속 저항을 이어간 자도 있었다. 대표적 사례가 해군으로, 신정부에 인도를 거절한 함대를 사용해

---

12) 완만한 구릉지대이기는 하나 실제 산악 지형은 아니다. 산속의 사찰(관영사 창건 당시 동쪽의 히에이잔을 표방하기도 했다)이라는 맥락에서 우에노 '산'이라 칭해졌다.
13) 이하, 原口淸『明治前期地方政治史硏究』上, 塙書房, 1972.

제12장 메이지: 정체 변혁의 3년 반 — '공의'·'집권'·'탈신분'

에도의 진장부鎭將府[14]를 계속 압박하며 8월에 이르러 북으로 탈주했다. 센다이령에서 구舊보병들을 수용한 후, 에조치蝦夷地 하코다테箱館에서 에노모토 다케아키榎本武揚를 중심으로 저항을 계속했다.

다른 한편, 구막신 가운데에는 민간에 내려간 후 언론으로 저항하는 자도 나타났다. 야나가와 순산柳川春三 등 막말 에도성에서 서양신문을 초역抄譯해 회람할 수 있도록 제공하는 일을 업으로 해온 양학자 일부는 상업 신문을 발행해 동북 세력의 저항과 토벌군의 고전苦戰을 써내기도 했던 것이다.[15] 서양에서 새로운 커뮤니케이션 수단으로 신문이 도입되었을 때 이는 우선 정치선전에 사용되었고 그것이 금지된 후에는 '문명'의 입장에서 신정부를 감시·비판하는 수단으로 전환되었다. 신정부에의 저항은 '공론'을 지탱하고 만들어내는 매스미디어도 낳아 그때까지는 개인 간이나 회의會議에 한정되었던 '공론' 공간을 폭발적으로 확대시킨 것이다.[16]

동북과 에치고에서의 전란

에도 개성 후, 남관동南關東 이서는 대부분 신정부의 통치를 받아들였지만 북관동 이북에는 불온한 공기가 넘쳐흐르고 있었다.[17] 당시 이목이 쏠린 곳은 복고 쿠데타 때에 가장 경계되

---

14) 메이지 신정부 발족 당초에 단기간 설치되었던 군정(軍政) 기관. 동국 지역을 관장했다.
15) 福地源一郎『懷往事談 附·新聞紙實歷』民友社, 1894.
16) 三谷博 編『東アジアの公論形成』東京大學出版會, 2004.
17) 佐々木克『戊辰戰爭』中央公論社, 1977.

었으며 도바후시미에서는 삿초와의 싸움 선두에 섰던 아이즈, 그리고 지난해 말 에도에서 사쓰마 저택을 공격해 막신이 폭발하는 계기를 만든 쇼나이庄內의 동향이었다.[18] 아이즈에 대해서는 정월 17일에 이미 추토령이 내려졌는데 쇼나이에 대해서는 사쓰마 측에 다대한 원한이 있었음에도 죄명은 명확하지 않았다. 정토 총독부는 2월에 오우奧羽 진무총독을 두었을 때에 아이즈에는 책임자의 죽음으로 사죄를 요구하고 쇼나이에 관해서는 이요 마쓰야마·사누키 다카마쓰와 동일하게 취급한다는 방침을 취했다. 진무총독은 3월 23일에 바닷길로 센다이에 도착, 29일 센다이·요네자와에 아이즈 토벌을 명했다.[19]

일찍이 제1차 조슈 정토 시 막부는 서국의 다이묘들을 동원해 포위망을 펼쳤다. 총독은 친번에서 냈지만, 정토에는 전체 다이묘의 협력을 구했던 것이다. 실제로 전투가 이루어진 제2차 정토에서는 친번·후다이밖에 협력하지 않았지만, 거점은 구니모치國持의 거성 히로시마에 두고 그 번의 협력을 얻었다. 1868(慶應4)년 신정부도 당초에는 마찬가지 행동을 취해 총독은 교토에서 구조 미치타카九條道孝를 보내고 조슈와 사쓰마의 참모를 붙였지만 정토의 주체는 아이즈 근방의 구니모치 다이묘인 센다이仙臺와 요네자와米澤에게 구했다.

이에 대해 아이즈와 쇼나이는 4월 10일 저항 동맹을 맺었

---

18) 대정봉환 이후 에도 사쓰마 번저를 중심으로 과격한 움직임이 고조되면서 당시 에도 시가의 단속을 담당한 쇼나이번이 사쓰마 번저를 공격했다. 이 충돌로 막부 내에서는 사쓰마를 토벌해야 한다는 여론이 높아진 한편, 신정부는 이를 구막부군에 대한 전쟁 개시의 구실로 삼았다.
19) 이하, 사실 관계는 保谷[p.354]에 의함.

제12장 메이지: 정체 변혁의 3년 반 – '공의'·'집권'·'탈신분'

다. 쇼나이는 오우 총독부가 제시한 죄상을 납득하지 못하고 아이즈와 제휴해 저항하는 길을 택했다. 이 동맹은 센다이를 비롯한 오우 제번의 참가를 불러내 조만간 에도를 진압하고 나아가 삿초의 조정 지배를 전복시키려는 전망을 했다고 한다. 총독부는 이보다 앞서 센다이와 덴도天童, 나아가 아키타번에 쇼나이 추토를 명했으나 이 시점에서는 동북 번들이 신정부를 따를지 반항할지는 예상할 수 없었다.

동북 번들 대부분이 반항으로 돌아선 것은 아이즈·쇼나이와 신정부의 조정調停 공작이 실패했기 때문이다. 아이즈는 이미 북관동의 구막부 보병을 지원하고 있었고 쇼나이도 4월 하순에는 침공한 삿초의 소부대와 교전을 시작했다. 그 상황에서 신정부로부터 정토를 명받은 센다이·요네자와는 일찍이 사쓰마가 조슈에 한 것처럼 조정 공작을 시도했다. 3월 말, 아이즈에 사자를 보내 공순 사죄를 권했던 것이다. 조건은 과거의 조슈와 마찬가지로 개성開城, 삭봉, 가로家老 두셋의 수급首級이었다. 교섭은 난항을 겪었는데 아이즈는 4월 21일 개성과 삭봉만을 인정하기로 하고 센다이·요네자와 두 번에 사죄 탄원 사절을 보냈다. 탄원이라는 이름이었지만 금문이 변 이후 조슈가 교토에 보낸 사절과 마찬가지로 강경한 태도로 응한 것이다.

이에 대해 총독부는 윤4월 3일 탄원을 거부하고 아이즈 가타모리 스스로 총독부에 출두하도록 요구했다. 센다이·요네자와 두 번은 이에 대해 11일 시로이시白石(센다이번 남부)에 오우 제번의 중신重臣들을 모아 회의를 열고 아이즈의 관전寬典을

12.2 무진내란 – 규모의 한정성·부차 효과의 거대함   363

요구하는 총독 앞 탄원서를 모아 열네 번藩의 서명을 얻었다. 다음날, 센다이·요네자와 두 번주가 직접 구조 총독을 면회해 가타모리의 복죄伏罪 모습을 전하며 탄원서를 제출했다. 제번 중신은 나아가 '열번列藩 중의'의 결론으로 왕정일신一新을 맞이해 전쟁을 피하고 여론에 입각해 행동해야 하며 특히 농번기의 전쟁은 바람직하지 않다, 관대한 처리가 내려진다면 오우 전 지역의 진무鎭撫도 용이하게 될 것이라 하였다. 그러나 총독은 이에 난색을 표하고 17일에 이르러 각하했다. 센다이·요네자와 두 번은 이를 부당하다고 하며 아이즈 정토군을 해산했고 다른 번도 이에 동조했다. 20일에는 총독부 참모 세라 슈조世良修藏를 암살했다. 22일에는 쇼나이 정토군도 해산했으며 5월 3일에 이르러서는 8개 조목으로 이루어진 맹약을 작성·서명해 오우열번동맹奧羽列藩同盟을 발족시켰다.

일찍이 조슈가 고립되었던 것에 비해, 아이즈와 쇼나이는 근린 번들의 동정을 사 신정부에 대한 탄원 지원에서부터 동맹에 의한 무력 반항까지 실현했다. 이 차이는 어디에 있었던 것일까. 조슈에도 쓰와노·돗토리나 오카야마 등 동정하는 다이묘는 있었다. 그러나 나서서 해명에 노력하거나 동맹을 체결해 전쟁에 가담하는 자는 나타나지 않았다. 조정할 수 있는 입장에 있었던 것은 사쓰마였는데 간접적 지원에 그쳤다. 본래 사쓰마가 조슈의 라이벌이었던 탓도 있으나 금문의 변에 대한 기억이 여전히 생생했기 때문이다. 이에 비해 1868년의 아이즈는 동북 제번과 적대 관계에 서는 일은 없었다. 그들에게는 아이즈와 신정부의 대립이 아이즈와 삿초의 사적인 권력

제12장 메이지: 정체 변혁의 3년 반 — '공의'·'집권'·'탈신분'

투쟁으로 보였을 터이다. 아이즈, 나아가 오우 제번과 맺어지면 개입 기회를 놓쳐 삿초에 농단당한 조정朝廷을 우리 편으로 탈취할 수 있을지 모른다. 센다이를 비롯해 동북의 대번들은 이러한 야심에 부풀어 오른 것은 아닐까. 이듬 해에 전후戰後 도사는 삿초에 대항하기 위해 시코쿠四國 동맹을 맺는다. 그 행동을 참조하면 1868년의 오우열번동맹의 배후에 마찬가지의 야망이 보인다 해도 이상한 일은 아닐 것이다.

그러나 막말의 정치를 단순한 권력 투쟁으로 보아도 좋을까. 안세이安政 5년[1858] 이래, 아이즈와 마찬가지로 도쿠가와 친번이었던 에치젠가의 하시모토 사나이는 일본 전국의 힘을 결집하기 위해 도쿠가와 일문뿐 아니라 구니모치를 포함한 유력 다이묘의 정권 장악을 생각하고 나아가 신분을 초월한 인재 등용을 주장했다(제6장). 이는 서양주도의 글로벌화 가운데 위기에 직면한 일본을 구하기 위한 필수 개혁 구상이었다. 그 관점에서 본다면 왕정복고에 의해 성립한 신정부는 결코 삿초의 사유물이 아니었다. 심지어 삿초 가운데에는 기도 다카요시와 같이 이미 폐번을 다음 목표로 세우고 있는 자도 있었다. 이같은 일본의 미래상을 오우열번동맹은 가지고 있었을까. 시라이시의 회의소는 7월에 '공의부公議府'라고 명명되었지만 얄팍한 느낌을 피할 수 없다.

전황戰況의 전개에 관해서는 이를 전문적으로 다룬 연구서에 양보하고 요점만을 기술하고자 한다(保谷[p.354]). 전투가 길게 이어진 곳은 시라카와구치, 즉 관동에서 오우로의 입구이자 아이즈와 산 하나만을 사이에 둔 장소로 윤4월 20일부터 7월

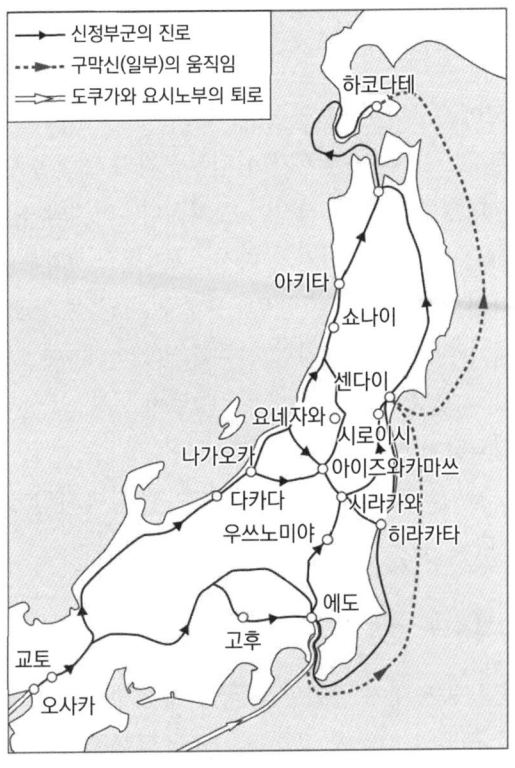

12-1. 무진戊辰내란 약도[20]

하순까지 공방이 이어졌다. 정토군 주력은 그러나 6월 중순에 해로로 센다이를 향했다. 이와키타이라岩城平의 남쪽, 히라카타平潟에 상륙해 해안과 내륙 두 갈래로 나누어 북상했다. 센다이가 항복한 것은 9월 15일이었다. 쇼나이에 대해서는 재빨리 동맹을 이탈한 아키타번이 공격의 주력이 되었다. 7월 1일부터 남하했는데 역공을 받아 성 아래에서 산 하나 떨어진 곳까지 공세에 몰렸다. 아이즈 낙성 다음날, 전투에서는 승리한 쇼나이가 스스로 항복하며 전투가 끝났다.

에치고에서도 전투가 열렸다. 나가오카 마키노가의 중신 가와이 쓰구노스케河井繼之助가 신정부군과의 대결을 단행해 5월 상순부터 7월 말까지 격전이 펼쳐졌다. 마지막 산은 물론 아이즈였다. 사쓰마의 이지치 마사하루伊地知正治와 도사의 이타가키 다이스케가 이끄는 정토군은 8월 23일 성 아래까지 밀고 들어가 아이즈 측과 처참한 전투를 벌였다. 아이즈는 약 한 달 후인 9월 22일 항복·개성했다. 이로써 동북·북월北越의 내란은 종결되었지만 에조치의 구막부군은 그대로 하코다테에서 겨울을 보냈다. 봄이 오고 정토군이 이를 항복시킨 것은 5월 18일이었다.

전쟁의 부차효과

무진내란은 동시대에 일어난 미국 남북전쟁이나 보불전쟁에 비하면 소규모의 영역에 그쳤다. 미국 남북전쟁은 약 5년간 이어지며 전사자는 63만명에 이르렀다.[21] 보불전쟁은 10개월 정도로 무진내란과 기간에서는 그렇게 차이가 없지만 사망자는 독일 측이 약 4만 5천, 프랑스 측이 약 14만으로 합계 18만 5

---

20) 鳥海靖·三谷博·渡邉昭夫『現代の日本史』山川出版社, 2015를 바탕으로 작성

21) D. G. Faust, *This Republic of Suffering: Death and the American Civil War*, 2008 / 黑澤眞里子『戰死とアメリカ』彩流社, 2010.

천명이나 되었다.[22] 그 전의 보오(普墺)전쟁[23]까지 더하면 사망자는 더욱 많아 진다. 사망자가 약 1만 3천여명이었던 무진내란은 전쟁 자체의 규모가 크다고는 말할 수 없을 것이다.[24]

그러나 정치적·역사적 의미는 거대했다. 신정부에 저항하는 세력이 사라져 정통성을 확립한 점에 그치지 않는다. 오히려 그 부차효과가 지대했다. 바로 무가의 세습 신분제에 준 타격이다.

타격은 우선 신정부에 의한 병력동원에서 시작되었다. 신정부는 제번을 동원하며 소총과 대포를 구비한 부대만을 요구했다(保谷[p.354]). 이는 전통적 무사에 의한 전투 대형의 부정이었다. 전국戰國 시기[25]까지의 전투는 화려한 갑주로 몸을 두른 사무라이가 말을 타고 많은 종자를 이끌며 출진하는 것이 기본형이었다. 그러나 신정부 수뇌는 조슈전쟁의 경험에서 소총부대[총대銃隊] 이외에는 전력이 되지 않음을 알고 있었다. 총대에서는 신분 고하를 불문하고 단신으로 대오에 들어가 대등한 입장에서 행동해야 한다. 상급 무사가 그 지위를 유지하고 싶다면 장교가 되는 방법 이외에는 없었는데, 이는 사전에 교

---

22) M. Clodfelter, *Warfare and Armed Conflicts: A Statistical Encyclopedia of Casualty and Other Figures, 1492~2015*, 4th ed., Jefferson, North Carolina: McFarland, 2017.
23) 1866년 6월~7월 동안 프로이센과 오스트리아 제국을 중심으로 발생한 전쟁. 1870~71년의 보불전쟁의 연장선상에서 일어난 성격이 크다.
24) 奈倉哲三「招魂 戊辰戰爭から靖國を考える」『現代思想』2005.8.
25) 무로마치 막부 후기부터 도쿠가와 이에야스에 의해 에도 막부가 수립되기 이전까지, 15세기 후반부터 약 1세기 동안 이어진 분열과 혼란의 시기.

제12장 메이지: 정체 변혁의 3년 반 – '공의'·'집권'·'탈신분'

육을 받고 전술에 숙달한 자만이 가능했다. 장교가 되지 않은 자는 후방에 머무를 수밖에 없다. 게다가 실전에서 무공을 세운 자는 당연히 전후 보상으로 지위를 상승시키고 공이 없는 자는 평판이 떨어지게 된다. 신정부군이 이같이 조직되자 대항하는 측도 마찬가지 조직을 만들어야 했다. 제번에 동원이 내려지고 실전이 전개되는 가운데 적과 아군을 불문하고 무사 지위의 평준화가 진행된 것이다.

다른 한편, 전장으로의 동원은 각 번의 재정을 급격히 악화시켰다. 당장은 대부분 차용금이나 번찰藩札 발행에 기댔지만 급록도 삭감해야 했다. 하급 무사의 삭록에는 한계가 있었기에 결국 상급 무사의 급부를 삭감할 수밖에 없었다.[26] 이렇게 무사의 수입이 평준화되기 시작했는데 삭록의 영향은 무가 내부의 구조도 바꾸어 갔다. 상급 무사는 지배하의 가신들을 번 직속 부대로 방출하는 한편, 동시에 가내의 봉공인奉公人도 신변의 일상 시중에 필요한 최소한으로 줄여야 했다(宮地[p.98]). 이렇게 생활 양식도 중급 무사에 가까워져 갔다.

무진내란에는 거의 대부분의 번이 휘말렸다. 작은 번에는 군대를 차출할 능력이 없었지만, 중규모 이상은 모두 동일한 수준으로 농원이 내려져 이를 통해 가신단의 재편성이 불가피하게 되었다. 이는 폐번 후 급진전된 탈신분화의 중요한 조건이 되었다. 나아가 번들 가운데에는 재정 궁핍으로 통치를 방기하는 경우가 나타났다. 히메지번姬路藩은 전란이 가라앉지

---

26) 落合弘樹『秩禄處分』中央公論新社, 1999; 도사에 관해서는『谷干城 遺稿』1, p.174.

않은 1868년 11월에 판적봉환을 제출했고 1870년에 들어서자 모리오카번이 통치권을 반납했다. 재정 궁핍으로 이를 도쿄 정부에 전가할 수밖에 없었던 것이다.[27]

12.3 지역 간 경쟁과 '공의' '집권' '탈신분'

무진내란이 에조치를 제외하고 반년이 지나지 않아 진정되며 무력 반항의 주체가 사라진 후, 정부의 과제는 도쿄에 권력을 집중하는 것으로 옮겨갔다. 전쟁 동원이 끝난 후, 어떻게 제번을 신정부에 붙잡아 둘 것인가, 즉 새로운 전란의 싹을 뽑아내 도쿄로의 권력 집중을 이룰 것인가가 긴급 문제가 되었다. 그 방책은 천황 아래 전국적인 차원의 공론, 즉 도쿄 회동이었다. 무진내란으로 토멸討滅된 다이묘는 전혀 없었고 여전히 근세와 마찬가지로 2백 수십의 소국가가 존재했다. 동시대의 독일과 달리, 공업화를 배경으로 오로지 패권 획득을 목표로 한 프로이센과 같은 번은 존재하지 않았고 군대 해산 후 또 전쟁을 일으키기 어려웠기에 군사적인 강제 통합은 불가능했다. 따라서 집권화를 진행하는 방법으로는 제번 사이의 공론 이외에는 없었다.[28]

---

27) 松尾正人『廢藩置縣の研究』吉川弘文館, 2001.
28) 이하, 정부 측의 움직임에 관해서는 松尾[p.369]; 青山忠正『明治維新』 吉川弘文館, 2012; 奧田晴樹『維新と開化』吉川弘文館, 2016을 참조.

제12장 메이지: 정체 변혁의 3년 반 − '공의'·'집권'·'탈신분'

'공의'에 의한 통합

신정부는 아이즈 개성 직전이자 도쿄로 바뀐 에도에 천황이 도착한 즈음, 제번에 '공사貢士'를 대신할 '공의인公議人'을 차출하도록 명했다. 그들에게 우선 자문할 문제는 오우에쓰奧羽越 제번의 처치였다. 긴급 문제를 제번의 '공론'에 걸었던 것이다(奧田[p.369]). 연말인 12월 6일에는 '공의소'를 설치하고 공의인들에 대해 천황이 도쿄에 다시 오는 다음 봄에 재집결하도록 명했다.[29] 그 후 태정관에 '의사체재취조어용議事體裁取調御用'(총재에 야마우치 요도, 가카리掛에 아키쓰키 다네타쓰秋月種樹·모리 아리노리森有禮·간다 다카히라神田孝平 등)을 두고 의사議事의 조직이나 의제議題 등의 준비를 거듭했다.

1869년 2월 25일, 정부는 공의인을 소집해 3월 7일 모인 공의인 227명으로 개국開局했다. 이 때 「제후부터 상사上士에 이르는 처치 규칙안」이 하문되어 12일 이후 거의 5일에 한번 회의를 거쳐 수정한 후 4월 8일에 가결·상주가 이뤄졌다.[30] 그 사이 관원이나 공의인, 나아가 직소함箱訴[31]의 형태로 민간인이 투서한 의안도 차례로 논의에 부쳐졌으며 6월에 폐국하기까지 적어도 66건의 의안이 제출되었다.[32] 그 가운데 가장 중요한 의안은 정월에 삿초도히 네 번주가 출원했던 판적봉환과 관계

---

29) 『明治年間法令全書』1, p.377.
30) 『公議所日誌』明治文化全集 4.
31) 서민들의 직소(直訴)를 받기 위해 마련한 제도. 재판소인 효조쇼(評定所)의 문앞에 소장을 넣는 상자(메야스바코[目安箱])를 두었기에 메야스바코라고도 불린다.
32) 『官版議案錄』明治文化全集 4.

된 문제였다. 모리 아리노리는 공의인에게「국체에 관한 문제 4조」를 다음과 같이 제시했다. ① 현재 국체는 봉건·군현이 절반씩 있지만 장래에는 어떠할 것인가. ② 봉건·군현 어디로 귀결할 것인가. ③ 봉건으로 할 경우, 어떻게 인정·시세에 맞출 것인가. ④ 군현일 경우는 어떠한가.[33] 신정부 지도자 가운데 일부는 일찍이 군현화를 노렸는데, 가장 강한 이해관계를 가진 번 대표에게 이를 공공연히 꺼낸 것이다.

다이묘 연방을 단일한 집권국가로 바꾸고자 하는 아이디어는 왕정복고 전후부터 나타났다(青山[p.369]). 가장 초기의 예로는 1867(慶應3)년 11월 2일에 사쓰마의 양학자 데라지마 무네노리寺島宗則가 군주에게 올린 상서인데, 도바후시미 직후에는 조슈의 이토 히로부미가 영국 공사관원 어니스트 사토Ernest Satow에게 판도版圖 반납을 기도 다카요시와 함께 상신하고자 한다고 말하였다(青山[p.369], p.197.). 실제로 기도 다카요시는 조슈에서 상경해 참여로 임명된 직후인 2월 3일, 산조·이와쿠라 앞으로 한 상서에서 토지, 인민의 반납을 주장했다. 그는 또한 일단 귀국했을 때에 모리 다카치카毛利敬親에게 이러한 생각을 이야기하고 거의 양해를 얻었던 듯하다. 다만 번 내에서는 강한 반대론이 발생하며 기도는 이에 관해 함구하게 되었다. 이토는 1869(明治2)년 정월「국시 강목」을 상서해 중앙집권화와 관직 세습의 폐지를 주장했는데 마찬가지로 비난을 받아 한걸음 후퇴했다. 모리 아리노리는 이처럼 이면에서 전개되어 왔던 움직임을 공개된 제도 공간으로 끌어낸 것이다.

---

33)『公議所日誌』明治文化全集 4.

제12장 메이지: 정체 변혁의 3년 반 – '공의'·'집권'·'탈신분'

모리는 5월 4일 40개 번과 쇼헤이코昌平校의 찬동을 얻어 「국제國制 개정의 의議」를 의안으로 제출하고 제1조에서 '황국 전역의 사유지를 공수公收하고 정령政令을 한 곳에서 나오게 할 것을 요한다'라고 주장했다. 이에 대해 같은 날에는 다른 61개 번이 「군현의郡縣議」, 46개 번이 「봉건의」, 21개 번이 「국체봉건의」, 36개 번이 「국체론 절략節略」, 6개 번이 「국체의」, 7개 번이 「봉대어국체문제사조奉對御國體問題四條」를 제출했다.[34] 이들은 「군현의」를 포함해 모두 연방체제를 유지하면서 더욱 통합도를 높이고자 하는 안이었다. 정부는 아이즈 개성 직후, 「번치직제藩治職制」를 공포해 부번현府藩縣에 동일한 제도(집정執政·참정參政·공의인 등)를 도입하고 인재를 등용하도록 명했는데 그 체제를 유지하고 '봉건에 군현의 뜻을 깃들이도록' 하는, 즉 번 체제를 유지하면서 태정관의 의향을 더욱 강하게 체현하고자 하는 것이 다수 의견이었다.

다른 한편, 정부는 일찍이 제후들을 도쿄에 소집했다. 5월 22일에 재부 제후 등을 참조參朝시켜 '지번사知藩事'로의 선임이나 에조치 개척에 관해 자문했다.[35] 이어 6월 2일, 우선 무진내란의 공로에 대해 '상전록賞典祿'을 내린 후, 17일 시세와 공의의 이름 하에 판적봉환 건백을 청허했다. 이 때 제후는 지번사로서 종래와 마찬가지로 토지를 조신朝臣의 자격으로 통치하도록 했다. 공의소에서는 지번사를 세습하도록 하는 안도 있었지만 태정관은 기도 다카요시의 강한 반대에 의해 비세습으로 했다.

---

34) 『公議所日誌』明治文化全集 4.
35) 『明治年間法令全書』2, p.184.

같은 시기 프로이센을 맹주로 한 '북독일 연방'이 만들어지고 프랑스와 전쟁 후에 독일제국으로 확대되었는데, 이 때 연방 군주의 지위는 유지되었다.[36] 메이지 초년의 일본은 지번사의 비세습이라는 점에서 판적봉환 때에 이미 더욱 고도화된 중앙집권을 단행한 것이다.

이날, '공경·제후' 칭호를 폐지하고 '화족華族'이라는 공통 신분을 마련했다. 25일에는 지번사에 대해 「제무변혁諸務變革」을 내려 번치藩治 실태를 조사해 지번사의 가록을 현 석고 수입의 10분의 1로 할 것, 일문 이하 평사족까지 모두 '사족'으로 칭하고 급록을 개혁할 것 등을 명했다.[37] 연방제의 큰 틀은 유지하면서 각 번 내의 다양한 레벨에서 탈신분화와 획일화를 진행하고자 한 것이다. 「제무변혁」에 기반한 지방제도 개혁은 이듬해 9월 「번제藩制」로 결실맺는데 그 때에는 이미 군현화로의 조건이 무르익었다.

이상의 과정을 집권화의 실패로 간주할 수는 없다. 각 번의 인사는 지금까지는 상정 외에 있었던 폐번이라는 사태가 있을 수 있음을 의식하지 않을 수 없게 되었다. 이에 각 번에서 재정 궁핍, 감록에 의한 번사의 생활난, 나아가 번 존립의 정당성 상실이 더해지자 제번들 안에서는 통치 의욕의 감퇴가 나타나게 되었다.

---

36) Mary Fulbrook, *A Concise History of Germany*, 2nd ed., Cambridge: Cambridge University Press, 2004 / M. フルブロック『ドイツの歴史』創土社, 2005.
37)『明治年間法令全書』2, p.238.

제 12 장 메이지: 정체 변혁의 3년 반 – '공의'·'집권'·'탈신분'

유력 번들의 패권 경쟁- 번 군사력의 처리

한편으로 일부 번은 이렇게 성립한 부번현 3치 체제 하에서 삿초와 주도권을 다투고자 했다. 군사 패권을 추구할 수 있는 기회는 일단 사라졌다. 그러나 또 한번 전란이 일어나면 어떻게 될까. 도바후시미에서 삿초에 뒤쳐진 다이묘, 가령 도사는 삿초로부터 신정부의 주도권을 빼앗고자 삿초의 불화, 대립을 선동하고 동북의 불만이나 조선과의 분쟁을 이용해 거병 기회를 잡고자 했다.[38] 도사뿐 아니라 와카야마(奧田[p.369]) 등도 재차 전란을 기대하며 군사력 강화를 꾀하고 있었다.

그러나 동북 지역 번들에게 재기의 기력은 남아 있지 않았다. 또한 신정부 자체를 파괴하고자 하는 세력도 늘어나지 않았다. 오무라 마스지로大村益次郎, 요코이 쇼난橫井小楠 등 정부 요인 암살이 이어진 결과, 정부는 적대 세력에 대한 감시를 강화하고 수사선상에 오른 공가나 로닌은 구모이 다쓰오雲井龍雄를 비롯해 사전에 체포되어 처벌받았다(宮地[p.98]). 문제는 무진내란에 전공을 세운 군대의 처우에 있었다. 다름 아닌 사쓰마·조슈·도사[삿·초·도]의 병대는 개선凱旋 후 본국에서 강한 세력을 획득했다. 이는 각 번 내부에 강한 압력을 불러왔을 뿐만 아니라 도쿄 정부에 최대의 위협이 되었다.

이 난세에 대해 정부는 1869(明治2)년 6월, 삿초도 세 번에서 황거수비병을 차출[헌병獻兵]하도록 하고 나아가 모리 다카치

---

38) 佐々木高行『保古飛呂比』4, pp.63·365·400·434; 宇田[p.358], p.443; 『谷干城遺稿』1, p.209; 川田瑞穗『片岡健吉先生傳』立命館出版部, 1939, p.177.

카, 시마즈 히사미쓰·사이고 다카모리를 상경시켜 대처하도록 했다. 헌병은 11월 현재 사쓰마에서 778명, 조슈에서 475명, 도사에서 593명 총 1846명이 모였지만[39] 삿초 수뇌부를 도쿄에서 빼내오는데 실패했다. 기도 다카요시와 오쿠보 도시미치를 번으로 돌려 보내 각각 모리 다카치카, 시마즈 히사미쓰·사이고 다카모리를 데리고 상경하도록 했는데,[40] 오쿠보는 히사미쓰와 사이고를 설득하는데 실패했고,[41] 기도는 야마구치에서 아래와 같이 탈대脫隊 소동에 직면했다.

조슈에서는 무진전쟁 후에 병사를 해산하고 이듬해에 부대 정리를 꾀했는데 1870년 1월 하순, 조슈전쟁 이래 주력을 구성하고 있던 기병대와 진무대振武隊가 재편에 대한 불만으로 반란을 일으켰다[탈대소동]. 마침 귀성 중이었던 기도 다카요시가 다른 부대를 이끌고 가까스로 진압했다.[42] 도쿄 정부에 징발되어 활약하고 있는 조슈번 출신과 달리 고향에 남게 된 인사는 불우한 감정을 피할 수 없었다. 특히 무진전쟁에서 공을 세웠음에도 혜택을 받지 못한 군 간부들이 그러했다. 그들 대다수는 타파되어 항복했지만 개중에는 다른 번으로 도망가 반항을 계속하며 사족반란의 씨앗을 뿌린 자도 있었다. 그렇다고는 해도 조슈에서는 이 사건을 계기로 군대 정리 문제가 조기에 해결되었다. 이에 따라 기도 등의 관심은 다른 유력

---

39) 原剛『明治期國土防衛史』錦正社, 2002, p.14.
40) 勝田孫彌『大久保利通傳』中, p.727이하; 佐々木高行『保古飛呂比』 4, pp.216·300.
41) 『大久保利通日記』2, p.89.
42) 木戶公傳記編纂所『松菊木戶公傳』下.

제12장 메이지: 정체 변혁의 3년 반 – '공의'·'집권'·'탈신분'

번들, 특히 사쓰마가 도쿄 정부로의 권력 집중에 얼마나 협력하는가로 향하게 된다.

한편, 도사는 군사력 강화를 급속히 진전시켰다. 왕정복고의 주역이었던 고토 쇼지로나 사법관에 징발된 사사키 다카유키佐々木高行가 도쿄 정부에서 활약하는 한편, 번 내에서는 이타가키 다이스케나 가타오카 겐키치, 다니 다테키谷干城 등 무진전쟁 공로자가 대담한 삭록을 동반한 군제 개혁을 단행했다(宇田[p.358], p.419 이하). 이타가키는 막말에는 거병론의 최전선에 서서 왕정복고 전후에는 나설 차례가 없었지만 도바후시미에서 전쟁이 시작된 후에는 도사의 군사 지휘관으로 물을 만난 것처럼 활약했다. 개선 후에는 가로로 발탁되었고 판적봉환 후에는 대참사大參事로 번정에 관여했다. 천하 재란再亂에의 대비가 그 주요 관심사였다.[43] 1869년 9월에는 시코쿠 고토히라琴平에 시코쿠 13개 번의 회의를 소집해 상설화했다. 도사가 중앙에 출병한 때에 주변 번이 본국을 습격하지 않도록 하기 위함이었다.[44] 「정체政體」에서는 번 사이의 맹약을 금지하고 있었기에 일부러 동맹은 아니라며 양해를 구했지만 결국에는 1870년 8월 말 해산을 명받았다.[45]

1870년 5월, 정부는 「번제藩制」 원안을 공의소의 후신인 집의원集議院에 하문했다. 하문에는 각 번의 현 석고의 10%를 번

---

43) 佐々木高行『保古飛呂比』4, p.400.
44) 宇田[p.358]; 佐々木高行『保古飛呂比』4, pp.169-170;『谷干城遺稿』1, p.209; 川田[p.374], pp.177-181.
45) 佐々木高行『保古飛呂比』4, pp.413-414·438.

지사의 가록으로 하고, 나머지 90% 가운데 18%를 육해군비에 할당하며 그 절반을 해군비로 정부에 상납해야 한다는 조목이 있었다(青山[p.369]). 이에 대해 사쓰마·조슈·도사의 모든 의원이 반대했다. 가고시마의 대참사大參事 이지치 마사하루는 회의를 보이콧했는데 도사의 다니, 가타오카의 논리를 보면 무진전쟁 공로가 있는 번은 특별 대우를 받아야 한다는 것이었다.[46] 판적봉환 후, 도사는 상비 4대대에 향병 4대대를 더한 프랑스식 삼병三兵을 만들고자 했고 후자에 대해서는 모병을 계획하고 있었다(宇田[p.358]). 다른 한편, 도쿄에서는 야마우치 요도의 방탕한 소비로 번의 재정 변통에 극심한 곤란을 가져왔다. 이 때문에 다니 등은 모병을 중지하고 나아가 급격한 절검을 계획했다. 하지만 요도는 이에 격노하고 고토와 이타가키를 번으로 보내 대항적인 개혁을 시행하도록 했다. 11월 7일, '사족은 문무 상직常職을 그만두고 동일 인민 중의 족류族類로 돌아간다'고 선언해 사족에게는 세록을 중지하고 녹권祿券(국채)을 부여하기로 한 것이다.[47] 이는 탈신분화의 도달점인 가록처분의 선구적 조치였다. 그러나 '인민 평균의 원리'를 이유로 들었다고는 해도 이는 고심 끝에 나온 개혁은 아니었다. 도쿄로의 권력집중이라는 압력 하에 여전히 번의 군사력을 유지하기 위한 고육책이었던 것이다. 중앙정부는 번들에 '사족' 내의 계급을 단순화하도록 명했다. 이타가키는 이에 직전까지 반대했지만 돌연, 사족 자체의 '상직常職을 해체'하는 입장으로 돌아선 것이다(宇田[p.358]).

---

46) 佐々木高行『保古飛呂比』4, pp.389.
47) 佐々木高行『保古飛呂比』4, p.474.

제12장 메이지: 정체 변혁의 3년 반 — '공의'·'집권'·'탈신분'

그는 후에도 번 단위의 정치운동에 열심이었다. 이듬해 1871년 폐번 직전에도 조슈가 제창한 의회설치론에 찬동하면서도 공의인公議人의 선출 기반은 번에 두어야 한다고 주장했다.[48] 그러나 폐번치현은 이러한 번들 간 대항의 지반을 바꾸었다. 지방의 번 조직 간의 경쟁이 도쿄 정부 내부에서의 지위 다툼으로 모습을 바꾼 것이다. 번 군사력의 해체는 전란의 가능성을 낮추었지만 그 후에도 출신번 단위의 권력 쟁탈은 이어졌다. 정부 내부에서의 '번벌藩閥'이나 당파 싸움으로 전화한 것이다. 그렇지만 커다란 예외가 폐번 후에도 남았다. 바로 사쓰마다.

사이고 다카모리의 입장은 개선 후, 본 번에 머무른 점에서는 이타가키와 유사하다. 그는 사쓰마로 돌아갔을 뿐만 아니라 나아가 온천 요양湯治을 위해 시골에 틀어박혀 있었다(家近[p.299]). 정부 측은 그의 도쿄 출사를 바라고 있었지만 1869년 봄에 오쿠보가 귀향해 설득했을 때에는 시골에서 가고시마로 돌아가 번정을 맡는데 그쳤다. 번 내에서는 세력을 획득한 개선병과, 2년 전 토막거병에 반대를 부르짖었고 이제는 국부國父 히사미쓰와 결탁한 보수 세력과의 격한 대립이 발생했다. 사이고는 그 사이를 조정하는데 온갖 힘을 쏟고 있었던 듯하다. 이듬해 봄, 재차 오쿠보가 와서 히사미쓰와 사이고에게 상경을 권유했지만 또 실패했다. 이 때, 히사미쓰는 오쿠보에게 지번사의 설치나 신분제 개혁 등 신정부에 의한 개혁들을 엄중히 비판해 오쿠보를 경악하게 했다. 그 창끝은 고향에 있던 사이고에게

---

48) 佐々木高行 『保古飛呂比』 5, p.118.

특히 향해 있었던 듯하다.[49] 이타가키에게는 신시대를 즐기고 있는 번주[요도]가 있었지만 사이고의 경우는 반대였다. 또한 사이고는 번의 군사력에 기대어 중앙정치를 견제하거나 파란을 일으키고자 하지 않았다. 이러한 사정 하에서 사이고는 1871년 봄에 이와쿠라 도모미가 칙사로 오쿠보와 함께 내방하자 상경에 응하기로 했다. 히사미쓰 또한 이를 저지하지 않았다.

사이고의 상경은 이른바 3개 번의 헌병獻兵[삼번헌병]의 일환이었다. 정부는 전 해에 조정의 수비를 위해 삿·초·도로부터 상비병을 차출했는데「번제」 공포 후에는 한층 군사 집권화를 진행하고자 했다. 윤10월 20일에 각 번에 오사카의 병학료로 생도를 보내도록 명하고 각 번에서 선별한 젊은 사람들을 직속군의 장교로 육성하고자 했다.[50] 또한 11월 13일에는 부번현에 대해 '전국 모병'을 위해 1만석 당 병사 15명을 역시 오사카로 차출하도록 명했다.[51] 이러한 시책을 거듭한 후에 정부는 재차 헌병獻兵을 명했다. 사쓰마에서 보병 4대대·포병 4대대, 조슈에서 보병 3대대, 도사에서 보병 2대대와 기·포병 2소대씩이었다.[52] 어친병御親兵이라 칭해졌으나 도쿄를 수비하기 위해서라기보다 지방의 군사력을 번 조직에서 떨어트리는 것이 목적이었다고 이해하는 편이 자연스러울 것이다. 번 군사력의 해체는 어렵지만 이를 그대로 도쿄로 빼내어 친병으로 삼으면 저항은 작아진다. 처음에는 조슈와 사쓰마만을 대상으로 하고

---

49) 『大久保利通日記』2, p.89; 『西鄕隆盛全集』3, pp.50·75; 家近[p.299].
50) 佐々木高行 『保古飛呂比』4, p.467.
51) 佐々木高行 『保古飛呂比』4, p.478.
52) 『明治年間法令全書』4, p.92.

제12장 메이지: 정체 변혁의 3년 반 – '공의'·'집권'·'탈신분'

자 했지만 이와쿠라의 판단으로 도사도 포함되었다고 한다.[53] 사이고가 이에 응한 것은 몇가지 이유가 있었으리라. 친병이 중앙정부의 군사력으로 항구화된다면 특히 조슈로부터 비난받을 사쓰마의 '미대尾大의 폐해'(꼬리가 머리를 흔드는 폐해)는 작아진다.[54] 그의 이상은 왕정복고가 완성되어 천황 정부의 권력이 확립되는데 있었기에 삼번헌병으로 도쿄 정부의 무게가 증가하고 사쓰마의 비중이 가벼워지는 것은 바람직한 일이었다. 다른 번에 비해 과대한 군사력이 가져온 재정난도 완화할 수 있을 것이다. 헌병과 동시에 도쿄의 경찰력(나졸邏卒)으로 사쓰마인이 대량 채용되었는데 같은 효과를 가질 터였다. 한편으로 번 내에서는 개선파凱旋派와 수구파의 대립이 완화될지 모른다. 물론, 도쿄에 있으면 히사미쓰와 얼굴을 맞대고 규탄당할 일도 없을 것이다.

삼번헌병은 그것만으로 중앙정부의 안정성을 증가시키는 교묘한 방법이었다. 그러나 도쿄에 삼번의 대병력이 집결된 후, 그 사이의 조정은 어떻게 할 것인가. 만일 이것이 번 사이의 정치와 연동한다면 천황이 있는 곳에서 시가전이 발발할 가능성도 있다. 당시 정부 내부에서는 「정체」를 대신할 관제 개혁과 인사만이 논의되고 있있는네,[55] 도쿄에 집결한 군인들에게는 삼군 간의 조화 방법이 긴급 과제가 되었을 터이다. 주지하듯 7월에 돌연 단행된 폐번치현에서는 조슈 출신 군사지휘관들이

---

53) 佐々木高行『保古飛呂比』4, p.482.
54) 『西郷隆盛全集』3, p.81.
55) 佐々木高行『保古飛呂比』5

주도권을 쥐었다. 이들은 원래 제창자였던 기도 다카요시를 비롯해 정부 요인 사이를 분주히 다녔고 마지막으로 사이고의 승낙 한 마디로 결정이 이루어졌다. 친병의 장교들에게 그것이 필수 과제였음을 생각해 보면 이러한 경위는 이해하기 쉬울 것이다.

황거에 소집된 번지사들에게 폐번 조서가 전달된 1871년 7월 14일, 기도 다카요시는 다음의 유명한 소회를 일기에 기록했다.[56]

> 내가 군현의 방책을 정해 산조공公, 이와쿠라공에게 건언했으나 결코 행할 수 없다고 하였다. 또한 몇몇 동지와 도모하였으나 혹은 침묵하고 말하지 않거나 혹 이루기 어렵다고 하였다. 때문에 나는 한 가지 모략을 세워, 오늘날 제후의 봉토는 모두 조적朝敵인 도쿠가와가 수여한 모양으로 천자의 옥새가 보이지 않으니 더더욱 부정함이 명백하다, 어떻게 천하에 명분을 세울 것인가라고 하였다. 이에 판적봉환을 주장하고 사쓰마부터 도사·히젠에 이르기까지 설득해 마침내 조정에 상주했다. 이에 또한 이런저런 논의가 천하에 넘쳤다. 세간에 나를 죽이고자 한다는 설이 적지 않다. 동번동지同藩同志의 사무라이라 해도 의구심을 갖고 비방함을 듣지 않은 날이 없었다. ... 그럼에도 오늘 이 기회에 이르렀다. 또한 몇 년 전에는 나를 적대시했던 자들이 도리어 나를 도와 부지불식간 숙원을 이루고자 하기에 이르렀다. 실로 세상지사는 예상할 수 없다. ...

---

56) 『木戸孝允日記』2, p.70.

제12장 메이지: 정체 변혁의 3년 반 – '공의'·'집권'·'탈신분'

그는 도바후시미 이후 상경하자마자 산조와 이와쿠라에게 비밀리에 군현화를 제안했고 오우에쓰의 내란 종결 후인 12월에도 재차 이를 제안했다. 만일 일년 전, 폐번이 전국 일률적으로 이루어졌다면 아이즈와 싸울 필요는 없었을 것이라고 하였다.[57] 당시 아이즈인에게 그것이 이해 가능했는지는 알 수 없다. 다른 번에서도 대다수는 마찬가지였을 것이다. 도사의 사사키 다카유키는 일기에서 기도를 불평가라며 냉소하고 있는데, 원대한 이상을 갖지 않은, 일상 업무에 심혈을 기울인 자에게는 그렇게 보였을지도 모른다. 기도는 신정부의 고관이 유신의 이상상을 공유하지 않는 것에 노심초사했으며 특히 같은 번 인사의 몰이해에 여러번 탄식했다. 판적봉환의 실현은 공의公議를 다한, 그 나름의 성과였다. 그러나 기도의 이상[폐번 실현]에서 보자면 그것은 본의 아닌 조치에 불과했다. 봉환을 용인한 것은 현실에의 패배가 아닌, 스스로 강구한 전략적 후퇴의 결과라고 회고하며 마침내 납득할 수 있었던 것은 아니었을까.

---

57) 『木戶孝允日記』1, pp.159-161.

제 *13* 장

메이지: 급진적 개혁과 무력반란

개관: 집권과 탈신분화, 내란의 대망

폐번廢藩은 막부 말기의 정쟁 10년의 결과로 일본의 정계에 설정된 공의·집권·탈신분이라는 세 과제 가운데 집권을 실현하는 중요한 관문이 되었다. 집권화에는 도쿄의 행정 중추를 확대하고 여기에 번을 해체해 얻은 세수와 군사력, 인재를 집중할 필요가 있었는데 그 노력은 폐번 결정 후 곧바로 시작되었다. 다른 한편, 폐번은 지금까지 정부 내부에 한정되었던 탈신분화를 일거에 사회 전체로 확대했다. 폐번 다음달, 정부는 피차별 신분 폐지를 비롯해 다양한 신분적 제한의 철폐를 포고했다. 번 해체 자체도 탈신분화를 재촉했다. 이에 사족 80~90%가 실업 상태에 빠져 무위도식하게 되었다. 이는 또한 중앙 정부에도 커다란 부담을 주었다. 각 번의 조세뿐 아니라 부채도 인수했기에 사족의 가록家祿을 해소시켜야 했다. 근세 신분제의 중핵

제13장 메이지: 급진적 개혁과 무력반란

을 이룬 무사 신분은 이렇게 해체되었고 일본열도에서 태어나 자란 사람들은 극히 일부의 황족·화족을 제외하고 천황 아래에 평등한 권리와 의무를 가진 '신민=국민'으로 바뀌어 갔다.

이들 집권화와 탈신분화 과정에서는 '공론'이 중요한 역할을 했다. 다만 메이지 초기 시대에는 무진내란의 여진이 남아 특히 삿·초·도 등 승자들의 본거지에서는 내란이 다시 찾아오기를 기대하는 사족도 적지 않았다. 그들은 언론과 무력 양쪽을 사용해 도쿄 정부를 타도하고 스스로 이를 대신하기를 꿈꾸었다. 정부는 폐번에 앞서 이들 세 번에서 병력을 차출시켜 사태를 예방했지만 정한론 정변[p.414]으로 사쓰마와 도사의 병력 다수가 본국에 돌아갔기 때문에 재차 지방에서의 반란을 염려해야 했다. 1876(明治9)년 정부가 대도帶刀를 금지하고 나아가 가록의 최종 처분을 결정하자 서남 일본의 사족 일부가 무력 반란을 일으켰다. 특히 가고시마鹿兒島 사족이 일으킨 반란은 무진내란에 필적하는 희생자를 낸 큰 내란이 되었다. 도쿄 정부는 힘겹게 이를 진압했으나 이는 중앙정부의 생존가능성을 높이는 한편 그 외부에 있던 야심가들의 권력 추구 방법을 바꾸게 만들었다. 무력을 포기하고 오로지 언론으로 정부와 대항하며 의회 설립을 수단 삼아 권력에 파고들어가는 전략을 촉진한 것이다. 서남내란 후, 메이지 10년대[1877~1886]의 일본에서는 '공의'의 제도화가 주요 쟁점이 되어 국민의 정치 참가와 동원의 틀을 누가 어떻게 만들어 갈 것인가가 과제가 되었다. 안세이安政 5년 정변에서 시작된 정치 동란은 이렇게 종언을 고했고, 미래를 응시하며 정부와 민간이 어떠한 정치사회를 건설해야 하는가를

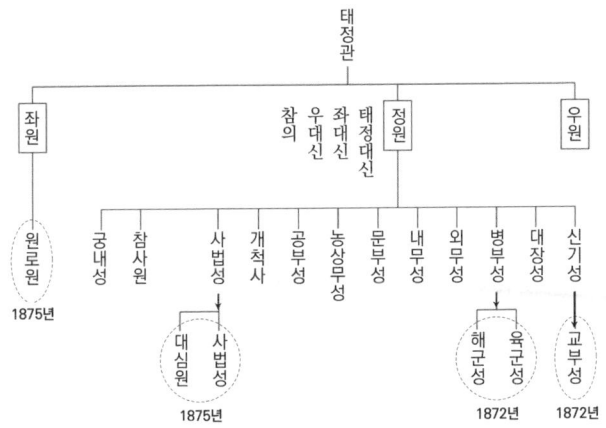

13-1. 태정관 직제(폐번치현 후)

쟁점에 놓고 경쟁하는 시대가 시작된 것이다.

태정관 관제

폐번 후의 정치를 개관하기에 앞서 폐번 직후 제정된 태정관 직제를 살펴보고자 한다. 제도가 다소 정리된 시기의 것을 제시하면 [그림 13-1]과 같다. 정부는 「정체」를 계승해 태정관이라 불리며 대신(태정대신, 좌우대신)과 참의로 이루어진 정원正院을 중심으로 관선 의원으로 이루어진 좌원과 각 성省 대표로 이루어진 우원의 삼원으로 구성되었다.[1] 정원은 천황을 보좌해 모든 정무를 결정하는 기관으로 태정대신에는 산조 사네토미三條實美가, 우대신에는 이와쿠라 도모미岩倉具視가 임명되었다(좌

---

1) 『明治年間法令全書』 4, pp. 296·317.

제13장 메이지: 급진적 개혁과 무력반란

대신은 대개 결원). 태정관의 결정은 이들과 참의 약간 명의 합의로 이루어졌다. 우원은 장관·차관(경卿·대보大輔) 들의 연락기관에 불과해 이후 폐지되었다. 행정 사무는 신기神祇·외무·대장大藏·병부·문부·공부工部·사법·궁내 9성에 분장되었다. 이 가운데 신기성은 일시적으로 태정관과 병립하기도 했으나 태정관 내부로 회수된 조직으로, 1872년에 교부성敎部省으로 개칭되었고 1877년에는 폐성되었다. 또한 병부성은 1872년에 육군성과 해군성으로 분할되었다. 한편 추가된 성도 있어서 1873년에 내무성, 1881년에 농상무성이 설치되었다.

좌원은 의사議事기관이었는데 정원은 그 결의에 구속받지 않고 참고할 뿐이었다. 다만 민간의 상서를 접수해 우수한 것을 정원에 회부하고 나아가 신문에 공표하는 권한도 부여되어 이것이 민간의 '공의'·'공론'을 흡수, 촉진하는 역할을 맡았다. 1874년의「민선의원설립건백民撰議院設立建白」을 접수해 이를 어용신문『일신진사지日新眞事誌』에 게재한 것은 좌원이다.[2] 관제는 그후에도 종종 개폐改廢되었으나 큰 틀은 1885년 내각제도 도입까지 14년에 걸쳐 거의 유지되었다.

13.1 탈신분화로 — 신분해방정책

폐번치현은 무사의 사실상 '전원 해고'를 불러왔다. 근세에 통치를 담당했던 집단이 권위와 권력을 빼앗기고 평민과 동등한 지위에 놓인 것이다. 그들 가운데 일부는 현청이나 중앙정부의

---

2) 牧原憲夫『明治七年の大論爭』日本經濟評論社, 1990.

관료로 재고용되었다. 에치젠 후쿠이번의 경우 아스와현足羽縣으로 확대·재편되면서 관원은 718명에서 101명으로 감소했다. 후쿠이번은 석고를 기준으로 아스와현의 60%였으므로, 후쿠이 출신자가 그 비율만큼 있었다고 하면 60명이 된다. 폐번 후 현청에 취직할 수 있었던 것은 8% 남짓에 불과했다.[3] 이이다번飯田藩에서는 사족士族 208명 가운데 지쿠마현筑摩縣의 관원이 될 수 있었던 자는 3명, 중앙정부나 다른 현·진대鎭臺에 고용된 자를 포함해도 관청에 재고용된 자는 11명이었다.[4] 전국적인 조사는 없지만 사족 대다수가 무직 신세가 된 것은 틀림없다.

한편 사족에게 가록家祿은 계속 지급되었다. 그러나 무진전쟁 이후 가록은 단속적으로 감액되고 있었으므로, 대번大藩의 중역급 정도는 되어야 가록만으로도 생계 유지가 가능했던 듯하다. 그나마도 집안의 고용인을 내보내고 친족만으로 세대를 다시 구성해야 가능했기에 생활수준은 이전의 평사무라이平士 정도로 떨어진 듯하다.[5] 결국 사족은 새로운 직업을 찾을 수밖에 없었다. 가록의 일시불 지급을 신청하고 이를 밑천으로 삼아 장사를 시작했다가 실패하는 자도 적지 않았으나, 전직에 성공한 이들도 있었다.[6] 사족은 근세에 가장 높은 교육 수준을 누린 이들이었고, 메이지의 세상은 지적 직업에 대한 수요를

---

3) 三谷博「明治維新研究への提言—世界比較と問題群」『明治維新史研究』24, 2025.
4) 池田勇太「豫期された廢藩置縣とその想定外」明治維新史學會『豫期せぬ變動と明治維新』有志舎, 2025; 池田勇太『武士の時代はどのようにして終わったのか』清水書院, 2021.
5) 中村哲『明治維新』集英社, 1992, p.291.
6) 磯田道史『武士の家計簿』新潮新書, 2003.

제13장 메이지: 급진적 개혁과 무력반란

급격히 키웠다. 이를 견인한 것은 양학洋學이었으나, 여기에는 한학 소양이 필수적으로 뒷받침되어야 했기 때문에 학교나 사숙의 교원 수요가 증가했고, 저널리즘 등 새로운 지적 직업도 생겨났다. 아울러 정부는 관청에 양학 인재의 고용을 급무로 삼았기에 육해군을 비롯하여 각 성省마다 고등교육기관을 설치하고 관비로 학생을 양성했다.[7] 젊은 세대는 출신의 고하를 막론하고 이를 이용할 수 있었다.

이 '전원 해고'라는 극약 처방에 대해 무사는 거의 반항하지 않았다. 권력 운영에 관여하고 무력도 독점해 온 신분이었음을 생각하면 의아한 일이다. 사가에서는 2년 반 뒤에 지위 박탈에 대한 불만으로 대규모 반란이 일어났지만, 드문 예외였다.[8] 무직인 채 가록을 계속 받는 일에 대해서는 머지않아 '무위도식'이라는 비난이 쏟아졌다. 권력도, 명예도, 생계도 모든 것을 한순간에 빼앗긴 엘리트 집단이 이를 감수하기만 한 사실은 참으로 이상한 일이다. 정부는 그 뒤 가록 지급의 중지 방안을 검토하여 1876년에 이를 국채로 전환하며 사족과 정부의 공적 관계를 끊어 냈다.[9] 이를 계기로 서남 일본에서는 몇 차례의 소규모 반란과 사쓰마의 대반란이 발생하게 되는데, 이에 대해서는 후술하기로 한다.

폐번 직후, 정부는 세습 신분을 해체하는 다양한 조치를

---

7) 東京大學『東京大學百年史』通史1, 東京大學, 1984.
8) 長野暹編『「佐賀の役」と地域社會』九州大學出版會, 1987; 堤啓次郎『地方統治體制の形成と士族反亂』九州大學出版會, 2010.
9) 落合弘樹『秩禄處分』講談社學術文庫, 2015.

일거에 전개했다. 우선 1871년 8월 9일에 산발散髮·탈도脫刀의 허가[단발령·폐도령]가 포고되었는데, 이는 당시 가장 알기 쉬운 신분 표식의 제거를 촉진하는 조치였다. 근세까지 일본인의 신분은 머리형태로 거의 식별 가능했다. 인구의 다수를 점한 무가나 조닌·백성은 상투를 틀었지만, 제외制外[p.82]의 신분은 머리를 묶지 않고 승려나 의사와 같이 삭발·총발10)했기 때문에 멀리서도 대략적인 신분은 알 수 있었다. 칼 소지도 중요해서 서민도 짧은 와키자시脇差11)는 찼지만, 대도大刀·와키자시 두 자루를 차는 것은 무가에 한정되었다. 이 포고 후에도 상투를 계속하는 사람은 있었고 탈도도 개인의 의사에 맡겨졌으며 일률적인 칼 착용 금지가 이루어진 것은 1876년의 일이었다. 그러나 이 산발·탈도 허가 조치에 의해 신분 표식이 애매해지고 신분 식별이 어려워진 것은 확실했다.

이어 8월 17일에는 사족이 서민에게 경례를 강요하거나 무례한 자를 베는 일無禮討ち이 금지되었다. 23일에는 화족에서 평민에 이르기까지 결혼이 자유화되고 나아가 28일에는 에타穢多·히닌非人 호칭을 금지해 신분·직업 모두 평민과 동일하도록 포고되었다. 이상은 연말 12월 17일에 포고된 화사족華士族·졸卒12)에 대한 농공상 취업 허가와 맞물려 정부가 폐번을 계기로 탈신분화 방침을 사회 일반까지 확산시키기 위해 급진 정책에

---

10) 총발(總[惣]髮)은 머리를 자르거나 밀지 않고 전체를 길러 늘어뜨린 머리 형태.
11) 허리 품에 차는 호신용의 짧은 칼. 에도시대 사무라이가 허리에 차는 대소(大小) 요도(腰刀) 중 소도를 의미하게 되었다.
12) 메이지 유신 후의 신분 호칭 가운데 하나. 졸족(卒族). 아시가루(足輕)·도신(同心) 등 하급무사의 총칭.

제13장 메이지: 급진적 개혁과 무력반란

적극 나섰음을 보여주고 있다.

이들 일련의 탈신분화 정책을 입안하고 실행해 갔던 중심인물은 대장성의 시부사와 에이이치澁澤榮一였다.[13] 그는 북관동 지아라이지마血洗島(현 사이타마현 후카야시深谷市)의 호농상 집안에서 태어나 막말에 존양 운동에 뛰어든 후, 히토쓰바시一橋 가문을 섬겼는데 막부 와해 시기에는 도쿠가와 요시노부의 동생 시미즈 아키타케清水昭武의 수행원으로 프랑스에 있었다. 귀국 후, 시즈오카로 이주해 번의 재정을 바로세우는데 힘썼는데 1869년말, 도쿄 정부의 부름을 받고 민부성 조세정租稅正에 취임했다. 민부성은 지방통치를 관장하는 관청으로 민부대보大輔와 대장대보를 겸임하고 있던 상사 오쿠마 시게노부大隈重信(사가 출신)나 하료인 스기우라 유즈루杉浦讓(막부 출신) 등과 함께 일했다. 착임 직후에 '개정괘改正掛'를 만들어 호적·역체驛遞 등 정부와 민간을 잇고 일본 전국을 관통하는 사회 기반을 창설하기 위해 정력적으로 활동했다. 폐번 후에 민부성이 없어지자 대장대승大丞으로 상사인 대보 이노우에 가오루井上馨(조슈 출신)와 함께 폐번 직후의 격무를 떠맡았다. 8월에는 대장성 직제와 사무장정을 입안했고 더불어 '개정괘'의 장長으로써 입안한 에다·히닌 신분 해방령 등도 공포했다.

이러한 탈신분화 정책은 일견 갑작스럽게도 보여 그 자신의 관계 서류도 남아 있지 않다. 다만 자서전『우야담雨夜譚』[p.233]

---

13) 丹羽邦男『地租改正法の起源』ミネルヴァ書房, 1995;「澁澤榮一詳細年譜」; 今西一「『四民平等』と差別」, 新井勝紘編『自由民權と近代社會』吉川弘文館, 2004.

에 의하면 영주의 다이칸에게 헌금을 요구받는 부당한 모욕을 당해 '백성 따위는 실로 한심스럽다'고 통감했던 적이 있으며 이것이 존양운동을 시작한 동기 중 하나라고 한다. 세습적 신분제도에 대한 뼛속 깊은 원망이 피차별신분 해방의 입안 배경이 된 듯하다. 이에 대해 신임 대장경 오쿠보 도시미치는 그 전부터 대장성의 급진적 집권 정책을 염려해 이를 견제하기 위해 힘썼고 폐번 후에 대장경이 되자 성의 요직에 보수적 인물을 배치했다. 그러나 시부사와의 일은 다른 사람으로 대체하기 어려운데다 오쿠보는 이와쿠라 사절단의 부사副使로 해외에 나갔기 때문에 그 후에도 시부사와는 이노우에 가오루나 참의 오쿠마 시게노부와 함께 대장성의 핵심으로 활약해 나갔다.

에타·히닌의 평민 통합은 생업 상실로도 이어졌다. 근세에 에타는 동물의 사체 처리 등을, 히닌은 걸식 등의 직업을 독점하고 있었지만 이 규제 철폐 조치는 피차별민 이외의 참여를 가능하게 함에 따라 경제적 곤궁을 가져오기도 했던 것이다. 마찬가지의 조치는 맹인 단체에도 취해져 1871년 11월 3일에 당도當道[p.86]의 '관직'이 폐지되었다. 메이지 초기의 해방·자유화 정책은 장기적 관점에서는 커다란 의미를 가졌지만 단기적으로는 당사자에게 갑작스런 격랑으로 들이닥쳤다. 법제상의 평등화에도 불구하고 사회적 편견이 오래 이어진 것도 주지하는 대로다.

탈신분화 정책의 근저에 있던 것은 왕정복고를 통한 '왕토왕민'의 실현이라는 이상이었다. 지역적·신분적으로 분단되었던 일본에 공통된 제도를 일률적으로 시행하고 그곳에서 태

제13장 메이지: 급진적 개혁과 무력반란

어나고 자란 사람들이 충분히 자기 실현을 할 수 있는 조건을 마련한다는 방침이었다. 민부·대장성은 공평한 조세 부담을 이상으로 삼고 종래 과세되지 않던 사람이나 토지에 과세를 계획했다(丹羽[p.390]). 근세에는 지배 신분인 공가·무가와 그 성지城地·주거는 비과세였고 사사령寺社領도 마찬가지였는데 피지배 신분 가운데서도 도회의 상공업자나 피차별민은 과세 대상이 아니었다. 대장성은 국가의 비용을 전국민이 부담하는 것은 당연하며 그 대부분을 농민에 기대고 있는 현상황은 불공평하다고 생각해 1871년 후반 보편적 과세를 위해 다양한 제도를 세웠다. 에타·히닌 해방도 일면에서는 조세의 보편적 부담을 실현할 전제 조건으로 이루어졌던 것이다.

13.2 '국민' 육성책 — 교육과 징병

학교교육의 보급·장려

탈신분화정책은 속박을 느슨히 하는데 그치지 않았다. 국민 일반에 대한 교육 보급 및 국군으로의 동원이라는 적극적인 평등화 정책도 강구되었다. 폐번 후에 신설된 문부성은 1872년 8월, 「학제學制」를 제정해 전국에 대중소 3 레벨의 학구學區를 두고 대학교 8개, 중학교 256개, 소학교 5만 3760개를 두기로 계획했다. 프랑스를 모범으로 삼은 대규모의 제도 구상으로, 그대로 실현되지는 않았지만 소학교 보급에는 성공했다. 「학사學事 장려에 관한 명령서」에서 문부성은 당시 후쿠자와 유키치가 『학문의 권장』에서 제창한 것처럼 전 국민이 '농공상 및 부녀자'에 이르기까지 학문에 힘써 자립한 주체가 되기를 기대했다. 특히 '마을에 배우지 못한 가구가 없고, 가정에 배우지 못한 사람이 없도록 한다'라고 선언해 부모들이 아이를 적어도 소학교에 통학시키도록 장려하고 있다. 소학교는 각 학구의 부담으로 설립·운영되었기에 정부는 권장에 힘썼을 뿐이지만 6년 후에는 약 절반의 학구가 설립되고 취학률도 그 뒤 착실히 올라갔다.[14]. 교육 내용은 근세 데라코야寺子屋[15]의 '읽기·쓰기·셈하기'에 번역서 등으로 지리, 기타 지식을 추가하는 정도였지만 서민교육의 누적 효과는 커서 이후 경제적·문화적 발전의 중요한 기반이 되었다.

이에 비해 정부가 직접 자금을 투입한 것은 고등교육기관이었다. 서양의 과학기술을 몸에 익힌 인재를 양성하기 위함이었다(東京大學[p.146]). 당초는 구막부의 쇼헤이코昌平校(한학漢學)와 개성소·의학소(양학洋學)를 이어받아 국학 교육도 들어간 '대학교'를 세웠으나 한학자와 국학자가 주도권 다툼을 시작해 그 수습에 시달린 결과 쌍방을 배제하고 양학교만을 존치·확충하게 되었다. 다만 문부성이 세운 도쿄대학은 그 일부에 불과하다. 1886년까지 고등교육을 받은 학생의 절반은 각 성이 독자로 세운 학교에서 나왔다. 공부성의 공부대학교, 사법성의 법학교, 개척사의 삿포로 농학교, 농상무성의 도쿄농림학교, 해군의 병학교, 육군의 사관학교 등이다. 당시 일본 정부는 서양에서 실용적인 과학·사회기술의 도입이 급무였기에 리버

---

14) 中村哲『明治維新』集英社, 1992.
15) 주로 서민 자제들을 대상으로 한 사설 교육기관. 읽기·쓰기·주산 등의 초보적 학습이 이뤄졌다.

제13장 메이지: 급진적 개혁과 무력반란

럴 아츠[교양]를 근간으로 둔 구미의 대학과는 다른 타입의 고등교육에 힘을 쏟은 것이다. 이들 학교에는 관비제官費制를 두기도 했다. 초기 입학생의 대부분은 사족 자제였는데, 폐번과 가록처분에 의해 해체되어 간 사족에 구제의 손길을 내민 의미도 담겨 있었기 때문이다. 입학이나 진급에는 엄격한 시험이 부과되었지만 이를 헤쳐나간 건실한 자들은 많은 것을 배워 국가의 유용한 인재로 사회에 진출했다. 졸업생 일부는 나아가 관비로 구미 유학을 떠나 귀국 후에는 고용 외국인[16] 교원을 대체해 간다.

한편 소학교와 고등교육기관을 이어야 할 중등교육은 그 뒤로도 미비한 상태였다. 지방사회는 번교藩校를 개조해 중학교를 만들고자 했으나 양학에 통달한 교원 확보가 용이하지 않았고 고등교육을 목표로 하는 학생들은 도쿄·오사카로 유학해 '영한수'(영어·한문·수학) 학숙에 다녔다. 후쿠자와 유키치의 게이오 의숙이나 나카무라 마사나오中村正直의 도진샤同人社가 대표적으로, 외국 '원서'에 기반한 수준높은 교육도 이루어졌기에 메이지 일본의 많은 지적 지도자들을 배출했다.

국민으로부터의 징병

다른 한편, 정부는 징병제도 도입했다. 이는 정부가 보호의 대가로 서민에게도 국방 부담을 요구하는 정책이다. 1872년

---

16) 외국의 기술·지식 습득을 위해 일본 정부, 관청, 혹은 민간에서 고용한 외국인의 총칭. 정부 정책을 자문하는 상급 고문(顧問)에서 단순 기술자까지 포함한다.

11월 육군대보 야마가타 아리토모가 징병령에 앞서 포고한 「징병고유徵兵告諭」는 '우리나라 상고의 제도는 온 나라 안에 병사 아닌 자가 없었다. ... 열번列藩들이 판도를 봉환하고 신미년[1871년]에 이르러 군현의 옛 제도로 돌아갔다. 세습에 무위도식하는 사무라이는 녹봉을 줄이고 검도를 내려놓는 것을 허가하여 사민四民이 마침내 자유 권한을 획득하게 했다. 이는 상하를 평균히 하고 인권을 한결같이 하는 길로 곧 병농합일의 기반이다'라고 하여 탈신분화의 일환으로 위치짓고 있다. 서민의 협력을 요청하면서도 오히려 '무사의 상직常職 해체'를 강조하고 '양 칼을 차고 무사라 칭하며 안하무인·무위도식하고 심할 때에는 사람을 죽여도 관헌이 그 죄를 묻지 않는 것과 같다'며 사족 일반에 강한 비판을 가하고 있다.

당시 정부는 군사력을 사쓰마·조슈·도사 세 번의 '근위병'(1872년 3월 친병을 개조)에 의존하고 있었는데 그들은 도쿄 정부보다 출신현의 의향에 좌우되는 경우가 많았다. 전국 4개소(1873년 1월 6개소로 증치)에 설치된 진대鎭臺도 주력은 서로 다른 번 출신 사족들의 집합으로 상관은 이들의 도망이나 반항에 고심하고 있었다.[17] 때문에 정부로서는 스스로 육성하고 훈련한 징병 쪽이 전장에서의 경험은 없어도 신용할 수 있었고 이들을 각 진대에 배치해 치안유지를 맡기고자 했다. 사쓰마 출신으로 구마모토 진대 사령장관이었던 기리노 토시아키桐野利秋는 전임轉任하면서 후임인 다니 다테키谷干城에게 야마가타의 징병책을 '그는 농사꾼들을 모아 인형을 만들고

---

17) 『谷干城遺稿』 1, p.239.

있다. 과연 어떠한 이익이 있을 것인가'라고 비판했다.[18] 당시 다발하고 있던 잇키에 대해 부현은 그 때마다 지역 출신 사족을 징집해 진압했기 때문에 이는 실정實情에 입각한 발언이었다. 그러나 정부로서는 군대의 불복종만큼 두려운 것은 없다. 이후 기리노는 서남내란의 주모자 가운데 한명이 되었는데 그의 맹공을 구마모토 진대의 징병은 실제로 잘 막아내게 된다.

13.3 지역 간 통합 정책 — 토지·인민의 조사와 교통·통신 기반의 건설

교육과 징병 외에도 폐번 후의 정부는 잇달아 다양한 사업을 일으켰다. 그 가운데 집권화와 관련해 중요한 것이 일찍이 준비를 시작했던 인구·국토의 실태파악과 교통·통신 인프라의 정비였다(丹羽[p.390]; 中村[p.393]). 이들 없이는 폐번에 따른 조세의 집중이나 사족의 가록 처분 등이 이루어질 수 없었다.

인구와 국토 파악

우선, 인구 파악이다. 정부는 폐번 직전 1871년 4월에 호적법을 공포했는데 이는 근세의 종문인별장宗門人別帳[19]을 기초 삼아 한 촌·정 별로 세대를 구성하는 인명·연령 등의 현황을 기록한 것이다. 그러나 사람들의 이동이나 에타·히닌 신분의

---

18) 『谷干城遺稿』1, p.239.
19) 막부는 기독교 금제령을 발포하며 민중이 어떤 종교종파의 신앙을 가지고 있는지 정기적으로 조사하였다. 이를 종문아라타메(宗門改)라 하고 여기에 부역 가능한 자에 대한 조사[연령, 가족구성]가 합쳐져 종문인별장이 되었다.

해방에 대한 고려가 부족했기에 이듬해 실시된 제1회 조사 후 수정되었다. 다른 한편, 폐번 후에 가록 처분이 주요 과제로 부상하는데 그 실시를 대비해 정부는 폐번 10일 후에 구舊번에 대해 사족·졸의 녹고와 인원 조사를 명해 1873년 3월에 이를 확정했다(落合[p.368]).

다음으로 국토 파악이다. 정부의 전국 통치에는 일본 전체를 나타내는 지도가 필요했다. 1870년 6월, 구막부의 구니에즈國繪圖20)를 부번현에 배포하고 이를 수정해 최신판을 작성하게 했는데, 장래 계획으로는 삼각 측량에 의한 정밀 지도의 작성이 필요했다. 때문에 폐번 직후인 1871년 8월, 공부성(장관은 이토 히로부미伊藤博文)에 공학료工學寮 측량사測量司를 설치해 측량기술자를 양성, 1876년에 이르러 본토와 도서島嶼의 실측에 착수했다(丹羽[p.390], pp.150-153.).

교통·통신 인프라의 정비

한편, 도쿄 정부는 교통·통신 인프라 정비에도 열심히 착수했다(中村[p.393]). 대장성이 목표로 한 경제 발전을 위해 불가결한 시책이었는데 정치면에서도 중앙의 명령을 지방에 전달하거나 지방 반란에 대처하기 위해 필수였다. 근세 시기에 가도街道는 좁고 차량 운행이 불가능한데다 큰 강에 다리를 놓을 수 없었기에 사람과 정보의 수송으로밖에 쓰이지 못했고 물류는 바다와 하천의 수운에 의존했다. 막말과 무진내란 시대에는 각 가도의

---

20) 막부가 축척, 기재 내용 등을 규정해 다이묘들에게 제작, 제출하게 한 국 단위의 지도.

제13장 메이지: 급진적 개혁과 무력반란

교통량이 격증하고 숙역宿驛이나 스케고助鄉[21] 마을들의 피폐가 심해지는 한편, 막부·번들이 도입한 증기선에 의해 태평양이나 세토내해의 해운이 열리는 변화도 생겼다. 신정부는 이에 대해 1872년에 숙역 제도를 폐지해 민간 부담을 경감하고 종래의 정비각돈야定飛脚問屋[22]에 육운陸運 회사를 조직하도록 해 육운을 순純 상업 베이스로 재건했다. 다른 한편 정부는 정액·선불 우편 제도를 세웠는데 얼마 지나지 않아 수송은 육운 회사에 업무위탁하게 되었다. 당시는 도로나 다리의 정비 상황이 가지각색이라 가령 도쿄–오사카 사이의 우편은 철도·마차·배·인력을 연결해 운송되었다. 정부는 1873년에 이르러 우편의 민간 영업을 금지하고 이를 독점했다. 정부 내부의 통신 수단을 확보하기 위해 필요했는데 이에 더하여 민간의 서신 검열도 가능하게 되었다.

폐번 후 도쿄 정부는 부현 등과 방대한 통신을 나누기 시작했다. 정부가 날마다 신제도를 포고하는 한편, 지방 측은 개개의 문제에 관해 하나하나 도쿄에 '문의'를 해 '지령'을 받아야 했다. 우편 제도는 그 인프라를 준비한 것인데 충분하지는 않았다. 정부가 내린 법령을 지방에 전하기 위해서는 우선 필요한 만큼의 부수를 인쇄해야 했는데 당시 정부에는 조폐국 이외에 우수한 인쇄기가 없었다. 이에 어용신문을 지정해 법령이나 인시 정보를 게재하도록 하고 이를 사들여 부현 등에 보내는

---

21) 에도시대 숙역 주변 촌락에 부과한 부역. 숙역에 인마나 인부를 부담하도록 했다.
22) 막부 공인의 파발꾼 동업조직. 에도에서는 정비각, 오사카에서는 삼도비각(三度飛脚), 교토에서는 순번비각(順番飛脚)이라 불렸다.

방법을 고안한 것이다.[23]

이러한 공문 통달의 민간 위탁은 신문 보급 및 인재 발굴에 커다란 영향을 주었다. 정부는 편의를 공여한 대가로 지방에서의 신문 투서 우편료를 무료로 했는데, 이로 인해 투서자는 급증했고 신문은 지방과 중앙 사이에 공론을 순환시키는 미디어가 되었다. 신문은 나아가 투서자 가운데 우수한 인재를 기자로 채용했는데 이를 계단삼아 관계나 산업계에 진출한 자도 적지 않았다. 중학교가 미비한 시대에 신문은 지방 인재를 중앙으로 퍼 올리는 펌프가 된 것이다.[24] 폐번 후 정부가 전개한 수송·통신 인프라의 정비는 정부와 민간 쌍방에서 지방과 수도 사이의 정보와 인재 유통을 긴밀화시켜 갔던 것이다.

이 과정에서 정부는 서양의 최첨단 교통·통신기술을 이용했다. 우선 이용한 것은 서양 해운회사의 증기선이다. 막말인 1867년에 일본과 정기 항로를 개설한 태평양우선은 70년에 요코하마·고베·나가사키·상해를 연결하는 항로를, 이듬해에는 요코하마·하코다테 사이의 항로를 열었다.[25] 이는 국내의 주요 항구 간 대량의 신속한 수송과 통신 인프라의 제공을 의미했다. 정부는 해운을 외국에 의존하는 상황에서 벗어나기 위해 폐번 후 일본국우편증기선회사를 세우고 각 번에서 수납한 선박을 불하해 도쿄-오사카 사이의 정기 항로를 개설했다.

---

23) 岡田昭夫『明治期における法令傳達の研究』成文堂, 2013.
24) 三谷博「公論空間の創發」鳥海靖·三谷博·西川誠·矢野信幸編『日本立憲政治の形成と變質』吉川弘文館, 2005.
25) 小風秀雅『帝國主義下の日本海運』山川出版社, 1995.

제13장 메이지: 급진적 개혁과 무력반란

이후 타이완 출병 시에 이 회사가 협력을 거절했기에 급거 기선 13척을 홍콩에서 구입, 이와사키 야타로岩崎彌太郞(도사 출신)에 위탁해 군 수송을 맡겼다. 미쓰비시三菱 기선회사의 대두는 여기에서 시작된다.

정부는 이어서 전신과 철도로 개항지와 수도·대도시를 연결했다. 1869년 9월에 우선 요코하마에서 도쿄까지의 전신선을, 이듬해 3월에는 요코하마-도쿄 신바시 사이의 철도를 착공했다. 후자는 1872년 5월에 개통했고 1877년 5월에는 고베-오사카 사이의 철도도 개통했다. 민부성 개정괘는 1870년 3월에 '전신기·증기차를 흥조興造'해야 한다고 상신했는데 목표는 영·불을 따라 이를 전국으로 보급하고 각 지방의 경제 발전과 지역 간 문화 공유를 재촉해 일본 전체의 부강을 실현하는데 있었다고 한다(丹羽[p.390]). 이에 대해 정부 내에서는 불요불급하다며 반대하는 의견도 있었다. 가령 사이고 다카모리는 '외국의 성대함을 부러워 해 재력을 살피지 않고 함부러 경쟁을 일으킨다면 결국 본체를 피폐하게 하고 …. 이번 증기선 사업의 대업과 철도 건설은 모두 폐지'해야 한다고 단언했다.[26] 이후 그가 반란을 일으켰을 때, 도쿄 정부는 곧바로 증원군을 규슈에 보내게 되는데 이는 증기 해운과 1874년 4월에 개통한 나가사키-도쿄 사이의 전신선 없이는 불가능한 일이었다.

정부에 의한 산업 육성책은 다방면에 걸쳤다. 교통·통신 인프라를 비롯한 관영 사업은 주로 공부성이 담당하고 농업이

---

26) 『西鄕隆盛全集』 3, p.85.

나 이를 기초로 한 경공업 육성은 정한론 정변 후에 만들어진 내무성이 관할했다. 후자의 목적은 서양 기술을 도입하면서 민간 사업을 장려하고자 한 것으로 도미오카富岡 제사장製絲場에서의 생사 생산 기술의 개량과 보급이 대표적 사례다. 본서에서는 이같은 이른바 식산흥업 정책에 관해서는 모두 경제사 전문서에 양보하고자 한다.[27]

13.4 재정 통합과 가록 처분

1871년 7월에 폐번을 결정한 후, 정부는 11월에 「현치조례縣治條例」를 제정하여 번 지사를 대신해 현령縣令·권현령權縣令을 두기로 하는 현청의 사무 분장을 정했다. 당시 270여에 이르렀던 번은 72현으로 재편성되어 이듬해 봄부터 각지에 타부현 출신의 현령이 부임해 통치를 시작했다.

정부 수입 증가와 지조개정

폐번에 의해 정부는 명실공히 일본 전체의 정부가 되었는데 이는 전국의 조세를 확보할 수 있게 됨과 동시에 각 번이 쌓아온 부채(번채·번찰)를 떠안게 되었음을 의미했다. 우선 세입 증가인데, 폐번 후인 1873년 1월부터 1년 간의 세입을 이전인 1869년 10월부터 이듬해 9월까지의 세입과 비교해 보면 2096만엔에서 8551만엔으로 약 4배 급증했다. 폐번 전 정부의 통상수입의 대부분은 구막부령의 연공年貢으로, 석고는 전국의

---

[27] 中村[p.393]; 杉山伸也『日本經濟史』岩波書店, 2012; 梅村又次·山本有三 編『開港と維新　日本經濟史　三』岩波書店, 1989.

제13장 메이지: 급진적 개혁과 무력반란

약 1/4이었기에 그와 거의 비례해 통상수입이 증가했음을 알 수 있다. 그 가운데 조세가 차지하는 비율은 45%에서 76%로 상승했다. 이는 무진내란이라는 비상 사태로 어쩔 수 없이 발행했던 태정관찰太政官札이나 차입금에 대한 의존이 완화되었음을 의미한다.[28]

폐번 후 정부는 세입을 안정시키고 계산 가능성을 높이기 위해 곧 지조개정에 착수했다.[29] 근세까지의 연공·잡세 및 부역을 폐지하고 전국의 토지를 사유재산으로 매매할 수 있도록 한 후, 그 소유자를 인정하고 지권을 교부해 여기에 기재된 토지 가격에 따라 세금을 부과하기로 한 것이다. 정부는 제1회 지방관 회동에 지조개정법안을 회부하고 그 의결을 거쳐 1863년 7월에 이를 공포했다. 전국 균일하게 증감이 없다는 기본방침을 세우고 전국적인 토지 면적과 지가地價를 조사·결정한다는 방대한 작업을 행했다. 증세에 대한 불안으로 잇키一揆나 이의 신청도 다발했지만 전답·택지의 대부분은 1876년, 산림원야는 1881년까지 완료되었다. 그 과정에서 1877년 1월에는 농민소요와 사족반란의 협공을 우려해 지조를 지가의 3%에서 2.5%까지 내렸다. 그 결과 지조 부담은 막말의 연공보다 줄었지만 지방에서 부현의 지방세나 촌정의 민비民費[30]는 인상되었기에 전체적으로는 세 부담에 큰 변화는 없었다.

---

28) 森震「明治前期の國家財政」『經營學硏究論集』41卷, 明治大學, 2014.
29) 丹羽邦男『明治維新の土地變革』御茶の水書房, 1962; 中村[p.393]; 佐々木寬司『地租改正と明治維新』有志舍, 2016.
30) 촌·정의 유지를 위해 부과되는 제 경비를 포괄하여 부르는 말.

지조개정에 의해 정부는 예산을 세우기 쉬워졌다. 그러나 수입이 거의 고정되었기 때문에 실제 사용할 수 있는 예산은 물가 변동에 크게 좌우되었다. 또한 국민 측에서도 상당한 변화가 발생했다. 근세의 연공은 마을 단위로 부과되었기에 사정상 부담이 곤란하게 된 집은 마을 부담으로 극복할 수 있었지만, 이제는 가구 별로 과세되어 상호 부조에 의한 조정은 어려워진 것이다.

번의 부채와 번찰의 해소

한편, 도쿄 정부는 동시에 사족의 가록이나 각 번이 무진내란 전후로 쌓아 온 부채, 나아가 대량의 번찰도 인수하게 되었다. 막말 대부분의 번들은 부채를 차환借換하여 재정적자를 극복해 왔는데 무진내란은 이를 더욱 부추겼다. 전쟁에 동원되면서 이를 위해 번찰의 대량 발행이나 국내외로부터의 차금이 불가피했던 것이다. 대번大藩 가운데에는 내란 종결 후, 군대 해산은 커녕 삿초에 대항하기 위해 외국인 교관을 불러 대규모의 군확軍擴을 행해 더욱 부채를 쌓기도 했다. 도사나 와카야마가 그 전형이다.[31] 도쿄 정부는 이를 전부 떠안아야만 했다. 그렇다고는 해도 폐번은 군대의 해산도 의미했기에 이른바 무력 반란의 가능성을 부채 말소로 경감한 것이라고도 볼 수 있다.

메이지 정부는 1871년 12월 말, 신지폐를 발행하고 번찰과 교환할 것을 포고했다(中村[p.393]). 당시 유통 중인 번찰은 4700만엔에서 9천 수백만엔으로 추계되고 있는데 정부가 교환에

---

31) 『谷干城遺稿』1; 中村[p.393], p.85.

제13장 메이지: 급진적 개혁과 무력반란

응한 것은 약 2300만엔으로 절반 이하였다. 다른 한편, 번채의 실태 파악은 상당한 시간이 소요되어 1873년 3월에 이르러 비로소 처리법이 결정되었다(中村[p.393]; 落合[p.368]). 총액은 약 7800만엔으로 이 또한 연간 수입에 필적할 정도의 액수였다. 그 가운데 외채는 약 370만엔으로 서양에 면목이 없었던 정부는 모두 현금으로 상환했다. 이에 비해 내국채 가운데 약 절반이 내버려졌고 또한 공채는 신구 모두 시가가 극단적으로 내려갔기 때문에 번채는 최종적으로 약 8할이 버려지는 결과가 되었다. 때문에 무진내란 이래, 정부 대부貸付의 주역으로 활동한 오사카의 호상 34가문 가운데 살아 남은 것은 9가문뿐이었다고 한다.

가록 처분

정부의 부담은 여기서 그치지 않았다. 최대 문제는 사족에 지급하는 가록을 각 번으로부터 인수한 것이다. 가령 1873년 1년 간 사족 가록과 화사족의 상전록賞典祿(무진내란에서의 전공이나 왕정복고 시의 공로로 내려진 것) 등의 경비는 총세출의 43%까지 올라갔다(森震[p.402]). 폐번으로 사족은 일단 전원이 해직되었는데 현청에 재취직할 수 있었던 자는 약 10~20%에 불과했다. 부채 변제에 시달리고 또한 국가 건설을 위한 신규 사업의 필요를 통감했던 정부로서는 이 '상직을 그만둔' 사람들에 대한 지출은 두통의 원인이었음에 틀림 없다. 따라서 정부는 폐번 직후부터 가록 처분 방책을 진지하게 모색하기 시작했다(落合[p.368]).

13.4 재정 통합과 가록 처분

 이를 주도한 것은 이와쿠라 사절단 출발 후, 대장성의 실권을 장악한 이노우에 가오루 대장대보였다. 그는 화사족의 가록을 약 2/3로 삭감한 후에 이를 녹권禄券으로 바꾸어 일시 지급하고 점차 국가가 사들여 해소해 간다는 방침을 세웠다. 오쿠보의 대리로 대장경을 겸임한 참의 사이고 다카모리의 동의를 확인하고 1872년 2월에는 태정관의 내결內決을 얻었다. 다만 화사족이 곧바로 녹권을 전부 매각하면 가격이 일거에 내려갈 것을 우려해 정부가 매수해 이를 방지하기로 하고 그 자금으로 외채를 모집하기로 했다. 사쓰마 출신으로 구미 유학 경험자였던 대장소보 요시다 기요나리吉田清成가 이를 담당해 영·미로 출장을 떠났다. 미국에서는 주미공사 모리 아리노리森有禮가 가록을 사유재산으로 간주하고 가록처분 자체에 반대했고 때마침 이와쿠라 사절단으로 미국 체재 중이었던 기도 다카요시도 신중론으로 전환했기 때문에 외채 모집에 실패했지만 영국에서는 1813만엔을 모집했다. 대장성은 1863년 3월에 처분할 녹고·인원을 확정하고 처분 조건도 완화하며 준비를 마쳤다. 그러나 이노우에는 이와쿠라 사절의 부재 중에 앞다투어 사업전개를 시작한 각 성의 예산 요구와 충돌하며 궁지에 빠졌다. 참의 사이고는 가고시마에 있었고 오쿠마도 그를 옹호하지 않았기 때문에 5월에 시부사와 에이이치와 함께 사직에 내몰려 가록처분은 일단 좌절하게 된다.

 정한론 정변[p.414]이 수습된 후인 이해 12월에 정부는 가록세와 가록봉환제家祿奉還制를 제정하고 가록 처분에 착수했다. 가록세는 상전록 이외를 대상으로 삼아 전체 약 10%의 가록

제13장 메이지: 급진적 개혁과 무력반란

삭감이 이루어졌다. 육해군 경비經費를 상직없는 사족으로부터 징수한다는 명목을 세우고 재직 고등관에게도 관록세官祿稅를 부과하여 정당화를 시도했다. 가록봉환제는 오쿠마 대장경의 발안으로 사족을 농공상업에 유도할 목적으로 가록·상전록 모두 봉환을 출원한 자에게 일시에 가록 6년분을 현금과 고리의 녹권으로 반액 씩 지급해 주고 관유 임야를 불하한다는 우대책도 준비했다. 필요한 자금은 외채로 충당하고 이듬해에는 당초 100석 미만으로 한정했던 대상자를 100석 이상으로 확대했다.

그 후 정부는 1875년 9월, 지방에 따라 현미現米와 현금 등 가지각색이었던 가록 지급법을 현금으로 일체화하고 사무의 합리화를 도모해 이듬해 8월 「금록공채증서발행조례」를 공포했다. 모든 가록·상전록을 금록공채로 전환하고 녹고에 반비례해 5년~14년 분의 공채를 지급한 뒤 30년에 걸쳐 이를 사들인다는 제도다. 이에따라 화·사족이 세습해 온 가록은 최종적으로 처분되었다. 이에 대해 명백한 반대를 주장한 사족은 적었다(落合[p.368]). 정부 내에서는 기도 다카요시와 같이 신중론을 주창한 유력 정치가도 있지만 사족은 대부분 차분히 받아들인 듯하다. 이들이 받아 온 교육은 생계에 대해 불만을 토로하지 못하게 했다. 다른 한편, 이미 여론 형성에 커다란 영향력을 갖게 된 신문에서 사족의 존재의의에 관해 활발한 논쟁이 이루어졌다. 천하 국가를 지탱하는 '원기元氣'와 공사公私에 있어서의 '염치'는 사족 고유의 성질로 이를 적극적으로 살려야 한다는 의견과, 이는 평민도 가능하며 '무위도식'하는 사족은 '쓸모없는 인간'에 불과하다는 의견의 대립이었다. 사족의 상직常職이 해체된 이상, 후자의 주장이 우위에 서게 되는 것은 불가피했다.

다만 사족 스스로도 이 권리박탈은 일종의 해방감을 준 듯하다. 이소다 미치후미磯田道史가 막말·메이지 초기의 가가번加賀藩 하급무사의 가계를 분석한 바에 따르면, 지출의 상당 부분은 관혼상제에 따른 교제비였다. 특히 장례의 비중이 커서 연수입의 4분의 1에 달했다.[32] 가록 처분은 이들 의례에 불가결한 친척이나 보리사菩提寺[33]와의 교제를 삭감하게 했다. 가내 시종들의 삭감도 마찬가지로, 이러한 조치는 근세 무사의 지위에 동반되었던 '신분 비용'의 중압으로부터의 해방도 의미했던 것이다.

그렇다고는 해도 가록처분 이후 사족에게 생계 곤란 문제가 발생한 것은 사실이다. 금록공채 이자만으로 축소한 생활을 유지할 수 있었던 것은 사족의 약 5%에 불과했고 나머지는 새로운 수입원을 찾아야 했다(中村[p.393]). 정부는 당초부터 농공상업으로 유도를 꾀했지만 익숙치 않은 사업에 나서 실패하는 자가 속출한 것은 주지의 사실이다. 그들은 또한 차세대 교육에도 고심해야 했다. 반면에 새로운 시대는 뜻을 품은 개인에게 기회를 가져왔다. 친족 간 상호부조가 느슨해진 한편, 개인이 운좋게 살아갈 길을 찾아낸 경우에는 집안 전체가 전대前代에는 불가능했던 사회적 상승을 경험했다. 폐번과 가록처분은 지배 신분을 공동체에서 해방시켰다. 평민이나 피차별 신분에서도

---

32) 磯田道史『武士の家計簿』新潮社, 2003.
33) 조상의 묘·위패를 모신 사찰.

이는 마찬가지였지만 사족은 탈신분화라는 사회적 격변을 가장 선명히 체현했다고도 할 수 있다.

13.5 잔류 정부 쿠데타와 정한론 정변

이와쿠라 사절단의 모험

폐번 후 정부의 급진화는 그 반년도 지나지 않은 1871년 11월에 정부 수뇌 절반이 서양으로 세계 일주에 나선 것에서도 보인다. 정사正使 이와쿠라 도모미(우대신)와 부사副使 오쿠보 도시미치(대장경)는 왕정복고 쿠데타의 주모자였고 부사 기도 다카요시(참의)는 조슈 전쟁 지도자로 폐번을 솔선해 제창한 정치가이기도 했다. 잔류留守 정부 수뇌는 태정대신 산조 사네토미와 참의 사이고 다카모리(사쓰마), 이타가키 다이스케(도사)·오쿠마 시게노부(히젠)였다. 사절은 부사 이토 히로부미·부사 야마구치 나오요시山口尙芳 및 서기관 11명(대부분은 서양행 경험자), 이사관理事官 6명, 대사 수행원 6명 및 기타 약 46명의 수행자, 나아가 야마가와 스테마쓰大山捨松나 쓰다 우메코津田梅子 등 5명의 여아를 포함한 약 60명의 서양 유학생을 동반했다.[34] 그들도 알고 있던 18세기 러시아의 뾰트르 대제의 서구 방문을 제외하면 공전절후空前絶後의 해외 파견 사절단이라 해도 좋으리라.

이는 문자그대로 모험이었다. 그들을 샌프란시스코로 운반한 아메리카호는 이해 여름, 요코하마 항내에서 화재 사고로 침

---

34) 田中彰『岩倉使節團』講談社, 1977.

몰했고 2년 후에는 자매선 저팬호가 홍콩과 요코하마 사이에서 행방불명되었다. 바다의 위험만이 아니다. 이는 정치적으로도 위험한 도박이었다. 잔류 정부를 맡은 정원正院 멤버는 산조와 사이고 이외에는 도바후시미 이후 정계에 등장한 신참자였고 참의 가운데 조슈 출신자는 없었다. 출신 번의 밸런스가 무너진 것이다. 이를 염려한 이노우에 가오루는 사절단 출발 전에 정부 수뇌와 각성의 장·차관이 약정을 맺고 사절이 떠난 동안에는 '내지內地의 사무는 대사의 귀국 후에 크게 개정할 목적이므로 그 사이에는 가능한 신규 개정을 요하지 않는다'라고 약속하게 했다.[35] 그러나 잔류 정부는 이를 지키지 않았다.

잔류 정부의 분열

1872년 초기는 커다란 파란 없이 지나갔다. 그러나 5월에 예산 편성이 시작되자 각 성은 신규 사업을 위해 앞 다투어 다대한 요구를 시작했다.[36] 야마가타 아리토모 육군대보는 1천만엔, 오키 다카토大木喬任 문부경은 225만엔, 에토 신페이江藤新平 사법경은 96만엔, 야마오 요조山尾庸三 공부대보는 360만엔을 요구했던 것이다. 번채 정리 등에 대비해 잉여금을 축적하고자 했던 이노우에 대장대보는 세입을 4천만엔으로 보수적으로 잡고 이를 기준으로 육군성 800만엔, 문부성 100만엔, 사법성 45만엔, 공부성 290만엔으로 사정査定했다. 이는 그와 각 성 사이에 격한 대립을 낳았고 정원正院의 조정에 불만을 가진 이

---

35) 『西鄕隆盛全集』3, p.174; 佐々木高行 『保古飛呂比』4, p.235.
36) 中村[p.393]; 勝田政治 『明治國家と萬國對峙』 角川書店, 2017; 澁澤[p.233].

제13장 메이지: 급진적 개혁과 무력반란

노우에는 10월 하순부터 이듬해 1월까지 칩거했다. 오쿠마의 주선으로 문부·공부 두 성이 타협하자 이노우에는 마침내 출사했지만 이번에는 에토를 비롯한 사법성 간부가 사표를 제출하고 집무를 거절했다.[37] 정원의 대신·참의가 조정해야 했지만 사이고는 11월부터 시마즈 히사미쓰島津久光에 대처하기 위해 가고시마로 가서 부재 중이었고 이타가키는 본척만척, 오쿠마도 어물쩍하는 가운데 산조 사네토미가 홀로 중책을 맡아야 했다. 당혹한 산조는 1월, 이제 막 가설된 전신을 통해 유럽에 있는 이와쿠라에게 대장경 오쿠보와 참의 기도를 조기 귀국시키도록 요청하는 지경에 빠졌다.

혼란의 발단은 사절단이 구미 시찰의 성과를 가지고 귀국하기 전에 '문명', '진보'의 실적을 내고자 잔류 정부의 구성원들이 경쟁하기 시작한 데 있었다.[38] 같은 조슈 출신인 야마오와 이노우에의 대립도 그 때문이다. 그러나 이는 출신 번 사이의 권력 투쟁과도 얽혀 있었다. 그 중심에는 에토 사법경(히젠)과 이노우에의 대립이 있었다. 에토는 1872년 4월 사법경에 취임하면서 대장경 관하의 부지사·현령이 장악하고 있던 재판권을 사법성 관할로 옮기는 방침을 내고 8월에는 「사법사무직제」를 제정해 체계적인 제도를 설계, 9월부터 실행에 옮겨 갔다(中村[p.393]). 이에 필요한 예산을 이노우에는 삭감하고자 했던 것이다. 당시 대상성은 도쿄의 지방 통치 장악과 번채 정리 등을 과제로 삼고 이를 지방에서의 행정·사법 일체 체제를 이용해

---

37) 勝田[p.409]; 佐々木高行『保古飛呂比』5, p.366.
38) 大隈重信『大隈伯昔日譚』; 佐々木高行『保古飛呂比』5, pp.379-380.

진행하고자 했다. 에토의 정책은 대장성으로서도, 이노우에 개인으로서도 커다란 타격이었다.

이와 병행해 육군성에서도 문제가 일어났다(中村[p.393]). 야마가타 대보는 사쓰마 출신인 가와무라 스미요시川村純義·사이고 쓰구미치西鄕從道 소보와 함께 징병제를 기본으로 한 군제를 계획해 1872년 3월, 우선 친병을 폐지하고 근위병을 새로 두었다. 삿·초·도 세 번이 헌상한 병사로 이루어진 친병을 각 진대에서 훈련된 징병으로 차례차례 바꾸고자 한 것이다. 사이고는 승인했지만, 시노하라 구니모토篠原國幹나 기리노 토시아키桐野利秋 이하 사쓰마 출신자는 크게 불만을 표했고 이타가키가 사실상 통솔하고 있던 도사 출신자도 마찬가지였다. 이해 7월, 가고시마 출신 근위병은 도독都督인 야마가타를 배척하는 소동을 일으켰다. 마침 천황의 가고시마 행행[p.137]을 수행하고 있던 사이고는 급히 귀경했고 결국 사이고가 육군 원수에 취임하고 야마가타를 대신해 도독이 되는 것으로 사태는 수습되었다.[39] 그 와중에도 야마가타는 징병제 도입에 전념해 이듬해 1월 이를 실현했다. 그러나 야마가타는 에토 사법경에 의해 전년 말에 발각된 야마시로야 와스케山城屋和助의 공금 횡령 사건을 추궁당해 결국 1873년 4월에는 육군대보 사임으로 내몰렸다.

사가 출신자의 인사 쿠데타

이같이 잔류 정부에서는 조슈 출신 실무 주관자의 고립이 심화되어 간 반면, 사가 출신자의 대두가 현저해 졌다. 참의 오쿠

---

39) 家近良樹『西鄕隆盛』ミネルヴァ書房, 2017.

제13장 메이지: 급진적 개혁과 무력반란

마에 더해 각 성의 경에도 소에지마 다네오미副島種臣(외무경), 오키, 에토가 취임했다. 사가번은 근세 나가사키의 경비를 담당해 페리 내항 이전부터 강철제 대포를 만드는 등 서양과의 관계가 깊었지만 막말 중앙 정국에는 전혀 관여하지 않았다. 안세이 5년 정변 후, 나베시마 나오마사鍋島直正가 이이 다이로와 결탁했기 때문에 다른 번이 멀리한 탓이다. 그러나 그 덕분에 번의 인재 전원이 온존되었다. 무진내란에서 호쿠리쿠도北陸道 선봉에 동원되면서부터는 강력한 화력으로 신정부에 공헌하며 일거에 평가를 높였고 오쿠마를 선두로 인재를 도쿄에 보냈다.[40] 왕정복고에도, 도바후시미 전투에도 관여하지 않은 신참자였지만 그 인재는 귀중히 여겨졌던 것이다.

사가 출신자는 나아가 도사와 협력해 태정관의 권력을 빼앗고자 했다. 1873년 4월 19일, 참의에 사법경 에토, 문부경에 오키, 좌원 의장에 고토 쇼지로가 동시에 임명되었다. 이는 전년 이래의 분쟁과 결정 불능 사태를 해결하기 위한 정원正院의 강화책으로, 이를 위해 각 경卿이 참의를 겸임하도록 한 조치이다(勝田[p.409]). 정원은 나아가 5월 2일, 태정관 직제를 '윤식潤飾'이라는 이름 하에 변경하고[41] 결정권을 태정대신과 참의에 집중시켰다. 즉 친황에게 상주하고 재가의 인장을 찍을 수 있는 것은 태정대신만으로 하고 참의를 '내각' 의관議官으로 위치지

---

40) 佐々木高行『保古飛呂比』4.
41) 당시 잔류 정부는 사절단 부재 중 '신규 개정'을 하지 않기로 했기에 '개정'이 아닌 '윤식[윤이 나도록 매만져 곱게 함]'이라는 이름으로 직제 변경을 추진했다. 저자가 지적하듯 실질적인 직제 개정이었기에 사절단과의 약정을 위반했다는 비판을 피할 수 없었다.

어 사무 전반의 결정권을 부여한 것이다. 이를 권력적 관점에서 보자면 히젠·도사의 정치가는 경에서 참의로 승진한데다 이번에는 각 성을 종속적인 지위에 두고 특히 대장성 권한을 대폭 줄인 것이 된다. 이러한 조치는 이와쿠라 사절 출발 전에 결정한 약정의 위반이었다. 또한 이에 따라 왕정복고나 도바 후시미에 공헌한 삿초의 참의는 내각에 단 두 사람만이 남게 되었다. 무력 발동은 없었지만 사가와 도사에 의한 사실상의 인사 쿠데타가 일어난 것이라 봐도 좋다.

이노우에 대장대보는 내몰린 끝에 5월 5일, 부하인 시부사와와 함께 사표를 제출했다. 사이고는 야마가타를 극력 비호했으나 오쿠마는 이노우에를 그렇게 하지 않았다. 이노우에와 시부사와는 이 때 재정상황을 상세히 기록한 서류를 상주했는데 이는 민간에 유출되어 세간에 물의를 일으켰다. 이 때문에 내각은 오쿠마에게 대장성 사무총재를 겸임하게 했고 6월 9일에 이르러 회계 예산표를 공표하여 재정에 여유가 있음을 드러내 여론을 진정시키고자 했다.[42] 이 때 이노우에의 사직에 대한 동정의 목소리는 없었다. 대장성이 압류하고 있던 오사리자와尾去澤 동광산을 경매에 붙여 지인의 회사에 불하한 것을 에토에게 한창 추궁당하고 있었기 때문이다. 사직 후 그는 오사카에서 무역에 관여했으나 일년 후에는 정계로 복귀한다. 이에 반해 시부사와는 그 후 정부에 일체 관계하지 않고 민간의 사업 진흥에 정력적으로 몰두하게 된다.

---

42) 佐々木高行『保古飛呂比』5, p.389.

제13장 메이지: 급진적 개혁과 무력반란

이 쿠데타에 대해 막 귀경한 사이고는 어떠한 발언도 하지 않았다. 1873년 5월 26일 오쿠보가 귀국했는데 그와 어떠한 이야기를 했는지는 기록이 없다. 오쿠보는 대장성 업무에 복귀하지 않고 참의 취임 의뢰도 거절한 채 8월에는 후지산 등반을 시작으로 관서 지방으로 여행에 나섰다. 이와쿠라 대사가 귀국할 때까지 짐짓 태연히 방관하기로 한 것이다.[43] 한편, 사이고는 때마침 머리를 묶고 칼을 찬結髮帶刀 사무라이 200여 명을 동반하고 상경한 시미즈 히사미쓰에 대한 대응으로 머리가 가득 찬 듯하다. 참의를 사직하고 오쿠보와 교대하기를 생각하고 있었다고 한다(家近[p.411]). 여기에 정한征韓 문제가 날아들어왔다.

정한론의 쟁점 부상

7월 29일, 사이고는 돌연 조선 문제에 관심을 보이기 시작했다. 이타가키 앞 서한에서 얽히고설킨 조일 관계를 타개하기 위해 조선에 파견해 주길 바라며, 조선 측은 자신을 폭살할 것이기에 무력 정토征討의 명분이 설 것이라 했다(家近[p.411]). 이보다 앞서, 메이지 정부는 무진내란 종결이 확실시 된 1869년 1월, 부산으로 쓰시마번에서 사절을 보내 국교 갱신을 이야기했지만 조선 측은 이에 응하지 않았고 이후 양국 관계는 부진한 채였다(다음 장 참조). 다른 한편, 메이지 정부 안팎에서는 기도나 이타가키를 비롯, 국내 정치 관점에서 정한론이 종종 제창되었다. 막말 양이론과 마찬가지로 국내 개혁 수단으로 대외 전쟁을 이용하

---

43) 『大久保利通文書』4, p.522.

고자 하는 취지였다. 1873년 당시에는 징병령으로 위협받은 근위병 가운데 전쟁으로 사족의 존재의의를 증명하길 바라는 마음이 커져갔다. 그 창끝은 조선이든, 타이완이든 상관없었다. 구마모토 진대의 기리노 토시아키(사쓰마 출신)는 타이완의 류큐인 학살사건44)에 주목해 가고시마 분영分營의 부하를 타이완에 보내 출병에 대비한 조사를 하게 했고,45) 소에지마 외무경은 전 해에 가고시마 현령 오야마 쓰나요시大山綱良가 건의한 정대안征臺案을 검토하기 시작했다. 또한 조선에 관해서도 움직임이 있었다. 소에지마는 이 해의 북경 출장 시에 청조가 조선에 개입할 의사가 없음을 알아채고 귀국했다. 그 때 부산 왜관에 일본을 모욕하는 게시물이 붙었다는 정보가 들어와 정부 안팎에 있던 정한론자는 일제히 소동을 일으켰던 것이다. 특히 이타가키는 조선에 군함을 파견하고 국교를 강요해야 한다고 열렬히 주장했다.

사이고는 종래 조선문제에는 무관심했는데 일단 눈길을 돌리자 불을 켜고 열중했다(이하 家近[p.411]에 의함). 산조를 움직여 각의를 열게 하고 8월 17일 조선으로의 파견에 관한 '내결'을 얻었고 19일에는 천황의 재가를 받았다. 다만 이와쿠라 사절단 출발 전의 약정에 따르면 정식 결정은 이와쿠라 대사의 귀국 후가 될 터였다. 이 움직임에 대해 7월 23일 귀국한 기도는

---

44) 1871년 태풍으로 조난을 당한 류큐의 선박이 타이완 남부 표착한 뒤, 표류민 50여명이 타이완 원주민에게 납치·살해 당한 사건. 이를 구실삼아 정한론 정변 다음해인 1874년 일본이 타이완을 침공(타이완 출병)하며 류큐를 둘러싼 청과 일본의 외교 분쟁이 발생한다.

45) 『谷干城遺稿』 1 p.431.

제13장 메이지: 급진적 개혁과 무력반란

산조나 사이고에게 재삼에 걸쳐 반대 의견을 냈다. 또한 이타가키는 사이고에게 죽음을 서둘러서는 안 된다고 충고하기도 했다. 실은 '견사즉폭살[조선으로 파견된 사절은 곧 폭살될 것]'이라는 사이고의 상정에는 무리가 있었다. 조선 정부는 강화도에서 프랑스나 미국과 교전을 벌였고 외국 사자를 냉담하게 대우한 적은 있어도 죽인 일은 없었다. 그러나 사이고는 '사자폭살'에서 '무력정토'로라는 두 단계론을 당연시하고 그의 사후에 발동할 정한군략征韓軍略을 무진 아이즈전투의 군사 영웅, 이타가키와 이지치 마사하루伊地知正治에게 맡겼다(家近[p.411]).

정부의 대분열

이와쿠라 대사는 9월 13일 귀국했다. 그는 조선 사절 파견은 긴급 과제가 아니라 보고 가라후토樺太에서 일어난 러시아인과 일본인 충돌 사건을 중시해 결정을 뒤로 미루고자 했다. 또한 가고시마 출신 육군 간부이자 사이고의 동생인 쓰구미치와 노즈 시즈오野津鎭雄·미치쓰라道貫 형제는 군비 부족을 우려해 개전으로 이어질 사절 파견에 반대하는 움직임을 보였다. 사이고는 이에 노심초사해 소에지마를 움직여 산조에게 각의 개최를 서두르게 했다. 한편 기도는 이토 히로부미를 통해 반대 세력의 규합에 힘써 오쿠보를 참의로 끌어들여 그의 손으로 저시하고자 획책했다. 오쿠보는 주저했지만 결국 사이고와의 대결을 각오하고 미국 유학 중인 자식들에게 유언을 쓴 후 10월 12일 참의에 취임했다. 각의는 14일에 열려 산조와 이와쿠라가 준비한 연기론과 사이고의 즉행론 사이에 논의가 오갔다.

오쿠보·오쿠마·기도 이외의 참의(기도는 부상으로 결석)가 사이고의 논리에 동요해 결론에 이르지 못한 채 다음날도 회의가 열렸다. 산조는 연기론으로 정리할 심산이었지만 오쿠보 이외의 참의가 즉행론을 지지했고 특히 소에지마와 이타가키가 오쿠보와 격론을 거듭했기 때문에 결론은 산조와 이와쿠라에게 맡겨졌다. 그들이 낸 결론은 견사 즉행이었다. 사이고나 이타가키의 배후에 있는 근위병이나 도쿄의 순사들이 폭주할 것을 우려했기 때문이었다. 이에 오쿠보는 17일, 산조의 저택에 가 사표를 제출했고 기도와 이와쿠라가 뒤를 이었다. 산조는 사이고를 불러 결정을 재고할 의향을 비쳤으나 사이고는 거절했다. 다음날 아침, 산조는 고뇌한 나머지 인사불성 상태에 빠졌다.

왕정복고 쿠데타의 주모자였던 이와쿠라와 오쿠보는 이 우발적 사건을 이용해 만회를 꾀했다. 천황은 태정관 직제대로 이와쿠라를 태정대신 대리로 지명했다. 이에 사이고·이타가키·소에지마·에토 네 참의는 이와쿠라 저택에 가 10월 15일의 결정을 상주하도록 요구했지만 이와쿠라는 각의 결정과 자신의 의견 양쪽을 상주할 것이라 답했다. 그 이면으로는 오쿠보가 내정 공작을 했다. 궁내경 도쿠다이지 사네쓰네德大寺實則에게 연락을 취해 천황이 연기론을 채용하도록 내주內奏를 부탁한 것이다. 그 결과 이와쿠라는 23일, 양론을 상주했고 다음날 천황은 연기론을 가납嘉納한다는 칙정을 내렸다.

사이고는 최종 결정을 기다리지 않고 사표를 제출했다. 참의와 근위도독 사임은 인정되었지만 육군대장 지위는 그대로 유지되었다. 이어 이타가키·고토·에토·소에지마 네 참의도

제13장 메이지: 급진적 개혁과 무력반란

사표를 제출해 25일, 모두 청허聽許되었다. 메이지 정부는 발족 6년 후 최초의 대분열을 본 것이다.

13.6 서남내란 – 유신 동란의 종결, 폭력과의 결별

혁명 정부는 불안정하고 종종 분열한다. 그 때 정권은 하야한 정치가들의 무력화에 전력을 기울이고 하야 측도 반항을 꾀하며 암살이나 내전이 발생한다. 정한론 정변에서도 예외는 아니었다.

사쓰마·도사 병사의 귀국과 사가의 난

정변에 따라 사쓰마·도사의 근위병이 본국으로 돌아갔다. 사이고와 함께 사쓰마의 근위병과 순사는 속속 귀향했고 도사의 근위병도 대부분 도쿄를 떠났다.[46] 폐번 직전의 헌병獻兵 가운데 남은 것은 조슈 출신자뿐으로, 이에 따라 도쿄 정부는 재차 사쓰마·도사 군사력과의 대치를 의식하지 않을 수 없게 되었다. 도쿄에 잔류한 병사도 충실하다고 단언할 수는 없었다. 이와쿠라는 이듬해 1874년 1월 암살 미수 사건을 당한 후, 또 하나의 선택지였던 타이완 출병을 결행해 근위병의 불만을 누그러뜨려야만 했다.

도쿄 성부가 무력했던 반면에 하야한 참의들은 원기왕성했다. 공론 또는 무력 반항에 호소해 반격을 가했던 것이다. 사이고를 제외한 네 명의 전前 참의들은 다른 네 명과 함께 연서해

---

46) 『谷干城遺稿』1, p.423.

1874년 1월에 이른바「민선의원설립건백」을 좌원에 제출했다.[47] 좌원은 이를『일신진사지日新眞事誌』에 게재토록 했다. 정부 내에 정원正院에 대항하는 세력이 있었던 것이다. 이 건백은 제출자가 직전까지 관직에 있었던 정부를 '유사有司' 전제라 단정하고 그 폐해를 바로잡아 '천하의 공의'를 펼치기 위해 민선의원을 설립하라 제창했다. 막말 이래의 대의인 '공의'의 제도화를 이제 막 탄생한 신문이라는 공론 미디어를 이용해 세상에 널리 호소한 것이다. 이「민선의원건백」의『일신진사지』게재는 다른 신문의 주의를 끌어 민선의원을 둘러싼 논쟁을 신문들 사이에 일으켰다. 민선의원 필요를 부정하는 경우는 드물었고 논쟁은 오로지 개설 시기 문제를 둘러싸고 전개되었다. 이는 다른 논점에 관한 공론도 촉발했다. 좌원으로의 건백에서는 일본의 개혁을 둘러싸고 다양한 제안이 이루어졌지만 공론은 이후에 신문이라는 공개된 장에서 활발히 전개되었다 (牧原[p.386]; 三谷[p.399]).

다만 당시 일본에서 공론은 폭력과 이율배반적이지는 않았다. 에토 신페이는 건백 서명 직후 사가로 가 2월 초순 현지의 '정한당'이나 '우국당'이 기도한 반란에 휩싸여 그 수령이 되었다. 정부는 신속히 대응해 오쿠보 도시미치에게 처분 전권을 부여해 사가에 급파했다. 진대병鎭臺兵을 주력으로 한 정부군은 곧 반란군을 타파하고 에토는 사가를 탈출해 가고시마, 나아가 고치로 향했다. 그러나 사이고도 이타가키도 그를 상대해 주지

---

47) 鳥海靖『日本近代史講義』東京大學出版會, 1988; 勝田政治『〈政事家〉大久保利通』講談社, 2003.

않아 에토는 고치현에서 체포되어 사가로 송환되었고 4월 13일에 처형·효수되었다(사가의 난). 정부가 폭력에 폭력으로 응대한 까닭은, 명백히 사쓰마·도사에 본보기를 보이기 위함이었다.

시마즈 히사미쓰의 기용과 기도·이타가키의 복귀

도쿄 정부는 이렇게 해서 분열 후 최초의 위기를 헤쳐나갔다. 그러나 도쿄에서도 커다란 문제가 발생했다. 기도가 타이완 출병에 항의해 사표를 제출했으며 시마즈 히사미쓰를 사이고 등과 단절시키기 위한 회유책으로 4월 27일 좌대신에 임명한 결과, 히사미쓰가 메이지 정부의 개혁 정책을 내부에서 전면 부정하기 시작했던 것이다. 기도는 그 후 야마구치현으로 돌아가 마에바라 잇세이前原一誠 등 향리의 옛 동료를 위무慰撫하거나 젊은층의 경거망동을 타이르는 한편, 사족 수산授産[생업지원] 방법을 강구해 탈대脫隊 소동 관계자를 그 대상으로 넣거나 해서 조슈가 재차 반란의 근원이 되는 일을 예방하고자 힘썼다.[48] 이에 비해 히사미쓰의 등용은 정부 내에 적지 않은 혼란을 가져왔다(勝田[p.419]). 히사미쓰는 다음달에 곧바로 서양식 예복禮服·지조개정·징병제 등에 반대하며 옛 제도로 돌아갈 것을 상서하고 이를 오쿠보가 인정하지 않으면 자신을 면직시키라고 요구했다. 나아가 오쿠마를 파면하고 소에지마를 복직시킬 것까지 요구했다. 이에 대해 산조는 히사미쓰의 사직이 암살이나 반란을 부를까 걱정했지만 이와쿠라는 단호히 그 요구를 거절

---

48) 『松菊木戶公傳』下.

13.6 서남내란 – 유신 동란의 종결, 폭력과의 결별   421

했다. 그 후 히사미쓰는 자택에 틀어박혀 항의했지만 타이완 출병이 청국과의 개전 위기를 가져오자 이 문제는 일단 유보되었다. 정부는 오쿠보에게 전권全權을 위임해 청국에 파견하는 한편, 8월 말에는 개전을 대비한 준비를 시작했다. 오쿠보의 진력盡力과 주청 영국공사의 중개에 의해 가까스로 타협이 이뤄지며 전쟁을 피했다. 이렇게 대외 위기는 극복되었지만 국내 문제는 여전히 미해결 상황이었다.

타이완 사건의 해결로 오쿠보는 위신을 높였다. 전 해에 설립한 내무성을 기반으로 민력함양民力涵養에 뜻을 쏟는 한편, 정체政體 전반의 재강화를 위해 기도의 정부 복귀를 꾀했다. 이를 위해 움직인 것은 이토 히로부미였다. 이토는 시모노세키에서 기도의 의향을 듣고 그 후 도쿄와 야마구치의 중간에 위치한 오사카에서 오쿠보와 기도를 만나게 할 계획을 세웠다.[49] 오쿠보는 일부러 2개월 휴가를 얻어 오사카로 내려가 1875년 1월 초순에 기도와 회담했지만 화해에 진척은 없었다. 결국 이토를 불러 재차 회의를 거듭해 마침내 기도의 복직을 승낙받았다. 원로원·대심원 설립과 지방관회의 개최 등 제도개혁이 조건이었다. 한편 이토와 함께 주선을 맡았던 이노우에 가오루는 이타가키 다이스케에게 오사카로 올 것 또한 청했고, 전 해의 민선의원건백 취지를 감안해 입헌정으로의 점진적 추진 방침에 대한 합의를 거쳐 기도와 대면케 해 그 승인을 이끌어냈다. 이러한 절차를 밟아 2월 11일 오쿠보·기도·이타가키의 간담懇談이 성사되고 기도와 이타가키의 정부 복귀가 결정되었다

---

49)『大久保利通傳』下;『松菊木戶公傳』下.

제13장 메이지: 급진적 개혁과 무력반란

[오사카 회의].

점진적 입헌정체 수립의 공약

두 사람이 참의에 임관한 후, 이토가 정체 조사 임무를 맡아 그 안案에 기반해 4월 14일 원로원·대심원·지방관회의 설치가 포고되었다. 이 가운데 원로원은 상원에 상당하는 조직으로 주요 법령은 반드시 그 논의를 거치도록 했고, 대심원은 전국 3개소의 상등재판소와 부현 재판소 위에 위치해 이를 통할하는 최고재판소이자 이후 행정권으로부터의 사법권 독립의 전제가 되었다. 청일 간 위기로 당초보다 1년 연기되었던 지방관회의의 시행은 지방에서부터 민선의회의 경험을 쌓아올릴 출발점으로 위치지어지기도 했다. 이 때의 조칙은 "짐朕은 이제 [5개조] 서문의 뜻을 확충해 원로원을 설치하여 입법의 근원을 넓히고, 대심원을 두어 심판의 권리를 공고히 하며, 지방관을 소집해 민정을 통한 공익을 도모하니 점차 국가 입헌의 정체를 세워 뭇 사람들衆庶과 함께 그 결실에 의지하고자 한다"고 했다. 입헌정체 도입에 관해 대략적인 전망을 제시한 것에 불과하지만 천황이 스스로 선언하고 공언한 점은 이후 정부 내외에 커다란 영향을 불러오게 된다.

이러한 이른바 오사카 회의는 기도와 이타가키의 복귀에 의해 시마즈 히사미쓰를 견제하고 동시에 도사의 분리지향을 억제하는 의미도 있었다. 그러나 참의가 된 이타가키는 원로원 장정章程을 심의하면서 천황 권한의 제한을 주장하는 등, 본래의 급진론으로 되돌아가 기도의 점진론과 대립하기 시작했다.

한편 히사미쓰는 산조·이와쿠라에게 앞서 제출한 복고 건의에 대한 회답을 끊임없이 요구했다. 이를 달래기 위해 두 사람은 일단 히사미쓰를 원로원 의장으로 앉히는 것을 고려했다.[50] 이는 실현되지 않았고 실제로는 아리스가와노미야 다루히토^{有栖川宮熾仁} 친왕이 의장에 취임했다. 그 후 이와쿠라는 타이완 출병 실책^{失策}[51]의 충격으로 칩거해 요양 생활을 보냈다. 9월이 되자 재차 세 대신 사이에 협조를 도모했다. 그러나 히사미쓰는 어디까지나 복제^{服制}와 역제^{曆制}의 복고에 구애되었고 나아가 민권론에서는 대극에 있었을 이타가키가 제창한 내각·성경^{省卿}분리에도 동조하기 시작했다. 마침 조선에서 강화도 사건이 발생하자 정부는 재차 긴장으로 뒤덮였으나 이타가키와 히사미쓰는 그들의 지론^{持論}을 멈추지 않고 주장했고 산조의 파면까지 상주하기에 이르렀다. 천황이나 정부 수뇌가 이를 받아들일리 없었다. 결국 두 사람은 10월 말 동시에 정부를 떠나게 되었다. 이렇게 해서 정부 내부의 혼란은 수습되었지만 도쿄 정부는 또다시 사쓰마와 도사의 위협에 직면하게 된 것이다.

---

50) 『岩倉公實記』下, p.262.
51) 류큐 표류민 살해를 구실로 시작된 타이완 침공은 '무조건 즉시 철병'을 요구하는 청 측의 강한 반발을 샀고 영국을 비롯한 열강들도 청의 주장에 동조하며 일본의 행동을 비판했다. 이에 더하여 현지 풍토병(열대성 질병)으로 500여명의 병력을 잃는 등 고전을 면치 못했다. 이와쿠라는 병력 손실과 대외적인 체면의 실추에 대해 책임을 지고 사직의 뜻을 밝혔다.

제13장 메이지: 급진적 개혁과 무력반란

공론과 정부 비판의 고양

한편 이타가키가 오사카 회의 후에 애국사愛國社를 설립하고 여기에 더하여 입헌정체 조직이 공포되자 민간에서는 신문·잡지를 무대로 공론이 달아 올랐다. 이를 상징하는 잡지로『평론신문評論新聞』이 있다(三谷[p.399]). 1875년 3월 창간된 이 잡지는 아카데믹한 기사로 세상을 계몽한『메이로쿠 잡지明六雜誌』[52]와 같은 소형 잡지로, 거대 신문사의 인쇄기가 비어 있는 시간을 이용해 부정기 간행되었다. 정보 제공이 아닌 '평'과 '논'의 게재에 특화되어 독자 투고에 대부분을 의존했고 같은 지면에 복수의 의견을 병렬한다는 독특한 편집방침을 취했다. 개화론, 수구·복고론, 민권론, 국권론도 게재되었다. 그러나 이해 6월 정부가「개정 신문지조례」와「참방률讒謗律[53]」을 공포하고 편집자가 교체된 후에는 정부 공격에 전념하게 되었다. 가고시마 출신자의 경영 아래, 오쿠보 도시미치의 청일담판은 성공적이라 할 수 없다고 폭로하고 강화도 사건이 일어나자 정한을 주장했으며 끝내는「압제정부는 전복되어야 함을 논함」이라는 인민의 저항권·혁명긍정론을 주장하는 투서까지 게재했다. 정부는 편집자를 체포하며 압력을 가했지만 도리어 정부비판은 급진화되고 발행부수도 늘려, 1876년 7월에 발행 금지될 때까지 편집책임자가 25명이나 체포될 정도였다. 발행부수는 많지 않았으나 문제는 이것이 가고시마에서 환영받았다는 점이다.

---

52) 이새봄 역『메이로쿠 잡지』빈서재, 2021; 김도형·박삼헌·박은영 역『메이로쿠잡지』세창출판사, 2025.
53) 자유민권운동을 탄압하기 위해 제정된 언론·출판 단속법. 현재의 명예훼손죄에 해당한다.

이를 읽은 가고시마 인사가 도쿄 정부는 전제정부에 다름 아니고 수도는 강한 불만을 가진 여론으로 넘치고 있다고 믿게 만들어도 이상하지 않을 내용이었다.

가고시마의 반정부체제

가고시마에서는 사이고 귀향 후 새로운 변화가 일어나고 있었다. 사이고는 그저 고향에서 농사를 짓고 사냥을 하거나 온천 요양으로 심신을 달래고 있었는데 그를 좇아 되돌아 온 구 근위병은 가고시마에 새로운 군사조직을 만들어 젊은이들을 끌어들이고 나아가 현정縣政도 좌우하기 시작했던 것이다.[54] 1874년 6월, 가고시마 성내에 사학교私學校를 세우고 그 총대銃隊 학교는 전 근위국장관 시노하라 구니모토, 포대 학교는 전 궁내대승 무라타 신파치村田新八가 지도하는 것으로 하여 현내 각지에 분교를 세웠다 (猪飼[p.425]; 小川原[p.425]). 사이고나 기리노 등의 상전록賞典祿을 밑천으로 무진 전몰자 자제를 위한 학교도 세웠다. 이들 학교는 젊은이들에게 무사도를 닦고 유사시 일신의 희생을 마다않도록 이끄는 것을 목표로 삼았고 사관 양성을 위해 외국인 교사도 고용했다. 또한 옛 하사관을 위해서는 가고시마 북방에 요시노개간사吉野開墾社를 세워 수산授産과 심신 단련의 방책으로 삼았다. 가고시마 현령은 다른 곳과 달리 현지 출신인 오야마 쓰나요시였는데 오야마는 이들을 원조하고 더욱이 지조개정 실행을 위해 사이고에게 의뢰해 각 구장區長

---

54) 이하, 주로 小川原正道 『西南戰爭』 中央公論新社, 2007; 家近[p.411]; 猪飼隆明 「士族反亂と西鄕傳說」, 松尾正人編 『明治維新と文明開化』 吉川弘文館, 2004에 의함

제13장 메이지: 급진적 개혁과 무력반란

이나 호장戶長·학교장 등에 사학교 인재를 임명했다. 그 결과 가고시마현은 사학교가 지배하는 독립국과 같은 모습을 보이기 시작한 것이다.

사학교는 『평론신문』에 「확의確議」라는 제목으로 격문을 공표해 서구에 대한 일본의 굴종을 치욕으로 보고 정부와 '양벽洋癖'을 비난, '천하의 사족'은 이를 교정할 책임을 맡아야 한다고 주장했다. 도쿄 정부는 대외적으로는 유약하면서 안으로는 '전제' 정부이며 부패가 만연해 있다는 것이 사학교 공통의 이해였다.[55] 막말 막부 비난을 계승한 발상이라 하겠다.

사이고는 쇠퇴를 만회할 기회는 대외 위기와 함께 찾아오고 그때야 말로 가고시마 사족을 유용하게 사용할 수 있으리라 기대했다. 그러나 타이완을 둘러싼 위기는 사라졌고 가라후토를 둘러싼 러시아와의 긴장은 1875년 5월 가라후토–지시마 교환조약으로 해소되었으며 정부 하야의 계기가 되었던 조선 문제도 1876년 2월 조일수호조규 체결로 해결되었다. 사학교가 축적한 울분·불만은 어디로도 풀 수 없게 된 것이다. 그들은 일상적인 근로를 통해 몸을 단련하고 사회에도 공헌한다는 발상을 결여하고 있었다. 동란을 기회로 전공을 세위 일거에 영직榮職에 오르는 길밖에 염두에 두지 않았던 것이다. 그러한 가운데 도쿄 정부는 1876년 3월에 칼 착용 금지, 8월에는 가록의 최종처분을 결정했다. 그들은 금전 문제에 불만을 드러내지 않도록 교육받았으나 내심 사족의 존재 가치를 부정당한 것이

---

55) 小川原正道『西南戰爭と自由民權』慶應義塾大學出版會, 2015.

라 느끼고 들끓어 올랐음이 틀림없다. 기리노는 사이고의 외환外患 대망론은 이제 구시대적이라고 조소했다(小川原[p.425]). 가고시마는 도쿄의 '간신을 쳐내고 백성의 질고疾苦를 구제하자', '내정을 개혁하고 민권을 펼치자'라며 정부타도를 위한 거병을 꾀하려는 열광적인 공기로 가득차 갔다.

서국의 여러 반란과 사이고의 거병

서국에서는 작은 반란이 계속 이어졌다. 1876년 10월 24일에 우선 구마모토에서 경신당敬神黨이 궐기해 구마모토현령과 구마모토 진대 사령장관 등을 참살했다. 경신당은 결기일을 제비뽑기로 결정하고 서양식 총도 기피한다는 집단이었기 때문에 곧 진대병에 의해 진압되었다. 그 3일 후에는 아키쓰키秋月의 사족이 궐기했고 다음날에는 조슈 하기萩에서 마에바라 잇세이 등이 반란을 일으켰다. 이들 인원은 모두 2,300명으로 상호 연계도 충분하지 않아 단기간에 진압되었다.

가고시마에서도 호응하고자 하는 목소리가 높아졌지만 사이고는 일단 이를 억눌렀다. 그러나 다음해 1월 말, 정부가 증기선을 보내 가고시마의 탄약고에서 탄약 회수를 시도하자 사학교당은 탄약고를 습격해 무기·탄약을 약탈했다. 천 명 이상이 가담했다고 하므로 이 시점에서 사실상 반란이 시작되었다. 사이고는 급보를 받고 가고시마로 돌아가 2월 5일 기리노·시노하라 등 간부들과 회의했다. 이보다 앞서 내무성 경시국장 가와지 도시요시川路利良(가고시마 출신)는 정세 탐색을 위해 가고시마 출신 경관 십수 명을 보냈는데 사학교당은 그 일부를

제13장 메이지: 급진적 개혁과 무력반란

붙잡아 고문해 사이고 암살계획을 자백하게 했다. 이에치카 家近가 지적하듯, 사이고는 처음에는 경거망동에 분노했지만 이같은 음모가 드러나자 태도를 바꾸어 진심으로 도쿄 정부의 타도를 결심했던 듯하다. 사학교당에 의한 교묘한 정보 조작에 사로잡힌 것으로 보이나 사이고는 한발 더 나아가 가와지의 배후, 즉 오쿠보가 주모자임에 틀림없다고 믿었다. 그는 오야마 현령을 통해 거병 이유로 '정부에 심문할 사항이 있음'을 공표했다. 사이고는 앞선 정변에서 오쿠보에게 배신을 당했다고 생각하며 그 이면 공작을 무사로서 있을 수 없는 비열한 행동이라고 보았다. 이러한 선입관이라면 밀정을 암살자라 바꿔 읽고, 그 장본인을 오쿠보로 보는 해석을 받아들이기 쉬워진다. 확실히 그의 싸움은 비타협적이었다. 산을 넘고 넘어 가고시마로 되돌아오기까지 싸움을 계속한 집념은 오쿠보가 또한번 배신한 것에 대한 항의였다고 생각해야 비로소 이해 가능하지 않을까.

사쓰마의 원정군 조직은 신속했다[그림 13-2]. 우선 성하城下 사무라이(가고시마성 아래 사는 번사)와 병참군 약 1만 6천 명을 7대대로 편성하고 2월 15일부터 차례로 구마모토 진대를 향해 출발했다. 대설大雪 속의 행군이었지만 19일에는 벌써 근방에 도착했고 21일에는 성하로 침입해 공성전을 시작했다. 이에 비해 19일, 전보를 통해 정부로부터 정토를 명받은 구마모토 진대는 다니 다테키 사령장관 하에 병력 부족(약 3천 수백 명)을 고려, 농성전을 채용하고 저항에 들어갔다. 사쓰마군은 쉽사리 함락할 수 없다고 판단해 22일에는 주 병력의 북상을

13.6 서남내란 — 유신 동란의 종결, 폭력과의 결별

13-2. 서남내란 약도[56]

결정했다. 정부 측은 고쿠라小倉 분영 제14연대를 급파해 맞서 싸웠지만 구마모토 북방의 다바루자카田原坂 아래까지 후퇴해야

제13장 메이지: 급진적 개혁과 무력반란

했고 이후 전투는 주로 이 언덕을 둘러싸고 전개되었다. 정부 측의 대응은 신속해 22일에는 이미 후쿠오카에 제1·2여단이 상륙했고 25일에는 전선에 도착했다. 하지만 다바루자카의 싸움은 교착상태에 빠져 정부군이 돌파하기까지 약 1개월이나 이어졌다. 한편, 구마모토 진대에서는 농성이 길어지며 식량과 탄약 부족으로 4월 중반까지밖에 유지할 수 없는 상태였다. 이를 거울삼아 관군은 구마모토 남쪽 배후로 군대를 보내기로 하고 3월 하순, 두 지점에 군대를 상륙시켜 야쓰시로八代를 넘어 북상하게 했다. 그 결과 4월 14일 구마모토성 입성에 성공하며 구마모토 공방전은 끝이 난다.

사쓰마군은 규슈 서측에서는 북상에 실패했지만 그 후 남하해 히토요시人吉에 진을 펼쳤으며 6월 초에 이를 공략당하자 동해안 미야자키로 옮겨 재차 북상을 시작했다. 앞서 오이타大分 방면을 향한 별동대가 3천 정도 있었기에 이와 합류하면 교통 요충지 고쿠라·간몬 해협까지 공격해 올라 갈 수 있었을지도 모른다. 다만 히토요시가 함락된 후에는 식량, 탄환 부족에 시달렸고 도망치는 자가 연이었다. 도망자 대부분은 구마모토 퇴각 후에 강제적으로 동원된 외성(번내 각지에 놓여져 있던 지배거점)이 사무라이었는데 사학교당으로 살아 남은 자는 여전히 의기충만했다. 그렇다고는 해도 정부군은 병시·무기·탄약·식량을 풍부하게 동원할 수 있었기에 그 후의 싸움은 사실상 추격전이 되었다. 7월 31일에 미야자키가 함락된 후, 북으로 향한 사쓰마군 약 3500은 8월 중순, 노베오카延岡에서

---

56) 小川原正道 『西南戰爭』 中央公論新社, 2007을 바탕으로 작성

결전에 나섰다. 전투가 한창 벌어지는 와중에 각 지방에서 참전한 부대들은 차례차례 관군에 항복했다. 17일, 사이고는 군해산을 선언하고 육군대장 군복을 소각한 후 심야에 포위망을 돌파해 에노다케可愛嶽로 기어올라 모습을 감추었다. 이 때 탈주에 성공한 장병은 약 500이었는데 그들 대부분은 규슈의 등뼈를 이루는 산맥을 종주한 후 9월 1일 돌연 가고시마에 모습을 드러내 이를 점령하고 시로야마城山에 진을 펼쳤다. 정부 측이 포위작전을 취한 결과, 전쟁은 길어졌고 투항 권고를 거절한 사이고 등이 싸움 중에 사망한 것은 24일이었다.

서남내란의 수수께끼

이 서남내란에는 이해하기 어려운 점이 많다. 도쿄 정부를 공격하고자 했다면 왜 막말을 모방해 직접 병사를 도쿄만灣으로 보내지 않았던 것일까. 용선傭船이 적었다고는 해도 정예병을 보내면 정부는 당황했을 터이다. 사쓰마 군대는 육상을 통해 대군이 북상하는 길을 취했다. 이에 합리적 이유를 찾는다면 가는 길마다 응원이 쇄도한 것밖에 없다. 실제 구마모토에서는 이케베 기치주로池邊吉十郎와 민권론자 미야자키 하치로宮崎八郎(한 때 『평론신문』에 관여) 등 협동대協同隊가 참전했고 동해안의 휴가日向에서는 노베오카·다카나베高鍋·후쿠시마·사도와라佐土原·오비飫肥·미야코노조都城 등이, 또 오이타현 나카쓰中津에서도 유지有志 사족들이 모였다(小川原[p.426]). 그들은 도쿄의 '전제專制' 비판이라는 공통항을 가지고 있었다고 한다. 그러나 규슈 이외에서 응원은 드물었다. 호응하기 위해 사태를

제13장 메이지: 급진적 개혁과 무력반란

주시하던 도사도 움직이지 않았다. 유신 정치가가 종종 참조한 중국에서의 왕조 말기와 같이, 같은 편을 눈덩이처럼 늘려 정부를 압박하기 위해서는 명확한 대의명분이 반드시 필요했다. 사이고는 유별나게 대의를 중시하는 인물로 제1차 조슈 정토나 정한론 논쟁 시에는 스스로 그 의의를 역설했다. 바로 그 사이고가 이같은 일세일대의 대반란을 일으키고는 아무말도 하지 않았다. 수수께끼라 말할 수밖에 없다.

어찌되었든 서남내란은 약 1만 4천여 명이라는, 무진내란 전체에 필적할 만큼의 희생자를 내고 끝났다. 사망자가 적은 메이지 유신 가운데 드물게도 격렬한 대규모 전쟁이었다. 특히 모든 것이 동원된 가고시마현에서 젊은층의 희생이 두드러졌다. 그러나 가고시마에서 사이고를 원망하는 목소리는 적다. 반대로 오쿠보 등 당시 관직에 있던 자들에 대한 냉담함은 지금까지도 이어지는 듯하다. 이 또한 커다란 수수께끼다.

무력 반항과의 결별

일본 전체로 눈을 돌리면 이 싸움은 무진내란이 낳은 군란 시대에 종지부를 찍었다. 지방에 남은 최대 군대를 괴멸시킴과 동시에 반정부 운동의 형태를 바꾸었다. 사쓰마군에 호응할 기회를 엿보던 이타가키 등 도사 민권파는 중도에 이를 단념했고 여전히 무력 반란을 노린 자들은 남김없이 체포되었다(小川原[p.426]). 폭력 행사를 어쩔 수 없이 단념한 재야 정치가들은 이후 오로지 언론에 기댈 수밖에 없었다. 세계의 근대사는 민주화 초기에 폭력과 언론이 손을 잡고 등장하는 것을 보여주고 있다.

양자가 언제, 어떻게 결별하는지가 근대사의 긴요한 지점인데 일본의 경우 사이고가 일으킨 대규모 내란이 역설적으로 폭력과 결별하는 관문이 되었던 것이다.

이듬해인 1878년 5월 14일, 이제 문자 그대로 메이지 정부의 중추가 된 오쿠보는 사족 수산 상담을 위해 방문한 후쿠시마 현령 야마요시 모리스케山吉盛典에게 다음과 같이 이야기했다.[57]

> 본래 황정皇政 유신 이래 이미 10년의 세월이 지났지만 작년에 이르기까지는 병마兵馬의 소요로 불초한 저 도시미치가 내무경 자리를 맡았음에도 아직 하나도 진력하지 못했습니다. 뿐만 아니라 동분서주하며 해외로 시찰하는 등, 직무에 힘쓰지 못했기에 송구하기 이를데 없으나 시세가 부득이한 바가 있었습니다. 이제야 일이 마침내 평온해졌습니다. 이제 힘써 유신의 성의盛意를 관철하고자 합니다. 이를 관철하기에는 30년을 필요로 합니다. 임시로 이를 삼분三分하여 메이지 원년[1868]에서 10년에 이르기까지를 제1기로 하니 병사兵事가 많은 즉, 창업기입니다. 11년[1878]부터 20년까지를 제2기로 합니다. 제2기는 가장 긴요한 시간으로 내치를 정비해 민간 산업을 늘리는 것이 이 때입니다. 저 도시미치, 불초하지만 충실히 내무의 직무를 다할 것을 결심했습니다. 21년[1888]부터 30년에 이르기까지를 제3기로 하며 그 수성守成은 후진後進 현자가 계승·수식修飾하길 기다리는 것, 이것이 바로 저 도시미치 평소의 뜻입니다. 때문에 제2기 중의 사업은 깊이 신중함을 가하여 장래에 이을 기반을 만들고자 합니다. ……

---

57) 勝田孫彌 編『甲東逸話』富山房, 1928.

제13장 메이지: 급진적 개혁과 무력반란

그 직후 오쿠보는 황거皇居로 향하는 도중 흉도의 손에 쓰러졌다. 그가 위에서 제시한 과거·미래에 대한 전망은 서남내란의 발발과 종결에 의해 비로소 가능하게 되었다. 오쿠마나 이토 등 '후진 현자'도 확실히 메이지 10년까지의 시대를 만든 뛰어난 정치가였다. 그러나 막말부터 '왕정·공의'의 일본을 목표로 분투하고 무진내란이 가져온 전쟁에의 유혹을 이렇게 매듭지은 선진先進이 없었다면 그들의 일은 더욱 어려웠음에 틀림없다.

종장 : 비교와 글로벌화에서 본 메이지 유신

지금까지 메이지 유신(1853~1890년)으로 근세의 정치체제와 사회가 변화해 간 궤적을 따라왔다. 이 혁명은 구조의 변화라는 점에서 보면, 1853년의 페리 내항으로부터 1890년의 국회 개설까지 약 37년의 세월을 요했지만, 동란의 기간으로만 한정하면 1858년의 정변에서 1877년의 서남내란까지 약 20년이 걸렸다. 어느 쪽의 관점을 취하든 다른 대규모의 혁명과 마찬가지로 유신은 긴 기간을 필요로 한 것이다. 이 책을 마무리하면서 먼저 유신에서 생긴 변화를 주요 사건과 구조 변혁을 들어 개관하고, 이어서 다른 근대 혁명과 비교하며 유신이 일반적 혁명의 이해에 보탬이 되는 가능성을 고찰한다. 마지막으로 19세기 글로벌화와 유신의 관계를 생각해 보고자 한다. 글로벌화가 일본에 준 영향과, 반대로 유신이 세계 질서에 미친 충격,

종장 : 비교와 글로벌화에서 본 메이지 유신

특히 '(동)아시아'라는 지역 개념을 탄생시킨 양상을 검토하며 마무리짓고자 한다.

1. 변혁 과정의 개요

대외 관계

메이지 유신의 계기는 1853년의 미국 사절단의 내항이었다. 19세기 서양이 추진해 간 글로벌화가, 약 210년 남짓 주변국과 네덜란드를 제외하고는 교제가 없었던 일본에 밀려들었을 때이다. 미국의 개항 요구 앞에서 일본은 쇄국 정책을 그만두고, 서양 제국과 관계를 여는 쪽으로 외교 정책의 근본적 전환을 할 수밖에 없게 되었다. 잘 알려진 대목이다. 그러나 이 전환이 완전히 수동적으로 이루어지지는 않았다. 오히려 도쿠가와 정부는 18세기 말 러시아와의 접촉 이래 약 60년에 걸쳐 서양 국가들과 미래에 발생하게 될 분쟁에 어떻게 대처할 것인가에 대한 사고실험思考實驗을 거듭하고 있었다. 그 근간은 우선은 쇄국을 유지하는 것, 분쟁이 생겨도 확대시키지 않는 것, 그리고 만일 무력 충돌이 생길 경우를 대비하여 해안을 방비하는 것이었다.

이 지침은 1830년대 말에 중국에서 제1차 아편전쟁이 생겼을 때 강하게 의식되었다. 다만 거의 동시에 추진되었던 국내 개혁이 실패하자, 해안 방비의 강화는 불가능해졌다. 그 결과 서양이 개국을 강요할 경우, 전쟁 회피를 우선 삼아 쇄국 포기를 선택할 수 있다는 가능성이 출현한 것이다. 페리 내항 직전의 도쿠가와 정부는 겉으로는 쇄국 유지에 노력했으나 관료들 가운데는 무역의 개시에 의한 해방海防 강화를 제창하는 자도 있었다. 이처럼 미리 다양한 선택지가 검토되었기 때문에 미국 사절이 도래했을 때, 그들의 태도에 맞추어 융통성 있게 대응할 수 있었다. 사절은 의외로 무역이나 국교에 집착하지 않았고, 두 개의 항구를 열어 물자를 공급하는 것만으로 만족했다. 정부는 이에따라 국내에의 충격을 완화하고, 동시에 외교 정책의 근본적 전환을 모색할 시간을 확보했다. 우호국 네덜란드가 나가사키에서 해군 전습傳習을 시작하자 일찍이 연구해 오던 서양의 기술적·경제적 탁월성과 세계의 현상을 확인한 정부는, 무역의 개시를 결정하여 1857년에 먼저 네덜란드·러시아와 통상조약을 맺었고 1858년 미국 사절과 무역뿐만 아니라 국교까지 시작하는 조약을 체결했다. 동 시대의 중국이 서양과 두 차례 전쟁한 데 비해, 일본은 이상의 준비를 기초로 전쟁 없이 그 동안의 오랜 외교 원칙을 전환하고 서양과 국교·통상을 시작했다. 이는 장기적인 위기를 의식한 준비가, 위기의 현실화에 유효하게 기능한 보기 드문 역사적 사례라 하겠다.

그러나 그 후의 전개는 우여곡절을 겪었다. 통상의 조약이 국내로부터 강한 반대를 받았던 것이다. 하나는 정부가 그때까지는 전국 정치의 권역 밖에 두고 있던 교토의 조정에 조약 칙허를 구하여 반대에 부딪힌 것, 또 하나는 이 문제가 쇼군의 후계자 결정 문제와 얽히며 도쿠가와 정부가 여러 대다이묘를 일제히 처벌하는 조치에 나선 데 있었다. 1858년의 이 정변으로 조약은 정통성에 상처를 입었다. 1860년에 다이로가 암살된

종장 : 비교와 글로벌화에서 본 메이지 유신

뒤에는 당시까지 금기였던 정부 비판이 공공연히 이루어졌고, 위로는 대다이묘가 전국 정치에 진출하고 아래로는 다양한 지식인이 존왕양이 운동에 뛰어들며 정계는 일거에 혼란에 빠졌다. 가령 1858년 정변과 무관했던 조슈는 당초 개국론을 내걸고 조정과 막부의 화해를 노렸으나 1862년에는 180도 바뀌어 파약양이론을 내세우며 존양 운동의 선두에 섰다. 일부러 서양과 전쟁을 일으켜 국내의 발본적 개혁의 기폭제로 삼으려 한 것이다. 도쿠가와 정부는 이 움직임을 유화하기 위해 천황의 바람에 따라 조약 축소를 도모했으나, 국내에서의 효과는 없었다. 서양 각국은 일단 그 노력에 협력했지만, 양이의 소굴로 보았던 사쓰마와 조슈에 무력 제재를 가한 뒤 두 번藩에 개국의 의사가 있음을 알게 되었다. 이에 서구는 도쿠가와 정부가 천황과의 약속을 지키기 위해 거듭 요구한 요코하마 쇄항을 일축하고, 나아가 4개국 연합 함대를 효고에 보내 쇼군과 천황을 압박하여 1865년, 천황으로부터 조약 칙허를 쟁취했다. 이듬해 정부는 일본인의 해외 도항 금지를 풀었고, 근세 초부터 유지되어 온 쇄국 체제는 이로써 해소된 것이다.

국내의 변혁 : 능력과 지위의 불일치, 공의 요구 운동

국제 환경의 변화는 국내의 변혁도 불러일으켰다. 송래에 이 변혁은 존왕양이 운동을 중심으로 이해되어, 그 주역은 하급 무사였다고 해석되어 왔다. 이 책은 그 해석이 잘못되었다고 본다. 정치 동란은 1858년의 정변에서 시작되었지만, 그 주역은 대다이묘 일부와 조정이었다.

근세에 일본 전체를 아우르는 정책 결정은 도쿠가와 정부가 독점했고 조정은 물론 대다이묘에게도 발언권이 없었다. 도쿠가와의 정치를 맡은 로주에는 중소中小 다이묘만이 임명되었고, 대다이묘는 경제적·군사적 실력을 가지면서도 발언의 장이 없었던 것이다. 그들 일부는 개국의 위기에 즈음하여 발언권을 요구하기 시작하여 '공의·공론'의 이름 아래 도쿠가와의 전관 사항이었던 쇼군 후계 문제에 개입, 히토쓰바시 요시노부를 후계로 세워야 한다고 주장했다. 그 주체는 가몬家門인 미토와 에치젠, 도자마 사쓰마·도사·우와지마로, 도쿠가와 본가와의 관계를 불문하고 제휴하여 전국 정치에의 개입을 꾀한 것이었다. 동시에 조정도 정치적 발언을 시작했다. 도쿠가와가 전례를 깨고 천황에게 조약안의 승인을 구했을 때, 이에 반대하며 국내 다수의 지지를 모았던 것이다. 조정과 대다이묘라는 국내에서 가장 높은 지위를 가진 집단이, 마지막에는 세습 신분제의 해체를 초래하는 정치 운동의 도화선에 불을 붙인 것이다.

근세에는 곳곳에서 '지위의 비일관성'이 보였다. 권위의 정점에 있는 조정에 결정권이 없고, 대다이묘도 도쿠가와 정권에 들어갈 수 없었다. 한편으로 인구가 많은 하급 무사와 서민 상층에 재능 있는 자들이 다수 분포했다. 이러한 미스매치는 18세기 말부터는 '권 있는 자에게 녹을 주지 않고, 녹 있는 자에게 권을 주지 않는다'는 원칙 아래 의식적으로 추구되었다. 이는 신분 간의 세력 균형을 낳았고, 모든 자원을 아우르고 있는 도쿠가와의 권위와 그 아래에서의 긴 평화를 유지하는 데 공헌했다. 그러나 일단 일본 전체가 위기에 노출되고 국내의

종장 : 비교와 글로벌화에서 본 메이지 유신

자원을 정부에 집중할 필요가 인식되기 시작하자, 이 미스매치는 가장 혐오스러운 장애로 의식되기 시작했다. 히토쓰바시 옹립 운동을 맡은 에치젠 후쿠이의 하시모토 사나이는 그 운동의 목적으로 도쿠가와 정부에 대다이묘뿐 아니라 다이묘의 가신이나 서민도 신분에 관계없이 등용하는 것을 들고 있다. 그는 무사 신분의 의사醫者로, 본래는 일반 무사와 달리 정치적 발언을 할 수 없었음을 괴로워했기에 이러한 미스매치의 해소책을 제안한 것이다. 조슈를 양이 운동으로 끌어들인 구사카 겐즈이도 무사 신분의 의가醫家 출신이었다. 이러한 주변부의 인물들이 유신에서 가장 급진적인 개혁 구상을 세운 것이다.

1858년에 시작된 정치 동란은 10년 뒤인 1868년에 두 군주 중 하나, 천황에게 정권이 집중되며 해결되었다. 그 과정은 극히 완만하여 1858년에 등장한 대다이묘들이 거듭 '공론'의 제도화, 정권 참가를 요구했음에도 도쿠가와 쇼군과 로주들은 정권 독점을 멈추려고 하지 않았다. 1867년, 그때까지 교섭에 의존해 왔던 사쓰마는 왕정복고를 기치로 무력 동원의 압력을 가하는 방침으로 전환하고, 도쿠가와와 적대하고 있던 조슈와 동맹에 들어갔다. 동시에 도사는 왕정복고 후에 의회와 유사한 제도를 설치할 것을 제안하며 마지막 쇼군을 설득, 조정에 자발적인 정권 이양을 하도록 했다. 그 후에는 왕정복고 정부에서 도쿠가와가 차지해야 할 지위에 관한 교섭이 거듭되었다. 1868년 1월의 쿠데타 전에도 후에도 그러했으나, 결국 참지 못한 도쿠가와 측이 전쟁에 호소하고 삿초 군대에 패퇴하며 해결되었다. 주도권을 영원히 잃게 된 것이다. 왕정복고 정부는 포고를 통해 전국에서 신분을 불문하고 인재를 모을 것을 선언하고, 5개월 뒤 최초의 기본법에서 차관 이하에 무사는 물론, 서민까지도 등용한다고 명기하며 이를 실행해 갔다.

국내의 변혁 : 폭력에의 유혹

신정부는 성립 직후 일본 서부·중부 지역에서 지지를 모았고 나아가 당면한 적수였던 도쿠가와 본가의 무혈 개성開城에도 성공했다. 그러나 동북의 다이묘들은 신정부를 삿초 괴뢰 정부로 간주하며 무력 저항에 나섰다. 격전은 약 반년에 이르렀다. 반란의 중심 아이즈가 함락된 후에도 하코다테의 고료카쿠에서 농성하며 저항한 자도 있었으나, 이듬해 여름에 항복했다. 왕정복고 쿠데타를 전후로 삿초 내부에는 왕정복고에 이어 다이묘도 폐지해 '쌍두·연방'의 일본을 '단두單頭·단일'로 바꾸려는 지도자가 있었다. 그렇게 되면 다이묘끼리의 세력 다툼은 무의미해졌을 터이나 동북의 다이묘들은 그 가능성을 전혀 생각하지 않았던 것이다.

동북 내란의 진압 후 삿·초·도·히 다이묘은 영토·영민을 고대와 같이 천황에게 반환할 것을 제안했다. 정부는 자문 기관인 공의소에서 다이묘의 대표에게 이를 제안·심의케 한 뒤, 1869년에 다이묘의 토지와 인민의 반환을 명했다. 당분간은 다이묘에게 종래의 영지를 통치하게 하면서 중앙집권을 준비해 1871년, 마침내 다이묘의 폐지를 단행했다. 이는 무사의 총해고를 의미했으나, 사가 등 극히 일부를 제외하고 반항하는 자는 없었다. 그 원인은 아직 수수께끼로 남아 있다. 중앙집권에

종장 : 비교와 글로벌화에서 본 메이지 유신

성공한 정부는 이후 정치·경제·문화 전반의 서양화를 목표로 했다. 최상층 지도자 절반이 미국과 유럽 시찰에 나선 사실은 이를 단적으로 보여준다.

그러나 1868년 내란의 결과 패자가 아닌 승자 내부에서 폭력에 유혹된 집단이 생겼다. 도쿄 정부에 고용되지 않은 자는 전쟁 이후의 군대 해산에 저항하거나, 다음 내란에 편승하여 정권을 탈취하고자 하는 꿈을 꾸게 되었다. 그 중에서도 가장 유력했던 사쓰마와 도사의 군대는 해산은 커녕 군사력 강화에 힘썼다. 정부는 이들을 도쿄로 모아 천황 친위군으로 삼으며 달래고자 했다. 그러나 1873년에 사쓰마와 도사의 지도자들은 정한征韓을 둘러싼 정부 내의 다툼에서 패한 뒤 병사와 함께 귀향하며 언제라도 무력 반항할 수 있는 태세를 갖추었다. 1877년, 사쓰마가 일으킨 반란으로 규슈에서 대규모 전투가 벌어졌고 정부는 가까스로 진압했다. 도사는 이에 동조하는 태세를 초기에 보였으나 사쓰마 군의 진격이 멈추자 방관하는 태도로 돌아섰고, 패배 후에는 정부 대항의 방법을 무력 반란에서 언론을 통한 국회 개설 운동으로 전환했다. 정부의 무력 진압과 대항세력의 전략 전환이 맞물리며 폭력으로의 유혹은 끊어졌다.

메이지 정부 성립 10년 뒤, 일본의 정치는 정부에 민간의 정치 참가를 어떻게 끌어들이는가를 둘러싸고 전개되기 시작했다. 도사가 전국에 국회 개설을 호소하자, 본래 무사뿐 아니라 재산과 교양을 가진 서민의 상층도 여기에 가담하며 운동은 급속히 전국에 퍼졌다. 정부는 이에 위협을 느꼈으나, 입헌정의 도입 자체는 '네이션 빌딩'에 불가결하다고 믿었기에 민권 운동을 힘으로 배제하지는 않았다. 그 결과 정부는 천황의 이름으로 헌법을 공포하고, 양원제 의회 중 하나를 민선에 의한 중의원으로 하여 귀족원과 거의 동등한 권한을 부여했다. 의회 개회 후 총선거에서는 민당 측이 다수를 차지했다. 예산과 법률에 중의원의 동의를 얻어야 했던 정부는 양보를 거듭한 결과, 1898년에 마침내 정당 내각을 인정하기에 이르렀다. 러일전쟁 후에는 관료와 의회 다수당이 교대로 내각을 조직하는 관습이 시작되어, 서양을 모범으로 삼은 입헌정치는 1920년대에 일단 정착을 보았다.

일본에서의 정치 참가는 대다이묘의 운동에서 시작해 왕정복고 후에는 서민의 정치 참가로까지 확대되어 갔다. 이 사이 왕정복고와 폐번이라는 거대한 국가 구조의 변혁이 이루어져 1868년과 1877년 두 차례에 걸친 대규모 내란을 겪기도 했으나, 이를 가까스로 극복하며 대국적으로는 순조롭게 국민 형성이라는 과제를 달성해 간 것이다.

2. 국내의 구조 변화

그렇다면 이 사이에 무엇이 변했을까. 국내의 변화를 1853년과 1890년의 양상을 비교하여 관찰해 보자. 정체政體에 관해서는 우선 '쌍두·연방'의 국가가 '단두·집권'의 국가로 변한 것을 들 수 있다. 근세 일본은 군주가 두 명 있다는 점에서 인류사상 드문 정체를 가지고 있었는데, 연방의 구성국이 많은 점에서도 두드러졌다. 19세기 중엽에는 세계에 여러 연방 국가가 있었다. 그 구성국의 수는 미합중국이 37, 영국이 4, 유신과 거의 동시기에 통합된 독일이 26으로, 일본의 270여 개(1868년을 전후로 한 당시)는 압도적인 수였다. 그것이 반대의 극단, 한 사람의 군주를 모시는 단일 국가로 격변한 것이다.

또한 유신으로 만들어진 메이지 국가에서는 출신 신분을 넘은 인재 등용이 이루어졌다. 왕정복고 포고(1868년 1월 8일)는 신분을 불문하고 정견을 올리고 인재를 추천하도록 호소했고, 최초의 국가 기본법「정체」(같은 해 6월 11일)는 각 관청의 장관을 공가·다이묘에서 선발하는 한편, 차관 이하는 번사·서민이라도 등용한다고 규정했다. 근세까지의 일본에서는 정치적 결정권을 가진 지위에는 높은 신분을 세습하는 사람들이 부임했다. 이에 반해 메이지 정부는 출범과 함께 신분을 불문한 인재 등용을 선언한 것이다. 실제로 왕정복고 10년 뒤에는 고급 관료의 20%가 서민 출신이 되었다.[58]

한편, 사회 구조도 크게 변했다. 첫째는 세습 신분제의 해체다. 폐번에 따라 무사 전원이 해고되고 동시에 피차별 신분도 평민으로 통합되었다. 극히 일부인 황족 및 새롭게 화족으로 통합된 다이묘와 공가, 합쳐서 약 500가문만이 예외였다. 예컨대 제국의회에 설치된 양원 중 귀족원의 의원 취임 자격에서 화족은 평민보다 큰 권리를 가졌나(鳥海[p.419]). 그렇지만 1880년의 형법에서 화족은 평민과 같은 취급을 받게 되었다. 근세까지 형벌은 공가나 다이묘 등의 신분에 따라 다르게 내려졌으나,

---

58) 升味準之輔『日本政黨史論』2, p.28.

이후에는 신분을 묻지 않고 죄의 성질에 따라 형벌을 부여받도록 바뀐 것이다.[59]

이에 더하여 서민을 포함한 사회 여러 방면에서 근세의 각종 관습 규제가 철폐되었다. 여행·거주·직업·혼인·신앙 등 여러 규제가 사라지며 개인에게 부여된 선택의 자유는 일거에 넓어졌다. 사람들은 그 위에서 다양한 결사를 형성했다. 전형적인 예가 바로 기독교 교회일 것이다. 교회는 메이지 일본의 대도시에서 배경을 달리하는 사람들이 새로운 관계를 맺는 장으로 기능하며 한때는 상당한 사람들을 모았다.

다른 한편, 사회에서 책임의 주체는 공동체에서 개개의 가家, 더 나아가 개인으로 옮겨졌다. 예컨대 지조 개정에서는 토지의 소유자를 개인으로 특정하고, 그 개인이 납세하도록 했다. 근세에 납세는 촌 단위로 행해져 어떤 가족에 불행이 닥쳐 세 부담을 못 하게 된 경우, 촌이 이를 떠맡았다. 메이지의 새로운 조세제도는 이를 불가능하게 했다. 소유권의 확정은 안전망의 약체화를 초래한 것이다.

다만 자유화의 개혁이 여성에게는 미치지 않았다.[60] 책임 주체가 개인이 되었다고 해도, 그것은 오직 '가장家長'만을 가리켰다. 1898년에 시행된 민법은 근세 무가와 마찬가지로, 가족을 '이에家'를 단위로 규정했다. 집안의 재산은 장남이 단독 상속하는 한편, 여성은 아내든 딸이든 가장인 '호주'(통상

---

59) 大久保泰甫『ボワソナアド 日本近代法の父』岩波新書, 1977.
60) 早川紀代『近代天皇制國家とジェンダー』青木書店, 1998; 成淸弘和『男尊女卑』明石書店、2021.

은 남성)의 감독 아래에 놓였고 그 재산도 가장이 관리했다. 여성의 자기 결정권은 대폭적으로 제약된 것이다. 근세에는 중소규모의 상가에서 여성이 가업을 잇는 일도 적지 않았으나, 민법의 시행은 이를 곤란하게 했다. 상인 가문 중에서는 '이에'의 기능을 경영과 계보로 분할하여, 경영을 장녀에게 잇게 해 사위를 양자婿養子로 들여 유지하고, 호적과 제사는 아들에게 위임한다는 궁리를 짜내는 경우도 있었다.[61]

또한 유신으로 문화도 큰 변혁을 겪었다. 일본은 예로부터 한자·대승불교·유교 등 중요한 문명의 요소를 중국에 의지해 왔다. 그러나 메이지 일본은 동시대 서양의 문명을 탐욕스럽게 흡수·소화하여 국가·경제·사상의 근간으로 삼았다. 다만 종교 면에서는 다소 달랐다. 왕정복고에 동반해 정부가 신불분리[62] 방침을 내걸자 한때 폐불훼석 운동이 사납게 소용돌이쳤다. 그러나 국민 대다수는 근세와 마찬가지로 불교와 신도를 동시에 받들기를 지속해 오늘에 이르고 있다. 한편 정부는 서양의 압력 아래 그리스도교를 해금했으나 신자는 그다지 증가하지 않았다. 요컨대 메이지 이후의 일본 사회는 세속 문제에 관한 한, 문명의 근간을 중국에서 서양으로 치환하여 발전한 것이다. 이 전환은 19세기 비서양 세계에서는 극히 드문 것이었다.

이상을 감안하면 메이지 유신은 19세기 세계 속에서 가장 대규모의 혁명 중 하나였다고 해도 좋을 것이다.

---

61) 岩本通彌「商家の仕組みと營み」宮田登編『都市と田舎』小學館, 1985.
62) 불교와 일본의 전통 종교인 신도를 분리하고자 하는 정책.

3. 희생이 적은 이유 — 비교 고찰

한편, 이 혁명은 인명 희생이 비교적 적다는 특징이 있었다. 유신의 정치 동란은 1858년에 시작되어 1877년에 끝나는데 그 사이의 정치적 사망자는 대략 3만 5천 명이었다. 아케타 데쓰오^{明田鐵男}가 만든 포괄적인 희생자 인명록을 바탕으로 추산하면, 다음 표와 같다.[63] 그의 인명록은 폐번에서 끝나기에 이후는 다른 연구로 보완했다. 또한 유신기에는 민중소요가 다수 발생했다. 이는 정치적 의도를 갖지 않았지만 정계의 동란에 영향받았다는 점을 부정할 수 없다. 따라서 민중소요로 살해되거나 처형된 수 역시 여러 연구로 보완했다. 다만 막말기에 관해서는 데이터 수집이 곤란하여 제외했다. 이를 통해 얻어진 숫자를 보면 먼저 1868년의 동북 전쟁과 1877년의 사쓰마 내란의 사망자가 두드러지게 많았던 반면, 그 밖의 해에는 극히 적은 수에 머문 것을 알 수 있다. 특히 1866년의 조슈 전쟁과 1868년의 도바·후시미 전투의 사망자는 각각 550명과 415명으로 정치적 파급력에 비해 의외로 적었다.

그렇다면 유신의 사망자를 다른 혁명과 비교하면 무엇이 보일까. 혁명 당시의 프랑스 인구는 유신기 일본의 88%였으나 사망자는 1789년부터 나폴레옹 제국이 끝난 1815년까지 약 27년 동안 국내에서 약 40만 명, 대외 전쟁에서 115만 명, 합계 약 155만 명에 이르렀다.[64] 프랑스 혁명과 메이지 유신은 신

---

63) 明田鐵男『幕末維新全殉難者名鑑』全4卷, 新人物往來社, 1986.
64) Pierre Serna에 의한 숫자. 三浦信孝·福井憲弘編『フランス革命と明治維新』白水社, 2018.

종장 : 비교와 글로벌화에서 본 메이지 유신

메이지 유신에서의 정치적 사망자(명)

년도	국내 분쟁	대외 분쟁	민중 소요	합계	비고
1858	6			6	
1858	12			12	
1859	29	2		31	안세이 대옥 (1858~)
1860	50	5		55	사쿠라다문 밖의 변
1861	27	1		28	
1862	113	2		115	나마무기 사건
1863	350	11		361	사쓰에이 전쟁
1864	1577	5		1582	1차 조슈 정벌
1865	1151	3		1154	
1866	983	1		984	2차 조슈 전쟁
1867	319	1		320	대정봉환
1868	13838	15	28	13881	도바·후시미 전투, 동북 전쟁(~1869)
1869	102		7	109	
1870	271		13	284	
1871	44		49	93	폐번치현
1872			37	37	
1873			53	53	
1874	189	573	2	764	사가의 난, 타이완 침공
1875					
1876	289		15	304	하기의 난
1877	14319			14319	사쓰마 내란
1878	60			60	
합계	33729	619	204	34552	

분 차별의 해소라는 점에서 거의 비슷한 결과가 초래되었으나 희생 규모는 두 자리 수나 달랐다. 물론, 러시아 혁명이나 중국 혁명에서의 희생이 더욱 컸다는 점은 말할 것도 없다.

유신에서는 대규모의 계급 혁명, 무사 전원의 권리 박탈이 이루어졌다. 그럼에도 희생자는 적었다. 왜일까. 만약 그 원인이 규명된다면 무혈 혁명의 비결을 알 수 있을지도 모른다. 간단한 답은 없겠지만 그 조건은 정확히 검토할 가치와 필요가 있다.

우선 19세기 일본 고유의 조건을 들 수 있다. 하나는 쌍두 정치체제였다는 것이다. 신성하지만 결정권을 갖지 않는 군주와 권위는 떨어지나 결정권을 갖는 군주가 있어서, 후자가 외교에 실패했다고 여겨졌을 때 전자는 세상으로부터 압도적인 지지를 모았다. 그 결과 두 사람 가운데 손쉽게 한 사람에게만 권력을 모을 수 있었다. 체제가 붕괴하면 일반적으로는 차기 국가 지도권을 둘러싸고 격렬한 권력 투쟁이 발생한다. 쌍두국가는 때마침 그 함정을 비켜갔다. 또한 이 신성군주는 이후, 종래의 전통에 따라 헌법에 의한 군권君權 제한을 받아들였다. 이 두 조건은 어느 것도 인류사의 다른 곳에서 찾아보기 어렵다. 한편으로 유신 당시의 동북아시아에서는 이웃 나라끼리의 전쟁을 각국 모두 상정에 두지 않았다. 조선도 청조도 일본 국내에서 일어난 동란에 무관심했고 전혀 간섭하려 하지 않았다. 이는 근대의 유럽 제국이 상호 내정 간섭과 전쟁을 거듭한 것과 반대 조건이다. 이 또한 유례를 찾기 어렵다.

그러나 유신에는 다른 혁명과 비교 가능한 조건도 있었다. 희생의 많고 적음으로 문제를 좁히면, 다음과 같은 점이 중요할 것이다. 첫째로 막말의 일본이 폭력 회피의 정치 문화를 가지고 있었다는 점이다. 이 책 전반에 걸쳐 말해 왔듯이, 막

종장 : 비교와 글로벌화에서 본 메이지 유신

말·메이지초 동란기의 주요 정쟁 수단은 교섭이었다. 동북과 서남 지역에서 격렬한 전투가 발생했으나 국지전에 머물렀다. 근세의 일본인은 220여 년에 이르는 평화 속에서 가능한 한 폭력 행사를 회피하는 문화를 키워냈다. 근세 일본은 소송 사회였고 분쟁은 다발했으나, 그 해결은 폭력 행사가 아니라 상위 권력에의 소송에 맡겨졌다.[65] 이와 동일한 정치 문화가 양성된다면 분쟁의 폭력적 해결은 줄어들 터이다. 17세기의 영국은 격렬한 유혈로 혁명을 시작하여 의회에서 법과 예산을 정한다는 관습을 낳고서 종식시켰다.[66] 이로써 정착한 국민 대표제는 이후 폭력 회피의 유력한 제도로서 세계 각지에서 채용되었다. 메이지 일본도 그 대표적 사례 가운데 하나이다.

둘째는 이데올로기에의 관심과 이에 따른 논쟁이 빈약했다는 점이다. 막말에 '존왕양이'라는 슬로건이 유포되었으나 이에 대한 표면상의 반대는 없었다. 정치주장의 이론화도 빈약했다. 존왕양이론의 대표작인 아이자와 야스시의 『신론』(1825)은 '존왕양이'를 자명한 공리로 삼았다. 서양의 정치이론처럼 주장을 보다 상위이념으로 정당화하는 데 많은 지면을 할애하는 일 없이, 단지 그 이념을 어떻게 달성할 것인가만을 적었다.[67]

---

65) Luke S. Roberts, *Performing the Great Peace: Political Space and Open Secrets in Tokugawa Japan*, Honolulu: University of Hawaii Press, 2012. / ルーク·S. ロバーツ 著, 三谷博 監譯·友田健太郎 譯『泰平を演じる』岩波書店, 2022.

66) Michael Braddick, *England's Long Revolution and the Decline of Political Violence*, forthcoming.

67) 三谷博「尊攘イデオロギーの構造」『日本史のなかの「普遍」』第8章, 東京大學出版會, 2020.

한편 1860년대 초기에 가토 히로유키는 서양의 입헌 정치를 참조하여 전혀 다른 종류의 이론을 펼쳤으나 세간에는 제대로 알려지지 못한 채 끝났다(鳥海[p.419] 第2章). 따라서 막말 일본에는 정치 이데올로기의 정부正否를 다투는 논쟁은 빈약했고 정쟁은 구체적인 정책과 당사자의 이해관계에 관하여 이루어지는 데 머물렀다.

다만 미토는 예외였다. 존양 격파激派는 진정한 신봉자였고, 그 확신에 찬 행동은 반대파와 격렬한 당쟁을 낳아 타협을 불가능하게 했다. 정치적 사망자는 미토 번 내에서만 막말 일본의 40%를 차지하기에 이르렀다.[68] 여기에서는 일신교 문화권의 혁명과 유사한 현상이 보였다. 근세·근대 유럽의 정치이론 다수가 신학을 모델로 하여 특정 이념의 정당화와 다른 이념의 부정을 과제로 삼았다. 초기에는 종교의 선택, 가톨릭과 프로테스탄트의 시비였다. 이후 정치 과제는 세속화되었으나 그것을 지지하는 이론은 여전히 왕성하게 제안되었다. 종교와 세속 어느 경우든 이데올로기가 정쟁에 얽히면 타협의 여지는 빈약해진다. 일원적인 가치관에 기초해 세상을 선악으로 양분하는 세계관이 퍼지면, 정의를 휘둘러 적(과 그 내통자)을 폭력으로 배제하기 십상이다. 근대 서양은 이를 회피하기 위해 종교를 정치로부터 분리하고자 힘썼다. 그러나 그것이 성공한 뒤에도 이번에는 마르크스주의를 비롯한 다양한 세속적 진리 체계가 등장하며, 여전히 이분법적 대립을 환기시키고 있다.

---

68) 明田鐵男에 의한 산출. 미토 내란에 관해서는 山川菊榮『覺書幕末の水戶藩』岩波文庫, 1991; 水戶市『水戶市史』中卷5, 1990.

종장 : 비교와 글로벌화에서 본 메이지 유신

메이지 유신 당시의 일본인은 왕정복고를 지지하든 말든, 이를 이데올로기로 다투려 하지 않았다. 그점이 희생을 최소한에 그치게 한 것이다.

4. 19세기 글로벌화와의 관계

메이지 유신은 일본 국내뿐만 아니라 주변과 세계의 질서도 바꾸는 출발점이 되었다. 19세기 중엽까지의 일본은 고립되어 세계를 향한 임팩트는 거의 없었으나, 서양 주도의 글로벌화에 직면하자 스스로를 격변시키고 나아가 동아시아의 국제 질서도 바꾸며 글로벌화에 큰 영향을 미치게 된 것이다.

전지구적 교통·통신망으로의 편입

미국이 일본에 M.C. 페리를 보냈을 때, 그 배후에는 지구를 일주하는 교통로를 만들고자 하는 장대한 비전이 있었다. 이를 입안한 국무장관 다니엘 웹스터 Daniel Webster 는 다음과 같이 설명했다.

> 대양을 잇는 증기선 항로가 최종 고리를 연결하는 날이 다가왔다. 중국·동인도에서 이집트로, 그곳에서 지중해와 대서양을 거쳐 영국으로, 나아가 우리의 행복으로 충만한 바닷가와 이 위대한 대륙의 또 다른 장소로. 우리의 항구에서 남북 아메리카를 잇는 지협地峽으로, 태평양 연안에서 북이건 남이건 문명이 퍼지는 땅의 어디로든. (중략) 대통령의 의견으로는, 진취적 기상이 풍부한 우리 상인들에게 세계의 전 국민을 잇는 이 위대한 쇠사슬의

마지막 고리를 공급할 수 있도록 곧바로 단계적 조치를 강구해야 한다.[69]

그러나 태평양의 정기 항로 첫 번째 선박이 샌프란시스코를 떠난 것은 미일화친조약 후 약 12년이나 지난 1867년 1월 1일이 되어서였다.[70] 이는 미국의 서해안 인구가 여전히 소수인 상황에서 인구가 밀집한 동해안이 원했던 중국의 차와 비단은 이미 확립된 대서양-인도양 경유 항로로 입수할 수 있었기 때문이다. 아편전쟁 이후 구미와 중국의 무역은 크게 확대되었으며 일본과 수호통상조약을 맺은 뒤에는 중국 항로를 일본으로까지 연장하였다. 영국의 P&O는 1859년에 상해-나가사키, 64년에 상해-요코하마, 프랑스 우편선은 65년에 상해-요코하마의 정기 항로를 열었다.[71] 마침 프랑스에서 누에 유행병이 발생해 이들 항로를 통해 일본의 누에씨蠶種 수출이 호조를 이뤘다. 증기선의 비약적 발달과 1867년에 수에즈 운하의 개통으로 홍해의 항행이 쉬워졌기 때문에, 구미와 인도·중국으로의 시간 거리는 극적으로 줄어들었다.[72] 그럼에도 불구하고 같은 해에 태평양 횡단 항로가 개설된 것은 무역 이외의 수요가 발생했기 때문이다. 북미에서는 대륙 횡단 철도 건설

---

69) Letter from Daniel Webster to Aulick, June 10, 1851, in *The Papers of Daniel Webster: Diplomatic Papers*, ed. Kenneth E. Shewmaker and Kenneth Stevens (The University Press of New England, 1987), 2: pp.289–90.

70) John Curtis Perry, *Facing West: Americans and the opening of the Pacific*, Praeger, 1994.

71) 小風秀雅『帝國主義下の日本海運』山川出版社, 1995.

72) Daniel R. Headrick, *The Tools of Empire: Technology and European Imperialism in the Nineteenth Century*, Oxford University Press, 1981. Chap. 10.

종장 : 비교와 글로벌화에서 본 메이지 유신

붐이 일어났다. 북미의 인구는 아직 희박했기에 철도 회사는 중국에서 쿨리(육체노동자)를 불러모아 대량 수요를 채웠던 것이다. 북미의 대륙 횡단 철도는 전지구적 교통망의 중요한 '사슬'이 되었는데 그 건설 자체가 또 하나의 '사슬'인 태평양 횡단 항로를 만들었던 것이다.

메이지 정부는 이같은 대양 횡단 정기 항로와 대륙 횡단 철도의 조합을 정력적으로 활용했다. 1871년 6월에 주요 대번大藩에서 유력자를 선발, 구미로 파견해 보불전쟁 등 구미의 실정을 견학시켰다.[73] 반년 후에는 전권대사 이와쿠라 도모미岩倉具視가 이끄는 대규모 사절단을 다수의 유학생과 함께 구미 시찰을 위해 보냈다. 그들이 귀국한 해에 세계 최초의 SF 작가 쥘 베른은 『80일간의 세계일주』라는 모험 소설을 썼는데, 그 경로가 이와쿠라 사절단과 거의 겹친다.[74]

이와쿠라 사절단이 여행하고 있는 동안에 일본은 또 하나의 끈으로 세계와 이어졌다. 1872년, 해저 전신 케이블이 나가사키에 상륙한 것이다.[75] 1866년에 영국 회사가 영국과 캐나다를 잇는 대서양 횡단 케이블의 부설에 성공했는데, 이를 계기로 지구의 요지를 전신선으로 잇는 사업이 폭발적으로 늘어났다. 유럽에서 중국으로는 육지와 바다 두 전신선이 깔렸다. 하나는 덴마크에 본사를 둔 대북전신회사의 것으로 시베리아 육로로

---

73) 石附實『近代日本の海外留學史』中公文庫, 1992.
74) 田中彰『岩倉使節團』講談社現代新書, 1977.
75) 大野哲彌『通信の世紀 情報技術と國家戰略の150年史』新潮社, 2018.

블라디보스토크에 도달했고, 또 하나는 영국 회사의 것으로 주로 해저를 통해 남으로 돌아 인도, 나아가 홍콩에 도달했다. 후자로부터 상해로의 연장선과 블라디보스토크를 잇기 위해 나가사키에 중계 기지가 세워지면서 일본은 세계와 연결되었다. 상해-나가사키-블라디보스토크 전선을 부설한 대북전신은 그 이듬해에는 간몬해협關門海峽 경유로 도쿄와 나가사키 사이에도 전선을 부설했다. 나가사키를 창구로 도쿄도 세계의 전신망과 이어진 것이다. 이와쿠라 사절단은 예정보다 귀국이 늦어졌는데 정부 내 혼란에 직면한 잔류정부는 서둘러 이 전신을 써서 귀국을 재촉했다. 다만 당시 통신은 불안정했다. 중계국이 다수 있어 그때마다 모르스부호를 다시 치면 노이즈가 늘어나 판독이 어려워졌기에 이와쿠라 등도 정식 협의는 정기선에 의한 우편을 이용했다.

이처럼 19세기 후반의 일본은 지구 규모의 교통·통신망 형성에서 중요한 '사슬'을 제공했고 유신 후에는 재빨리 이를 이용해 앞으로의 발전 기반으로 삼았다.

이웃 나라와의 관계 갱신과 '동아시아'의 탄생

메이지 정부는 서양과의 전쟁을 일관되게 회피했고 그 방침을 러일전쟁까지 40년 가까이 유지했다. 동시에 신정부는 이웃 나라와의 관계도 재편성을 도모했으나 적지않은 마찰을 낳았다.[76]

---

76) 三谷博「『アジア』リージョンの發明」『日本史のなかの「普遍」』, 2020 제5장. 관련한 여러 사건들에 관해서는 三谷博·竝木賴壽·月脚達彥編『大人のための近現代史 19世紀編』東京大學出版會, 2009 /

종장 : 비교와 글로벌화에서 본 메이지 유신

청조와는 먼저 1871년에 청일수호조규를 맺어 300년 가까운 국교의 공백을 해소했다. 청조가 이웃과 맺은 조약으로는 최초의 대등 조약으로 양국은 상호 영사재판권을 설정했다. 그러나 직후 일본은 국내에 비등한 대외원정론을 가라앉히기 위해 청조의 외연부에 있는 타이완에 출병했다. 양국 간의 전쟁은 가까스로 회피되었으나 일본은 그 후 종래에 청일 양속兩屬 입장에 있던 류큐를 서양 국제법의 주권 개념에 근거하여 배타적 영토로 편입하기로 하고 1879년에 이를 실현했다. 류큐는 건국 이래 명조·청조로부터 책봉을 받는 동시에 17세기 초 시마즈가島津家의 침공을 받은 이래 그 관리 하에서 중국과 사쓰마의 무역을 매개하고 있었다. 현재는 이를 '이중 조공'의 체제라 부른다. 일본이 1879년에 류큐를 배타적 영토로 편입하자 청조는 책봉의 원칙을 침해당했다고 하여 강력히 항의했고, 다시 양국 간에는 전운이 드리웠다. 다만 일본은 서남전쟁이 끝난지 겨우 2년이 지난 피폐한 상황이었고, 청조는 신장에서 러시아와 긴장을 안고 있었기에 역시 전쟁은 피했다. 일본은 류큐를 오키나와현으로 바꾸어 지배를 이어갔고 청일전쟁의 결과로 타이완을 영유하게 되면서 청조의 류큐 책봉론은 사실상 의미를 잃었다.

류큐를 둘러싼 청일간 위기는 '(동)아시아'라는 개념을 실체화했다. '아시아'라는 개념은 본래 중세 말기의 유럽이 세계를 삼분해 유라시아 대륙의 동방을 남방의 '아프리카'와 나란히 부르던 것으로, 기독교도의 유럽과는 달리 이슬람교·힌두교·

강진아 역『다시보는 동아시아 근대사』까치, 2011.

불교·유교 등 다종다양한 종교와 문화를 가진 공간이었다. 동아시아는 중국에서 태어난 한자나 유교·대승불교 등의 문화 요소를 공유하고 있었으나, 그 주민이 세계의 타 지역과 구별되는 일체성을 의식하는 일은 없었다. 그런데 류큐를 둘러싼 청일 대립 속에서 이를 완화하기 위해 양국에서는 백인 국가, 특히 러시아의 세력 확장에 대항하기 위해 '동문동종'이 결속해야 한다는 담론이 태어났다. 소네 도시토라^{曾根俊虎}가 결성한 '흥아회'는 그 주창자로, 이후 서양화에의 대항 언설로서 유포되는 아시아주의는 여기에서 시작했다.[77]

한편 메이지 정부는 성립 1년 뒤 조선에 국교 갱신을 타진했다. 전통적으로 외교를 매개해 온 쓰시마를 통해 신정부와의 친목을 도모했으나 조선 정부는 응하지 않았고 양국의 분규는 1876년까지 8년에 걸쳐 이어졌다. 기본적인 이유는 조선 측이 일본의 혁명 정부에 불신감을 가졌고 또한 종래의 외교 틀에 집착했기 때문이다. 결정적 쟁점은 일본 측이 외교 문서에서 일본 군주에 대해 '황^皇' 글자를 쓴 것이었다. 조선은 중화 왕조를 종주로 우러러보았기에, 이 문자는 중국 황제만이 쓸 수 있다고 생각했다. 왕정복고를 한 일본에서 '천황'이나 '황제'라는 표현은 당연한 일이었으나, 조선 측은 일본이 굳이 중국과 대등한 입장에 서서 종래에는 대등했던 조선 국왕보다 상위에 서고자 한 것으로 받아들였다. 조선이 속한 책봉·조공 체제의 상하 질서관과 일본이 채용을 결정한 서양 국제법의 대등 질서관이 충돌한 셈이다.

---

77) 竝木賴壽 『近現代の日中關係を問う』 硏文書院, 2012, pp.49-82.

종장 : 비교와 글로벌화에서 본 메이지 유신

조일 대립의 배경에는 당시 조선 정부가 두 차례에 걸쳐 서양 국가와 전쟁을 치뤄 격퇴한 사실이 있었다. 1866년에 프랑스, 1871년에 미국이 강화도에 상륙했으나 전투 끝에 곧바로 철퇴했다. 전투 직후 국왕의 생부 대원군은 각지에 척화비를 세워 양이 의지를 과시했다. 그의 눈에는 서양과 결탁해 개화 정책을 진행하고 있던 일본의 신정부는 문화적 정통성이 없는 의심스러운 존재로 비쳤다. 대원군은 당시 막말 일본의 존양가들과 마찬가지로 양이와 결합한 개혁 정치를 실행 중이었다. 경복궁 재건이나 고액 통화의 발행, 양반 세력의 억압 등 국내 개혁과 대외 전쟁을 둘 다 의욕적으로 전개하는 점에서 매우 유사한 정책을 취했던 것이다. 다만 그의 양이는 일본의 양이와 달리 개혁을 기동하기 위한 수단이 아니라 어디까지나 종래의 폐쇄적인 국제 관계를 유지하고자 하는 것이었다. 서양화를 시작한 일본과의 국교 갱신은 이 점에서도 환영할 일이 아니었다.

그러나 이웃 나라와의 불안정한 관계는 쌍방에 바람직한 일이 아니다. 외교 당사자는 고심 끝에 군주의 이름을 쓰지 않고 조약을 맺는 타협책을 고안했다. 그럼에도 수많은 어긋남이 발생해, 그 결과 일본 정부 내에서는 정한론이 고양되어 앞장에서 다룬 바와 같이 1873년에는 일단 정한이 내결內決되는 데까지 이르렀다. 구미를 시찰하고 귀국한 이와쿠라 사절의 멤버가 이를 뒤집었지만, 그 논리는 세계 정세로 미루어 볼 때 조선 문제보다 러시아와의 가라후토[사할린] 문제가 중요하며 조선으로의 출병은 러시아나 청조의 개입을 부를 가능성도 있어 일본의 국력으로 감당하기 어렵다는 것이었다.

정한론자들이 논쟁에 패하고 가고시마에 틀어박히면서 일본에서는 도쿄 정부와 가고시마 사이에 내란 발생은 시간 문제가 되었다. 그 와중에 1875년 일본 해군의 운요호가 강화도에 의도적으로 접근, 전투를 도발했다. 한편으로 조선 국내에서는 쿠데타가 일어나 대원군이 추방되고 외척 민씨 세력이 정권을 잡았다. 그 결과 양국 수뇌는 비로소 강화부에서 교섭 테이블에 앉아 1876년에 조일수호조규를 체결했다. 이 조약은 막말 일본이 서양과 맺은 조약과 동일한 불평등 조약으로 여겨지는 일이 많으나, 최혜국 대우와 관세에 관한 규정은 없고 영사 재판권만이 이에 해당한다. 그러나 조선 측은 이를 예전부터 부산 왜관에서 이루어진 분쟁 처리법의 연장으로 보았다. 당시 조선 정부는 자국민의 일본 도항을 상정하지 않았고, 따라서 청조와 달리 일본에서의 영사 재판권 설정에 관심이 없었다. 강화 조약의 의의는 오히려, 그 성립이 일본 국내에서 정한론의 근거를 빼앗았다는 데 있었다. 가고시마 사족이 반란을 일으켰을 때 호응하여 참가한 자는 규슈 이외에는 없었고, 때문에 정부군이 진압할 수 있었던 것이다.

이후 일본 정부는 조선과 관계 안정에 힘써 조선에서 1882년과 84년에 청조와 일본이 연루된 정변이 발생했을 때도 기본적으로는 불개입 방침을 유지했다. 군부에서 군비확장론이 커졌지만 정부는 재정 정리를 우선시하여 이를 억눌렀다. 강화조약 제1조에서 조선은 '자주'의 나라라는 문구를 넣어 서양 국제법을 방패로 책봉 질서로부터의 이탈을 촉구했지만, 실제 행동에서는 1884년의 조청상민수륙무역장정을 비롯, 청조에 의한 '속국' 지배의 실질화를 지켜보는 방침을 택한 것이다. 이같이 신중하고 절제된 태도가 변화한 것은, 국내의 체제가 정치·경제 양면에서 정비되고 재정적으로 여유가 생긴 1890년대, 즉 청일전쟁 직전의 일이었다.

5. 메이지 유신, 그 후 ― 사학사적 맥락에서

메이지 유신은 1890년 국회 개설로 일단 완결되었다. 페리 내항 이후 과제가 된 정치 체제의 개혁이 입헌 군주제로 제도화되고 천황 아래 의회 및 '시험 임용'에 의한 관료제가 정치를 담당하는 틀이 만들어져 현재까지 유지되고 있기 때문이다. 그러나 그 뒤의 근대사와 유신의 관계는 어떠한 것이었을까. 마지막으로 이를 개관해 보고자 한다.

20세기 중반 일본에서는 유신으로 만들어진 정치 체제를 '천황제'라 부르고 이를 절대주의, 전제 군주제로 여기는 견해가 유력했다.[78] 마르크스주의자들 중 '강좌파'라 불리는 학자들의 견해다. 마르크스주의들 가운데 '노농파'로 불리는 이들은 유신을 부르주아 민주주의로의 전환으로 이해하기도 했으나, 역사학계의 주류는 강좌파였다. 그 배경에는 우선 코민테른의 지도에 따라 군주제 타도를 첫 번째 과제로 삼은 점에 있다. 이에 따르면 왕정복고는 있어서는 안 되는 사건이었다. 또 하나는 1930년대 일본이 대륙 침략을 재개하고 국내에서는 좌익

---

78) 青山忠正「明治維新の史學史」『歷史評論』589, 1999.

운동을 비롯한 언론 통제를 강화하며 전쟁을 확대한 결과, 주변국과 자국 국민 모두에게 다대한 피해를 준 점이다. 강좌파는 눈앞의 잘못된 현실에 관심을 집중하고 그 연원을 유신의 왕정복고에서 구했다.[79]

다만 1930년대를 1868년에 곧장 연결하는 해석에는 무리가 있다. 1868년은 오히려 언론이 해방된 해였고 국회 개설에 이르기까지 그 점에서 큰 변화는 없었다. 또한 대외 전쟁도 1894년 청일전쟁 전까지는 억제되어 있었다. 적어도 메이지 전반까지의 일본은 1930년대의 일본과 전혀 다른 세계였다. 나는 20세기 역사의 전문가는 아니지만, 1931년 만주사변에 시작되는 대외 침략과 언론 억압에는 별도의 이해가 필요하다고 생각한다. 우선 유신을 살아 간 세대와 1930년대를 끌고 간 사람들은 세대를 전혀 달리하고 있었다는 점이다. 다음으로 1930년대 일본에는 군부가 거대한 이해당사자로 존재하고 있었다는 점이다. 나아가 1930년대 일본인은 거의 모두가 읽고 쓸 수 있는 '국민'이 되어 있었고, 따라서 신문이나 라디오를 통해 전개되는 프로파간다에 영향받기 쉬워졌다는 점이다. 이상과 같은 조건들이 1930년대의 폭주를 지탱하고 있었던 것으로 보인다. 이에 반해 유신 당시의 일본에서 정치 참가자는 극히 일부의 엘리트에 한정되어 있었다. 그 가운데 존양론자의 언설은 1930년대의 급진 국가주의자 못지 않게 열광적이었으나, 누차 언급한 것처럼 정국의 주도권은 결국 비교적 냉정한 대다이묘와 그 가신들에게 있었고, 때문에 폭주는 매번 멈추어졌다.

---

79) 三谷博「遠山茂樹」『明治維新を考える』岩波書店, 2012, 제5장.

종장 : 비교와 글로벌화에서 본 메이지 유신

유신 당시의 일본을 1930년대의 일본을 모델로 하여 이해하는 것은 적절치 않다. 그렇다고 해도 청일전쟁 후의 일본은 어떠한가. 청일전쟁으로 일본은 청조에 승리했을 뿐 아니라 타이완을 빼앗았다. 그때까지 전혀 무관했던 땅을 영토로 삼는 제국으로 변모해 약 10년 뒤에는 조선을 영토화하며 동시대의 서양 주요국과 마찬가지로 제국주의를 실천했다. 이 제국주의화는 유신에 의한 개혁 없이는 일어날 수 없는 일이었다. 유신이 필요조건이었던 점은 확실하다. 그러나 1880년대 일본 정부의 대외 정책은 대륙과 한반도에 대하여 억제적이었다. 그것이 90년대에 팽창주의로 변화한 것은 무엇 때문일까. 국민 일부가 정치에 참가하는 길이 열렸다는 점, 서양 기술의 운용 능력을 몸에 익혔다는 점, 그리고 긴축 정책 뒤에 산업이 급속히 발전하고 경제적 여유가 생겼다는 점 등은 유신 개혁의 연장선상에 생겨난 조건들이었다. 그렇다고 해도 다른 시대, 다른 사회에도 동일한 조건은 존재한다. 이들 모두가 팽창주의를 택하지는 않았다. 따라서 1890년대 일본의 변화는 유신의 직접적 영향으로 보기보다는 동시대의 문맥을 잘 관찰하고 이에 입각해 해석하는 수밖에 없지 않을까.

이렇게 해서, 이 책은 유신의 종막을 1890년의 국회 개설에 두고 끝을 맺고자 한다.

후기와 부록

저자 후기

마침내 도달했다, 라는 느낌이다.

　이 책은 『19세기 일본의 역사』[80]의 개정판이다. 원책은 야마구치 데루오미씨와의 공저로 메이지 시기 대부분을 그에게 신세졌으나 이번에는 처음부터 끝까지 단독 집필로, 기술도 대폭 늘렸다. 완전히 새로운 책이라 해도 좋다.

　방송대학 교과서로 위 책을 출판하고 2, 3년 후에 단독 저서로 개정판을 낼 예정이었지만 십수년 후가 되고 말았다. 이 사이 유유자적한 것만은 아니다. 눈에 띄는 특정 원인이 보이지 않는, 유신과 같은 변혁을 어떻게 설명할 것인가. 복잡계를

---

80) 山口輝臣 共著 『19世紀日本の歷史　明治維新を考える』 放送大學 敎育振興會, 2000.

포함한 이론적 검토를 하거나,[81] 본서에서도 중요한 기둥이 된 '공론'의 역사를 동아시아 속에서 비교검토하거나,[82] 동아시아 지역사나 역사인식 문제를 다루는[83] 등 다양한 분야로 손을 뻗은 결과 돌아오지 못하게 된 것이다. 『애국·혁명·민주』[84]에서 이들을 정리한 후에 마침내 유신의 사료 해독에 시간을 할애하게 되었는데, 그 후에도 다시 시작한 공부는 지지부진했다.

본서 가운데 막말사의 대부분은 필자가 학습원여자단기대학에 근무했을 즈음에 만든 강의노트가 기반이다. 『도쿠가와 요시노부공전』과 에치젠 마쓰다이라가의 사료, 나아가 요시다 쓰네키치吉田常吉·사토 세이자부로佐藤誠三郎 편 『막말정치론집』(1976)을 읽으며 썼다. 지금으로부터 30년 전의 일로, 그 후에도 도쿄대학 교양학부에서 반복해 강의했기에 이 해석은 필자에게는 자명한 것이 되었다. 그러나 세간에서는 아마도 처음 보는 것이 대부분일지 모른다. 이전 저서 출판 후, 문하생이 하나도 모르겠다고 말했기에 이번에는 가능한 부연 설명하고 친절히 쓰고자 노력했다. 이에 비해 막말의 끝에 가까워서는 다시 공부할 필요가 있었다. 이 점에서 구스미 신야久住眞也의 쇼군가 연구에 힘입은 바가 적지 않다. 또한 필자에게 미토ㅏ 조슈의 존양운동은 미지의 영역이었다. 이 점에서는 『미토시

---

81) 三谷博 『明治維新を考える』 有志舍, 2006.
82) 三谷博 編 『東アジアの公論形成』 東京大學出版會, 2004.
83) 劉 傑/三谷 博/楊 大慶 編 『國境を越える歷史認識—日中對話の試み』 東京大學出版會, 2006; 三谷博·竝木賴壽·月脚達彦編 『大人のための近現代史』 東京大學出版會, 2009.
84) 三谷博 『愛國·革命·民主 日本史から世界を考える』 筑摩書房, 2013.

사』(중권5)에 수록된 요코야마 요시노리橫山伊德에 의한 미토 천구당의 난에 관한 기술이 좋은 길잡이가 되었는데 그 부분을 쓴 후에 붓이 멈추고 말았다. 아무리 유신 전체에서 희생자가 적었다고는 해도 개개의 소란이나 내전은 역시 처참하다. 쓰면서 대학 입학 직후 캠퍼스 내에서 목도한 언어와 완력에 의한 폭력이 상기되어 맥이 풀려버렸다. 앞에는 조슈전쟁도 무진내란도 서남내란도 기다리고 있었지만 도저히 계속해 나갈 수 없었다. 잠시 유신의 글로벌화와의 관계를 쓰거나 이야기하며 보냈는데 마침내 이어 써 나갈 기운이 생긴 것은 8개월 후였다.

막부 최후의 해는 다소 파악하고 있기에 『가고시마현사료 다마자토 시마즈가 사료』 등 기본사료를 다시 읽으며 메이지로의 연결과 비약을 쓸 수 있었는데 그 후에 이르러서는 학창시절 이래 간만의 공부가 되었다. 선학先學의 저서 몇몇을 배견拜見한 후에 도사 지도자들의 사료를 읽었는데 이것이 운좋게도 지금까지와는 다른 시점에서 메이지 초기 10년의 역사를 쓸 수 있었던 것은 아닌가 한다. 물론 천학淺學이기에 생각지 못한 실수나 탈락도 있을 것이다. 이 점은 부디 질정을 바란다.

서남내란까지 끝낸 후에 기력이 다했다. 정치사로는 국회 개설까지 쓰지 않으면 완전하지 않다. 또한 근년 커다란 성과를 올리고 있는 사회사나 수량경제사의 성과도 다루지 못했다. 그러나 막말과 메이지의 정치를 일관해서 쓴 서적은 의외로 적다. 경제사는 유신 전후의 연속성을 분명히 해왔지만 정치사를 다시 더듬어 보면 단절과 비약이라는 측면의 이해가 깊어진다. 메이지 유신은 외압으로 촉발되어 시작되었지만 그 과정의 대

후기와 부록

부분은 국내에서의 문제 설정과 해결 노력 속에서 전개되었다. 메이지에 들어가 서양 문물이 대량 수입되어 이후의 진로에 커다란 영향을 주었지만 그 선택은 유신 과정에서 발견된 과제에 기반했다. 본서는 그러한 내부 과정을 막말까지 거슬러 이해하는데 도움이 될 것이다.

본서는 모든 사료를 선학이 편찬한 사료집에 의거하고 있다. 또한 사실·해석 양면에서 시부사와 에이이치澁澤榮一『도쿠가와 요시노부공전』(1918)과 스에마쓰 겐초末松謙澄『방장회천사』(1921)에 기댄 부분이 많다. 이는 실업계와 정계에서 탁월한 업적을 올린 저자들이 유신의 고로古老와 대학을 막 나온 역사가들에 위촉해 수집·정리한 사료 및 원고를 기반으로 마지막에는 스스로 붓을 들어 정리한 것이다. 사료적인 신뢰성과 착실하고 공평한 해석 쌍방을 갖춘 명저로 이들과 비교하면 단편적인 졸저는 문자 그대로 천양지차의 존재에 불과하다. 그러나 필자에게는 후세대만이 갖는 이점이 있다. 그 후의 선학·동학에 의한 연구가 일부이지만 참고 가능했다는 점, 그리고 일본을 글로벌한 문맥에서 재검토할 수 있었다는 점이다. 이후에 보다 본격적인 유신 통사가 저술될 것이 틀림없지만 종래이 해석에 돌 하나를 던져 그 초석이 될 수 있다면 감사할 뿐이다.

본서의 최종 단계에서는 다양한 분에게 신세를 졌다. 사카타 미나코坂田美奈子, 이케다 유타池田勇太, 시오데 히로유키鹽出浩之 세 분은 다망한 가운데에도 초고를 검토해 주었다. 색인 작성에는 오영태吳永臺, 후지사와 마사키藤澤匡樹, 왕기영王琪穎 세 분의 협력을 얻었다. 오류가 남아 있다면 물론 모두 저자의 책임이다.

마지막으로 NHK출판의 구라조노 사토시倉園哲 씨에게 마음에서부터 감사를 드리고자 한다. 구라조노씨는 필자가 아사히 컬쳐 센터에서 한 강의를 굳이 일년 동안 청강하고 난 뒤에 출판을 문의했다. 실제 원고를 쓰기 시작한 이후에는 적절한 시기에 독촉을 하고 마지막 단계에서는 원고를 면밀히 읽으며 기술을 대폭 개선해 주었다. 실제로 그의 편달이 없었다면 도중 어딘가에서 좌절했을 것이다. '마침내 도달했다'라고 쓸 수 있었던 것은 오로지 그 덕택이다.

2017년 11월
미타니 히로시

후기와 부록

역자 후기

저자 미타니 히로시는 막말·유신기를 다룬 대중서·전문서를 정력적으로 펴내 온 일본사 연구자다. 사료에 입각한 치밀하고 세밀한 서술은 일본의 역사연구에서 으레 찾아볼 수 있는 스타일이지만 본서를 포함하여 저자의 연구가 보여주는 매력과 미덕은 이에 그치지 않는다.

우선 동아시아, 나아가 세계사의 흐름과 맥락을 시야에 넣은 폭넓은 서술이다. 자신의 전문분야를 넘어선 영역에 관해서는 사소하고 기초적인 부분조차 극도로 언급을 삼가는 경향이 일본인 연구자, 적어도 일본사 연구자들에게는 종종 확인된다. 타분야에 대한 존중과 겸손한 태도(혹은 자신의 전문영역에 대한 자부심)의 발로일 수 있으나, 그 결과 같은 분야의 전문가들 사이에서나 논의·이해될 수 있는 연구만이 이뤄지는 것은 아닌가 싶기도 하다. 하지만 본서에서도 확인되듯, 저자는 막말유신기 일본의 복잡한 정치국면을 세밀하게 묘사하는 한편으로 동시기 동아시아의 국제정세나 서구의 역사적 사건에 대해서도 언급·비교하길 주저하지 않는다. 이러한 강점은 특히나 서장과 종장의 서술에서 두드러지는데, 일본사의 전개가 세계사의 흐름 속에서 어떻게 위치지어지고 또한 상호관계를 맺고 있는지 일목요연하게 제시하고 있다.

저자의 폭넓은 시야는 비단 역사학 내부에 그치지 않는다. <저자 후기>에는 본서의 집필에 이르기까지의 지적 편력이 간략히 기술되어 있는데, 카오스·복잡계 이론을 적용하여 혁명 이해를 시도하는 등 사회과학·자연과학 이론의 접목에도 적극적인 저자의 모습을 확인할 수 있다. 이는 그가 오랜 기간 재직했던 도쿄대 총합문화연구과의 연구 환경을 십분 활용한 것일 터이나, 이른바 정통적인 일본사 연구의 관점에서 그의 존재는 상당히 이례적이라 할 수 있으며 그만큼 유신사를 새로운 시각에서 바라 볼 수 있게 해준다.

저자의 지적 편력에서 확인되는 또다른 특징은 한국·중국 학자들과의 왕성한 교류이다. 학문 영역에서뿐 아니라 국경을 넘나드는 학술 활동에도 적극적이고 개방적인 태도는 메이지 유신에 대한 세계사적인 비교, 그리고 이를 통해 유신의 특수성과 세계사적 보편성을 규명해 내고자 하는 저자의 문제의식과도 맞닿아 있다. 이에 더하여 저자는 한중일 신진 연구자들의 상호 이해와 협력이라는 문제에도 관심과 지원을 아끼지 않아 왔다.

저자의 국제적인 교류와 활동에 비해 정작 그 연구 성과는 편저와 논문 일부가 국내에 번역·소개되어 있는데 그치고 있다. 본서는 저자의 단독 저서에 대한 첫 번역물이자, 막말·메이지 유신기의 복잡한 정치적 전개과정을 세밀하면서도 종합적으로 다루고 있는, 국내에 보기드문 일본사 서적이라는 점에서 그 의미가 적지 않다.

책의 전체적인 내용을 여기에서 재차 정리할 필요는 없겠으나 번역을 하며 역자에게 인상깊었던 부분 몇 가지만을 언급해 두고자 한다.

후기와 부록

먼저 에도 시대에 대한 통상적인 인식틀의 전환을 저자는 요구하고 있다. 근세 일본의 국가, 통치 시스템에 관해 설명할 때 막부와 번을 중심으로 한 '막번 체제'나 '막번제 국가'라는 개념이 일반적으로 사용되지만 저자는 근세 일본을 '쌍두·연방' 국가로 이름붙인다. 무가 권력과 함께 교토의 천황(조정)을 시야에 넣어야 메이지 유신에 이르는 과정을 올바로 이해할 수 있다는 것이다. 또한 '연방' 국가라는 명칭을 통해 '번'을 국가로 위치짓고 있는 점 또한 유의할 필요가 있다. 왕조 국가에 익숙한 우리의 역사 인식에서는 전근대 지방 통치의 개별 영역을 '국가'로 개념화하기 쉽지 않다. 하지만 막말 이전까지 근세 일본인의 '국가' 인식은 '일본' 전체라기보다 자신의 번(번주·다이묘)에 한정되어 있는 경우가 많았다는 지적을 상기하면, '쌍두·연방' 국가라는 개념이 그렇게 낯설지만은 않게 느낄 수 있을 것이다.

또한 저자는 근세 일본의 대외관계를 상징적으로 표현하는 '쇄국'에 대해서도 재고할 필요가 있음을 지적하고 있다. 쇄국을 재고한다는 것은 단순히 '쇄국' 하에도 외국과 교류하는 이른바 '열린 네 창구'가 있었다거나, '쇄국'이라는 표현이 외국의 일본소개 서적을 번역하며 19세기에 '발명'된 단어라는 지적에 그치는 것이 아니다. 저자에 따르면 막부는 18세기 말부터 시작된 러시아를 위시한 서양 세력의 접근에 대응하여 쇄국 정책이라는 '전통'을 창조해 냈다. 즉 막부는 스페인·포르투갈·영국만이 개별적으로 입항이 금지되어 왔던 역사적 사실에 반하여, 서양 일반에 대한 쇄국 정책을 '고래古來의 국법'

으로 주장했다는 것이다. 이는 저자의 기존 저서(三谷[p.104])에서도 이미 지적되고 있는 바이나, '쌍두·연방' 국가라는 개념과 더불어 저자가 그려내고 있는 근세 일본상을 이해하는 주요한 키워드로서 재삼 강조해도 부족하지 않을 것이다.

본서의 메인 테마인 메이지 유신사 서술과 관련해서는 한 가지만 지적하고자 한다. 저자는 이른바 '승자의 역사'인 삿초 중심의 메이지 유신사를 거부한다. 그렇다고 해서 근년 관심이 높아지고 있는 '구체제(막부)'에 방점을 두려고 하지도 않는다. 저자는 이같은 '주체' 중심 기술에서 벗어나기 위한 새로운 방법으로 당대 일본인의 '과제 인식과 해결 모색'이라는 모델을 제시하고 있다. 이는 유신의 변혁 혹은 파국에 이르는 과정을 구조적 모순의 누적·폭발이나 역사적 필연이라는 관점보다도 개별 사건에서의 우연성, 갈등의 해소와 파국을 방지하기 위한 여러 가능성의 모색이라는 관점에서 기술한다는 점에서 매우 참신하며 시사하는 바 또한 크다. 결과적으로는 체제의 붕괴와 내란을 겪게 되지만, 그 과정에서는 대립과 갈등보다도 오히려 이를 타개하기 위한 정치적 제휴, 어쩌면 파국을 막을 수 있었던 일말의 가능성들, 혹은 피해를 최소화하기 위한 필사의 노력 등에 대한 저자의 서술이 부각되어 보이는 것은 비단 역자만의 감상이 아닐 것이다. 다소 추상적으로 느껴질 수도 있으나 본문의 내용을 차분히 따라 읽어 가면 저자가 제시하고 있는 유신사에 대한 새로운 서술 방식과 모델이 어떠한 것인지 자연스럽게 이해되리라 믿는다.

이해하기 쉽도록 친절히 쓰고자 노력했다는 <저자 후기>

후기와 부록

의 말이 무색하게도 번역은 지난한 과정이었다. 직접 인용된 사료의 번역은 물론이거니와 당대인의 관점에 입각한 역사용어를 어떻게 번역할지가 가장 큰 고민이었다. 대표적인 사례가 막부와 쇼군의 표기 문제다. 근세 대부분의 시기 동안 당대 일본인은 막부를 공의公儀로, 그 수장인 쇼군(정이대장군)을 구보公方로 지칭했다. 저자의 문제 인식과 서술 방향에 맞추어 번역에도 원문대로 막부와 쇼군이 아닌 공의, 구보라는 용어를 사용했다.

저자가 당대 일본인의 관점에 기반한 표현을 세심히, 다양하게 구사하고 있다는 말은 현대 일본인에게도 흔히 쓰는 익숙한 표현은 아니라는 의미이기도 하다. 하지만 일본인이라면 생소하게 다가올 뿐, 여전히 사용되는 용어이거나 그렇지 않더라도 조합된 한자의 뜻을 미루어 손쉽게 의미를 이해할 수 있을 것이다. 일본인 독자에게는 역사서로서 허용 가능한, 나아가 역사서를 읽는 맛(?)을 제공해 주는 표현과 용어 사용이라고도 하겠다.

일본어 용어표기 방식과 번역 문제는 좀처럼 풀리지 않는 숙제이긴 하나, 이러한 저자의 서술 방식을 최대한 살리다보니 한글 세대에 통용되지 않는 한자 조합의 어휘가 걸러지지 않은 채 다수 등장하게 되었다. 이번 번역 프로젝트에 참여한 다른 여러 선생님들의 조언과 출판사 측의 수정 작업에도 불구하고 본서에 독자들에게 불친절한 용어와 문장이 여전히 많은 것은 주로 이 때문이다. 독자들의 아낌없는 질정을 바란다. 모쪼록 원저자의 명성과 학술적 성과에 누가 되지 않길 바랄 뿐이다.

한가지 위안이 되는 점은 근세 후기 조막^{朝幕} 관계에 대해 한국과 일본을 오가며 주목할 만한 성과를 발신 중인 김형진 박사가 번역문을 꼼꼼히 읽고 소중한 조언을 주었다는 것이다. 덕분에 번역의 크나큰 오류들을 수정할 수 있었다. 바쁜 와중에도 귀중한 시간을 내어준 김형진 박사에게 다시 한번 감사를 전한다.

번역작업은 당초 예정을 훨씬 지나버렸다. 번역 프로젝트를 기획하신 박훈 선생님을 비롯, 참여하신 김선희 선생님, 이은경 선생님, 이새봄 선생님께 많은 폐를 끼쳤다. 일본측과의 번역 계약을 지키지 못해 빈서재 출판사의 입장도 곤란하게 만들었다. 정철 대표와 번역 프로젝트 선생님 모두에게 죄송할 뿐이다. 동시에 이러한 상황에서도 묵묵히 역자의 작업을 응원하고 기다려 주신 것에 이루 말할 수 없는 감사를 전하고 싶다. 한국어판을 위해 별도의 수정 원고와 서문을 보내주신 저자에게도 이 자리를 빌려 깊은 감사를 드린다.

번역이 지체되면서 본서의 뒤를 이은 저자의 새 저서가 이미 세 권이나 출판되었다.[85] 저자의 담대하고 독특한 시각을 바탕으로 한 일본사, 나아가 역사에 대한 흥미로운 독서 경험이 한국의 독자들에게 이어질 수 있길 바란다.

2025년 10월
역자 조국

---

[85] 번역 당시 출간 예정이었던 『日本史のなかの「普遍」: 比較から考える「明治維新」』東京大學出版會, 2020; 『日本史からの問い: 比較革命史への道』白水社, 2020; 『民主化への道はどう開かれたか─近代日本の場合─ (歷史總合パートナーズ)』淸水書院, 2024.

후기와 부록

연보

1755~1763년 영·프 7년 전쟁[영국이 북미와 인도에서 승리].

1768~1779년 영국인 쿡(Jame Cook), 태평양 탐사.

1783~1787년 러시아인 셰리코프(Grigory Ivanovich Shelikhov), 북태평양 탐사.

1785~1788년 프랑스인 장프랑수아 드 갈로(Jean-François de Galaup), 태평양 탐사.

1791(간세이 3) 로주 마쓰다이라 사다노부, 외국선(異國船) 취급 규정 포고.
하야시 시헤이, 『해국병담(海國兵談)』 출판[수상전의 중요성을 주장].

1792(간세이 4) 러시아인 락스만(Adam Laxman), 에조치(蝦夷地) 네무로(根室)에 내항, 통상 요구.

1793(간세이 5) 마쓰다이라 사다노부, 사가미(相模)·이즈(伊豆) 해안을 순시 후 해임.

1801(교와 1) 시즈키 다다오(志筑忠雄), 『쇄국론(鎖國論)』 저술.

1804(분카 1) 러시아인 레자노프(Nikolai Rezanov), 나가사키에 내항, 통상 요구.

1807(분카 4) 러시아 해군 사관, 이투루프·가라후토 습격.

1808(분카 5) 영 군함 페이튼호가 나가사키만에 침입.

1810(분카 7) 처음으로 에도 앞바다 길목의 해방 체제를 구축.

1811(분카 8) 조선통신사를 쓰시마(對馬)에서 응접[마지막 회차가 됨].

1813(분카 10) 포로 다카타야 가헤(高田屋嘉兵衛)와 러시아 골로브닌(Vasilii Golovnin)을 상호 송환. 이후 러일 긴장 관계 완화.

1825(분세이 8) 이국선 격퇴령 포고.
아이자와 야스시(會澤正志齋) 『신론(新論)』 집필[존왕·양이를 주장].

1837(덴포 8)   도쿠가와 이에요시, 쇼군 취임. 에도 근해의 해안 순검(巡檢) 명령.

1838(덴포 9)   고가 도안(古賀侗庵)『해방억측(海防臆測)』집필 개시. 이 이듬해 만사의 옥(蠻社)の(獄).

1839(덴포 11) 아편 전쟁 발발[~1842, 홍콩에 영국 거점 성립].

1841(덴포 12) 막부, 로주 미즈노 다다쿠니(水野忠邦)를 중심으로 덴포 개혁 개시.

1842(덴포 13) 에도만 입구에 경비 체제 구축. 이국선 격퇴령 철폐.

1843(덴포 14) 미즈노 다다쿠니 해임. 아베 마사히로(阿部正弘) 로주 취임.

1846(고카 3)   류큐에서 프랑스, 우라가(浦賀)에서 미국이 통상 요구. 격퇴령 부활 검토.

1848(가에이 1) 미국, 서부 해안을 영토로 편입. 이듬해 골드 러시 시작.

1849(가에이 2) 막부, 어국은 해방령(御國恩海防令) 포고.

1851(가에이 4) 미국, 일본에 사절 파견 결정.

1852(가에이 5) 네덜란드가 미 사절의 내항을 예고.

1853(가에이 6) 6월, 미국인 페리, 우라가(浦賀)에 내항.

1854(안세이 1) 3월, 미일화친조약(日米和親條約) 체결. 영·러와도 개항 조약.

1855(안세이 2) 네덜란드, 간코마루(觀光丸) 기증. 나가사키에서 해군 전습(海軍傳習) 개시.

1856(안세이 3) 8월, 아베, 통상에 의한 부국강병책으로 전환. 홋타 마사요시(堀田正睦)의 로주 재임.
중국과 영·프의 애로(Arrow)전쟁[2차 아편 전쟁] 발발[~1858].

후기와 부록

1857(안세이 4) 3월, 홋타, 통상·통신으로의 점진책 결정.
　　　　　　　 8~9월, 네덜란드·러시아와 추가 조약으로 통상 결정.
　　　　　　　 11월, 미국 해리스, 에도 성에서 쇼군 알현. 에치젠(越前) 하시모토 사나이(橋本左內)·사쓰마(薩摩) 사이고 다카모리(西鄕隆盛), 오오쿠(大奧)에 히토쓰바시 요시노부(一橋慶喜)의 쇼군 계승을 건의.

1858(안세이 5) 2월, 홋타, 미국과의 조약 칙서 요구하며 상경. 미토(水戶) 음모론 등장.
　　　　　　　 3월, 고메이 천황(孝明天皇), 다이묘에 재차 자문 후 재상주(再上奏) 명령.
　　　　　　　 4월, 이이 나오스케(井伊直弼) 다이로(大老) 취임.
　　　　　　　 6월, 미일 수호 통상 조약 조인. 도쿠가와 나리아키(德川齊昭)·마쓰다이라 슌가쿠(松平春嶽) 등 불시 등성(不時登城). 도쿠가와 요시토미를 후계로 공표.
　　　　　　　 7월, 다이로, 불시 등성 관계자를 일제히 처벌[안세이 5년 정변]. 네덜란드·러시아·영국·프랑스[9월]와도 수호 통상 조약 체결.
　　　　　　　 8월, 천황, 미토에 막정(幕政) 비판 칙서 내림[무오 밀칙].
　　　　　　　 9월, 교토에서 존양 지사(尊攘志士) 체포 개시. 관백 구조 히사타다(九條尙忠)의 지위 동요.
　　　　　　　 10월, 도쿠가와 이에모치(德川家茂), 쇼군 취임.
　　　　　　　 12월, 천황, 조약 사정 양해, 화친 조약으로 되돌리는 것을 유예.

1859(안세이 6) 2월, 좌대신 고노에 다다히로(近衛忠熙) 이하의 정친(廷臣), 사관(辭官)·낙식(落飾)·근신(謹愼).
　　　　　　　 7월, 요코하마(橫濱)·나가사키(長崎)를 조약국에 개항, 통상 개시.
　　　　　　　 8월, 막부, 도쿠가와 나리아키 영칩거(永蟄居). 마쓰다이라 슌가쿠(松平慶永)·도쿠가와 요시카쓰(德川慶勝), 히토쓰바시 요시노부 은거·근신. 야마우치 도요시게(山內豐信) 근신. 홋타 마사요시 등 은거. 이와세 다다나리(岩瀨忠震)·나가이 나오유키(永井尙志) 등 면직·근신. 미토 아지마 다테와키(安島帶刀) 등 사형. 기타 원도(遠島)·추방 등 다수.

10월, 하시모토 사나이 사형. 조슈 요시다 쇼인(吉田松陰) 사형 [이상, 안세이 대옥].

11월, 사쓰마 시마즈 다다요시(島津忠義), 오쿠보 도시미치(大久保利通) 등 '성충조(誠忠組)'에 진정 요청.

12월, 막부, 미토에 칙정 반납 조지(朝旨) 전달.

1860(만엔 1) 1월, 견미 사절(遣米使節), 비준서 교환 위해 출발. 간린마루(咸臨丸)도 도항(渡航).

3월, 미토 낭사들 이이 다이로 암살[사쿠라다문(櫻田門) 밖의 변].

6월, 이와쿠라 도모미(岩倉具視), 천황에 상주해 왕정복고를 장기 목표로 삼고 조약 되돌리기를 조건으로 가즈노미야(和宮)의 혼인 허락 진언.

12월, 막부, 프로이센과 수호 통상 조약 체결.

1861(분큐 1) 2월, 러시아 함선, 쓰시마 일부 점거[~8월].

5월, 조슈 나가이 우타(長井雅樂), 항해 원략책(航海遠略策)에 의한 공무 주선(公武周旋) 개시.

미토 낭사들이 영국 공사관 동선사(東禪寺) 습격.

1862(분큐 2) 1월, 로주 안도 노부마사(安藤信正), 사카시타문(坂下門) 밖에서 습격당해 부상.

2월, 도쿠가와 이에모치와 가즈노미야의 혼례 거행.

4월, 시마즈 히사미쓰(島津久光) 번병(藩兵) 1천여 이끌고 입경(入京), 데라다야(寺田屋) 사건.

5월, 도쿠가와 이에모치 개혁 선언. 서양식 군제 개혁 개시.

7월, 조슈, 번시(藩是)를 항해 원략책에서 파약 양이(破約攘夷)로 전환.

막부, 칙사 요구에 따라 히토쓰바시 요시노부를 쇼군 후견직(將軍後見職), 마쓰다이라 슌가쿠(松平春嶽)를 정사 총재직(政事惣裁職)에 임명.

8월, 사쓰마, 영국 상인들 살상[나마무기(生麥) 사건].

윤8월, 아이즈 마쓰다이라 가타모리(松平容保)를 교토 수호직

(京都守護職)에 임명. 참근 교대(參勤交代) 완화.

9월, 쇼군 상락(上洛) 결정.

11월, 막부, 이이 정권 관계자 처벌. 피해자 사면·명예회복.

칙사, 쇼군보다 상좌(上座)하여 대면. 막부, 양이 공약(公約).

12월, 조정, 국사어용괘(國事御用掛) 설치. 이듬해 2월 국사 참정 (國事參政)·국사 기인(國事寄人)도 설치.

1863(분큐 3) 2월, 히토쓰바시·슌가쿠·가타모리·야마우치 요도(山內容堂)·다테 무네나리(伊達宗城) 등 교토 집결.

존양 로닌들 등지원(等持院)의 아시카가씨(足利氏) 목상(木像) 목을 뽑음.

3월, 쇼군 참내(參內), 서정 위임(庶政委任) 칙(敕). 가모사(賀茂社)에 행행(行幸), 쇼군 수종(隨從).

4월, 이와시미즈(石淸水)에 행행. 쇼군, 양이 기한을 5월 10일이라 봉답(奉答).

5월, 막부, 나마무기 사건 배상금 지불. 조슈 간몬 해협(關門海峽)에서 미국 상선 포격.

6월, 쇼군 에도로 출발. 마키 이즈미(眞木和泉) 입경, 양이 친정(攘夷親征) 주장.

조슈 번주, 가로에 양이 친정의 흑인장(黑印狀) 발급.

7월, 가고시마만(鹿兒島灣)에서 사쓰에이(薩英) 전쟁[곧바로 강화].

8월, 야마토(大和) 행행 조칙(詔敕). 나카야마 다다미쓰(中山忠光) 등 야마토에서 거병.

궁정 쿠데타에 의해 존양파의 교토 퇴거[8.18 정변].

11월, 천황, 상경한 히사미쓰에게 전쟁 회피와 관동 위임 의향 표명.

12월, 막부, 쇄항(鎖港) 사절 유럽 파견.

천황, 니조 나리유키(二條齊敬)를 관백, 나카가와노미야(中川宮)·야마시나노미야(山階宮)를 국사괘, 요시노부·슌가쿠·가타모리·요도·히사미쓰·무네나리를 조의 참여(朝議參與)에 임명.

1864(겐지 1) 1월, 천황, 쇼군에 친서(宸翰) 내림. 양이 유예·참여 우대 명령.

막부, 슌가쿠·히사미쓰 등 막의(幕議) 참여 요구에 반격 개시.

2월, 히사미쓰 등, 어전 회의에서 요코하마 쇄항에 반대.
천황, 아이즈 가타모리에게 친서 내리고 제휴 의뢰.
3월, 조의 참여 폐지. 슌가쿠·히사미쓰 등 귀국.
미토 천구당(天狗黨), 쓰쿠바(筑波)에서 거병.
4월, 천황, 쇼군에 서정 위임 조칙. 공무합체 체제 성립.
5월, 조슈, 교토 탈환 위해 출병 명령.
6월, 신센구미(新撰組), 존양 지사 급습[이케다야(池田屋) 사건].
에도 성, 정치 공백[~6월 하순, 조약 유지론자 복귀].
7월, 조슈, 교토 침공해 패배, 조적(朝敵)이 됨[금문(禁門)의 변].
8월, 4개국 연합 함대, 시모노세키 포대 공략. 조슈, 강화.
천구당의 난 확대[11월, 절반 탈출. 12월 쓰루가(敦賀)에서 항복].
9월, 오와리 도쿠가와 요시카쓰, 조슈 정벌 총독 수락. 사이고 다카모리를 참모로 기용.
11월, 조슈, 세 가로 처형, 수급(首級) 제출.
12월, 다카스기 신사쿠(高杉晋作), 공산사(功山寺)에서 거병.
요시카쓰, 정장군 해산, 최종 처분 대다이묘 회의 부탁 제안.

1865(게이오 1) 2월, 조정 입경한 아베 마사히로·혼조 무네히데 견책, 쇼군 출병 요구.
조슈 존양파, 정권 탈환. 5월 기도 다카요시(木戸孝允) 귀국. '대적(待敵)'으로.
4월, 막부, 쇼군 출병(進發) 포고[윤5월~, 쇼군 오사카 상주].
윤5월, 나카오카 신타로(中岡愼太郎), 기도와 사이고의 시모노세키 회담 기획, 실패.
7월, 사쓰마, 나가사키에서 조슈 무기 구입 중개.
9월, 4개국 연합 함대, 효고 앞바다에서 조약 칙허 요구. 조슈 재정벌 칙허.
10월, 쇼군, 직을 걸고 조약 칙허 획득. 오쿠보 도시미치의 대다이묘 회의 공작 실패.

1866(게이오 2) 1월, 삿초 맹약(薩長盟約)[사카모토 료마(坂本龍馬) 입회].
조정, 조슈 처분안 칙허.

6월, 막부·조슈 개전.
7월, 이에모치 병사. 도쿠가와 요시노부, 계속 전쟁 주장.
8월, 요시노부, 도쿠가와 종가 계승. 군대 해산, 마쓰다이라 슌가쿠와 공의 정체(公議政體) 이행 모색.
오하라 시게토미(大原重德) 등 궁궐에 열참, 니조(二條) 관백·아사히코 친왕 탄핵.
10월, 열참 관계자 처벌.
12월, 도쿠가와 요시노부, 쇼군 취임.
고메이 천황 서거. 이듬해 정월, 메이지 천황 천조(踐祚).

1867(게이오 3) 2월, 사쓰마, 에치젠·도사·우와지마(宇和島)에 상경 요청.
요시노부, 다이묘에 효고 개항 관해 자문.
3월, 요시노부, 영국 공사 등을 오사카 성에서 인견(引見).
5월, 4후 회의. 조슈 사면과 효고 개항 중 무엇을 먼저 논의할 것인가를 둘러싸고 요시노부와 대립.
조정, 두 문제 동시 해결 결정(裁定).
사쓰마, 무력 동원 결정. 조슈와의 동맹으로 움직임.
6월, 도사 고토 쇼지로(後藤象二郎), 왕정복고·다이묘 회의 제창.
삿토(薩土) 맹약.
9월, 고토, 요도의 승인 얻어 귀경. 정권 봉환 운동 개시.
오쿠보, 야마구치에서 거병 맹약 체결. 게이슈(藝州)도 함께 하도록 함.
10월, 사쓰마, 나카야마 다다야스(中山忠能) 등 협력 얻어 토막 선지(討幕宣旨) 준비.
요시노부, 정권 반환 상표[14일. 다음 날 칙허·다이묘 소집].
사쓰마의 고마쓰 다테와키·사이고·오쿠보, 가고시마로 일단 귀국.
11월, 시마즈 다다요시, 솔병 상경[도중에 조슈와 출병 재계약].
사쓰마, 쿠데타 계획으로 전환. 오쿠보, 이와쿠라와 입안.
12월 5일, 고토, 사쓰마로부터 계획 듣고 에치젠과 요시노부 측근에게 통지.
9일, 조슈 사면. 왕정복고, 요시노부에게 강관(降官)·납지(納地)

요구 결의.

12일, 요시노부, 하타모토·아이즈·구와나(桑名) 이끌고 오사카로 내려감.

14일, 왕정복고 포고. 요시노부와의 주선 오와리·에치젠에 위탁.

20일, 조슈 군대, 교토 남쪽 교외의 동복사(東福寺)로 이동.

24일, 요시노부에의 요구 물리치고 요시카쓰·슌가쿠는 오사카로. 조슈번주 부자에게 상경 명령.

25일, 에도 사쓰마 번저, 쇼나이 번(庄內藩) 등에 의해 불탐.

30일, 오와리·에치젠, 귀경. 요시노부의 우케쇼(請書) 제출, 의정(議定) 취임 확정.

1868(게이오 4, 메이지 1) 1월 3일, 도바(鳥羽)·후시미(伏見) 전투 발발.

7일, 요시노부 추토령(追討令).

17일, 신정부, 대외 화친 포고.

2월 3일, 신정부, 요시노부 친정(親征) 포고.

4월 11일, 에도 성 개성(開城).

윤4월 21일, 「정체(政體)」 공포[2등관 이하에 번사(藩士)·서민 등용].

5월 3일, 오우에쓰 열번 동맹(奧羽越列藩同盟) 형성.

15일, 우에노(上野) 창의대(彰義隊) 괴멸.

24일, 도쿠가와 종가(德川宗家), 시즈오카(靜岡) 이봉(移封)[70만 석].

9월 22일, 아이즈 와카마쓰(若松), 항복. 이듬해 5월 하코네의 에노모토 다케아키(榎本武揚) 항복.

1869(메이지 2) 1월 20일, 삿·초·도·비 네 번주, 판적 봉환(版籍奉還) 상표(上表).

3월 7일, 공의소(公議所) 개국.

5월 22일, 제후 소집, 지번사(知藩事) 선임 자문.

6월 17일, 판적 봉환 청허(聽許).

25일, 서무 변혁(庶務變革) 통달.

1870(메이지 3) 1월, 삿·초·도 세 번의 헌병(獻兵). 조슈에서 탈대 소동(脫隊騷動) 발발.

5월, 「번제(藩制)」안을 집의원(集議院)에 하부. 9월, 번제 공포.

후기와 부록

　　　　　11월, 도사, 사족(士族)의 상직(常職)을 해제해 평민으로 통합.
　　　　　12월, 구모이 다쓰오(雲井龍雄) 등 모반죄로 처형. 이듬해 3월 도야마 미쓰스케 등을 체포.

1871(메이지 4) 2월, 삿·초·도 세 번의 헌병이 친병(親兵)이 되다[이후 근위병(近衞兵)].
　　　　　7월 14일, 제후를 소집해 폐번치현(廢藩置縣) 조서 하부.
　　　　　8월 28일, 에타(穢多)·히닌(非人)을 평민으로 통합. 11월 당도(當道) 폐지.
　　　　　8월, 국제 전신선(國際電信線)이 나가사키에 도달.
　　　　　11월 12일, 이와쿠라 도모미(岩倉具視) 전권대사 등 구미(歐美)로 출발.

1872(메이지 5) 8월, 학제(學制) 제정.
　　　　　11월, 징병 조서(徵兵詔書).

1873(메이지 6) 5월, 태정관제(太政官制) 윤색(潤色). 참의(參議) 태반이 사가(佐賀)·도사(土佐) 출신으로.
　　　　　10월, 정한론(征韓論) 정변. 사이고 등 하야. 삿·도 출신 병사 귀향.

1874(메이지 7) 2월, 사가의 난. / 4월, 타이완 침공.

1875(메이지 8) 3월, 미토·이타가키(板垣退助)가 정부 복귀. 점진적 입헌 정체 수립 조칙.

1876(메이지 9) 2월, 조일 수호 조규 조인.
　　　　　3월, 폐도령(廢刀令).
　　　　　8월, 가록(家禄)·상전록(賞典禄) 폐지, 공채로 교체.

1077(메이지 10) 2월, 서남내란(西南戰爭) 발발[~9월], 이타가키 등 무력 사용 단념.

1881(메이지 14) 정변. 오쿠마 시게노부(大隈重信) 하야. 10년 후 국회 개설 공약.

1890(메이지 23) 제1회 제국의회 개회.

에도시대 막부 관직 구조

일러두기

전국시대 이후 직제가 점차 확충되었으며 3대 쇼군 도쿠가와 이에미쓰 시대에 주요 직제가 정비되었다. 중요 직위에는 후다이다이묘와 하타모토가 취임했다. 주요 실무직은 고케닌 이하가 담당했다. 행정과 사법이 구분되지 않았으며 최고위급 재판은 효조쇼評定所에서 로주와 삼부교가 합의하여 진행했다. 로주의 지휘가 기본이며 평시편성과 전시편성이 일치했다.

아래의 신분은 명백하게 구분되었다. 다이묘는 번주급이다.

- 후다이다이묘譜代大名 : 에도막부 성립 이전부터 도쿠가와에 충성한 다이묘.
- 하타모토旗本 : 쇼군 배알이 가능한 1만석 이상 무사. 고급 관료 후보군.
- 고케닌御家人 : 쇼군 배알이 불가능한 하급 무사.

중요 요직인 삼부교三奉行 는 박스로 묶었다. 고부신부교·후신부교·사쿠지부교를 묶어 하삼부교라 부르기도 했는데, 건설·토목 관련 역직이라는 공통점이 있을 뿐 삼부교처럼 중요한 의사결정 기관들은 아니다.

고케닌은 비록 쇼군을 배알할 수 없었지만, 요리키나 다이칸 등의 역직을 담당하므로, 농업과 상업에 종사하는 햐쿠쇼나 조닌의 입장에서 보면 권력자이다. 따라서 그 위 신분인 하타모토면 말 그대로 출세했다고 볼 수 있는 지위이다. 그렇다 하더라도 몰락한 하타모토나 고케닌 또한 수없이 많았으므로

후기와 부록

간단히 위아래로 나눌 수 없다.

막부 말기에는 정세 변화에 따라 다양한 역직이 일시적으로 등장했다.

역직명의 구성은 기본적으로 역할 + 위치이다. 역직명과 조직장 명칭은 교체되어 사용될 수 있었다. 간조쇼를 지칭하면서 간조부교로 언급한다거나 하는 식이다.

접두사

오お 혹은 오御 : 경칭
고御 : 경칭
오大 : 큰
고小 : 작은

접미사 : 조직 형태

반番 : 조직
쇼所 : 관청
구미組 : 해당 조직의 하위 조

접미사 : 조직 내 위치

가시라, 토頭 : 책임자
도도리頭取 : 책임자
지배支配 : 관할
부교奉行 : 부서장, 총책임자
다이代 : 대리.[86] 사실상 책임자
격格 : 동급이라는 의미
나미, 병竝 : 대우, 동급.
가타方 : 담당자
가카리掛り : 담당자
야쿠役 : 담당자
가치徒 : 부하
요닌用人 : 비서, 심복

---

86) 예를들어 오사카조다이의 경우 쇼군이 오사카성주도 겸임하므로 그 역할을 대리하여 관리한다는 의미.

후다이다이묘급 주요 관직

별표(*)는 에도성 밖의 관직이다. 샵(#)표는 막부 말기에 신설된 관직이다.

- 다이로大老 : 막부 최고위직이나 상설이 아님. 마쓰다이라 슌가쿠는 정사총재직政事總裁職#이라는 이름으로 취임.
- 로주老中 : 사실상 막부 최고위직. 4-5명 임명.
- 쇼군후견직將軍後見職# : 히토쓰바시 요시노부
- 소바요닌御側用人 : 쇼군의 비서이자 로주와의 연락책.
- 소바고요토리쓰기御側御用取次 : 쇼군의 비서이자 인사 관리. 오니와반 관리.
  - 오니와반御庭番 : 쇼군 직속 정보조직. 로주, 와카도시요리 지배의 메쓰케와는 별도로 운영.
- 와카도시요리若年寄 : 로주 보좌역. 2-6명 임명.
- 지샤부교寺社奉行 : 사찰과 신사 관리역. 4-5명 임명.
- 교토쇼시다이京都所司代* : 교토성 호위와 조정, 간사이 서쪽 지역의 다이묘 감시역. 교토, 나라 마치부교 관리역.
- 오사카조다이大坂城代* : 오사카성 책임자 겸 호위역.
- 교토수호직京都守護職# : 신센구미를 수하에 둔 교토 치안유지역. 아이즈번주 마쓰다이라 가타모리가 담당.

후기와 부록

로주 지배 하타모토급 주요 관직

로주 지배 관직이 주요 행정을 처리했다. 부교奉行는 부서의 총괄 책임자. 밑줄은 하타모토보다는 주로 고케닌 이하 신분이 담당한 실무 역할이다.

별표(*)는 에도성 밖의 관직이다.

- 오메쓰케大目付 : 다이묘 감찰역.
  - 종문아라타메야쿠宗門改役 : 기리시탄 적발, 민중조사역.
- 오반가시라大番頭 : 에도성 경비.
- 마치부교町奉行 : 관할내 행정, 사법, 경찰역. 책임자급. 2명.
  - <u>요리키</u>与力 : 에도에 50명 정도 있었던 행정, 사법 지휘자역.
  - <u>도신</u>同心 : 에도에 200명 정도 있었던, 요리키의 지휘를 받는 실무자.
- 간조부교勘定奉行 : 막부와 직할령의 재정 관리역.
- 사쿠지부교作事奉行 : 막부 관계의 건물 조영과 수선 등을 총괄.
- 후신부교普請奉行 : 성벽과 상수 등 토목 관계의 일을 담당.
- 고부신부교小普請奉行 : 성벽과 상수 등 토목 관계의 일을 담당.
- 루스이留守居 : 오오쿠 관리. 쇼군 출행시 에도성 경비역.
- 조다이城代* : 성의 경비역. 오사카, 슨푸, 후시미, 교토에 설치했으며 오사카조다이는 후다이다이묘급이고 나머지는 하타모토급. 조반定番.
- 고부신 구미지배小普請組支配 : 역할이 없는 하타모토인 고부신小普請을 관리. 인재풀 관리역. 각 구미 당 2명의 지배 구미가시라支配組頭가 있으며 이들이 실무 진행. 고부신부교와 전혀 다른 역할임에 주의.

- 간조긴미勘定吟味 : 간조쇼의 감사를 담당. 간조부교의 하급이 아니며 로주 직속. 하위에 긴미야쿠데쓰키吟味役手付.
- 온고쿠부교遠國奉行* : 중요 지방의 부교. 나가사키 부교나 교토 마치부교 등.
- 외국부교外國奉行# : 유럽 국가들과의 대외교섭을 위해 마련된 관직. (1858 이후)
- 국사어용괘國事御用掛# : 정세가 불안해지자 1862년 설치. 로주나 중신급 인물이 담당했으며, 막부와 조정과의 연락을 담당.

* * *

간조부교 하위 조직. 간조부교 > 간조쿠미가시라 > 간조 > 지배간조 순으로 하위직이다.

- 간조부교(구칭 간조가시라勘定頭) : 갓테카타勝手方 간조부교와 구지카타公事方 간조부교로 구분.
- 간조쿠미가시라勘定組頭 : 간조부교의 직속으로 간조쇼 소속의 역직들을 지휘·감독.
- 간조勘定 : 간조쇼 실무자. 오메미에 '이상'이며 지배간조를 관리.
- 지배간조支配勘定 : 간조쇼 실무자. 오메미에 '이하'이다.
- 군다이郡代* : 막부직할령의 책임자. 10만석 이상.
- 다이칸代官* : 직할령의 실무 관리자. 10만석 이하.
- 도메야쿠간조留役勘定 : 효조쇼 실무자
- 구라부교藏奉行, 가네부교金奉行, 우루시부교漆奉行[기름·옻칠담당] …

간조쇼勘定所의 역인 라인에는 사법·경찰 업무를 주로 맡는 구지카타公事方 계통과 회계·재정 업무를 주로 맡는 갓테가카

후기와 부록

리勝手掛り 계통이 있었다.

군사·외교·토목 등을 제외한 행정 대부분이 간조쇼 업무에 속했다. 효조쇼 업무도 실무는 간조부교의 관할이었다. 감찰역인 간조긴미는 간조부교의 관할이 아님에 주의.

군다이와 다이칸은 직할령에서 민중을 사실상 관리했다. 다이칸의 하위에는 데쓰키·데다이등의 실무자가 있었다.

와카도시요리 지배 하타모토급 주요 관직

- 신모쓰반進物番 : 쇼군 헌상물 관리역. 료반에서 전출되는 형태이며 명예로운 직.
- 쇼인반書院番 : 쇼군 호위역.
- 고쇼반小姓番 : 쇼군 호위역.
    - <u>고쇼</u>小姓 : 시중 무사.
- 가치가시라徒頭 : 쇼군 호위역. 료반보다는 하위.
- 사키테구미가시라先手組頭 : 에도성 치안유지.
- 고주닌가시라小十人頭 : 에도성 치안유지.
- 고난도小納戶 : 쇼군 주변의 잡무 담당.
- 나카오쿠반中奧番 : 쇼군 주변의 잡무 담당.
- 메쓰케目付 : 하타모토, 고케닌 감찰역.
- 쓰카이반使番 : 전시에는 전령, 평시에는 감찰역.
- <u>쇼모쓰부교</u>書物奉行 : 서적 관리역. 3-5명 임명.
- 덴몬가타天文方 : 천문, 역법 관리역.
- 해군부교海軍奉行# : 해군총재직海軍總裁職아래의 실질적 해군 실무 책임자. 오구리 다다마사, 가쓰 가이슈 등이 해군부교병海軍奉行並 역임. 휘하에 군함부교軍艦奉行를 두었다.

- 육군총재陸軍總裁#: 막부 육군 책임자. 가쓰 가이슈가 육군총재의 자격으로 에도 개성을 진행했다.

메쓰케는 감찰업무를 주로 수행하지만 자문 역할도 겸하는 역할이었다. 오메쓰케大目付와 메쓰케目付는 소속이 다르고 가치메쓰케徒目付는 메쓰케의 하위직, 고비토메쓰케小人目付는 가치메쓰케의 하위직이다. 가치메쓰케는 하타모토급 이하의 관직 중에서는 높은 편이었으며 고비토메쓰케는 더욱 하위이므로 체면을 신경쓰지 않고 감찰 역할을 수행할 수 있었다.

쇼인반과 고쇼반은 메쓰케로 발탁될 수 있는 승진코스였으며 료반이라고 불렸다.

신반新番·고주닌구미小十人組·고쇼반小姓番·쇼인반書院番·오반大番의 다섯 조직은 고반카타五番方라 불리는 핵심 상비군 조직이었다.

고난도와 나카오쿠반은 잡무를 담당하지만 쇼군과 대화가 가능하기 때문에 높은 지위의 자제가 담당했다.

기타

- 지토地頭: 시대에 따라 역할이 다르지만 주로 장원이나 영지의 실무 관리자.
- 데다이手代: 군다이, 다이칸, 지샤부교 등에 직속되어 사무를 담당한 관리. 데쓰키手付.
- 아시가루足輕: 도신, 가치 등의 지휘를 받는 최말단 무사. 비교적 병사에 가깝지만 병사를 중간에 관리하는 역할을 맡기도 했음.

찾아보기

【ㄱ】

가격/ 家格 32, 60, 64, 65, 68, 69, 71, 73, 75, 90, 93, 119, 139, 151, 165, 325, 402, 405

가라후토/ 樺太 49, 107, 128, 416, 426, 458, 474

가록처분/ 家禄処分 343, 377, 394, 405, 407

가몬/ 親藩[家門] 70, 72, 148, 149, 168, 194, 227, 439

가사야 가즈히코/ 笠谷和比古 62

가시와무라 가즈마/ 柏村数馬 297

가쓰 가이슈/ 勝海舟 87, 193, 197, 251, 264, 271, 273, 356, 488, 489

가야노미야/ 朝彦親王 [賀陽宮] 224, 230, 255, 271, 287, 313

가와무라 스미요시/ 川村純義 411

가와이 쓰구노스케/ 河井継之助 366

가와지 도시요시/ 川路利良 427

가즈노미야/ 和宮 134, 186-190, 193, 194, 200, 216, 357, 477

가타오카 겐키치/ 片岡健吉 376

가토 야스아키/ 加藤康昭 86

간다 다카히라/ 神田孝平 370

강무소/ 講武所 145, 192

강화도/ 江華島 310, 416, 423, 424, 458, 459

개성소/ 開成所 393

개척사/ 開拓使 393

거병/ 挙兵 173, 174, 198, 209, 214, 215, 220, 233-235, 253, 290, 292, 297-305, 315, 317, 318, 322, 338, 339, 374, 376, 427, 428, 478-480

건륭제/ 乾隆帝 55, 100

경하사/ 慶賀使 49

고가 다케미치/ 久我建通 158, 200

고가 도안/ 古賀侗庵 110, 113, 475

고노에 다다후사/ 近衛忠房

225, 314, 315
고노에 다다히로/ 近衛忠熙 168, 170, 200, 206, 215, 476
고노에가/ 近衛家 79, 150, 157, 242, 258, 280
고마쓰 다데와키/ 小松帯刀 260, 290, 309
고메이 천황/ 孝明天皇 158, 186, 222, 224, 232, 245, 266, 271, 274-276, 287, 288, 334, 476, 480
고바야시 요시스케/ 小林良典 169
고산케/ 三家 71, 72, 148, 151, 158, 167, 168, 288, 307
고용 외국인/ お雇い外国人 394
고조 야마무라/ コウゾウ ヤマムラ 61
고토 쇼지로/ 後藤象二郎 292, 295, 297, 299, 308, 320, 321, 327, 331, 352, 376, 412, 480
곤도 이사미/ 近藤勇 358
공부대학교/ 工部大学校 393
공사/ 公使 127, 133, 140, 194, 211, 256, 257, 276, 295, 350, 351, 353, 356, 370, 371, 406, 477, 480
공의소/ 公議所 350, 370, 372, 376, 441, 481
공의여론/ 公議輿論

[輿議公論] 16
공의인/ 公議人 370-372, 378
공의정체/ 公議政体 229, 266, 273, 288, 320, 326, 338, 339
공의파/ 公議派 138, 221, 271, 274, 277-279, 288, 289, 320, 323, 344
관전/ 寛典 171, 172, 247, 261, 296, 362
교토쇼시다이/ 京都所司代 77, 169, 219, 310, 485
교토수호직/ 京都守護職 202, 219, 226, 228, 231, 485
구니모치/ 国持 71, 72, 147-149, 168, 188, 206, 232, 361, 364
구니시 시나노/ 国司信濃 241, 242
구도 규케이/ 工藤球卿 109
구로다 기요타카/ 黒田清隆 262
구로다 나리히로/ 黒田斉溥 147
구모이 다쓰오/ 雲井龍雄 374, 482
구사카 겐즈이/ 久坂玄瑞 135, 172, 195, 199, 207, 240, 242, 243, 440
구사카베 이소지/ 日下部伊三次 167, 172
구제 히로치카/ 久世広周 185
구조 미치타카/ 九条道孝 361

찾아보기

국사괘/ 国事掛 206, 207, 224, 225, 311, 314, 324, 478
국제법/ 国際法 456, 457, 459
국체/ 国体 111, 112, 114, 371, 372
국학/ 国学 52, 78, 96, 393
군역/ 軍役 59, 83, 84, 145, 188
군제 개혁/ 軍制改革 183, 185, 190–192, 196, 335, 376, 477
군현제/ 郡県制 314
근위병/ 近衛兵 395, 411, 415, 417, 418, 425, 482
금록공채/ 金禄公債 406, 407
금리/ 禁裏 57, 58, 67, 70, 72, 73, 76–80, 87, 89, 90, 141, 204, 219, 226, 230, 235, 242
기도 다카요시/ 木戸孝允 (桂小五郎) 98, 172, 241, 254, 260, 262, 291, 347, 352, 364, 371, 372, 375, 381, 405, 406, 408, 479
기리시탄 486
기무라 게이조/ 木村敬蔵 171
기병대/ 奇兵隊 212, 240, 254, 375
기지마 마타베/ 来島又兵衛 240, 242, 243
깃카와 쓰네마사/ 吉川経幹 249, 266, 296

【ㄴ】

나가노 요시토키/ 長野義言 157, 158, 169
나가사키/ 長崎 30, 47, 49–51, 68, 104–107, 127–130, 143, 144, 260, 292, 295, 301, 399, 400, 412, 437, 453–455, 474–476, 479, 482, 487
나가오카 요시노스케/ 長岡良之助[護美] 251
나가이 나오유키/ 永井尚志 171, 249, 250, 295, 302, 308, 322, 327, 476
나가이 우타/ 長井雅楽 177, 188–190, 194, 195, 199, 477
나가타니 노부아쓰/ 長谷信篤 280, 332
나베시마 나오마사/ 鍋島直正 154, 295, 412
나카노미카도 쓰네유키/ 中御門経之 272, 304, 316, 319, 329
나카마/ 仲間 85–88, 90
나카무라 마사나오/ 中村正直 394
나카야마 나루치카/ 中山愛親 78
나카야마 다다미쓰/ 中山忠光 213–215, 233, 478
나카야마 다다요시/ 中山忠能 304
나카오카 신타로/ 中岡慎太郎

259, 479
나폴레옹/ Napoleon Bonaparte 102, 107, 447
나폴레옹 3세/ Napoléon III 140
남북조/ 南北朝　　　　301
내각/ 内閣 386, 412, 413, 423, 443
내무성/ 内務省 386, 401, 421, 427
노즈 시즈오/ 野津鎮雄　416
녹권/ 禄券　　　377, 405, 406
농상무성/ 農商務省 386, 393
니시 아마네/ 西周　　　310
니조 나리유키/ 二条斉敬 215, 219, 224, 230, 272, 279, 287, 303, 313, 478
니콜라이 페트로비치 레자노프/ Nikolai Petrovich Rezanov 106
닌나지노미야/ 仁和寺宮嘉彰 330, 331, 355
닛코/ 日光　　　234, 237, 358

【ㄷ】
다누마 오키쓰구/ 田沼意次 104
다누마 오키타카/ 田沼意尊 235, 236, 238
다니 다테키/ 谷干城 376, 428
다마로 이나노에몬/ 田丸稲之衛門　　　234
다마리노마/ 溜間　　　　71

다이묘 회의/ 大名会議　194, 250, 251, 258, 265, 271, 273, 282, 305, 309, 310, 321, 339, 479, 480
다카사키 마사카제/ 高崎正風 302
다카스기 신사쿠/ 高杉晋作 172, 212, 240, 248, 253, 479
다카쓰카사 마사미치/ 鷹司政通　　　　159, 170
다카쓰카사 스케히로/ 鷹司輔熙　　　　　207
다카타야 가헤/ 高田屋嘉兵衛 107, 474
다카하시 다이치로/ 高橋多一郎　　　173-175
다케다 고운사이/ 武田耕雲斎 236
다케치 한페이타/ 武市半平太 [瑞山]　　　　　　135
다테 무네나리/ 伊達宗城 151, 166, 220, 222, 224, 226, 228, 251, 274, 277, 282, 295, 478
당도/ 当道　86, 88, 391, 482
당직/ 当職　74-76, 206, 273
대북전신회사/ 大北電信会社 454
대상제/ 大嘗祭　　　　　78
대심원/ 大審院　　421, 422
대장성/ 大蔵省 390-392, 397, 405, 410, 411, 413, 414

찾아보기

대정봉환/ 大政奉還 232, 287, 307, 361, 448
대정위임론/ 大政委任論 78
대학교/ 大学校 392, 393
데라무라 사젠/ 寺村左膳 299
데라지마 무네노리/ 寺島宗則 371
데지마/ 出島 50, 105, 133
데키주쿠/ 適々齋塾 95, 153
도다 우지히데/ 戸田氏栄 126
도리이 요조/ 鳥居耀蔵 121
도요토미 히데요시/ 豊臣秀吉 70, 114
도자마/ 外様 70-72, 147-149, 194, 227, 247, 265, 439
도진샤/ 同人社 394
도쿄 회동/ 東京会同 369
도쿄대학/ 東京大学 393, 464
도쿠가와 나리아키/ 德川斉昭 97, 129, 148, 151, 152, 154, 158, 159, 164, 165, 476
도쿠가와 쓰나요시/ 德川綱吉 78
도쿠가와 요시아쓰/ 德川慶篤 210, 234
도쿠가와 요시카쓰/ 德川慶勝 151, 222, 246, 295, 320, 355, 476, 479
도쿠가와 이에나리/ 德川家斉 78, 121
도쿠가와 이에모치/ 德川家茂 335, 476, 477
도쿠가와 이에미쓰/ 德川家光 483
도쿠가와 이에사다/ 德川家定 150
도쿠가와 이에야스/ 德川家康 51, 70, 73, 367
도쿠가와 이에요시/ 德川家慶 475
도쿠가와 히데타다/ 德川秀忠 77
도쿠다이지 긴이토/ 德大寺公純 215
도쿠다이지 사네쓰네/ 德大寺実則 417
독일 105, 135, 366, 369, 373, 444
동북 제번/ 東北諸藩 363

【ㄹ】

라이 미키사부로/ 頼三樹三郎 171
러더포드 올콕/ Rutherford Alcock 133
러시아 10, 38, 103-111, 115, 121, 126-128, 130, 131, 133, 150, 154, 191, 408, 416, 426, 436, 437, 448, 456-458, 470, 474, 476, 477
레옹 로슈/ Léon Roches 140, 356
로닌/ 浪人·浪士 148, 155, 169, 171, 172, 198, 200,

201, 215, 220, 238, 259, 358, 374, 478
루크 로버츠/ Luke Roberts   92
류큐/ 琉球   40, 45, 46, 48–52, 54, 99, 106, 124, 127, 128, 143, 415, 423, 456, 457, 475

【ㅁ】
마나베 아키카쓰/ 間部詮勝   169, 172
마데노코지 히로후사/ 万里小路博房   331
마스다 우에몬스케/ 益田右衛門介   242
마쓰다이라 가타모리/ 松平容保   202, 219, 220, 224–226, 230, 231, 271, 313, 323, 477, 485
마쓰다이라 나오카쓰/ 松平直克   223, 227, 234, 246, 256
마쓰다이라 노리야스/ 松平乘全   171
마쓰다이라 다다카타/ 松平忠固   153, 164, 179
마쓰다이라 모치아키/ 松平茂昭   246, 248
마쓰다이라 사다노부/ 松平定信   78, 101, 104, 106, 474
마쓰다이라 사다아키/ 松平定敬   219, 231, 310, 323
마쓰다이라 슌가쿠/ 松平春嶽[慶永]   148, 151–154, 157, 159–162, 164, 165, 172, 194, 195, 201, 220, 222, 224, 226, 229, 271, 278, 288, 295, 320, 327, 356, 476, 477, 480, 485
마쓰다이라 요리노리/ 松平賴德   235
마쓰마에 다카히로/ 松前崇広   252, 257
마에바라 잇세이/ 前原一誠   420, 427
마치다 히사나리/ 町田久成   302
마키 이즈미/ 真木和泉   213, 242–244, 478
마키노 다다유키/ 牧野忠恭   253
만주/ 滿州[族]   39, 40, 42, 43, 154, 461
매스미디어   360
매튜 C. 페리/ Matthew C. Perry   127
메야스바코/ 目安箱   92, 370
메이로쿠 잡지/ 明六雜誌   424
메이지 천황/ 明治天皇   275, 280, 480
명현후/ 名賢侯   222, 223, 227, 229, 230, 232, 293, 296
모리 다카치카/ 毛利敬親   190, 214, 281, 291, 300, 337,

찾아보기

371, 374, 375
모리 모토노리/ 毛利元德　199, 203, 301, 316
모리 모토이사/ 毛利元功　337
모리 아리노리/ 森有礼　370, 371, 405
모토오리 노리나가/ 本居宣長　52, 95
무가전주/ 武家伝奏　74, 224, 240, 273, 279, 282, 309, 323
무라타 신파치/ 村田新八　425
무위/ 武威　54, 189, 193, 383, 388, 395, 406
미국/ 米国　9, 15, 24, 31-33, 117, 124, 126-128, 130, 133, 134, 150, 154, 163, 212, 221, 256, 276, 348, 366, 405, 416, 436, 437, 442, 452, 453, 458, 475, 476, 478
미쓰오카 하치로/ 三岡八郎 (由利公正)　346
미쓰쿠리 쇼고/ 箕作省吾　56
미야자키 하치로/ 宮崎八郎　431
미야치 마사토/ 宮地正人　98
미즈노 다다노리/ 水野忠徳　211
미즈노 다다아키라/ 水野忠成　108
미즈노 다다쿠니/ 水野忠邦　121, 475

미즈노 다다키요/ 水野忠精　193, 235
미타지리/ 三田尻　242, 302, 303, 316, 317
미호리 고스케/ 御堀耕助　297
민부성/ 民部省　390, 400
민선의원설립건백/ 民選議院設立建白　386, 419

【ㅂ】

바실리 골로브닌/ Vasilii Golovnin　107
배신/ 陪臣　148, 155, 193, 200, 254, 282, 313, 320, 324, 332, 334, 428
번교/ 藩校　95, 97, 153, 394
번속/ 藩属　41, 52, 128
번제/ 藩制　373, 376, 379, 481
번치직제/ 藩治職制　372
보불전쟁/ 普佛戰爭　366, 367, 454
복제/ 服制　45, 192, 223, 423
봉건/ 封建　314, 315, 371, 372
부레이우치/ 無礼討ち　137, 212
부번현 3치/ 府藩県三治　374
부산/ 釜山　47, 414, 415, 459

【ㅅ】

사관학교/ 士官学校　393
사사모토 쇼지/ 笹本正治　89
사사키 다카유키/ 佐々木高行

376, 382
사사키 아키토키/ 佐々木顯發 171
사와 노부요시/ 沢宣嘉　233
사이고 다카모리/ 西郷隆盛 13, 156, 242, 247, 260, 290, 316, 355, 375, 378, 400, 405, 408, 476, 479
사이고 쓰구미치/ 西郷従道 411
사이토 야쿠로/ 斎藤弥九郎　98
사카모토 료마/ 坂本龍馬 146, 259, 260, 262, 292, 301, 320, 321, 350, 479
사카이 다다아키/ 酒井忠義 169
사학교/ 私学校　425-428, 430
삭봉/ 削封·削禄　250, 261, 278, 281, 362
산조 사네쓰무/ 三条実万　157
산조 사네토미/ 三条実美 137, 170, 199, 200, 202, 207, 211, 216, 217, 225, 232, 241, 337, 352, 359, 385, 408, 410
산조가/ 三条家　79, 350
삼궤구고/ 三跪九叩　41, 276
삼직/ 三職　186
상전록/ 賞典禄　372, 404-406, 425, 482
섭관가/ 摂関家　315
세라 슈조/ 世良修藏　363
세록/ 世禄　358, 377
세습신분/ 世襲身份　14, 55
세키 데쓰노스케/ 関鉄之介 173, 175
세키야마 다다스/ 関山紀　290
소네 도시토라/ 曽根俊虎　457
소에지마 다네오미/ 副島種臣 412
쇼군 상락/ 將軍上洛 194-199, 202, 206, 207, 225, 251, 252, 478
쇼헤이코/ 昌平校　192, 372, 393
수에즈 운하/ スエズ運河　453
순사/ 巡査[邏卒]　417, 418
스기우라 유즈루/ 杉浦譲　390
스와 다다마사/ 諏訪忠誠 246, 253
스후 마사노스케/ 周布政之助 136, 208
시나가와 야지로/ 品川弥二郎 291
시노하라 구니모토/ 篠原国幹 411, 425
시마다 사콘/ 島田左近　200
시마즈 나리아키라/ 島津斉彬 148, 151, 154, 156, 157, 166
시마즈 나리오키/ 島津斉興 175
시마즈 다다요시/ 島津忠義 294, 316, 318, 322, 330, 331, 477, 480
시마즈 빈고/ 島津備後　297,

찾아보기

299, 303
시마즈 즈쇼/ 島津図書　303
시마즈 히로카네/ 島津広兼　316
시마즈 히사미쓰/ 島津久光　135, 194, 195, 198, 206, 220-222, 224-226, 228, 229, 263, 274, 282, 288, 295, 375, 410, 414, 420, 422, 477
시모노세키/ 下関　139, 213, 248, 250, 255-257, 260, 262, 267, 268, 270, 421, 479
시부사와 에이이치/ 渋沢栄一　233, 390, 405, 466
시즈키 다다오/ 志筑忠雄　105, 474
식산흥업/ 殖産興業　13, 401
신기관/ 神祇官　314
신문지조례/ 新聞紙条例　424
신분해방령/ 身分解放令　15
신센구미/ 新撰組　231, 241, 321, 337, 358, 479, 485
쓰다 우메코/ 津田梅子　408
쓰메노마/ 詰間　67, 70, 71, 165
쓰시마/ 対馬　46, 47, 49, 50, 101, 104, 133, 191, 241, 414, 457, 474, 477
쓰지 쇼소/ 辻将曹　303, 309, 320

【ㅇ】

아네가코지 긴사토/ 姉小路公知　200, 202, 207
아담 락스만/ Adam Laxman　103
아리마 신시치/ 有馬新七　173, 175, 199
아리스가와노미야/ 熾仁親王 (有栖川宮)　186, 323, 330, 331, 355, 423
아베 마사토/ 阿部正外　235, 246, 251, 257
아베 마사히로/ 阿部正弘　123, 125, 127, 129, 148, 151, 475, 479
아사노 나가요시/ 浅野長祚　126
아사노 모치코토/ 浅野茂勲　331
아쓰히메/ 篤姫　150, 156
아지마 다테와키/ 安島帯刀　476
아카마쓰 고사부로/ 赤松小三郎　294
아키쓰키 다네타쓰/ 秋月種樹　370
안도 노부마사/ 安藤信正　185, 477
애국사/ 愛国社　424
야나가와 슌산/ 柳川春三　360
야마가 소코/ 山鹿素行　52
야마가타 아리토모/ 山県有朋　291, 395, 409
야마구치/ 山口　249, 300, 375,

420, 421, 463, 480
야마구치 나오요시/ 山口尚芳 408
야마무라 사이스케/ 山村才助 56
야마시나노미야/ 晃親王 [山階宮] 224, 273, 274, 330, 331, 478
야마시로야 와스케/ 山城屋和助 411
야마오 요조/ 山尾庸三 409
야마오카 뎃슈/ 山岡鉄舟 357
야마요시 모리스케/ 山吉盛典 433
야마우치 도요노리/ 山内豊範 202
야마우치 요도/ 山内豊信 [容堂] 199, 203, 205, 220, 222, 224, 226, 228, 277, 284, 293, 321, 323, 330, 344, 370, 377, 478
야쿠시지 모토자네/ 藥師寺元真 161
야타보리 고/ 矢田堀鴻 356
양역/ 兩役 74-77, 206, 240, 323
양학/ 洋学[者] 310, 360, 371, 388, 393, 394
어니스트 사토/ Ernest Satow 371
어위광/ 御威光 54, 126, 176, 205, 246, 247, 266
어전회의/ 御前会議 65, 161, 167, 207, 273, 317, 322, 328
에가와 히데타쓰/ 江川英龍 [太郎左衛門] 121
에노모토 다케아키/ 榎本武揚 360, 481
에타/ 穢多・非人 82, 88, 389-392, 396, 482
열참/ 列参 158, 207, 266, 272-274, 279, 480
영국 10, 29, 32, 44, 58, 62, 66, 100, 102-104, 107, 119-121, 127, 128, 131, 133, 134, 136, 137, 140, 154, 155, 194, 208-212, 248, 256-258, 276, 295, 353, 371, 405, 421, 423, 444, 450, 452-455, 470, 474-477, 480
영사재판/ 領事裁判 120, 128, 456
예프피미 푸탸틴/ Yevfimiy Putyatin 127
오가사와라 나가미치/ 小笠原長行 205, 259, 264, 266, 268, 271
오가타 고안/ 緒方洪庵 95, 153
오구리 다다마사/ 小栗忠順 191, 196, 202, 488
오규 노리카타/ 大給乗謨 311
오기마치산조 사네나루/ 正親町三条実愛 189, 200, 207, 273, 280, 304,

찾아보기

316, 319, 323, 329
오무라 마스지로/ 大村益次郎
　　253, 267, 374
오사카성/ 大坂城　　138, 253,
　　267, 270, 276, 298, 341,
　　484, 485
오시오 헤이하치로/
　　大塩平八郎　　　　　　80
오야마 쓰나요시/ 大山綱良
　　415, 425
오우열번동맹/ 奥羽列藩同盟
　　363, 364
오자키 사부로/ 尾崎三郎　350
오쿠마 시게노부/ 大隈重信
　　390, 391, 408, 482
오쿠보 다다히로/ 大久保忠寛
　　193, 196, 261, 264, 356
오쿠보 도시미치/ 大久保利通
　　175, 255, 258, 261, 264,
　　267, 277, 278, 282, 290,
　　316, 322-324, 326, 352,
　　375, 391, 408, 419, 424,
　　477, 479
오키 다카토/ 大木喬任　　409
오키나와/ 沖縄　　　　　　456
오타 스케모토/ 太田資始　172
오토리 게이스케/ 大鳥圭介
　　358
오히라 시게토미/ 大原重徳
　　195, 198, 272, 331, 480
와타나베 히로시/ 渡辺浩　45,
　　57, 78
왜관/ 倭館　　　　47, 415, 459

외국인 교관/ 外国人教官　403
요시다 기요나리/ 吉田清成
　　405
요시다 도요/ 吉田東洋　199
요시다 쇼인/ 吉田松陰　　97,
　　116, 129, 132, 171, 172,
　　178, 477
요시무라 도라타로/
　　吉村寅太郎　　　　　215
요코이 쇼난/ 横井小楠 96, 97,
　　129, 196, 347, 374
요코하마 쇄항/ 横浜鎖港　138,
　　210, 220, 227-230, 234,
　　237, 246, 251, 256, 438,
　　479
우가이 고키치/ 鵜飼幸吉　171
우가이 기치자에몬/
　　鵜飼吉左衛門　169, 171
우대신/ 左·右大臣　　215, 224,
　　315, 352, 385, 408
우메다 운핀　　　　　　　172
우에스기 요잔/ 上杉鷹山　63
우편/ 郵便　398, 399, 453, 455
원로원/ 元老院　　　　421-423
유지 다이묘/ 有志大名　229,
　　312, 315
의례/ 儀礼　41, 47, 48, 54, 67,
　　73, 74, 76, 77, 192, 204,
　　226, 227, 276, 277, 281,
　　353, 407
의정/ 議定 162, 294, 324, 331,
　　333, 334, 336-338, 348,
　　351, 481

의정관/ 議政官　348, 350, 351
의주/ 議奏　74, 75, 189, 200, 206, 224, 240, 273, 279, 280, 282, 309, 323, 328
이나바 마사쿠니/ 稲葉正邦　249, 310, 354
이노우에 가오루/ 井上馨　136, 260, 337, 390, 391, 405, 409, 421
이노우에 기요나오/ 井上清直　163
이리에 구이치/ 入江九一　243
이바라 가즈에/ 井原主計　239
이에치카 요시키/ 家近良樹　298
이와세 다다나리/ 岩瀬忠震　130, 160, 163, 166, 171, 476
이와시타 미치히라/ 岩下方平　316, 319
이와쿠라 도모미/ 岩倉具視　34, 168, 176, 186, 195, 200, 272, 304, 315, 319, 324, 332, 333, 344, 379, 385, 408, 454, 477, 482
이와쿠라 사절단/ 岩倉使節団　31, 33, 391, 405, 415, 454, 455
이이 나오스케/ 井伊直弼　16, 71, 125, 131, 157, 160, 175, 185, 476
이중 조공/ 二重朝貢　44, 45, 49, 456

이지치 마사하루/ 伊地知正治　366, 377, 416
이치조 사네요시/ 一条実良　315
이케다 모치마사/ 池田茂政　232, 235
이케다 요시노리/ 池田慶徳　215
이케우치 다이가쿠/ 池内大学　206
이타가키 다이스케/ 板垣退助　94, 302, 358, 366, 376, 408, 421
이타쿠라 가쓰키요/ 板倉勝静　171, 193, 205, 246, 259, 280, 283, 295, 303, 308, 310, 313, 320, 354
이토 히로부미/ 伊藤博文　136, 260, 371, 397, 408, 416, 421
인별/ 人別　81, 85
인재등용/ 人材登用　192, 343
일본국우편증기선회사/ 日本国郵便蒸気船会社　399
일신진사지/ 日新真事誌　386, 419
일통수상/ 一統垂裳　36, 37
임칙서/ 林則徐　119
잇키/ 一揆　91, 92, 126, 396, 402
잊을 수 없는 타자/ 忘れ得ぬ他者　53, 54

찾아보기

【ㅈ】

장프랑수아 드 갈로/ Jean-François de Galaup, comte de Lapérouse 102, 474

전신/ 電信·電報 30, 31, 260, 400, 410, 454, 455, 482

정사총재/ 政事總裁 195, 202, 223, 227, 234, 485

정원/ 正院 55, 352, 385, 386, 409, 410, 412, 419

정이대장군/ 征夷大将軍 270, 278, 323, 333, 472

정장/ 征長 266, 267, 269, 271, 479

정한/ 征韓 75, 81, 86, 127, 186, 248, 299, 384, 401, 405, 414–416, 418, 419, 424, 432, 442, 450, 458, 459, 482

제무변혁/ 諸務変革 373

제임스 비들/ James Biddle 124

제임스 쿡/ James Cook 102

조공/ 朝貢 40, 41, 44, 47–49, 51, 457

조선/ 朝鮮 10, 40, 43–48, 51, 54, 55, 79, 99, 101, 103, 104, 106, 109, 114, 117, 154, 276, 310, 374, 414–416, 423, 426, 449, 457–459, 462

조선통신사/ 朝鮮通信使 104, 276, 474

조일수호조규/ 日朝修好規 426, 459

조적/ 朝敵 237, 239, 245, 259, 260, 319, 330, 381, 479

종속관계/ 宗属関係 41, 43, 44, 48

좌두/ 座頭 86–88

좌원/ 左院 352, 385, 386, 412, 419

주권/ 主権 29, 36, 38, 55, 275–277, 307, 456

주자학/ 朱子学 54, 55, 79, 192

중의/ 衆議 188, 215, 228, 258, 259, 309, 314, 324, 363, 377, 433, 443

지노네 이요노스케/ 茅根伊予之介 171

지방관회의/ 地方官会議 421, 422

지방세/ 地方税 402

지번사/ 知藩事 372, 373, 378, 481

지위와 능력의 불일치 149, 155

지조개정/ 地租改正 402, 420, 425

진대/ 鎮台 387, 395, 396, 411, 415, 419, 427, 428, 430

집의원/ 集議院 376, 481

징병/ 徴兵[制] 392, 394–396, 411, 415, 420, 482

징사/ 徴士 345, 349–352

【ㅊ】

참근/ 参勤　47, 49, 96, 192, 196-199, 201, 247, 252, 298, 478
참방률/ 讒謗律　424
참의/ 参議　75, 352, 385, 386, 391, 405, 408-414, 416-418, 422, 482
천구당/ 天狗党　173, 179, 239, 245, 465, 479
청일수호조규/ 日清修好条規　456
청조/ 清朝　10, 38, 39, 41, 79, 99, 100, 103, 117, 276, 415, 449, 455, 456, 458-460, 462
최혜국 대우/ 最恵国待遇　120, 459
친병/ 親兵　202, 204, 209, 217, 379-381, 395, 411, 482

【ㅋ】
캉유웨이/ 康有為　36, 37

【ㅌ】
타운젠트 해리스/ Townsend Harris　130, 150
타이완/ 台湾　400, 415, 418, 420, 421, 423, 426, 448, 456, 462, 482
태정관/ 太政官　75, 314, 324, 347, 348, 350-352, 357, 370, 372, 385, 386, 405, 412, 417, 482

태정관찰/ 太政官札　402
토막 밀칙/ 討幕宣旨[密勅]　304, 316, 323

【ㅍ】
판적봉환/ 版籍奉還　343, 350, 369, 370, 372, 373, 376, 377, 381, 382
평론신문/ 評論新聞　424, 426, 431
폐도/ 廃刀　343, 389, 482
폐번/ 廃藩　13, 15, 289, 298, 307, 343, 350, 352, 364, 368, 373, 378, 380-392, 394, 396-399, 401-404, 407, 408, 418, 443, 444, 447, 448, 482
표트르 대제　408
프란츠 폰 지볼트/ Philipp Franz von Siebold　133
프랑스　13, 29, 44, 102, 117, 120, 124, 128, 131, 133, 134, 140, 212, 256, 277, 310, 353, 356, 358, 366, 373, 377, 390, 392, 416, 447, 453, 458, 474-476

【ㅎ】
하라 이치노신/ 原市之進　279, 308
하시모토 사나이/ 橋本左内　116, 129, 153, 156, 157, 171, 172, 222, 349, 364,

찾아보기

440, 476, 477
하시모토 사네야나/ 橋本実梁 332
하야시 시헤이/ 林子平　56, 109, 143, 474
하치스카 나리히로/ 蜂須賀斉裕　151
하코다테/ 箱館　127, 360, 366, 399, 441
하타모토/ 旗本　61, 66-68, 73, 77, 146, 151, 155, 156, 166, 192, 247, 261, 275, 287, 289, 311-313, 332, 335, 338, 356, 358, 359, 481, 483, 486, 488, 489
학제/ 学制　392, 482
한학/ 漢学　95, 96, 144, 388, 393
항해원략/ 航海遠略　177, 188-190
해군전습/ 海軍傳習　191, 193
해리 파크스/ Harry Smith Parkes　276, 353
해방/ 海防　72, 105-109, 111, 113, 121, 122, 124-127, 129, 135, 143, 144, 147, 148, 154, 190, 390-392, 397, 407, 437, 461, 474, 475
해저 케이블　30
행정관/ 行政官　348, 351
현장삼장/ 玄奘三藏　27
현치조례/ 県治条例　401

혼다 마사즈미/ 本多正純　51
혼마 세이이치로/ 本間精一郎　200
혼조 무네히데/ 本莊宗秀　246, 251, 264, 268, 479
혼주인/ 本寿院　156
홋타 마사요시/ 堀田正睦　130, 131, 157, 160, 163, 475, 476
홍콩/ 香港　120, 400, 409, 455, 475
화이관념/ 華夷觀念　40, 42
화족/ 華族　373, 384, 389, 444
황족/ 皇族　8, 15, 73, 75, 170, 173, 177, 222, 224, 330, 384, 444
효고/ 兵庫　132, 134, 139, 170, 188, 194, 213, 252, 257, 258, 275-278, 280-283, 285, 287, 290, 292, 309, 318, 438, 479, 480
후루야 사쿠베/ 古屋作左衛門　358
후지이 료세쓰/ 藤井良節　200
후지타 고시로/ 藤田小四郎　234
후지타 도코/ 藤田東湖　97, 116, 155
후쿠오카 다카치카/ 福岡孝悌　308, 320, 321, 346
후쿠자와 유키치/ 福沢諭吉　95, 111, 153, 193, 392, 394
후쿠하라 에치고/ 福原越後

242
히가시쿠제 미치토미/ 東久世通禧 337
히라노 구니오미/ 平野国臣 233
히로사와 사네오미/ 広沢真臣 303, 337, 352
히로세 단소/ 広瀬淡窓 95
히지카타 히사모토/ 土方久元 259
히토쓰바시 요시노부/ 徳川慶喜[一橋] 16, 138, 148, 151, 152, 154, 164, 165, 177, 195, 201, 210, 219, 220, 222-225, 229, 230, 235-237, 242, 257, 270, 288, 293, 439, 476, 477, 485